स्त्रीत्व से हिन्दुत्व तक

औपनिवेशिक भारत में यौनिकता और साम्प्रदायिकता

स्त्रीत्व से हिन्दुत्व तक

औपनिवेशिक भारत में यौनिकता और साम्प्रदायिकता

चारु गुप्ता

राजकमल प्रकाशन

ISBN : 978-81-267-2238-9

मूल्य : ₹895

पहला संस्करण : 2012
पहली आवृत्ति : 2022
This book is printed on **Print on Demand** Technology : 2025

प्रकाशक : राजकमल प्रकाशन प्रा.लि.
1-बी, नेताजी सुभाष मार्ग, दरियागंज
नई दिल्ली-110 002

शाखाएँ : अशोक राजपथ, साइंस कॉलेज के सामने, पटना-800 006
पहली मंजिल, दरबारी बिल्डिंग, महात्मा गांधी मार्ग, प्रयागराज-211 001
1, अनमोल सोराबजी संतुक लेन, धोबी तलाव, मरीन लाइंस, मुम्बई-400 002

वेबसाइट : www.rajkamalprakashan.com
ई-मेल : info@rajkamalprakashan.com

STREETVA SE HINDUTVA TAK
Aupaniveshik Bharat Mein Yaunikta Aur Saampradayikta
by Charu Gupta

ईशान के लिए

शुरुआत और साथ

मेरी यह इतिहास की किताब आज के वक्त-बेवक्त के झोंकों और हमारी गुत्थम-गुत्थियों के बीच अपनी शकल ले रही है। मुझे आज स्त्री आन्दोलन की ऊर्जा और गति नज़र आती है। लैंगिक न्याय और बराबरी के तकाज़े से समलैंगिक सम्बन्धों को अपराध और जुर्माने की कानूनी जकड़न से मुक्ति मिल रही है। संसद में स्त्री आरक्षण के समर्थन में आवाज बुलन्द हो रही है। यौनिकता और स्त्री मुक्ति के मुद्‌दे भर-भरकर, भींच-भींचकर उठ रहे हैं और उनसे आँख चुराना सम्भव ही नहीं है।

पर मुझे इसके साथ ही एक दूसरी तंग, संकरी जमीन का फैलाव भी दीखता है। बाबरी मस्जिद का विध्वंस, गुजरात का नरसंहार, सम्मान के नाम पर क्रूर हत्याएँ, कन्या का भ्रूणपात, लड़की के प्रेम, पोशाक, पसन्द पर पहरे, आदि-आदि–स्त्री के नाम पर, स्त्री के लिए, और कभी-कभी स्त्री के द्वारा दबाव और बलजोरी भी आज की ही बात है। जाति और धर्म के साँचे और चौखटे पहले से कहीं ज्यादा ताकतवाले और चुभानेवाले मिलते हैं। हमारा इतिहास अभिलेखागारों, शोधपत्रों और सन्दर्भों का कतरा-कतरा जोड़कर पर्चे और किताबों के रूप में हमारे सामने आता है। पर यह इतिहास कभी-कभी वर्तमान बनकर भी हमारे बीच साकार होने लगता है। यह किताब इतिहास से वर्तमान और वर्तमान से इतिहास के बीच की कभी न खतम होनेवाली दूरी और सफर की एक आधी-अधूरी तस्वीर है। अतीत के कई अंदाज, अंजाम, आवाज अलग-अलग नक्शे-कदम और ताल से आज को आकार दे रहे हैं और हम अतीत और आज के साथ इसके तालमेल से बच नहीं सकते हैं– मुझे इस किताब को लिखते हुए यह शिद्‌दत से अनुभव हुआ है।

औपनिवेशिक समाजों में औरतों को बेहद नापा और कसा गया है। उपनिवेशों में स्त्री या उपनिवेशों का स्त्रीमूलक मुकम्मल इतिहास

लेखन एक संजीदा चुनौती है। मैं अदनी अपनी अंजुली भरकर औपनिवेशिक उत्तर भारत में यौनिकता, अश्लीलता और साम्प्रदायिकता से जुड़े कुछ सवालों की खोज-बीन करने का प्रयास कर रही हूँ। इस दौर में न केवल इन मुद्दों को लेकर हिन्दू समाज सुधारकों और प्रवक्ताओं के बीच चिन्ताएँ हैं, बल्कि साथ ही स्त्री-पुरुष सम्बन्धों, खासकर अन्तरधर्मीय सम्बन्धों को लेकर गहरे विवाद हैं। हमारे इतिहास में विवादों-बहसों के लिए काफी जगह रही है। मैं यहाँ हिन्दू पुरुष प्रवक्ताओं की आवाजों को मुख्य रूप से सामने ला रही हूँ। लेकिन इसके साथ मेरे लिए यहाँ मार्के की बात यह भी है कि इन विवादों के ऊँचे स्वरों में स्त्री स्वर कहाँ, कैसे सुनाई पड़ती हैं। मैंने इस किताब में उत्तर प्रदेश में यौनिकता, अश्लीलता और स्त्री-पुरुष सम्बन्धों की रोज़मर्रा की जमीन पर छिड़े कोलाहल में महिलाओं के कलकल को भी देखा और सुना है।

इन विषयों पर मैंने पहले अंग्रेजी में एक किताब लिखी और यकीन मानिए कि उसके 70 प्रतिशत से ज्यादा स्रोत हिन्दी के थे। इतिहास लेखन भाषा का मोहताज तो नहीं रहा है, पर भाषा, स्रोत, सन्दर्भ का इतिहास निर्माण पर कोई कम असर नहीं रहा है। मुझे लगातार लगता रहा कि अपने मूल स्रोतों का हिन्दी से अंग्रेजी में अनुवाद करते समय कहीं कुछ छूट गया है, कुछ शब्दों की गहराई कम हो गई है। मैं इतिहास में भाषा और भाषा में इतिहास के ताने-बाने बुनती रही, पर इतना जरूर था कि मुझे हिन्दी में अपनी किताब की जरूरत और सम्भावना का ध्यान बना रहा। यह भी उत्साह रहा कि हिन्दी की किताब केवल अनुवाद न होकर अपनी नई लिखाई, और कुछ नए उदाहरणों-सन्दर्भों के जरिए तैयार की जाए। काफी हद तक मैं एक अलग किताब ही बनाना चाहती थी, इसलिए अंग्रेजी और हिन्दी प्रकाशन के बीच इतना अन्तराल रहा।

हिन्दी में—या किसी भी देशी भाषा में—इतिहास लेखन कैसे किया जाए? स्रोतों, सन्दर्भों, पर्चों, कार्टूनों आदि को इतिहास लेखन के मापदंडों पर कैसे उतारा जाए? याकि इन मापदंडों को भाषाई लेखन की कसौटी पर भी कुछ कसा जाए? हिन्दी में इतिहास लेखन और विमर्शी लेखन की भाषा, शब्दावली, मुहावरे कैसे और कहाँ से खोजे जाएँ? यह इतिहास लेखन किसके लिए किया जाए और इसके विमर्श और विस्तार, सन्दर्भ और सूची की क्या सीमाएँ बनाई जाएँ? ऐसे कई

सवाल मेरे लिए काफी मायने रखते हैं और इनसे गुजरते हुए ही मैंने यह किताब लिखी है। मेरे लिए यह भी महत्वपूर्ण है कि स्त्री और यौनिक मुद्‌दों पर मेरा इतिहास लेखन पठनीय, रोचक और सरल हो–यह कम-से-कम नीरस, उबाऊ और उनींदा करनेवाला न हो। इतिहास उपन्यास या कहानी की तरह लिखा तो नहीं जा सकता, पर इतिहास पुस्तक में उस जैसी सरसता, आनन्द और आकर्षण का कुछ भाव तो जरूर लाया जा सकता है।

मैं इतिहास लिखती हूँ, और भाषा और इतिहास के रिश्तों को जीना चाहती हूँ। फिर भी मेरी कई भाषाई सीमाएँ हैं, ये सीमाएँ मुझे अपने छात्र-छात्राओं से संवाद करके और भी ज्यादा उजागर होती हैं। मेरे छात्र मेरे शिक्षक रहे हैं। हिन्दी भाषा की विविधता, सम्पन्नता, सम्भावनाएँ अनन्त हैं। हिन्दी में इतिहास लेखन का इतना बड़ा दायरा है और इसकी इतनी ज्यादा दरकार है कि मेरी यह किताब एक मामूली सी कोशिश भर है।

मेरे लिए इतिहास लेखन, विशेषकर हिन्दी में, एक तरह का सामूहिक उपक्रम ही रहा है। पुस्तकालयों, अभिलेखागारों के अलावे बहुत सारे सहकर्मी, मित्र, समूह, सेमिनार आदि से मिलकर ही कोई शोध पत्र तैयार हुआ है। इस किताब के सन्दर्भ में तो विशेषकर बनने-बिगड़ने-बनने के क्रम में ही आखिरकार बात बनी है : इसके कुछ हिस्सों का अनुवाद करने, बेहतर बनाने और एक शक्ल देने में अनेकों की महत्वपूर्ण भूमिका रही है। मैं जरूर ही यहाँ यादवेन्द्र, दिनकर और योगेन्द्र दत्त का सधन्यवाद उल्लेख करना चाहती हूँ। इस किताब के कुछ लेख विभिन्न और संक्षिप्त रूपों में कई हिन्दी पत्र-पत्रिकाओं में प्रकाशित हुए हैं जैसे *हंस, दीवान-ए-सराय, उद्‌भावना, तद्‌भव, आलोचना* और *संवेद*। मैं राजेन्द्र यादव, रविकान्त, अजय कुमार, अखिलेश, नामवर सिंह और किशन कालजयी का शुक्रिया अदा करना चाहती हूँ कि उन्होंने इन प्रकाशनों में मुझे जगह दी। इन प्रकाशित लेखों पर नजदीक और दूर-दराज के पाठकों की बेशुमार प्रतिक्रियाओं–कभी पोस्टकार्ड, अन्तर्देशीय तो कभी लिफाफे, कभी फोन तो कभी आमंत्रण–से मेरी काफी हौसलाअफजाई हुई। हिन्दी में इतिहास लेखन के काफी अधिक जागरूक पाठक हैं, मुझे ऐसा समझ आता है।

मेरी यह किताब मेरे मायके के बगैर कभी वजूद में आ ही नहीं सकती थी। यों तो मेरे माता-पिता ने मुझे कान्वेंट स्कूल में पढ़ाया, पर

मेरे मायके का जर्रा-जर्रा हिन्दीमय रहा। और उस पर भी सर चढ़कर रहा है हिन्दी फिल्मों का प्रेम। और अब मेरे अपने घर में मेरे बेटे ईशान का यह सवाल भी मुझे उकसाता था, 'मम्मी! तुम क्या हिन्दी में लिख सकती हो?' और सबसे बढ़कर मुकुल भी हिन्दी से गहरे रूप से जुडे रहे हैं। मेरी जिन्दगी की तरह, इस किताब के पन्ने-पन्ने में वो नजर आते हैं। मुकुल के लिए यहाँ कुछ भी लिखना कम ही होगा। पिछले तीन-चार सालों में अशोक महेश्वरी जी इस किताब के एक प्रेरक बिन्दु रहे हैं और उन्होंने अपनी तरफ से भरसक साथ दिया है।

अन्त में, इस किताब का सफर अंग्रेजी की किताब के साथ शुरू हुआ। तब से अब तक मेरी समझ, सूचना, समय में भी कुछ बदलाव आया है। यह कुछ पुरानी, कुछ नई सी किताब मेरी इतिहास समझदारी के कुछ नए आयामों को भी दर्शाती है। और आखिरी शब्द–गुण चाहे हो न हो, अवगुण मेरे भुला दीजिएगा!

–चारु गुप्ता

सिलसिला

शुरुआत और साथ *7*

1. रिश्ता चोली-दामन का :
महिलाएँ, यौनिकता, मुस्लिम पुरुष और हिन्दू पहचान 15

2. कैनवास :
महिला, जाति, वर्ग और साम्प्रदायिकता 23

3. 'उत्कृष्ट' और 'बाजारू' :
हिन्दी साहित्य और अश्लीलता विवाद के छींटे 37
अश्लीलता पर औपनिवेशिक दृष्टिकोण
हिन्दी साहित्य में 'अश्लीलता' : देशज, अभिजात्य और साहित्यिक सलवटें,
'गन्दा' साहित्य : नैतिकता तार-तार?
धूप में बारिश : एक मिश्रित परिदृश्य

4. जिन्न बोतल से बाहर :
पुरुषत्व, ब्रह्मचर्य, कलियुग और कामोत्तेजक इश्तहार 63

5. पहरे पर महिला मनोरंजन 77

6. घेरे के अन्दर और बाहर :
घरेलू क्षेत्र और स्त्री यौनिकता 100
डोलती यौनिकता : घर की यौनिक राजनीति
दाम्पत्य और इच्छाएँ : अनेकता की ताकत
हिन्दू विवाह विधानों पर विवाद
फैशन, कपड़े, गहने, पर्दा
देवर-भाभी के रिश्ते
निष्कर्ष

7. चाहे लक्ष्य, अनचाहे परिणाम :
स्त्री शिक्षा और पढ़ने का भय 133

8. **चिन्ता सागर में हिन्दू पुरुषार्थ के गोते :**
शुद्धि और संगठन आन्दोलन 152
मालाबार से मलकाना तक
हिन्दू पुरुष के 'पराक्रम' : समुदाय और राष्ट्र आह्वान
हिन्दू नारी का वीरांगना और बहन रूप
मुस्लिम नारी की छवि और हिन्दू पुरुषत्व
निष्कर्ष

9. **'कामुक' मुस्लिम के (कु)कर्म :**
अपहरण प्रचार अभियान 174
अपहरण और मुस्लिम पुरुष की छवि
प्रचार माध्यमों और न्यायालयों का नवीन प्रयोग
निष्कर्ष

10. **साझी संस्कृति में दरारें :**
स्त्रियों की दैनिक जिन्दगी पर चार आँखें 200

11. **गाजी मियाँ की पूजा :**
हिन्दू महिलाओं को क्या सूझा? 213

12. **हिन्दू कोख, मुस्लिम संतति :**
विधवा विवाह पर बदलते विमर्श 229
विधवाएँ और यौनिकता की 'समस्या'
गिनती का खेल
निष्कर्ष

13. **महिला/पितृसत्ता :**
हार या जीत 256

14. **तब और अब :**
निरन्तरता और बदलाव 263

परिशिष्ट : स्त्री शिक्षा *269*
संक्षिप्त सन्दर्भ सूची *279*

चित्र, कार्टून, इश्तहार

1.	कामशास्त्र और गुप्तरोग की पुस्तकों के विज्ञापन	50-51
2.	ब्रह्मचर्य पर एक किताब का कवर	66
3.	अखबारों और पत्रिकाओं में कुछ कामोद्दीपक इश्तहार	69-71
4.	घर और बाहर	101
5.	तीर्थस्थल, स्नान और पर्दा	116
6.	रेलवे स्टेशन और पर्दा	117
7.	देवर और भावज : तब और अब	120-127
8.	महिलाएँ और शिक्षा	141-143
9.	महिलाओं के लिए एक उपदेशात्मक किताब का कवर	146
10.	संगठन	162
11.	राजपूत महिलाओं पर एक पुस्तक का कवर	164
12.	हसन निजामी	183
13.	उत्पीड़ित हिन्दू स्त्री, हिन्दू समाज और मुस्लिम पुरुष	184-185
14.	पीर पूजा और हिन्दू महिलाएँ	216
15.	विधवाओं के लिए उपदेशात्मक साहित्य	234-235
16.	विधवाएँ और धर्मान्तरण	246-247
17.	स्त्री-शिक्षा	270

1

रिश्ता चोली-दामन का

महिलाएँ, यौनिकता, मुस्लिम पुरुष और हिन्दू पहचान

इस किताब के अध्याय तथाकथित दो अलग मुद्दों—उत्तर भारत के औपनिवेशिक दौर में पितृसत्ता के पुनर्गठन और उसी दौर में हिन्दू संगठनों, विचारकों और उनकी विचारधारा के आक्रामक रूपों के उदय—को एक साथ लाती है। अध्याय यह भी दर्शाते हैं कि किस प्रकार यौनिकता, अश्लीलता और लैंगिकता के सवाल हिन्दू सांस्कृतिक और राजनैतिक पहचान के बलपूर्वक आग्रह के साथ जुड़े थे। इन विभिन्न मिलन बिन्दुओं को विशेषकर उन्नीसवीं सदी-देर और बीसवीं सदी-शुरू में उत्तर प्रदेश (तब के संयुक्त प्रांत) के सन्दर्भ में देखा गया है। इन लेखों में यह जाँच-पड़ताल की गई है कि किस प्रकार हिन्दू समुदाय की एकरूपी पहचान का निर्माण पितृसत्ता के पुराने और नए बनाए ढाँचों के तहत हो रहा था और किस प्रकार इसके लिए हिन्दू महिला का विभिन्न रूपों और क्षेत्रों में नियंत्रण आवश्यक था। पुरुष यौनिकता और पुरुषत्व को लेकर चिन्ताएँ भी इसी प्रक्रिया से जुड़ी हुई थीं, और इसकी चर्चा भी की गई है। यह लेख दिखाते हैं कि किस प्रकार अश्लीलता, यौनिकता, 'दूसरे' के बारे में सरोकार और हिन्दू पहचान का एक गठबन्धन था, और कैसे सेक्स की वर्जित गतिविधियों में वृद्धि साम्प्रदायिक लामबन्दी के साथ गोते खा रही थी। लेकिन यह किताब इसपर भी रौशनी डालती है कि इन सबके बीच महिलाएँ कैसे अपनी जगह बना रही थीं और कैसे हिन्दू पहचान की इस प्रक्रिया में कई दरारें थीं।

यौनिकता से जुड़े मुद्दे तीव्र विवाद के केन्द्र में, मगर अनसुलझे रहे हैं। कई विचारकों के अनुसार भारत में यौनिकता के सवाल को लेकर एक 'साजिश भरी चुप्पी' रही है।[1] लेकिन यह महत्वपूर्ण है कि औपनिवेशिक काल में यौनिकता का सवाल प्रत्यक्ष-अप्रत्यक्ष रूप से कई बार सामने आया और इसको लेकर अलग-अलग तरह के विवाद हुए। किताब के पहले हिस्से के लेखों में यह चर्चा की गई है कि यौनिकता में नैतिकता की रक्षा करने की जड़ें क्या थीं। यह भी जाँच-पड़ताल की गई है कि कैसे एक विशेष औपनिवेशिक सन्दर्भ में संकीर्ण हिन्दू ताकतों ने, विशेषकर

साहित्य में, महिलाओं की यौनिक पहचान और एक खास लैंगीय चित्रण की नई व्याख्या की। साथ ही उन्होंने लोकप्रिय सांस्कृतिक गतिविधियों में महिलाओं की भागेदारी पर भी अपना चश्मा बदला। इन सबका प्रमुख मकसद एक सशक्त, आधुनिक और सभ्य हिन्दू पहचान बनाना था।

किताब के दूसरे हिस्से में हिन्दू साम्प्रदायिकता, नफरत भरे भाषण और पर्चे, और कथित 'दूसरे' के भयावहीकरण की चर्चा है जिसमें बेहद कुशल तरीके से हिन्दू महिलाओं को साम्प्रदायिक ढाँचे में ढाला गया। यहाँ विशेष तौर पर रोजमर्रा के जीवन पर ध्यान दिया गया है। हिन्दू और नए राष्ट्र की एक सभ्य, सुसंस्कृत और गतिशील पहचान स्थापित करने के लिए महिला देह का प्रबन्ध जरुरी था। वास्तव में, मेरी यह मूल मान्यता है कि पितृसत्तात्मक आचार-विचारों के पुनर्गठन की गद्दी पर हिन्दू समुदाय के राज्याभिषेक ने भारतीय पुनर्जागरण और सामाजिक सुधार और इससे महिलाओं की स्थिति में परिवर्तन का उदारवादी प्रकल्प लगभग उलट-सा दिया। हम देखेंगे कि मुसलमानों की कथित बढ़ती आबादी को लेकर एक प्रकार की डिब्बाबन्द सोच थी। इस दौर में विशेष तौर पर यह दुष्चिन्ता बनाई और बताई गई कि हिन्दुओं की आबादी मुसलमानों से कम हो जायेगी। लगातार इस बात का प्रचार किया गया कि मुस्लिम आबादी बढ़ रही है, और इस सवाल को महिला देह के साथ विभिन्न रूपों में जोड़ा गया।

औपनिवेशिक काल और उसके बाद, विशेषकर उत्तर भारत में, साम्प्रदायिकता पर भारतीय इतिहासकारों और विचारकों ने गहन अध्ययन किया है। कुछ इतिहासकारों की मान्यता है कि साम्प्रदायिकता मुख्यतः औपनिवेशिक काल में वजूद में आई, जबकि कुछ कहते हैं कि औपनिवेशिक काल और उसके पहले के समय में एक निरन्तरता है। कुछ अन्य इतिहासकारों ने रेखांकित किया है कि चाहे हिन्दू हो या मुस्लिम, साम्प्रदायिकता की अभिव्यक्ति में शिखर की राजनीति या देशी अभिजातों की बड़ी भूमिका रही है। कुछ इतिहासकारों ने सार्वजनिक स्थलों पर धार्मिक गतिविधियों, कर्मकाण्डी समारोहों और दंगों और हिंसा के तांडव में सामूहिक भागेदारी की ओर हमारा ध्यान दिलाया है।[2] इस प्रकार के कई विमर्श सामने आए तो हैं, पर लगभग ये सभी या तो महिलाओं के सवाल पर मूक हैं, या उसके प्रति खासे असंवेदनशील। इसका नतीजा यह है कि कई बातें अँधेरे में रह गई हैं। साथ ही इससे हमें उपनिवेशवाद और साम्प्रदायिकता दोनों की ही एक अधूरी और शायद बिगड़ी तस्वीर मिलती है।[3]

मेरी यह भी राय है कि साम्प्रदायिकता के अधिकतर इतिहास लेखन में हिंसक घटनाओं और दंगों पर ज्यादा ध्यान दिया गया है जिनमें प्रायः महिलाएँ मुख्य किरदार नहीं होती हैं। महिला और साम्प्रदायिकता के अन्तर्सम्बन्धों पर ध्यान दिया भी गया

है तो वह मुख्यतः विभाजन और हिन्दू संकीर्णतावादी ताकतों के तत्कालीन और आज के एजेंडे के सन्दर्भ में है।[4] ये अध्ययन बेहद समृद्ध, सार्थक और गहराई वाले हैं, पर इनका केन्द्र बिन्दु भी हिंसा, महिलाओं की बड़ी पैमाने पर बरामदगी, साम्प्रदायिक उभार में उनकी भागेदारी या उनका उत्पीडन है। इनमें कुछ पहलु छूट गए हैं, और साथ ही 1940 के पहले के दौर में महिला और साम्प्रदायिकता के अन्तर्सम्बन्धों पर कम सामग्री है।

मेरा यह मानना है कि हमें केवल दंगों पर ही अपना सारा ध्यान धरने की जरूरत नहीं है। उसकी जगह हम यह भी देखें कि घर और परिवार के रोजमर्रा की दुनिया और सामाजिक, सार्वजनिक और धार्मिक क्षेत्रों के दैनन्दिन व्यवहारों में क्या घटित हो रहा था। मैं यह रेखांकित करना चाहती हूँ कि विशेषकर औपनिवेशिक भारत में महिला और साम्प्रदायिक राजनीति के चोली-दामन रिश्ते की समझदारी के लिए हम सामूहिक हिंसा और दंगों की उत्कृष्ट घड़ियों पर ध्यान लगाने के अलावा महिला के प्रिज्म का इस्तेमाल करके रोजमर्रा की जिन्दगी और उसके रिश्तों के बीच साम्प्रदायिकता के विकास, और उसके विरोध, की खोज करें। औपनिवेशिक उत्तर भारत में हिन्दू प्रचारकों के ज्यादातर विमर्श हमारी दैनंदिनी के साथ जुड़े हुए थे और वे किसी समुदाय की अभिव्यक्ति, आक्रामकता और द्वंद्व के महत्वपूर्ण संकेतक थे। महत्वपूर्ण बात यह भी है कि इसी रोजमर्रा की जिन्दगी के बीच से हिन्दू संकीर्णतावादी सोच के विरोध के स्वर भी उभरे। मैं यह मानती हूँ कि महिलाओं, याकि लिंग, पर ध्यान धरके हम औपनिवेशिक उत्तर भारत में हिन्दू समुदाय की पहचान के निर्माण का एक अलग मैदान देख पाएँगे या कम से कम अपने परिचित, पुराने मैदान को ही थोड़ा अलग तरीके से समझ पाएँगे। इस प्रकार हम साम्प्रदायिक जोर-आजमाइशों की जटिलताओं, और हिन्दू पितृसत्ता के चरित्र की बुनावट को भी बेहतर समझ पाएँगे।

इन लेखों पर यह दोष लगाया जा सकता है कि ये केवल एक पहलू पर केन्द्रित हैं। इनमें हिन्दू प्रचारकों और सुधारकों की आवाज ही उभरकर आई है और मुस्लिम साम्प्रदायिकता और उसका महिलाओं पर असर एकदम छूट गया है। इस बात को मैं मानती हूँ, लेकिन साथ ही मेरी समझ से उसके लिए हमें एक और पुस्तक लिखने की आवश्यकता है। इस किताब में हिन्दू पहचान की राजनीति पर ध्यान दिया गया है। स्रोतों और भाषा की अधिक जानकारी जैसे व्यावहारिक पहलुओं के साथ ये बात भी गौरतलब है कि भारत में आज बहुसंख्यकों की साम्प्रदायिकता से महिलाओं को विशेष खतरा है। इन लेखों में औपनिवेशिक सन्दर्भों में इस अंतर्सम्बन्ध की खोज की गई है। साक्ष्य यह भी बताते हैं कि इस अवधि में, विशेषकर 1920 के बाद, हिन्दू संकीर्ण ताकतों और प्रचारवादियों ने पहले से कहीं ज्यादा उग्र होकर साम्प्रदायिक सीमाबन्दी के लिए महिलाओं की देह को अपने तर्कों का तीर बनाया।

दुनिया भर में इस विषय पर काफी लेखन है कि किस प्रकार महिलाओं की देह पर समुदायों की पहचान बनाई गई है।[5] औपनिवेशिक उत्तर प्रदेश में भी विशेषकर 1920 के बाद के दौर में आर्य समाज द्वारा शुरू किए गए *शुद्धि* (इस्लाम से हिन्दू धर्म में धर्मांतरण और निम्न जातियों को हिन्दू जातीय श्रेणीक्रम में शामिल करना) और *संगठन* (समुदाय सुरक्षा) आन्दोलनों की पृष्ठभूमि में हिन्दू प्रचारकों ने साम्प्रदायिक पहचान और उसकी सीमा रेखा तेज करने के लिए महिलाओं के देह का कई प्रकार से इस्तेमाल किया। महिलाओं, विशेषकर विधवाओं, की जननीय क्रियाओं को हिन्दुओं की तथाकथित घटती आबादी को लेकर पैदा की गई चिन्ताओं के साथ जोड़ा गया। और इसके साथ-साथ कथित 'दूसरे' मुस्लिम पुरुष को बलात्कारी और अपहरण करनेवाला चित्रित किया गया। इसके अलावा, हिन्दू राष्ट्रवादी प्रलापों को आगे बढ़ाने के लिए माँ की प्रतिमा का कई प्रकार से इस्तेमाल किया गया। यह भी सच है कि उत्तर प्रदेश में कई महिलाओं ने इस प्रकार के सामुदायिक उभार और आग्रह स्वीकार किए और उनमें शिरकत भी की। लेकिन साथ-साथ कईयों ने चुपचाप, अपने तरीकों, जैसे, रोमांस, मस्ती, सह-पलायन और धर्म परिवर्तन, के जरिए सामुदायिक एकरूपता की समझ में सेंध लगाई। अपनी सामाजिक गतिविधियों के जरिए भी महिलाओं ने अपने ऊपर लादी गई पतिव्रता की छवि को कई बार दरकिनार किया।

आधुनिक यूरोप, एशिया और अफ्रीका में राष्ट्रीय, क्षेत्रीय और सामुदायिक पहचान के निर्माण, प्रभुत्वशाली विचारों के प्रसार, और सत्ता हासिल करने के उपकरण के लिए भाषा, साहित्य और प्रिंट को काफी महत्वपूर्ण माना गया है।[6] इस किताब का आधार मसाला भी यही है और इसमें उस दौर में हिन्दी में लिखित और प्रकाशित नीतिपरक साहित्य, आचार संहिता, निबन्ध पुस्तिकाओं, लोकप्रिय पर्चे, किताब, पत्रिका, अखबार आदि से सन्दर्भ जमा किए गए हैं। इन प्रकाशनों के एक बड़े हिस्से ने एक लैंगिक समझदारी और नजरिए से एक नई सामूहिक हिन्दू पहचान बनाने का प्रयास किया। उन्नीसवीं सदी के अन्त और बीसवीं सदी के आरम्भ में उत्तर प्रदेश के ज्यादातर हिन्दू प्रचारकों, अभियानकर्ताओं और लेखकों ने हिन्दी, ना कि अंग्रेजी या उर्दू, को अपना प्राथमिक माध्यम बनाया। ये हिन्दी प्रकाशन सुधारकों, जाति-सभाओं और नव-हिन्दू विचारकों के लिए मुख्य सांस्कृतिक स्रोत थे। प्रिंट के व्यापक विस्तार से हिन्दू प्रचारकों को एक बड़ा क्षेत्र मिल गया। वे अब अपने विचारों को बाजार में वस्तु की तरह बेच सकते थे और जनता के बीच नियामक छवियों और स्वीकार्य आचरणों के उपभोग का रास्ता तैयार कर सकते थे।

इन लेखों में मैंने विशेष रूप से हिन्दू पुरुष प्रचारवादियों की रचनाओं पर ध्यान दिया है, और उनकी असलियत, विडम्बना और आडम्बर को सामने लाने का प्रयास किया है। यहाँ पर हिन्दू प्रचारकों के विचारों को मुख्य रूप से सामने लाया गया है

और इस प्रक्रिया से उनके प्रचार के कारणों और परिणामों की भी झलक मिलती है। लेकिन ये लेख कोई पक्का निष्कर्ष लेकर सामने नहीं आते। इन लेखों का आधार 'चित्रण' है, जो उस समय के प्रिंट में नजर आता है, ना कि 'असलियत' और 'तथ्य'। लेकिन ये दोनों ही महत्वपूर्ण हैं। चित्रण वास्तव में असलियत की बजाय विचारधारा की नक्शानवीसी है, अपने-आप में एक निर्माण की बजाए निर्मित करने की प्रक्रिया है, 'जैसा है-जैसा होना चाहिए' की यात्रा है। और यह सब पहचान बनाने और सामुदायिक लामबन्दी करने के महत्वपूर्ण औजार हैं। प्रिंट के द्वारा मुख्य रूप से चित्रण और प्रस्तुति के माध्यमों से एक साँचेवाली पहचान, छवि और छद्म कारकों का प्रचार-प्रसार किया गया।

इन लेखों में मैंने हिन्दू प्रचारक/प्रचारवादी शब्दावली का प्रयोग उन लोगों के लिए किया है जिन्होंने सचेतन/अचेतन रूप से सार्वजनिक और जन मीडिया का उपयोग करके एक खास तरह के 'हिन्दू नजरिए' का प्रचार-प्रसार किया। कई हिन्दू प्रचारकों ने अलग-अलग रूप में अपने लेखों, भाषणों, सभाओं और गतिविधियों से सामुदायिक विभेदों और साम्प्रदायिक द्वंदों पर जोर दिया, यद्यपि उनकी समझदारी और सन्दर्भ बिन्दु अलग-अलग थे। उन्होंने हिन्दू महिलाओं के लिए एक आचार संहिता प्रस्तावित की। इस प्रक्रिया में कभी-कभी महिलाओं की स्वयं भी भागीदारी रही, पर अधिकतर इस प्रकार के नियमनों और संहिताओं में महिलाओं पर पुरुषों और निम्न वर्गों पर उच्च वर्ग का नियंत्रण अंतर्निहित था। साथ ही, हिन्दू प्रचारकों ने सार्वजनिक हलकों में अपनी आवाज को ही सभी हिन्दुओं की आवाज और सभी हिन्दुओं के हितों का प्रतिनिधित्व करने वाला करार दिया। इनमें से कई आर्य समाज से प्रभावित या उसके सदस्य थे। वे उपदेशक और प्रचारक थे। वे भिन्न-भिन्न प्रकार के सुधारवादियों और पुनरुत्थानवादिओं—सनातनधर्मी, हिन्दू महासभा कार्यकर्ता, हिन्दी लेखक, कांग्रेस सदस्य, जाति सभाओं के प्रवक्ता—की जमात से आते थे। कई दूसरी पंगत के सुधारवादी और अनगढ़ लेखक थे, और एक दूसरे के साथ अस्पष्ट सम्बन्धों में बन्धे हुए थे। ये प्रभावशाली प्रचारवादी मुख्य रूप से मध्यवर्गीय थे, लेकिन वहाँ तक सीमित नहीं थे। वे कोई एकरंगी जमात या आवाज का प्रतिनिधित्व नहीं करते थे। पर उन्होंने अपने ऊपर बहुसंख्यक हिन्दू जनता के सामान्य जनहित के मुद्दों को मुखरित करने की जिम्मेदारी ओढ़ रखी थी। उनका लेखन सिद्धांततः सबके लिए सुलभ था, भले ही वास्तव में उसका वितरण सीमित था। वो एक खास हिन्दू पहचान का वर्चस्व कायम कर रहे थे और इसके साथ-साथ सारे प्रांत, याकि सारे भारत की तरफ से, बोलने का दावा कर रहे थे। वे एक प्रकार से सांस्कृतिक और राजनैतिक माहौल के व्यक्तिसूचक बन गए थे। वे समसामयिक और लोकप्रिय विचारों, मुहावरों और प्रतीकों का भरपूर प्रयोग करते थे।

इस किताब में हिन्दू प्रचारकों की आवाज केन्द्र-बिन्दु है और यह चुनाव मैंने सोच-समझ कर किया है। एक रूप में ऐसा करके मैं एक विशेष प्रकार के इतिहास लेखन पर भी कुछ प्रश्न-चिन्ह लगाना चाहती हूँ। औपनिवेशिक भारत के बारे में कई अध्ययनों ने औपनिवेशिक शासन और शासकों की प्रभुत्वशाली भूमिका पर जोर दिया है। उनके अनुसार उपनिवेश बनाए गए लोगों की खुद की आवाज दब गई थी और वे कोई पहल करने की बजाए केवल प्रशासकों की आवाज पर प्रतिक्रिया कर रहे थे।[7] लेकिन यह गौर तलब है कि अँगरेज शासकों की आवाज खुद भी अन्दर से विभाजित थी और वे सब मिलकर केवल एक ही बोली नहीं बोल रहे थे। इससे भी अधिक महत्वपूर्ण बात है कि भारतीय लोगों की अपनी एक पहल थी, जो केवल एक प्रतिक्रिया नहीं थी। मैं औपनिवेशिक शासन के तहत जी रहे भारतीय आवाजों को ही अपना प्रस्थान बिन्दु बनाना चाहती हूँ। सत्ता अपने आप में कई विरोधाभासों, प्रतिरोध-प्रतियोग से भरी थी। हिन्दू मध्य वर्ग और जाति सुधारक निरन्तर समझौते-सुलह और विरोध की प्रक्रिया से गुजर रहे थे। स्वामित्व और आज्ञाकारिता के बीच कोई स्याह-सफेद विभाजन नहीं था।

एक अन्य बात मैं कहना चाहती हूँ : कई विचारक ये मानते हैं कि औपनिवेशिक काल से पहले के पूर्ववर्ती काल में लैंगिक, यौनिक और नैतिक संहिताओं में अधिक लचीलापन था। लेकिन मुझे ऐसा नहीं लगता। हमें पूर्ववर्ती काल के बारे में यह साबित करने के लिए अधिक अध्ययन की जरूरत है। मेरी दिलचस्पी यह समझने में है कि किस प्रकार हिन्दू प्रचारकों ने औपनिवेशिक सन्दर्भों के तहत सामने आई अस्थिरताओं और सम्भावनाओं को, पहले से मौजूद पितृसत्तात्मक शब्दावलियों और श्रेणीबद्ध व्यवहारों को नया रूप देने के लिए इस्तेमाल किया। इस दौर में पुराने भौतिक आधारों और नए नियमनों के जरिए हिन्दू महिलाओं के नियंत्रण पर खासा जोर दिया गया।

लेकिन मैं यहाँ अपनी भूमिका समाप्त नहीं करना चाहती। मेरा यह कतई मतलब नहीं है कि औपनिवेशिकता और आधुनिकता के रूबरू महिलाओं की स्वयं की सांस्कृतिक अभिव्यक्ति और अन्य आवाजें पूरी तरह कमजोर होती जा रही थीं। यह काल विरोधाभासों और अस्पष्टताओं से घिरा हुआ था और जहाँ महिलाओं को नियंत्रित करने के नए तरीके इजाद हो रहे थे, वहीं उनके लिए नए रास्ते भी खुल रहे थे। ये वो काल भी था जब जाति-विभेद और हिन्दू पितृसत्ता पर कई सवाल उठ रहे थे। अनेक सीमाओं के बावजूद महिला सुधार, शिक्षा के प्रसार, राष्ट्रवादी आन्दोलन और सार्वजनिक हलकों में महिलाओं की उपस्थिति से उनके लिए नए अवसर भी खुल रहे थे। यौनिकता, आनन्द, मनोरंजन और प्यार की विविध अभिव्यक्तियाँ फूट रही थीं। सस्ते, लोकप्रिय साहित्य से आम लोगों और महिलाओं को मनोरंजन के नए साधन मिल रहे थे। ये सभी प्रक्रियाएँ अलग-अलग तरह से

कथित सम्मानीयता और मानकीकरण के दबाव और अंकुश को ढीला कर रही थीं, और बेहद सम्पन्न और बहुरंगी गतिविधियों के लिए रास्ता खोल रही थीं।

साथ ही, औपनिवेशिक शासन की ही तरह, हिन्दू प्रचारकों के विमर्श का आधिपत्य भी कभी भी एकछत्र नहीं था। हिन्दू पहचान कायम करने वाली विभिन्न कोशिशें भी आधी-अधूरी और मंजिल से दूर थीं। एक ही वर्ग में सामुदायिक पहचान के उभार के साथ-साथ उदारवादी मूल्य भी पैदा हुए। इसके साथ ही, हिन्दू पहचान की राजनीति का एक आधारभूत तत्त्व आन्तरिक एकरूपता कायम करने की इच्छा थी। लेकिन यह कोई प्राकृतिक या स्वाभाविक संरचना नहीं थी। यह एक निर्मित बाड़ा था, जिसमें खुद के कई तनाव और दरारें थीं। इसलिए मेरी इस किताब की एक केन्द्रीय कोशिश यह दिखाना भी है कि पहचान की राजनीति के ध्रुवीकरण के साथ-साथ कथित नैतिक व्यवस्था में अव्यवस्था कैसे आ गई। हिन्दू सामूहिक पहचान के निर्माण की प्रक्रिया एकांगी या सीधे-सीधे समर्थक या विरोधी नहीं थी। यह अपने आप में बहुरंगी, बिखरी और विरोधाभासी भी थी। जो शब्दावलियाँ और प्रक्रियाएँ पहले महिलाओं के नियंत्रण के लिए आजमाई गई थीं, वे ही जब एक बार अपनी खुद की लय और गति में आ गईं, तो उन्हीं के बीच विरोध के स्वर भी उभरे। साहित्य, लोकप्रिय संस्कृति, शिक्षा, स्वास्थ्य, धार्मिक बिम्ब, साम्प्रदायिक विभाजन और अन्य कई क्षेत्रों में अपनी एक नई ऊर्जा और उलट पहचान भी दिखने लगी।

इस भूमिका के बाद अगले लेख में मैं संक्षेप में औपनिवेशिक उत्तर प्रदेश में हिन्दू महिला, जाति, वर्ग और साम्प्रदायिकता के बीच सम्बन्धों की पृष्ठभूमि रखना चाहती हूँ।

सन्दर्भ

1. Mary E. John and Janaki Nair, 'A Question of Silence? An Introduction', in Mary E. John and Janaki Nair, eds, *A Question of Silence? The Sexual Economies of Modern India*, Delhi, 1998: 1.
2. Gyanendra Pandey, *The Construction of Communalism in Colonial North India*, Delhi, 1990; Amiya P. Sen, *Hindu Revivalism in Bengal, 1872-1905: Some Essays in Interpretation*, Delhi, 1993; Joya Chatterji, *Bengal Divided: Hindu Communalism and Partition, 1932-47*, Cambridge, 1994; Francis Robinson, *Separatism among Indian Muslims: The Politics of UP Muslims, 1860-1923*, Delhi, 1993, new edn; Sandria B. Freitag, *Collective Action and Community: Public Arenas and the Emergence of Communalism in North India,* Berkeley, 1989; Suranjan Das, *Communal Riots in Bengal: 1905-1947*, Delhi, 1991; Veena Das, ed., *Mirrors of Violence: Communities, Riots and Survivors in South Asia*, Delhi, 1990.

3. औपनिवेशिक काल में साम्प्रदायिकता से सम्बन्धित एक किताब में महिलाओं के सवाल पर काफी संवेदनशीलता नजर आती है। देखें : P. K. Datta, *Carving Blocs: Communal Ideology in Early Twentieth Century Bengal*, Delhi, 1999.
4. Ritu Menon and Kamla Bhasin, *Borders and Boundaries: Women in India's Partition*, Delhi, 1998; Urvashi Butalia, *The Other Side of Silence: Voices from the Partition of India*, Delhi, 1998; Tanika Sarkar and Urvashi Butalia, eds, *Women and the Hindu Right: A Collection of Essays*, Delhi, 1995; Kumari Jayawardena and Malathi de Alwis, eds, *Embodied Violence: Communalising Women's Sexuality in South Asia*, Delhi, 1996.
5. Nira Yuval-Davis and Floya Anthias, eds, *Woman-Nation-State*, Basingstoke, 1989; Deniz Kandiyoti, ed., *Women, Islam and the State*, London, 1991; John S. Hawley, ed., *Fundamentalism and Gender*, New York, 1994; Valentine M. Moghadam, ed., *Gender and National Identity: Women and Politics in Muslim Societies*, London, 1994.
6. Benedict Anderson, *Imagined Communities: Reflections on the Origins and Spread of Nationalism*, London, 1983.
7. Partha Chatterjee, *Nationalist Thought in the Colonial World: A Derivative Discourse?*, Delhi, 1986.

2

कैनवास

महिला, जाति, वर्ग और साम्प्रदायिकता

औपनिवेशिक उत्तर प्रदेश में जाति, काम, पेशा आदि के आस-पास केन्द्रित हिन्दुओं के बीच कई टकराव और मतभेद थे। इसके साथ-साथ एक नई हिन्दू पहचान की कल्पना भी उभर रही थी। रोजाना के जातीय और धार्मिक तनावों के साथ-साथ महिलाओं पर विमर्श भी हिन्दू एकता के लिए एक व्यापक स्रोत बन रहा था। उत्तर प्रदेश में यह एक उथल-पुथल का दौर था, जिसमें सम्पन्नता और विपन्नता, प्रगति और अवगति, दोनों शामिल थे।[1] उच्च, मध्यवर्ती और निम्न जातियों को औपनिवेशिक शासन के तहत बदलते, पर विरोधाभासी रूप में और अलग-अलग स्तरों पर, नफा और नुकसान दोनों हो रहा था। इन्ही मिश्रित कारणों की पृष्ठभूमि में नव-ताकतवर और नव-पीड़ित, दोनों ने ही नई हिन्दू पहचान और पितृसत्ता रचने में अपना योगदान दिया। यह लेख इस किताब की पृष्ठभूमि दर्शाते हुए औपनिवेशिक उत्तर प्रदेश में हो रहे कई बदलावों को दर्शाता है। साथ ही यह जाति, वर्ग, लिंग और हिन्दू पहचान के बीच के अन्तर्सम्बन्धों को इस सन्दर्भ में रखता है।

1857 के बाद उत्तर प्रदेश में न केवल संचार और आवागमन, रेलवे नेटवर्क, जहाजरानी और टेलीग्राफ संचार का तेजी से फैलाव हुआ, बल्कि गंगा के मैदानों में बाजार उत्पादनों, नए पेशों, कानूनी अदालतों, वकीलों, अंग्रेजी शिक्षा, स्कूलों तथा कालेजों, सार्वजनिक निकायों तथा पुस्तकालयों, प्रकाशकों, प्रिंट, प्रेस और देशी भाषा के अखबारों की संख्या में भी भारी बढ़ोतरी हुई।[2] साथ ही एक नए गतिशील मध्यम वर्ग का भी उदय हुआ। समाज की कुछ श्रेणियाँ ऊपरी पायदानों पर पहुँच पाईं। रोजगार के नए अवसर और नए पेशे, जैसे, कानून, अध्यापन और पत्रकारिता, के कारण मध्यम वर्ग सशक्त हुआ, जिसमें मुख्यतः उच्च और मध्यमवर्ती जातियों के लोग थे। पंडितों और पारम्परिक शिक्षित लोगों में से कई राजस्व और कानून के स्थानीय जानकार बन गए। उन्नीसवीं सदी के अन्त तक उत्तर प्रदेश के कई क्षेत्रों में भूस्वामियों के नए समूह सामने आए। इन उल्लेखनीय उपलब्धियों के संग-संग

जीवन पद्धति पर पाश्चात्य असर, और मर्यादा, संस्कार और आधुनिकता के नए प्रतिमान भी घुल-मिल गए। ऊँचाई पर चढ़नेवाले लोगों और समूहों का सीढ़ीदार असमान व्यवस्था की रक्षा करने में हित निहित था।

प्रथम विश्व युद्ध के बाद के दौर में विशेष तौर पर उत्तर प्रदेश की शहरी अर्थव्यवस्था में उद्योगों का उल्लेखनीय विस्तार हुआ। 1922 और 1927 के बीच राज्य में पंजीकृत कारखानों में 39 प्रतिशत वृद्धि हुई और वे 255 से बढ़कर 354 हो गए। इसी दौर में कारखाना मजदूरों में 22 प्रतिशत वृद्धि हुई और वे 72,545 से बढ़कर 88,319 हो गए।[3] अपेक्षाकृत सम्मानीय पेशों में नई नौकरियाँ आईं। निम्न जातियों के लोग रेलवे, ब्रिटिश परिवारों के घरेलू नौकर, कार्यालयों के चपरासी और नगरपालिका के सफाई कर्मचारियों के रूप में बहाल हुए। परदेस जाकर काम करनेवालों की संख्या बढ़ी, वंशगत रोजगार की परम्परा कुछ कमजोर हुई, परम्परागत जाति बन्धन ढीले पड़े और मनोरंजन के समय और अवसरों में कुछ इजाफा हुआ। साथ ही साथ लोगों ने नए गठबन्धन बनाए जिससे सीमित ही सही, पर आजादी और सुरक्षा का नया एहसास आया। उदाहरण के लिए 'भंगियों' ने नगरपालिका की नौकरी में ज्यादा सुरक्षित महसूस किया क्योंकि उसमें पारम्परिक धब्बा बनिस्पत कम था। इसके भी उदाहरण हैं कि चमार, डोम, तेली और कलवार जैसी 'कमतर' जातियों ने चमड़े, तिलहन और धातु व्यापार के विकास के कारण सम्पत्ति और अपनी हैसियत में इजाफा किया। उत्तर प्रदेश के आर्थिक वर्गीकरण में चमार महत्वपूर्ण थे और इस काल में कुछ चमार परिवारों ने नई नौकरियों और लाभकारी व्यापारों में प्रवेश किया। वे मोची और काठकार बनकर, विशेषकर कानपुर के आस-पास के इलाकों में, चमड़ा कारखानों में कहीं ज्यादा मजदूरी पर काम करने लगे। आगरा में कुछ चमार परिवारों को विश्वसनीय व्यापारियों के रूप में भी स्वीकार किया गया।[4]

बढ़ते अवसर और साधन, सम्पत्ति के इजाफे, नए विचार, प्रिंट मीडिया और डाक सेवा, और पुराने सम्बन्धों में नई जान के कारण नए आन्तरिक गठबन्धन और संगठन बनाने के रास्ते साफ हुए। 1880 के बाद से उच्च और मध्यवर्त्तीय जातियों समेत कई अन्य जाति-समूह और एसोसिएशन उभरे।[5] उनकी अपनी पत्रिकाएँ और पर्चे थे जिनमें उनके अरमान और असुरक्षाएँ दोनों उभरते थे।[6] अपेक्षाकृत सम्पन्न जातियों जैसे कायस्थ, खत्री, अग्रवाल, मारवाड़ी और वैश्य, और कई निम्न जातियों ने भी ऊँची हैसियत (विशेषकर क्षत्रिय) की माँग शुरू की। उन्होंने सार्वजनिक नियुक्तियों और राजनैतिक प्रतिनिधित्व में ऊँची जातियों की सत्ता के समानान्तर अपना हिस्सा माँगना भी शुरू किया। ऊँची सीढ़ी की ओर अग्रसर कुछ गतिशील निम्न जातियों ने अपना दर्जा बढ़ाने की माँग बेहद जोरदार ढंग से रखी। शिक्षा में वृद्धि के साथ राजनैतिक जीवन में निम्न जातियों की उपस्थिति बढ़ी।[7] भाषाई

अध्ययन और जानकारी से लैस विभिन्न जातियों के प्रवक्ता सामने आने लगे जो जातियों की विशिष्ट माँगों की अभिव्यक्ति में मंजे हुए थे। जाति एसोसिएशनों, पत्रकारिताओं और पुस्तकों आदि के जरिए कई मध्यवर्ती और शूद्र जातियों ने अपने 'अधिकारों' के बारे में बयान दिए।[8] अपने अधिकारों की सशक्त अभिव्यक्ति और जाति के अरमानों की मुस्तैद दावेदारी के लिए कईयों ने ब्रिटिश अधिकारियों द्वारा शुरू की गई जनगणना की प्रक्रिया को एक अच्छे अवसर के रूप में देखा। विभिन्न जातियों ने खुद की दावेदारी और अपना ओहदा बढ़ाने के लिए पश्चिमी अधिकारियों द्वारा किए गए कई अध्ययनों और अनुसंधानों को निरन्तर उद्धृत या आलोचित किया। आँकड़ों और प्रिंट का इस्तेमाल करके नए दर्जे और जाति को तरजीह देनेवाली सकारात्मक नीतियों, आफिसों में नौकरी, सरकारी हलकों में मान्यता और साथ ही साथ एक ऊँचे क्षत्रिय दर्जे की वकालत की गई।

इसी बीच पारम्परिक व्यवस्था में गिरावट या उसे मिल रही चुनौती, ब्रिटिश शासन, और आर्थिक मंदी के कारण लोगों की चिन्ताएँ भी बढ़ रही थीं। कई हिन्दुओं में आर्थिक असुरक्षा भी बढ़ रही थी क्योंकि औपनिवेशिक हमला अनेक परम्परागत पेशों को गम्भीर चुनौती पेश कर रहा था और मौजूदा सामाजिक और आर्थिक सम्बन्धों को अस्त-व्यस्त कर रहा था। संरक्षण देने के पारम्परिक स्रोत कम गए थे और देशी अभिजात्य और रईस लोगों के साए में जीनेवाली आबादी के कुछ हिस्सों में प्रतिरोध के स्वर उभर रहे थे। उदाहरण के लिए अंग्रेजी के आगमन और सरकारी स्कूलों के विस्तार से बनारस के कुछ संस्कृत पंडितों की सामाजिक स्थिति और शैक्षणिक व्यवस्था बदल रही थी। कई उच्च जातीय लोगों ने नए अवसरों के अनुसार अपने को ढालने की जरूरत महसूस की। शिक्षा के विकास और सरकारी विभागों में मासिक वेतनभोगी नौकरियों के कारण अब तक पारम्परिक रूप से क्लर्की करनेवाले कायस्थों को आर्थिक असुरक्षा और प्रतियोगिता से गुजरना पड़ रहा था क्योंकि पेशेवर कलमकारों की जरूरत कम गई थी। उनके सम्मेलनों में प्रायः प्रस्ताव पारित करके पेशे के परम्परागत विभाजन समाप्त करने की जरूरत पर जोर दिया गया। हुंडी व्यापार के कमने और एक मुद्रा के चलन के कारण सर्राफों के पारम्परिक पेशे में कटौती हुई और 1920 तक आते-आते सर्राफों ने बड़े पैमाने पर उद्योगों में निवेश शुरू किया।

ये समस्याएँ आम तौर पर शिक्षित लोगों के लिए रोजगार के संकट के कारण और बढ़ गईं।[9] कम वेतन और कमतर दर्जेवाले क्लर्कों का एक वर्ग पैदा हुआ जिसने बदलते समय और सिकुड़ते आर्थिक साधनों का दबाव महसूस किया। एक कथित स्वर्ण युग के समाप्त होने के त्रास में एक निराश मनोदशा ने आधुनिक समय और कलयुग के इस दौर को ह्रास, पतन, महामारी, रोगी शरीर, मिलावटी घी और महँगाई

के युग के रूप में चित्रित किया। कलयुग के दौर में आपदा का खतरा बताया गया। पुरुषत्व के नुकसान, निम्न जातियों की उभरती आवाज और अनुशासनहीन-अनियंत्रित महिलाओं को इस आपदा के पक्के संकेत के रूप में देखा गया। एक सम्पादकीय ने अपना दुःख व्यक्त करते हुए लिखा, 'हमारी गायत्री आज निर्बल है, गंगा का जल आज बलहीन है, ब्राह्मण का वाक्य आज निष्फल है।'[10] ब्राह्मणों के लिए एक पुस्तिका ने कलियुग की भीषण तस्वीर खींचते हुए लिखा :

सतयुग जागे त्रेता जागे द्वापर में आई नींद गम्भीर।
कलिकाल विकराल आ गया अब मत सोवो मेरे वीर...
आगे बढ़ गए तुम से जो छोटे थे कई दर्जे।
तुम्हारी अक्ल पर किया जिहालत ने बसेरा है।[11]

कई आधुनिक विकासों, जैसे रेलवे, के कारण जाति विभाजन और खाने-पीने की सख्त वर्जनाओं, जैसे कच्चा और पक्का खाना, को कायम रखना मुश्किल होता जा रहा था। इससे हिन्दू सनातनधर्मी विशेष तौर पर विचलित हो रहे थे।[12] कुछ ने उच्च जाति के हिन्दुओं के लिए रेल में अलग डिब्बे और आहार कक्ष की माँग की।[13] दूसरी ओर आर्य समाजी, समाज सुधारक, राष्ट्र निर्माण और सांस्कृतिक उत्थान की गुहार करनेवालों ने जाति विभेद का समर्थन करते हुए भी जाति के कठोर प्रावधानों की सीमित आलोचना की और उसे आधुनिकता, संस्कृति और राष्ट्र निर्माण के सवालों के साथ जोड़ दिया। इन कई कारणों से कई ऊँची जाति के सदस्यों को अपना नियंत्रण और दबदबा कम होने का एहसास हुआ। इन्होंने नए बदलावों को आम तौर पर एक नैतिक संकट के रूप में चित्रित किया।

साथ ही, कृषि मंदी, जमीन की ललक, जमीन के लगातार बँटवारे, विस्थापन, पूर्वजों से हासिल जोतों के क्षरण, ग्रामीण क्षेत्रों के लघु उद्योगों में गिरावट जैसे कारणों से भी आर्थिक उथल-पुथल हुई।[14] कईयों को अपने रोजगार के साधन खतरे में नजर आए। मुख्यतः पुरुषों का ग्रामीण से शहरी केन्द्रों में बड़े पैमाने पर पलायन हुआ और वो पूर्वी जिलों से निकलकर कानपुर, इलाहाबाद और लखनऊ जैसे विकसित हो रहे व्यावसायिक शहरों की ओर चले गए।[15] परदेस पलायन आर्थिक मंदी के सालों का चिन्हक हो गया और नौकरी हासिल करना ज्यादा मुश्किल और प्रतिस्पर्धी हो गया। इसके अलावा, बीसवीं सदी की शुरुआत से ही उत्तर प्रदेश की आबादी में काफी वृद्धि हुई जिसके परिणामस्वरूप नौकरियों और रोजगार पर दबाव बढ़ गया।[16] 1935 तक आते-आते उत्तर प्रदेश में बेरोजगारी की समस्या अत्यधिक गम्भीर हो गई थी।[17] साथ ही, 1900 के नगरपालिका अधिनियम के अमल से लगभग सभी पेशों और विभिन्न वर्गों के आम अधिकारों में—कम से कम नियमों के स्तर पर—औपनिवेशिक अधिकारियों का हस्तक्षेप हो गया था। रोजमर्रा की जिन्दगी के विभिन्न पहलू, जैसे कौन-सी खाद्य

वस्तु बेची जाए और कहाँ बेची जाए; कहाँ, कब और कैसे नहाया, धोया और रहा जाए; वाहन, गलियों, रोशनी, नालों, गन्दगी, वेश्याओं, शोर, सफाई, आदि के कई मसले विवादग्रस्त हो गए। उदाहरण के लिए, सफाई करनेवालों पर जुर्माना लगाया जाता था यदि यह महसूस किया जाता कि वह अपना काम ठीक से और उचित अन्तराल पर नहीं करते थे। नहाना और धोना नियत समयों और स्थानों पर सीमित रखे गए थे। किसी भी खाद्य या पेय वस्तु के विनिर्माण और विक्रय के लिए लाईसेंस आवश्यक था।[18] यह तर्क भी दिया गया कि औपनिवेशिक उत्तर प्रदेश पर कब्जे और नियंत्रण द्वारा व्यवस्था कायम करना औपनिवेशिक शासन के लिए प्रमुख था।

बढ़ते अरमान और असुरक्षा, दोनों ही हिन्दू पुनरुत्थानवादियों और सुधारवादियों के बढ़ते प्रलापों के साथ जुगलताल कर रहे थे और इस क्रम में कुछ हिन्दू विचारों और व्यवहारों को चुनौती मिल रही थी, तो कुछ को समर्थन। उत्तर प्रदेश में हिन्दू प्रचारवादियों ने, जिनमें कट्टरपंथी और सुधारवादी दोनों शामिल थे, वैज्ञानिक आधुनिकता और सामाजिक संकीर्णता के कई धागों को एक साथ जोड़ दिया। इसके साथ ही प्रचार करने और सहमति बनाने के नए तरीके भी आ गए। हम पाते हैं कि विशेषकर बीसवीं शताब्दी के आरम्भ से हिंदुत्व पहले से कहीं ज्यादा 'एकताबद्ध' हो गया। औपनिवेशिक नगर संरचना, नगरपालिका के कानून, मिशनरी गतिविधियों और दस-सालाना जनगणना के जरिए अंग्रेजों ने भी इन प्रक्रियाओं में एक भूमिका निभाई। हिन्दू समाज के अन्दरूनी तनाव और उस समय हुए खास परिवर्तन भी उतने ही महत्वपूर्ण थे।[19]

हिन्दू पुनरुत्थान का एक सन्दर्भ उन्नीसवीं सदी के प्रारंभ में हिन्दुओं के बीच एक गतिशील व्यापारिक संस्कृति का उदय था। मंदिर कुकरमुत्ते की तरह उग आए थे, गलियों में नए पेशे दिखने लगे थे, और हिन्दू समुदाय के केन्द्र के रूप में गाय ने एक नई प्रधानता प्राप्त कर ली थी। कई निम्न जातियों के लिए ऊँची जाति के दर्जे पर जोर देकर तथा और ज्यादा आक्रामक हिन्दुवाद पैदा करके वैष्णव सुधारों ने इस काल में नए आयाम और नए आकार ग्रहण किये। धार्मिक अनुष्ठानों और समारोहों में वृद्धि हुई और आर्य समाज, सनातन धर्म महामंडल तथा हिन्दू सभा की गतिविधियाँ काफी बढ़ गईं। सत्तानसीन हिन्दू अभिजात्य के सदस्यों, भूस्वामियों, पुरोहितों और हिन्दू समितियों के प्रधानों ने भारत धर्म महामंडल को जीवित रखा। कई सनातन धर्म सभाएँ, गौशालाएँ और स्कूल स्थापित किए गए।[20] जैसे, 1880 के दशक में इलाहाबाद में प्रयाग हिन्दू समाज और मध्य हिन्दू समाज बना। इन संगठनों ने उच्च जाति और मध्यवर्गीय हिन्दुओं को विशेष रूप से संगठित होने, अपने विचार प्रकाशित करने और कानूनी एवं अन्य साधनों को इस्तमाल करने का मौका दिया। इनके जरिए हिन्दुओं ने अपने-आप की और हिन्दू धर्म की ऐसी व्याख्याएँ प्रस्तुत कीं जो एक साथ पुरातन और आधुनिक दोनों थीं।

1920 तक आते-आते आक्रामक हिन्दू अभिव्यक्ति नई ऊँचाईयों तक पहुँच गई। इस दौर में उत्तर प्रदेश में साम्प्रदायिक दंगों की तादाद में अप्रत्याशित वृद्धि हुई। यह कहा गया है कि 1870 से 1920 के दशकों के बीच हिन्दू राष्ट्रवाद का एक विचारधारा के रूप में निर्माण हुआ और 1920 के दशक में इसने सिद्धांत का रूप ले लिया।[21] कांग्रेस के अन्दर और बाहर राष्ट्रवाद का विकास हिन्दू (और मुसलमान) सांस्कृतिक और धार्मिक मूल्यों की 'पुनर्खोज' के साथ-साथ हुआ। धार्मिक सुधारवाद, अपनी अलग-अलग पहचान पर जोर, और राजनैतिक राष्ट्रवाद—ये सभी एक दूसरे से अनुबद्ध थे। गौर की बात है कि इसी दौर में आर्य समाज की सदस्यता में निरन्तर वृद्धि हुई। 1891 में उसकी सदस्यता प्रति 10,000 की आबादी पर केवल पाँच थी, जो 1921 में बढ़कर 45 हो गई। सनातन धर्म और आर्य समाज के बीच का एक समय का बेहद तीखा विवाद अब कम गया था और दोनों के बीच एक व्यापक सहमति और कुछ मुद्दों पर एका था जिससे विचारों की विविधता घट गई थी।

उत्तर भारत में हिन्दू उभार की प्रक्रिया को मुस्लिम पुनरुत्थानवाद के विकास से भी मदद मिली। कई अध्ययनों ने इस तथ्य को उजगार किया है कि मुस्लिम शासकों के राज्य सत्ता के ह्रास, औपनिवेशिक शासन के असर और हिन्दू पुनरुत्थान जैसे कारणों से मुस्लिम अभिजात वर्ग के एक बड़े हिस्से ने इस्लाम का संरक्षण करने और मुस्लिम समुदाय को गोलबन्द करने की कोशिश शुरू की, जिससे एक अलग मुस्लिम पहचान की राजनीति विकसित हुई।[22] असहयोग-खिलाफत आन्दोलनों में मुस्लिमों की भारी भागेदारी के कारण भी हिन्दुओं पर एक समुदाय के रूप में संगठित होने का दबाव बढ़ा।

हिन्दुओं और मुसलमानों के बीच तनाव लगातार बढ़ रहा था और इसके कई अन्य कारण भी थे। मध्यम वर्गों के बीच शैक्षणिक अवसरों, सरकारी नौकरियों और नगरपालिका के ओहदों के लिए खासी चाहत थी। उत्तर प्रदेश के कई शहरों में मुसलमान साक्षरता और रोजगार में हिन्दुओं से अपेक्षाकृत आगे थे, जिससे हिन्दुओं में यह भावना पैदा हुई कि मुसलमान उनकी नौकरी छीन रहे हैं। यह भी ध्यान रखना जरुरी है कि चाहे नगरपालिका के नियम अंग्रेजों ने बनाए थे, इन अधिनियमों पर वास्तविक अमल आम तौर पर भारतीयों के हाथों में था जिससे मध्यवर्गीय हिन्दुओं और मुसलमानों के बीच मनमानी और प्रतिस्पर्धा की गुंजाइश और बढ़ रही थी। साथ ही अनेक निम्न और मध्यवर्ती जातियों में अत्यधिक आर्थिक असुरक्षा की भावना थी और इसीलिए मुसलमानों के खिलाफ बोलना आर्थिक रूप से फायदेमंद समझा जा रहा था। शहरी उत्तर प्रदेश की आबादी में मुसलमानों का प्रतिशत उनकी कुल आबादी की तुलना में ज्यादा था और वो एक उल्लेखनीय श्रमशक्ति भी थे।[23] रोजाना की कामकाजी जिन्दगी, यहाँ तक की चतुर्थ श्रेणीय रोजगार में भी, हिन्दुओं और

मुसलमानों के बीच काफी प्रतियोगिता थी। साथ ही साथ, ऊँचे दर्जे का दावा करने वाली कई निम्न जातियों के हिन्दू अपने खून की शुद्धता स्थापित करने की कोशिश में अपने रीति-रिवाजों को बाहरी प्रभावों से अछूता और पूरी तरह 'हिन्दू' बता रहे थे। इसके अलावा, अपनी कमजोर स्थिति से उबरने और खुद मुख्तारी के एक औजार के रूप में बड़ी संख्या में किसानों, जाति एसोसिएशनों और शहरी शूद्र गरीबों ने हिन्दू पुरुषार्थ और क्षत्रित्व का दावा करनेवाली भाषाई अभिव्यक्ति अपनाई।[24] जैसे यादवों ने कृष्ण के रण कौशल का उदाहरण देकर अपने को विशिष्ट सिपाही बताया।[25] आक्रामकता और पुरुषार्थ के प्रदर्शन द्वारा कई निम्न जातियाँ अपनी स्थिति सुधारना चाहती थीं और अधिक सम्मान प्राप्त करना चाहती थीं। कई शूद्र जाति के लोगों ने सार्वजनिक हलकों और साम्प्रदायिक दंगों में बढ़-चढ़कर हिस्सा लिया। इस प्रकार हिंदुत्व का एक योद्धा धर्म के रूप में प्रस्तुति पर जोर बढ़ा।

इन सब बदलावों के साथ ही महिला, परिवार और घरबार की स्थिति में भी कई परिवर्तन आ रहे थे, जिन्होंने इस समय पितृसत्तात्मक असुरक्षाओं को बढ़ाया और महिलाओं पर नियंत्रण को और ज्यादा जरुरी बना दिया। बड़ी संख्या में ऐसे अध्ययन मौजूद हैं जो उत्तर प्रदेश में इस परिवर्तन पर रोशनी डालते हैं। असहयोग-खिलाफत आन्दोलन की शुरुआत से 'सार्वजनिक' गतिविधियों और आन्दोलनों में महिलाओं के भागेदारी में काफी बढोतरी हुई। इस काल में उत्तर प्रदेश का वातावरण विविध गतिविधियों से भरा हुआ था और महिलाओं की भूमिकाओं और अधिकारों के बारे में जागरूकता बढ़ रही थी।[26] कई मध्यवर्गीय हिन्दू महिलाएँ शिक्षा पाकर पत्रिकाओं की सम्पादिका और स्कूल-कालेजों में शिक्षिकाएँ बनकर उभरीं। *गृहलक्ष्मी, स्त्री दर्पण, प्रभा* और *चाँद* जैसी कई हिन्दी पत्रिकाओं ने सार्वजनिक क्षेत्र में महिलाओं की बढती मौजूदगी को उजागर किया।[27] कुछ महिलाएँ अपने जाति संगठनों के जरिए भी अपने हितों के बारे में ज्यादा जागरूक हो रही थीं और अपनी गतिविधियों का दायरा बढ़ा रही थीं।[28] शहरों में महिलाओं की भागेदारी के अलावा बाबा रामचंद्र के नेतृत्व में अवध के किसान आन्दोलन में ग्रामीण महिलाएँ सामने आ रही थीं।[29] परम्परागत लैंगिक विभाजनों और सीमाओं की संकीर्णता को कुछ हद तक चुनौती मिल रही थी।

इन सभी विकासों का लिंग और महिलाओं के सवाल पर मिश्रित असर पड़ा। हिन्दू प्रचारवादी इन अनेक चुनौतियों और अवसरों के सन्दर्भ में लैंगिक मुद्दे से रूबरू हो रहे थे। एक ओर संकीर्णता, विभेद, उच्च जातीय आधिपत्य और धार्मिक एकरूपता पर नया जोर देने के लिए महिलाएँ एक महत्वपूर्ण बिन्दु थीं। ब्राह्मणवादी पितृसत्तात्मक ताकतों द्वारा सत्ता पर कब्जा बनाए रखने, सामाजिक विभेद मजबूत करने और जाति विशेषताओं पर जोर देने के लिए महिलाएँ एक सशक्त माध्यम थीं।[30] इस प्रकार जातिगत, धार्मिक और लैंगिक असमानताएँ मुकम्मल तरीके से एक

दूसरे का पोषण कर रही थीं। घर और विवाह सम्बन्धों के पुनर्गठन, सुधारवादी प्रयासों से उन्मुख एक आदर्शवादी पतिव्रता की छवि, सेक्स पर और अधिक अनुशासन, और महिलाओं की सामाजिक गतिशीलता पर नियंत्रण के कारण सामाजिक चौहद्दियाँ बनाए रखने में मदद मिली।

अन्य जातियों के ऊँचे दर्जे की माँग का जवाब देने के लिए महिलाओं से जुड़े रीति-रिवाज और लिंग-प्रेरित भाषा बेहद निर्णायक हो गए। उदाहरण के लिए एक राजपूत कुमार छेदा सिंह वर्मा ने एक महत्वपूर्ण और प्रभावशाली पुस्तक लिखी, जो अंग्रेजी और हिन्दी दोनों में उपलब्ध हुई।[31] इस किताब में उन्होंने कई जातियों की, जो ऊँचा होने का दावा कर रही थीं, कड़ी आलोचना की और इसमें एक मुख्य निशाना महिलाओं से जुड़े रीति-रिवाजों को बनाया गया। उन्होंने खत्रियों के 'हंसा तमाशा' रीति की आलोचना की जिसमें किसी व्यक्ति की मृत्यु पर 'अश्लील' गाने गाए जाते थे और मुखौटा पहना जाता था। कायस्थों की 'शारीरिक कमजोरी' को उजागर करते हुए उन्होंने कहा कि वे केवल क्लर्कों जैसे कमतर कामों के लिए ही भले हैं। एक स्थान पर उन्होंने लिखा : 'कायस्थ आम तौर पर अपने उपनाम के लिए दास का प्रयोग करते हैं और औरतों के नाम बगैर अपवाद के दासी से समाप्त होते हैं।' जाटों के क्षत्रिय नहीं होने का मुख्य कारण उनमें विधवा विवाह और बहु पति प्रथा के प्रचलन को बताया गया। पर्दा नहीं होने के कारण कुर्मियों की आलोचना की गई।

उत्तर प्रदेश में, अन्य जगहों की तरह ही, जाति का दर्जा निर्मित करने के लिए महिलाओं की स्थिति, भूमिका और उनसे जुड़े रिवाज सबसे महत्वपूर्ण थे। अग्रवालों ने अग्रहारियों के साथ भेदभाव किया क्योंकि उनकी महिलाएँ दूकानों में काम करती थीं। खटीकों को नीचा दिखाया गया क्योंकि उनकी महिलाएँ सड़कों पर फल बेचती थीं। गुज्जरों के एक तबके को कमतर माना गया क्योंकि उनकी महिलाएँ घी और मक्खन बेचती थीं। इस प्रकार कई मध्यवर्ती और यहाँ तक कि निम्न जातियों ने भी अपनी सामाजिक औकात बढ़ाने और ऊँचाई पर पहुँचने के दावों को मजबूत करने के लिए अपनी महिलाओं पर कई तरह के नियंत्रण लगाने शुरू किये। कुछ शहरी चमारों ने अपनी पत्नियों को अलग-थलग रखना शुरू किया और अपने समुदाय में महिलाओं की नई भूमिका की बात की। कई चमार सभाओं ने अपनी महिलाओं को दाई बनकर दूसरे के घरों में जाने से रोका।[32] लखनऊ के खटीकों ने अपनी महिलाओं को केवल दूकान में सामान बेचने के लिए कहा, ना कि ठेलों पर। कई अहीर परिवारों ने अपनी महिलाओं को दूध बेचने के लिए बाहर जाने से रोका।[33] कई निम्न जातियों की सभाओं ने विभिन्न तरह के 'अश्लीलताओं' के खिलाफ वर्जनाएँ बनाईं। इस सबके बीच महिलाओं के आय-उपार्जन पर एक बार फिर कई पाबंदियाँ लगाई गईं।

इसके साथ ही साथ ऊँची जाति के सुधारकों ने निम्न जाति के उन लोकप्रिय सांस्कृतिक व्यवहारों में सुधार लाने की कोशिश शुरू की जो खासकर महिलाओं से सम्बन्धित थे। इसका कथित मकसद था निम्न जातियों को ऊपर उठाना और उन्हें कई बुराईयों और ढीले-ढाले और 'हीन' सांस्कृतिक पैमानों से मुक्ति दिलाना। इसका असर उच्च जातीय वर्चस्व बनाए रखने पर भी पड़ा और उच्च जातीय आदर्श और व्यवहार पहले से ज्यादा मजबूत हुए। महिलाओं समेत बहुसंख्यक लोगों के लोकप्रिय सामाजिक और सांस्कृतिक व्यवहारों की मुखालिफत और एक अभिजात ब्राह्मणवादी रुझान ने 'प्रगतिशील' हिन्दू सुधारकों और 'संकीर्ण' नव-परम्परावादियों के बीच एका कायम करने में भी मदद की। ये दोनों ही महिलाओं के लोकप्रिय व्यवहारों और चाल-चलनों से चिढ़ते थे। जैसे आर्य समाज और सनातन धर्म, दोनों ही महिलाओं के तथाकथित 'अश्लील' गीत गाने, सार्वजनिक घाटों में अर्द्ध-नग्न स्नान करने, होली, मेले और थियेटर में शिरकत करने का विरोध करते थे। दोनों ही इसे हिन्दू पतन के उदाहरण के रूप में देखते थे।

यह गैर महत्वपूर्ण नहीं है कि आर्य समाज और कट्टर हिन्दू संगठनों के कई अग्रणी सदस्य कई जाति सभाओं और हिन्दू धार्मिक संगठनों के सक्रिय सदस्य भी थे। अनेकों उच्च और मध्यवर्ती जाति सभाओं और हिन्दू संगठनों ने इसी प्रकार के प्रस्ताव स्वीकार किये, यद्यपि उनके कारण और आकांक्षाएँ अलग और विविध थे। विधवा विवाह, विवाह के खर्चे में कटौती, महिलाओं की 'अश्लील' गतिविधियों पर रोक, सीमित शिक्षा, आंशिक पर्दा—यह लगभग सभी का एजेंडा था। कुछ के लिए इसका मकसद जातीय वर्चस्व बनाए रखना या एका कायम करना था, तो कुछ इसे भौतिक तरक्की या सामाजिक हाशिए से दूर होने का औजार मानते थे। जातीय विभेद की आक्रामक अभिव्यक्तियाँ और सीमित-समावेशी सुधारों एवं सहयोजन की परिभाषाओं के बीच महिलाओं के देह पेंडुलम की तरह डोल रहे थे। समुदाय की एकमुखी पहचान बनाने का काम पितृसत्ता के नवीनीकरण और उसके नए-नए अवतारों के कंधे पर सवार होकर हुआ और इसके लिए हिन्दू महिलाओं को नियंत्रित करना निर्णायक था।

मुसलमानों के साथ मतभेद पर जोर देने से हिन्दू एकता की परिकल्पना और हिन्दू समाज के गहरे जातीय तनावों पर लीपापोती करना भी सम्भव हो पाया। यहाँ पर फिर एक बार यौनिकता और लैंगिकता के सवाल केन्द्रीय थे। साम्प्रदायिक राजनीति के जोर पकड़ने में महिलाओं की देह का इस्तेमाल विशेष रूप से प्रभावकारी हुआ। आर्य समाज के महत्वपूर्ण सदस्य उत्तर प्रदेश के कई प्रमुख प्रकाशन घरानों और समाचारपत्रों के मालिक थे। इन प्रकाशनों के जरिए कई हिन्दू प्रचारकों ने मुसलमानों और इस्लाम के खिलाफ भारी अभियान शुरू किया जिसमें लैंगिक अभिव्यक्तियों को

खासा इस्तेमाल किया गया। गौ-रक्षा आन्दोलन के विकास और उर्दू की जगह परिमार्जित हिन्दी के प्रयोग की वकालत के बारे में हम पहले से ही काफी जानते हैं। हम पाते हैं कि लैंगिक प्रतिमाओं, खासकर माँ की छवि के उपयोग से, इन आन्दोलनों ने एक खास भावनात्मक अपील की। इस किताब में हम पाएँगे कि कैसे इन अभियानों के अलावा इस दौर में अपहरण और मुस्लिम मर्द द्वारा हिन्दू महिला के धर्मान्तरण के खिलाफ प्रचार अभियान हुआ। इसके साथ-साथ, हिन्दुओं की संख्या बढाने के लिए महिलाओं की प्रजनन क्षमताओं पर भी नियंत्रण करने के प्रयास सामने आए। ये सभी आन्दोलन और कोशिशें उग्र हिन्दू अभिव्यक्तियों और हिन्दुओं की अमूर्त्त एकता के लिए और अवसर मुहैया करा रहे थे। मुस्लिमों की नौकरियों और उनके सांस्कृतिक बिम्बों और मुहावरों पर हमले की प्रक्रिया में हिन्दू प्रचारकों ने हिन्दू महिलाओं से सभी प्रकार की मुस्लिम चीजों, लोगों और बिम्बों से सम्बन्ध तोड़ने का आह्वान किया। मुस्लिमों के खिलाफ हिंसा के एक प्रेरक के रूप में शायद इस तरह से हिन्दू प्रचारवादी महिलाओं की सार्वजनिक क्षेत्र में बढती भागेदारी के मुद्दे को भी अपने अनुरूप ढाल सकते थे और उनका इस्तेमाल मुस्लिम पुरुषों के खिलाफ कर सकते थे।

इसके साथ ही हिन्दू महिलाओं के जरिए हिन्दू प्रचारकों और मध्य वर्ग के एक हिस्से ने कुछ ऐसे आम हित और मूल्य पाए जिनसे जातीय टकरावों और मतभेदों को कुछ हद तक पाटा जा सकता था। मुझे ऐसा लगता है कि गौरक्षा और मस्जिद के सामने संगीत जैसे मुद्दों का सीमित असर था और कुछ निम्न जातियाँ इन मुद्दों से अपना कोई जुड़ाव नहीं पाती थीं। इससे अलग महिलाओं के प्रतीक और मुद्दे एक साथ संकीर्ण, पारम्परिक और सुधारवादी हिन्दुओं, ऊँची और नीची जातियों को समान रूप से अपील करते थे। कई कारणों से ये सभी खेमे अतीत को गौरवशाली और वर्तमान को अपने पतन का कारण मानते थे। स्वर्णिम अतीत की तस्वीर बनाने और वर्तमान में सभ्य राष्ट्रीय पहचान पर जोर देने के लिए महिलाएँ एक सशक्त माध्यम बन सकती थीं। एक व्यापक हिन्दू एकता का दावा ठोकने और बहुरंगी शहरी वातावरण में एक आन्तरिक एकजुटता लाने के मकसद में महिलाएँ सबको साथ जोड़नेवाली कड़ी साबित हुईं।[34] महिलाओं के सामाजिक, धार्मिक, भौतिक और सार्वजनिक कार्यक्षेत्र पर नियंत्रण ने हिन्दू समाज में ताकतवर और प्रभावशाली नौकरीपेशा तबकों (विशेषकर कायस्थों और खत्रियों), पुनरुत्थानवाद के अधिक कट्टरपंथी विचारों की ओर झुकाव रखने वाले स्थानीय ब्राह्मणों और व्यापारियों (खासकर मारवाड़ियों), अपने लिए क्षत्रिय वर्ग के उच्चतर दर्जे की माँग कर रही मध्यवर्ती और शूद्र जातियों (मुख्यतः अहीरों, कुर्मियों, गुजरों और खटीकों), और उच्च जाति के हिन्दुओं से अलग अपनी अस्मिता तलाश कर रही कुछ अस्पृश्य जातियों (जैसे चमारों), के बीच एक कड़ी प्रदान की। आर्थिक भागीदारी के बावजूद निम्न

जातियों में भी महिलाएँ नियंत्रण में थी, हालाँकि इसका स्वरूप अलग था। इन सभी वर्गों और जातियों के वैचारिक क्षितिज और काम-काज की गति अलग-अलग थी, पर कई आकलनों और कारणों से पितृसत्ता की नई साँस लेने, और अपनी महिलाओं के मुद्दे पर ये सभी एक राय और साथ-साथ हो गए।

इन सभी कोशिशों के बावजूद सामूहिक धार्मिक पहचान और उसपर बनाई गई पितृसत्ता अस्थिर थी। उदाहरण के लिए, सम्मान हासिल करने की सारी ललक अपने आप में तनाव का स्रोत थी। अंतर्जातीय विवाह बेहद तीखे द्वन्द का मुद्दा था। हिन्दू एकता कई तरह की कृत्रिमताओं पर टिकी हुई थी जो कभी भी डावाँडोल हो सकती थी। इसके अलावा, तमाम नियमों के बावजूद कुछ मध्यवर्गीय महिलाएँ अपनी रोजाना खुशी के लिए नए मौके निकाल रही थीं या फिर पुराने मौकों में ही रास्ता ढूँढ रही थीं। इस प्रकार अपने तरीके से वे पितृसत्ता के नियंत्रण में सेंध लगा रही थीं। कुछ महिलाओं, विशेषकर कई निम्नजातीय स्त्रियों, विधवाओं और वेश्याओं ने 'सभ्यता' के नए ढाँचे को ठुकराया। अपने-अपने तरीकों, जैसे धर्मपरिवर्तन, फरारी, प्यार और सेक्स आनन्द के जरिए उन्होंने सिर झुकाने से इनकार कर दिया। इन लेखों में जहाँ एक ओर हम हिन्दू प्रवक्ताओं द्वारा यौनिकता पर बढ़ते हमले और एकरूपी पहचान बनाने की कोशिशों को देखेंगे, वहीं हम ये भी पाएँगे कि कैसे विविध रूपों में महिलाओं ने इस ढाँचे को चुनौती दी।

अपनी बातों को और स्पष्ट रूप में और उदाहरणों के साथ रखने के लिए तथा विस्तार में जाँच-पड़ताल करने के लिए मैंने अपने अध्ययन को दो भागों में बाँटा है। पहले हिस्से में मैंने हिन्दू प्रचारवादियों की यौनिकता और अश्लीलता के सवालों से जुड़ी चिन्ताओं पर प्रकाश डाला है। हिन्दू लेखकों के एक उभरते तबके में व्याप्त नैतिक भय की चर्चा यहाँ की गई है। इन लेखकों ने हिन्दी साहित्य में महिलाओं के खुले यौनिक और अश्लील चित्रण पर हमला किया और इस प्रकार एक नया साहित्यिक मानक स्थापित करने का प्रयास किया। लेकिन साथ ही मैंने उस समय के बहु-उत्पादित, चलताऊ, बाजारू और लोकप्रिय साहित्य की ओर भी ध्यान खींचा है। इस तरह के साहित्य का एक बड़ा हिस्सा शुचिता के उभरते प्रतिमानों से असम्बद्ध था और मानकीकरण को मटमैला करता था। इसके समानान्तर इसी दौर में कामोत्तेजक विज्ञापनों के इर्द-गिर्द लगातार विवाद हो रहे थे और मैंने उनकी चर्चा की है। इनके द्वारा मैंने पुरुष यौनिकता को लेकर चिन्ताओं की भी जाँच की है। इसी हिस्से के एक अन्य भाग में मैंने महिला मनोरंजन और उनमें प्रचलित सांस्कृतिक व्यवहारों पर प्रकाश डालते हुए दिखाया है कि किस प्रकार हिन्दू मध्य वर्ग और जाति सुधारकों ने इन व्यवहारों के कई पहलुओं को अश्लील करार देते हुए उन्हें ज्यादा से ज्यादा जाँच और समीक्षा के लेंस में कैद करने का प्रयास किया। मेरा एक और

केन्द्रीय मुद्दा है घरेलू, विवाह, कानून और शिक्षा के क्षेत्र में महिलाओं की यौनिकता का नियमन। इस दौर में हिन्दू पितृसत्ता नए औजारों से लैस और अधिक उर्जाशील होकर महिलाओं के सामाजिक और घरेलू क्षेत्रों में सुधार ला रही थी। मेरा मकसद यह दिखाना है कि किस प्रकार हिन्दुओं के एक तबके ने एक सभ्य-सुसंकृत राष्ट्रीय पहचान और सम्मान के लिए पुनर्गठित संकरी लैंगिक नैतिकता को आधार बनाया। फिर भी हम देखेंगे की महिलाएँ विभिन्न क्षेत्रों में इन्हीं के बीच अपनी आवाज उठाने के तरीके ढूँढ़ रही थीं।

किताब के दूसरे हिस्से का विषय बिन्दु लिंग और साम्प्रदायिकता के बीच सम्बन्ध का है। विशेषकर 1920 और 1930 के दौर में शुद्धि और संगठन आन्दोलनों की पृष्ठभूमि में मुस्लिमों के साथ विभाजन को लेकर महिलाएँ एक सन्दर्भ बिन्दु बन गई थीं। मैंने दर्ज किया है कि किस प्रकार हिन्दू प्रचारवादियों ने अनेकों समाचारपत्रों और पर्चों के जरिए अपनी कुटिल मंशाओं और एक समुदाय की साँचानुमा तस्वीर को बढ़ा-चढ़ाकर पेश किया। यह महत्वपूर्ण था क्योंकि इससे हिन्दू पुरुषत्व की छवि को मजबूत और महिमामंडित करने, 'कामुक' मुस्लिम पुरुष द्वारा हिन्दू महिला का कथित अपहरण करने, और पीड़ित पर साहसी हिन्दू महिला की छवि को बनाने में मदद मिली। मैंने हिन्दू प्रचारवादियों के कई अभियानों में यह पाया कि वो हिन्दू औरत और मुस्लिम मर्द के बीच सम्भावित सम्बन्धों की कल्पना करके बेहद परेशान थे। इसलिए वो दोनों के बीच विभाजन की एक गहरी खाई बनाने की कोशिश कर रहे थे। साझी संस्कृति पर हमला, मुस्लिम पीरों की हिन्दू महिलाओं द्वारा पूजा पर आपत्ति, विधवा विवाह पर बदलते विचार और हिन्दुओं की कथित घटती संख्या पर लगातार बढती हुई चिन्ता से भी हिन्दू प्रचारवादियों के इन रुझानों की जानकारी मिलती है। मैं यहाँ पर हिन्दू महिलाओं, खासकर विधवाओं, निम्न जातीय महिलाओं और वेश्याओं के पलायन, सहजीवन और धर्मान्तरण को लेकर गहरे डर की भी चर्चा करती हूँ। इन सबने एक सीमा तक निम्न और मध्यवर्ती जातियों समेत सभी हिन्दुओं के लिए एक सामान्य सन्दर्भ बिन्दु मुहैया कराया, जिससे विभिन्न समुदायों के बीच ध्रुवीकरण तेज हुआ। लेकिन इस प्रक्रिया की काफी सीमाएँ भी थीं।

इन लेखों में हम पाएँगे कि किस प्रकार महिलाओं की केवल रक्षा ही नहीं करनी थी बल्कि उन्हें अनुशासित भी करना था। यह किताब दर्शाती है कि किस प्रकार महिलाओं पर बलात और प्रतीकात्मक नियंत्रण के जरिए औपनिवेशिक उत्तर प्रदेश में हिन्दू पितृसत्ता और एक मजबूत सामुदायिक पहचान बनाने के प्रयास किए गए। लेकिन किताब यह भी बताती है कि ऐसी नियामक व्यवस्था के निर्माण में अन्दर से दरारें आ रही थीं और इस कारण व्यवहार में इनका असर लचर ही रहा।

सन्दर्भ

1. Nandini Gooptu, *The Politics of the Urban Poor in Early Twentieth Century India*, Cambridge 2001; William Hoey, *A Monograph on Trade and Manufactures in Northern India*, Lucknow, 1880.
2. C. A. Bayly, *Rulers, Townsmen and Bazaars: North Indian Society in the Age of British Expansion*, 1770-1870, Cambridge, 1983: 427-30.
3. *Royal (Whitley) Commission of Labour in India, Evidence, Vol. III, Part I*, London, 1931: 133.
4. G. W. Briggs, *The Chamars*, Calcutta, 1920; Owen M. Lynch, *The Politics of Untouchability: Social Mobility and Social Change in a City of India*, New York, 1969; R. S. Khare, *The Untouchable as Himself: Ideology, Identity and Pragmatism Among the Lucknow Chamars*, Cambridge, 1984.
5. Imtiaz Ahmad, 'Caste Mobility Movements in North India', *IESHR*, 8 (2), 1971: 164-91; Lucy Carroll, 'Colonial Perceptions of Indian Society and the Emergence of Caste(s) Associations', *JAS*, 37 (2), February 1978: 233-250. ये भी देखें : भारतेंदु हरिशचंद्र, *अग्रवालों की उत्पत्ति*, बनारस, 1918, दूसरा सं.; ठाकुर देशराज, *जाट इतिहास*, आगरा, 1934; भिखारी दास, *कायस्थ वर्ण निर्णय*, इटावा, 1914; भगवन वत्स सिंह बैस, *बैस क्षत्रिय इतिहास*, लखनऊ, 1931।
6. कायस्थ, ब्राह्मण, खत्री, जाट और लगभग सभी जातियों की इस समय अपनी पत्र-पत्रिकाएँ थीं। इनमें से कुछ के नाम, कहाँ से और किस साल वे शुरू हुईं, और उनके सम्पादकों के नाम इस प्रकार हैं : *कायस्थ समाचार*, इलाहाबाद, 1878, सचिदानंद सिन्हा; *कन्या कुब्ज प्रकाश*, लखनऊ, 1884, बलभद्र मिश्र; *खत्री हितकारी*, मथुरा और आगरा, 1888, रामनारायण; *जाट समाचार*, आगरा, 1889, कन्हैयालाल सिंह; *अग्रवाल उपहारक*, आगरा, 1889, लाला किशनलाल; *कायस्थ पञ्च*, इलाहाबाद, 1890; *ब्राहमण समाचार*, मुजफ्फरनगर, 1890, प्रताप नारायण; *वैश्य हितकारी*, मेरठ, 1895; *चतुर्वेदी*, आगरा, 1895, हीरालाल; *गौड़ हितकारक*, मोरादाबाद, 1896; *राजपूत*, काशी, 1899।
7. *Census of India, 1931, UP, Vol. XVIII, Part I, Report*, Allahabad, 1933: 554-56.
8. काशीराम वर्मा, *कुर्मी क्षत्रिय दर्पण*, लखनऊ, 1907; दिलीप सिंह यादव, *अहीर इतिहास की झलक*, इटावा, 1914; क्षत्रिय बंसीधर वर्मा, *इशवाकू कुल क्षत्रिय वंशावली*, अलीगढ, 1916; आंगन लाल अग्निहोत्री, *लोधा राजपूत मीमांसा*, बुलंदशहर, 1905; छेदा लाल, *कोइरी महते क्षत्रियों की वंशावली*, फरुखाबाद, 1919। अन्य जातियों ने भी अपनी पत्रिकाएँ निकलीं जैसे : *कलवार केसरी, कुर्मी-क्षत्रिय दिवाकर, यादवेश*।
9. *UP Unemployment (Sapru) Committee, 1935, Report*, Allahabad, 1936 : 261-73.
10. सम्पादकीय, *चाँद*, 2 (3), जुलाई 1925 : 128।
11. मंगतूराम लाटा, *ब्राह्मण सुधार*, रामगढ, 1922 : 4-5।
12. भारत जीवन, 5 दिसंबर 1898; भारत जीवन, 17 जून 1907; भारत जीवन, 6 जनवरी 1902।
13. *आगरा अखबार*, 20 दिसंबर 1876; *भारत जीवन*, 2 जून 1902।
14. *Royal (Whitley) Commission* : 138-39. इस दौर में उत्तर प्रदेश के ग्रामीण क्षेत्र की बदलती आर्थिक तस्वीर जानने के लिए देखें : A. Siddiqi, *Agrarian Change in a*

Northern Indian State 1819-33, Oxford, 1973; E. Whitcombe, *Agrarian Conditions in Northern India, Vol. I: UP under British Rule, 1860-1900*, Berkeley, 1972.

15. *Census*, 1931, UP: 127-28.
16. Chitra Joshi, *Lost Worlds: Indian Labour and its Forgotten Histories*, Delhi, 2003.
17. *UP Unemployment (Sapru) Committee* : 27.
18. *NWP Municipalities Act, 1900*, Allahabad, 1901 : 37-38, 42, 49-50, 62.
19. Bayly, *Rulers* : 180-81, 386-93.
20. Vasudha Dalmia, *The Nationalisation of Hindu Traditions: Bharatendu Harischandra and Nineteenth-century Banaras*, Delhi, 1997.
21. Christophe Jaffrelot, *The Hindu Nationalist Movement and Indian Politics: 1925 to the 1990s*, Delhi, 1996 : 11-79.
22. Francis Robinson, *Separatism among Indian Muslims: The Politics of UP Muslims, 1860-1923*, Delhi, 1993, new edn.
23. *Census of India, 1911, UP, Vol. XV, Part I, Report*, Allahabad, 1912: 27, 422.
24. William R. Pinch, *Peasants and Monks in British India*, Delhi, 1996; Gooptu, *Politics of the Urban Poor.*
25. नथूप्रसाद यादव, 'ब्रिटिश शासन काल में यादवों की फौजी उन्नति का इतिहास', *यादवेश,* 1 (2), 1935 : 21-28; यादव, *अहीर इतिहास* : 61-64।
26. Visalakshi Menon, *Indian Women and Nationalism: The U.P. Story*, Delhi, 2003; Uma Rao and Meera Devi, 'Glimpses: UP Women's Response to Gandhi', *Samya Shakti*, 1 (2), 1984: 21-32; Poonam Saxena, 'Women's Participation in the National Movement in UP', *Manushi*, 46, 1988: 2-10.
27. Francesca Orsini, *The Hindi Public Sphere 1920-1940: Language and Literature in the Age of Nationalism*, Delhi, 2002.
28. उदाहरण के लिए, खत्रियों ने 1936 से लगातार महिलाओं का एक अलग सम्मलेन किया। कुर्मियों ने भी अपनी महिला परिषद का गठन किया। देखें : शिवराम सिंह, *कुर्मी क्षत्रिय इतिहास,* बनारस, 1936 : 191-92।
29. Kapil Kumar, 'Rural Women in Oudh 1917-1947: Baba Ramchandra and the Women's Question', in Kumkum Sangari and Sudesh Vaid, eds, *Recasting Women : Essays in Colonial History*, Delhi, 1989: 337-40.
30. Rosalind O'Hanlon, ed., *A Comparison Between Women and Men: Tarabai Shinde and the Critique of Gender Relations in Colonial India*, Madras, 1994.
31. कुमार छेदा सिंह, *क्षत्रिय औरकृत्रिम क्षत्रिय* , आगरा, 1907। इस प्रकार की कई अन्य पुस्तकें भी इस दौर में लिखी गईं। उदाहरण के लिए देखें : पंडित छोटेलाल शर्मा, *जाति अन्वेषण,* जयपुर, 1928, दूसरा सं.।
32. यू.बी.एस. रघुवंशी, *चँवर पुराण,* अलीगढ़, 1916; Briggs, *Chamars* : 47; Lynch, *Politics* : 174-81.
33. बलदेवसिंह, *अहीर जाति में 31 रोग,* शिकोहाबाद, 1924 : 27।
34. सुखनंदन प्रसाद दुबे, *छुआछूत का भूत,* लखनऊ, 1933।

3

'उत्कृष्ट' और 'बाजारू'

हिन्दी साहित्य और अश्लीलता विवाद के छींटे

इस अध्याय में उन्नीसवीं सदी के उत्तरार्द्ध और बीसवीं सदी के पूर्वार्द्ध में हिन्दी साहित्य में अश्लीलता और यौन रूपकों को लेकर विवाद पर रोशनी डाली गई है। प्रिंट माध्यमों के असर और नए साहित्यिक मिजाज की जाँच-पड़ताल करते हुए लेख में इस अवधि में ब्रिटिश और हिन्दू मध्य वर्ग के एक तबके में व्याप्त नैतिक घबराहट और इससे नैतिकता के सवालों पर आई खासी बेचैनी पर विशेष ध्यान दिया गया है। इस दौर में एक 'सभ्य' और 'उचित' साहित्य की रचना की चाह ने एक नए प्रकार के सौंदर्यबोध का मार्ग प्रशस्त किया और आधुनिक सामूहिक हिन्दू पहचान को आकार देने की प्रक्रिया में मदद की। लेकिन इसी के समानान्तर, साहित्य से तमाम किस्म की अश्लीलता समाप्त करने के प्रयासों को प्रिंट के व्यावसायिक रूपों की तरफ से एक गम्भीर चुनौती का सामना भी करना पड़ रहा था। साहित्य के बाजारू और लोकप्रिय स्वरूपों में कामुक, 'अश्लील' और अर्ध पोर्नोग्राफिक प्रकाशनों की बिक्री लगातार बढ़ रही थी। इस प्रकार के प्रकाशन उस समय की साहित्यिक विविधता दर्शाते हैं। साथ ही, ये हिन्दी साहित्य की जटिल और आपसी संघर्ष-भरी जमीन भी दिखाते हैं।

यौनिकता और अश्लीलता के सन्दर्भ में तर्क दिया जाता है कि आधुनिक जीवन के परिक्षेत्र में पुलिसिया पहरे बैठाने और उसका नियमन करने में वृद्धि हुई और एक लैंगिक नैतिकता उभरी। यूरोप में इस बात पर भी जोर दिया जाता है कि इसके पीछे साक्षरता में वृद्धि, समाचारपत्रों के प्रसार और शुचिता के विक्टोरियाकालीन विचारों का हाथ था। भारत में अश्लीलता को लेकर सबसे शुरुआती कानून उन्नीसवीं सदी के अन्तिम दशकों में सामने आए। भारतीय दंड संहिता की धारा 292, 293 और 294 को खासतौर से किसी भी प्रकार की अश्लीलता का निषेध करने के लिए संहिताबद्ध किया गया था।[1] परन्तु विभिन्न नियमों, नियंत्रणों और संधियों के बावजूद 'अश्लीलता' शब्द आज तक भी अस्पष्ट ही बना हुआ है। इसे न केवल 'पोर्नोग्राफी' पर हमला

बोलने के लिए इस्तेमाल किया जाता है, बल्कि उन्नीसवीं सदी के इंग्लैंड में इसे जन्म दर पर अंकुश लगाने के लिए छपने वाले प्रकाशनों को गैरकानूनी घोषित करने के लिए भी इस्तेमाल किया जाता था। औपनिवेशक भारत में भी इस शब्द की कोई स्पष्ट परिभाषा नहीं थी और आम बोलचाल और बहसों में उसे विविध अर्थों में प्रयोग किया जा सकता था। इस आलेख में अश्लीलता को इस मोटे अर्थ में ही लिया गया है क्योंकि एक तो इसकी परिभाषाएँ अक्सर बहुत धुँधली रही हैं और दूसरे, सर्वथा भिन्न सामग्री को भी अश्लील या अशोभनीय कह कर एक खाने में रखा जा सकता था।

सूज़ी थारू और के. ललिता ने अट्ठारहवीं सदी की तेलुगु कवियत्री और गणिका मुद्दुपालानी की चर्चा की है जिनके कामुक काव्य *राधिका सान्त्वनम* को 1911 में पुनर्प्रकाशित किया गया था। इस क्लासिक रचना के केन्द्र में राधा की कामासक्ति का चित्रण है। ब्रिटिश सरकार ने अश्लीलता का आरोप लगाते हुए इस संस्करण पर पाबन्दी लगा दी और इस रचना को लेकर यहीं से एक लम्बा विवाद शुरू हो गया।[2] थारू और ललिता ने अपने विश्लेषण में ब्रिटिश सरकार की भूमिका पर जोर दिया है परन्तु इस कृति की पहली तीखी आलोचना 1887 में तेलुगु समाज सुधारक कुंदुकुरी वीरेशलिंगम की तरफ से आई।[3] उन्होंने यह कहकर इस रचना की निन्दा की कि इसमें सेक्स का बड़े भौंडे ढंग से वर्णन किया गया है। इस प्रकार की देशज चिन्ताएँ केवल विक्टोरियन नैतिकता की नकल भर नहीं थी, बल्कि वास्तविकता यह है कि कई बार स्वयं ब्रिटिश मान्यताएँ भी हमारे देशज विचारों के प्रभाव में आकार लेती थीं। दूसरे, थारू और ललिता का अनुमान है कि 'यह कृति इतनी अधिक विवादास्पद इसलिए हुई...क्योंकि इसे एक महिला ने लिखा था'।[4] परन्तु अश्लीलता के आक्षेप केवल लैंगिक विभाजनों से बँधे हुए नहीं थे। इतनी ही विवादास्पद कई दूसरी ऐसी रचनाएँ भी रहीं जिनको पुरुषों ने लिखा था। सम्भवतः इससे यही स्पष्ट होता है कि चिन्ता के केन्द्र में 'अश्लीलता' का मुद्दा ही था।

अश्लीलता से सम्बन्धित कोई भी बहस अभिजात और 'लोकप्रिय' साहित्य के बारे में होने वाली बहसों से जुड़ी हुई है। कुछ विद्वानों का मत है कि भारत में नई अभिजात साहित्यिक अभिरुचियों ने 'लोकप्रिय' रिवायतों को हाशिए पर धकेल दिया और 'प्रदर्शन' की जगह प्रिंट ने ले ली। लोकप्रिय साहित्य से मेरा मतलब बड़े पैमाने पर छपने और बिकनेवाले और लोगों में प्रचलित साहित्य से है। प्रदर्शन से मेरा मतलब सम्प्रेषण के मौखिक, वाचिक, भंजनात्मक स्वरूपों से है। मानकीकृत और स्वच्छतापूर्ण साहित्यिक कायदे-कानून शिक्षित मध्य वर्ग के लिए आधुनिक राष्ट्रीय पहचान और संस्कृति के चिन्ह बन गए।[5] परन्तु कुछ विचारकों ने पांडुलिपि और छपाई के बीच एक निरन्तरता की बात कही है। मुद्रित पाठ को शैक्षणिक, मौखिक और प्रदर्शनात्मक पठन और मंचन के ऐसे नाना रूपों में व्यक्त किया जा सकता था जहाँ प्रत्येक माध्यम

में हर पाठ नए अर्थ ग्रहण करता जाता है।[6] इसके अलावा रोबर्ट दांतों ने इस बात पर जोर दिया है कि क्रांति-पूर्व फ्रांस में भी वॉल्तेयर और रूसो जैसे महान दार्शनिकों के सिद्धांतों को लोग एक सीमा तक ही पढ़ते थे। उस समय की बेस्टसेलर कृतियाँ काम-विषयक और पोर्नोग्राफिक किताबें ही थीं जिन्हें चोरी-छिपे बेचा जाता था।[7]

उत्तर प्रदेश में छपाई के आगमन से भारतीय भाषाओं के साहित्य में नई-नई अभिव्यक्तियाँ सामने आईं। न केवल मौखिक-प्रदर्शनात्मक परम्पराओं, अखबारनवीसी की संस्कृति, और बोली जाने वाली भाषाओं का बोलबाला बना हुआ था, बल्कि नौटंकी और संगीत, किस्से-कहानियों जैसे माध्यमों और ब्रज और अवधी जैसी भाषाओं ने खुद को नए व्यावसायिक रूपों के अनुसार ढाल लिया। छपाई ने उन्हें एक वृहत्तर विस्तार प्रदान कर दिया। यह एक ऐसा क्षेत्र था जहाँ मुद्रित, मौखिक और दृश्य-श्रव्य माध्यम एक दूसरे पर लगातार अपनी छाप छोड़ते जा रहे थे।

समकालीन विश्लेषण ने उच्च और निम्न साहित्य के बीच, और छोटे/लोकप्रिय तथा बड़े/अभिजात लेखकों के बीच भी कई बार एक तीखा फर्क कर दिया है।[8] हिन्दू साहित्यिकों ने लेखन को अनुशासित करने का प्रयास तो किया मगर पढ़ने की आदतों ने उन्हें भी अपनी रचनाओं में कुछ लोकप्रिय तत्व समाहित करने पर विवश कर दिया। पीटर बर्क का कहना है कि प्रारम्भिक आधुनिक युरोप में भी उच्च वर्ग साझा संस्कृति से पूरी तरह हाथ नहीं खींच सके थे।[9] इसी प्रकार लोकप्रिय साहित्य ने भी अभिजात संस्कृति के कुछ मूल्यों को चुनिन्दा रूप से आत्मसात कर लिया।

हमारे बीच लोकप्रिय संस्कृति को पूर्ण रूप से स्वस्थ और प्रगतिशील मानने की प्रवृत्ति भी मौजूद है। दूसरी तरफ कुछ विचारक इसे प्रतिक्रियावादी और दक्षिणपंथी पुरुषों को अपनी पौरुषता को पुष्ट करने में मदद देने वाली घुसपैठ भी मानते हैं।[10] या तो 'सब कुछ या कुछ भी नहीं' किस्म का पठन-पाठन अन्तर्विरोधी अर्थों का निषेध करता है। लोकप्रिय संस्कृति और साहित्य अपने आप में न तो पूरी तरह प्रतिक्रियावादी होता है और न पूरी तरह मुक्तिवादी। वह सीधे-सीधे कुछ खास मूल्यों को प्रतिबिंबित या निर्मित नहीं करता। मगर, कुछ विशेष ऐतिहासिक क्षणों में, पितृसत्ता और पुरुष वर्चस्व के अन्तर्गत होते हुए भी वह नाना प्रकार की व्याख्याओं को जन्म दे सकता है। औपनिवेशिक उत्तर प्रदेश में भी, लोकप्रिय कामोत्तेजक साहित्य ने कई अवसरों पर विरोधाभासी असर दिखाया और परम्परागत मूल्यों के पुनर्गठन और अवैधीकरण, दोनों में अलग-अलग रूपों में मदद दी। इसके साथ ही, स्वयं उच्च हिन्दी साहित्यिक विचारधारा भी समरूप नहीं थी।

इस अध्याय के पहले भाग में संक्षिप्त रूप से अश्लीलता के औपनिवेशिक दृष्टिकोणों की जाँच की गई है। दूसरे भाग में उत्तर मध्यकालीन साहित्य पर हिन्दी साहित्यकारों के एक खेमे द्वारा किए गए हमलों, विशेष रूप से अश्लीलता के आरोपों

की पड़ताल की गई है। इसके साथ ही 'गन्दी' किताबों पर विशेष दृष्टिपात करते हुए व्यावसायिक दृष्टि से लोकप्रिय साहित्य की भी जाँच की गई है।

अश्लीलता पर औपनिवेशिक दृष्टिकोण

भारत में 'अश्लीलता' सम्बन्धी ब्रिटिश विचार के उदय की प्रक्रिया बेहद जटिल रही। प्राच्यवादियों का एक तबका एक खास प्रकार की रूमानियत के प्रभाव में था और प्राचीन भारतीय/हिन्दू सभ्यता के स्वर्णकाल के मिथक में विश्वास रखता था। इस खेमे का मानना था कि मुसलमानों के आने से वह स्वर्ण युग समाप्त हो गया। हिन्दू अतीत की भी प्रायः चुनिन्दा ढंग से ही प्रशंसा की जाती थी। हिन्दू धर्म के दार्शनिक आकर्षणों को काफी ऊँचा रुतबा दिया जाता था। मगर उसके दूसरे पहलुओं, जैसे मंदिरों में कामोत्तेजक प्रतिमाएँ, लेखन में 'अशोभनीय' यौन वर्णन, और भावुक भक्ति सम्प्रदायों की या तो अनदेखी कर दी जाती थी या फिर उन्हें धर्म का 'निम्नतर' और 'लोक' रूप माना जाता था जो आम लोगों की जादुई अथवा आनुभूतिक इच्छाओं को संतुष्टि प्रदान करता था।

सर विलियम जोन्स के उत्तराधिकारी होरेस विल्सन ने कामोत्तेजक तत्त्वों की खुलकर आलोचना नहीं की, लेकिन उनको अनदेखा कर दिया। उन्होंने सभी पुराणों का अध्ययन तो किया मगर उन पुराणों को खारिज कर दिया जिनमें प्रेम और सम्भोग के प्रति भारतीय दृष्टिकोण दुस्साहसिक ढंग से व्यक्त किए गए थे। विल्सन और ग्रिफिथ ने ऋग्वेद का जो अनुवाद किया है उसमें भी ऐसी ही अतिनैतिक चिन्ताएँ दिखाई देती हैं।[11] लेकिन औपनिवेशिक दृष्टिकोण भी पूरी तरह समरूप नहीं थे। मिसाल के तौर पर, वुडरॉफ ने तांत्रिक विद्या और मान्यताओं की तरफ ध्यान आकृष्ट कराया, जिन्हें व्यभिचार मान लिया गया था। बहरहाल ये बातें यहाँ केवल अप्रत्यक्ष रूप से ही प्रासंगिक हैं क्योंकि इनका उन विषयों से कोई सीधा सम्बन्ध नहीं था जिन्हें 'अश्लील' माना जाता था।

बहुत सारे मिशनरी और ब्रिटिश सरकारी विमर्शों में भारतीय परम्पराओं और रीति रिवाजों को बर्बर मानते हुए उनकी निन्दा की जाती थी, और उन रीति रिवाजों और परम्पराओं में महिला-आचार भी शुमार थे। उदाहरण के लिए, उत्तर प्रदेश में नॉर्थ इंडियन क्रिस्टियन ट्रैक्ट एंड बुक सोसायटी, इलाहाबाद द्वारा निकाली गई कई पुस्तिकाओं में बहुत सारे हिन्दू रीति रिवाजों की निन्दा उनकी 'अश्लीलता' के लिए की गई थी। ऐसी ही एक पुस्तिका में कहा गया था कि :

> *सब लोग जानते हैं कि होली में कैसी कुरीति प्रचलित है और तो भी यदि सरकार इन बुरी बातों को वर्जित करे तो हिन्दू लोग कहते हैं कि सरकार*

हमारे धर्म में उपद्रव करती है...हिन्दुओं के अनेक मन्दिरों और रथों में ऐसे चित्र काढ़े हुए हैं जिनसे देखने वाले का मन अशुद्ध किया जाता है। और तो भी लोग कहते हैं कि ऐसे मंदिरों का दर्शन करना धर्म है...जब कृष्ण ने गोपियों के साथ कुकर्म किया तो क्या वह कुकर्मी न था।[12]

बहुत सारे ब्रिटिश विचारक शालीनता और सम्माननीयता की समझ पर स्पष्ट थे। क्या अश्लील है, और वर्तमान सामाजिक स्थिति में क्या स्वीकार्य है - इसके बीच सीमा रेखा खींचने के प्रति संकल्पबद्ध भी।[13] इससे न केवल यौन नैतिकता और शुचिता के विक्टोरिया कालीन विचारों के प्रति उनकी चिन्ता, बल्कि जनता के स्वास्थ्य और श्लीलता के विषय में उनकी सौंदर्यात्मक सुरुचि और चिन्ताओं का भी पता चलता है।

हिन्दी साहित्य में 'अश्लीलता' : देशज, अभिजात्य और साहित्यिक सलवटें

एक प्रभावशाली वर्ग हिन्दी साहित्य के द्वारा एक सामुदायिक पहचान, सत्ता की खींच-तान और प्रभुत्वकारी विचारों के प्रसार करने का प्रयास कर रहा था। समकालीन देशज मूल्यांकनों की धारा के भीतर उस समय कई समानान्तर प्रवृत्तियाँ विद्यमान थीं, हालाँकि उनके पीछे निहित कारण अलग-अलग थे। हिन्दी साहित्यिक दायरे ने न केवल इनमें से कुछ मूल्यांकनों का विरोध किया और कुछ को स्वीकार कर लिया, बल्कि उसने औपनिवेशिक दृष्टिकोण को भी प्रभावित किया।

हिन्दू मध्यवर्गीय साहित्यिकों का एक मुखर और प्रभावशाली तबका 19वीं सदी के उत्तरार्द्ध से अपनी एक नई पहचान गढ़ने की कोशिश कर रहा था। इस अवधि में प्रकाशन केन्द्रों, प्रेस, समाचार पत्रों और किताबों के बढ़ते दायरे में लोक संस्थानों, पुस्तकालयों और प्रिंट संस्कृति का बड़ी तेजी से विकास हुआ। सन् 1900 में इलाहाबाद से शुरू की गई हिन्दी पत्रिका *सरस्वती* और उसके सम्पादक महावीर प्रसाद द्विवेदी अगले 20 वर्षों में बेहद प्रभावशाली स्थिति में पहुँच गए।[14] कई साहित्यकार काशी विद्यापीठ, बनारस हिन्दू विश्वविद्यालय और इलाहाबाद विश्वविद्यालय जैसे शैक्षणिक संस्थान, स्कूलों और कॉलेजों की पाठ्यपुस्तकों के मानकीकरण की वकालत करने लगे। कामता प्रसाद गुरु (1875-1947) ने हिन्दी का पहला प्रामाणिक व्याकरण लिखा। बनारस हिन्दू विश्वविद्यालय में हिन्दी के प्रोफेसर रामचंद्र शुक्ल ने 1929 में *हिन्दी साहित्य का इतिहास* लिखा। यह किताब आने वाली पीढ़ियों के लिए एक सन्दर्भ ग्रंथ बन गई। कई अन्य पत्रिकाएँ और समाचार पत्र, जैसे *चाँद* और *अभ्युदय*, बींसवी सदी के शुरुआती काल में बढ़ते हिन्दी दायरे और हिन्दू मध्यवर्ग की पहचान का माध्यम बन गए। आर्य समाज ने शहरी शिक्षित समूहों में हिन्दू समुदाय की

आत्मछवि विकसित करने के लिए हिन्दी का सहारा लेना शुरू किया। इसने हिन्दी को हिन्दुओं के साथ जोड़कर दिखाने और हिन्दुओं की भाषा बनाने में उल्लेखनीय योगदान दिया। द्विवेदी युगीन लेखन पर आर्य समाज का स्पष्ट प्रभाव देखा जा सकता है और दोनों के बीच एक परस्पर घनिष्ट सम्बन्ध था।[15] इन प्रक्रियाओं ने उस समय के पाठ्यक्रमों, स्कूली किताबों और विश्वविद्यालई विभागों में हिन्दी साहित्यिक और भाषाई सिद्धांत को स्पष्ट करने की प्रक्रिया की नींव डाली।

हिन्दी साहित्य की इस महत्वपूर्ण धारा को सभ्यता और राष्ट्र के साथ सम्बद्ध कर दिया गया। भाषा के मानकीकरण के साथ-साथ साहित्य में अश्लीलता के लेशमात्र संकेत पर भी हमला बोला गया। ऐसे तत्वों को एक पतनशील और असभ्य संस्कृति की निशानी माना जाने लगा। यौन एवं शारीरिक आनन्द के प्रति भय बढ़ने लगा। उन्हें राष्ट्र के आदर्शों की परिधि का उल्लंघन माना जाने लगा। एक राष्ट्रवादी हिन्दू पहचान का उभार नैतिकता और प्रतिष्ठा के साझा विचार के साथ गुँथ गया। इस प्रक्रिया में एक नई आधुनिकता गढ़ने के लिए परम्परा को पुनर्परिभाषित किया गया। अतीत की 'असुविधाजनक' परम्पराओं से एक सोची-समझी दूरी रखी जाने लगी और एक एकांगी, उच्च, लिखित, सांस्कृतिक नियमावली स्थापित करने का प्रयास किया जाने लगा। सौंदर्य के नए प्रतिमानों से युक्त एक नवीन और 'उचित' हिन्दी साहित्य की चाह में, विशेष रूप से उत्तर मध्यकालीन साहित्य में चित्रित स्त्री की छवि को सार्वजनिक उपभोग के लिए अनुचित घोषित कर दिया गया। अधिकाँश उच्च हिन्दी साहित्य में मध्यकालीन कविता की कामुक और यौन रूप से सक्रिय नायिका और राधा की जगह एक शुचि और सच्चरित्र हिन्दू पत्नी और माँ की छवि पर जोर बढ़ने लगा। कामुक के स्थान पर सच्चरित्रता की दिशा में हुए इस बदलाव ने लैंगिक छवियों को आमूल रूप से बदल डाला और अधिकाँश 'उच्च' साहित्य में स्त्री की कामुकता, यौनिकता और मौज-मस्ती वाली छवि के स्थान पर एक शास्त्रीय और सौम्य छवि दिखाई देने लगी। साहित्य में नैतिक संहिता की वकालत एक राष्ट्रीय प्रतिमान बन गया।

पंद्रहवीं सदी के मध्य से उन्नीसवीं सदी के बीच ब्रज देशी हिन्दी कविता की सबसे प्रमुख भाषा थी। इस काल की अधिकाँश अवधि को सामान्यतः 'रीति काल' कहा जाता है। बढ़िया रीति कविता की सुरुचि मोटे तौर पर परम्परागत कवितामई स्थितियों और पात्रों में संकेतों की अंतर्निहित अस्पष्टता में निहित होती थी।[16] संस्कृत परम्परा में श्रृंगार की एक स्थापित परम्परा रही है जो उपासना से युक्त थी। बारहवीं सदी में रची गई जयदेव की *गीत गोविंद* खुली कामुकता और वासना का एक उल्लेखनीय उदाहरण है, जिसमें राधा और कृष्ण के प्रेम की स्तुति करते हुए मानवीय और दैवी प्रेम की जटिलताओं को व्यक्त किया गया है। रीति काल के दौरान इस

परम्परा को और विस्तार प्रदान किया गया और शृंगार रस तथा नायक-नायिका भेद समकालीन कविता की पहचान बन गए। यहाँ राधा प्रत्येक रतिलीन स्त्री का एक शक्तिशाली प्रतीक बनकर सामने आती है। राधा और नायिका की यौनिकता को सामान्यतः रूढ़िबद्ध शालीनता की किन्हीं सीमाओं में कैद नहीं किया जा सकता था। उसे अधिकाँशतः परकीया के रूप में दर्शाया जाता था। इन कविताओं में कामुक और वासनामई विवरणों की भरमार है। राधा और कृष्ण अक्सर ही बेहद दुस्साहसिक रूप से अंतरंग क्रियाओं में लीन दिखाई देते हैं। इस साहित्य की नायिका मुख्यतः एक सौंदर्यात्मक श्रेणी बनी रहती है।

हिन्दी साहित्य में कामुक विषयों की अस्वीकृति का एक लम्बा और विविध इतिहास रहा है। परन्तु उन्नीसवीं सदी के अन्तिम वर्षों में सुधारवादी नैतिकतावाद और प्रकाशन साधनों के जरिए ऐसे साहित्य की निरन्तर बढ़ती उपलब्धता के फलस्वरूप काम-विषयक पद्य पर ज्यादा सुनियोजित और व्यापक हमला बोला जाने लगा। ब्रिटिश शासन से ठीक पहले की अवधि को सामान्यतः पारम्परिक लेखन में अराजकता और पतन का काल माना जाता था। ज्यादातर समकालीन हिन्दी लेखक रीति काल को पतन का प्रतीक मानते थे। उन्होंने महिलाओं की पतित स्थिति और उत्तर मध्यकालीन कविता के बीच एक सीधी रेखा खींच कर दोनों को परस्पर जोड़ दिया।[17]

शृंगार रस की कविता पर सबसे गम्भीर हमला हिन्दी लेखकों के एक प्रभावशाली तबके की तरफ से बोला गया। उन्होंने इस कविता को स्त्री के शरीर पर केन्द्रित अश्लीलता का दोषी करार दिया। इस प्रक्रिया की शुरुआत उन्नीसवीं शताब्दी के अन्त में स्वयं भारतेंदु हरिश्चन्द्र ने ही की, हालाँकि वह खुद को इस किस्म की पद्य रचना से पूरी तरह मुक्त नहीं कर पाए, जिससे इस साहित्यिक परम्परा के शक्तिशाली प्रभाव का पता चलता है। परन्तु धीरे-धीरे न केवल इस कविता को, बल्कि यहाँ तक कि कविता की भाषा ब्रज को भी खतम किया जाने लगा। बीसवीं शताब्दी के प्रारम्भ में, द्विवेदी युग के आगमन के साथ, रीति काल के ख़िलाफ़ विद्रोह बेहद तीखा और सुनियोजित रूप लेने लगा और एक शुद्धतावादी नैतिक हठयोग के रूप में सामने आया। महावीर प्रसाद द्विवेदी ने रीति काल के देव, बिहारी और मतिराम जैसे कवियों को न केवल तुलसी और सूर से, बल्कि भारतेंदु से भी निचली श्रेणी में रख दिया।[18] नायिका-भेद के बारे में उन्होंने लिखा :

> *हिन्दी के समान बंगाली, मराठी, और गुजराती भाषाएँ भी संस्कृत से निकली है, परन्तु इन भाषाओं में नायिका का कहीं भी इतना साम्राज्य नहीं जितना हिन्दी में है...अब देखिए इस प्रकार की पुस्तकों में लिखा क्या रहता है। लिखा रहता है परकीया (पर स्त्री) और वेश्याओं की चेष्टा और उनके कलुषित कृत्यों के लक्षण और उदाहरण! परकीया के अन्तर्गत अविवाहित कन्याओं*

के पापाचरण की कथा!! पुरुषमात्र में पितिबुद्धि रखने वाली कुलटा स्त्रियों के निर्लज्ज और निरर्गल प्रलाप!!! सदाचरण का सत्यानाश करने के लिए क्या इससे भी बढ़कर कोई शक्ति हो सकती है... हमारी स्वल्प बुद्धि के अनुसार इस प्रकार की पुस्तकों का बनना शीघ्र ही बन्द हो जाना चाहिए, और यही नहीं, किन्तु आज तक ऐसी-ऐसी जितनी इस विषय की दूषित पुस्तकें बनी हैं, उनका वितरण होना भी बन्द हो जाना चाहिए।[19]

कामविषयकता के साथ-साथ यहाँ व्यवहार में किसी भी प्रकार की अनियमितता पर भी आपत्ति उठाई जा रही थी। रीतिकालीन कवियों पर आक्रमण पौरुष के सवाल से भी गहरे रूप से जुड़ा हुआ था। रामचंद्र शुक्ल ने इस कविता की रचना को सीधे मध्यकाल और मुगलकाल में पौरुष के पतन के साथ जोड़ा।[20] एक अन्य पुस्तक में कहा गया :

अकबर के समय से, मुगल-साम्राज्य के भारत में स्थापित हो जाने पर, प्रायः सौ वर्ष तक देश में देखने में एक प्रकार से शान्ति स्थापित रही। शाही दरबार में भोग-विलास का दौर-दौरा रहा। उनकी कविता शृंगार के नाम पर दूषित भावनाओं की अभिव्यक्ति को ही अपना एकमात्र उद्देश्य सा बना बैठी। श्रीकृष्ण का दिव्य प्रेम कहीं, कालांतर में, मुसलमानी वातावरण के प्रभाव से, वासनाओं की तृप्ति का विषय बन गया। कवियों ने अपने अभिभावकों की, या अपनी ही, मनसंतुष्टि के लिए नायक और नायिका के रूप में श्रीकृष्ण और राधा की स्वकल्पित क्रीड़ाओं की अतिरंजित उद्‌भावना की...भारतेंदु के साथ कविता रीति-कालीन भवन से निकलकर लोक-प्रगति की सहचरी बन गई।[21]

रीतिकाल के जिस कवि की तारीफ की गई, वह थे भूषण, जिन्होंने वीर रस की कविताएँ राजपूतों और मराठों के सन्दर्भ में विशेष तौर पर लिखीं। हिन्दी साहित्य सम्मेलन ने इस समय *भूषण ग्रंथावली* छापी।[22] और उसके 16वें अधिवेशन में कहा गया :

भारत इस समय पराधीन है...भारतवासियों की सुशुप्त भावनाओं को जागृत करने और भावावेश में उन्मत हो मातृभूमि के उद्धार कार्य में उन्हें अग्रसर करने के लिए इस समय भूषण की वीर वाणी की आवश्यकता है न कि नायिका भेद के वर्णन की।[23]

इस दौर के सबसे प्रसिद्ध कवि मैथिलीशरण गुप्त, जिन्हें 'राष्ट्र कवि' की ख्याति प्राप्त है, ने अपनी प्रख्यात रचना *भारत भारती* (प्रथम प्रकाशन 1912) में विलाप करते हुए कहा :

जिस जाति का साहित्य था स्वर्गीय भावों से भरा,
करने लगा अब बस विषय के विष-विटप को वह हरा!

श्रुति, शास्त्र, सूत्र, पुराण, रामायण, महाभारत हटे,
वे नायिकाभेदादि उनके स्थान में है आ डटे।...
हा! उच्च भावों को वही क्रम आज भी है खो रहा,
अश्लील ग्रंथों से हमारा शील चौपट हो रहा![24]

और आगे वह कवियों का आह्वान करते हैं :

करते रहोगे पिष्ट-पेषण और कब तक कविवरों,
कच, कुच, कटाक्षों पर अहो! अब तो न जीते जी मरो!!
...कवियों! उठो, अब तो अहो! कवि-कर्म की रक्षा करो,
सब नीच भावों का हरण कर उच्च भावों को भरो।[25]

हिन्दी के अन्य स्थापित लेखकों ने भी इस साहित्य पर इसी प्रकार का हमला बोला। स्त्री की श्रृंगारिक मुद्राओं के सजीव चित्रण को शालीनता के उल्लंघन तथा पारिवारिक मूल्यों के खंडन के रूप में देखा जाने लगा, जो आधुनिक हिन्दुओं की सुरुचि के अनुरूप नहीं था। छायावादी काल के महत्त्वपूर्ण कवि सुमित्रानंदन पंत ने रीतिकालीन कवियों के बारे में एक आवेशपूर्ण वक्तव्य देते हुए लिखा :

> *श्रृंगार-प्रिय कवियों के लिए शेष रह ही क्या गया? उनकी अपरिमेय कल्पना शक्ति कामना के हाथों द्रौपदी के दुकूल की तरह फैलकर 'नायिका' के अंग-प्रत्यंग से लिपट गई...उनकी रस-लोलुप सूक्ष्मतम-दृष्टि केवल नख से शिख तक, दक्षिणी-ध्रुव से उत्तरी-ध्रुव तक यात्रा कर सकी! ऐसी विश्व-व्यापी अनुभूति! ऐसी प्रखर-प्रतिभा! एक ही शरीर-यष्टि में समस्त ब्रह्माण्ड देख लिया!...समस्त देश की वासना के वीभत्स समुद्र को मथ कर इन्होंने कामदेव को नव-जन्म दान दे दिया...इन वीरों ने ऐसा सम्मोहनाशास्त्र देश के आकाश में छोड़ा कि सारा संसार कामिनिमय हो गया...आर्य-नारी की एकनिष्ठ, निश्चल, पवित्र प्रतिमा वासनाओं के असंख्य रंग-बिरंगे बिम्बों में बदल गई जिनकी भूलभुलैया में फँसकर, देश के लिए सरल सुशील सती को पहचानना कठिन हो गया।*[26]

बहुत सारे साहित्यिक लेखकों ने विशेष रूप से महिलाओं की यौन पहचानों को नियंत्रित करने के लिए अश्लीलता को पुनर्परिभाषित करने का प्रयास किया। एक लेखक ने कहा :

> *स्त्रियों के विविध हाव-भाव, उनके अंग-प्रत्यंगों की सुडौल बनावट और झिल्लीदार कपड़ों में से झलकता हुआ उनका अप्रतिम रूप ही हमारे लिए पूजा की सामग्री हो उठे। चित्रकला भी हमारी इस प्रवृत्ति से न बच सकी क्योंकि वह तो सामाजिक विचारों का ही दर्पण ठहरी...जो कभी पुरुष-समाज की पूजा और आदर की सामग्री थीं वे ही गृह-देवियाँ हमारी*

कामातुरता के कारण अपने अंग-अंग को खोले हुए बाजारू औरतों के समान कामी नवयुवकों के 'बेड-रूम' की दीवारों पर शोभा पाने लगीं हैं...इन चित्रों के नीचे अश्लील दोहे और कविताओं के प्रकाशन द्वारा हम अपना नीच और कलुषित अभिप्राय भी प्रकट करने में नहीं हिचकते।[27]

अश्लीलता पर केन्द्रित बहस मुख्य रूप से 'आनन्द और मनोरंजन के लिए सेक्स' बनाम 'प्रजनन के लिए सेक्स' के विचारों पर केन्द्रित थी। राष्ट्र सम्बन्धी विमर्श में गैर-प्रजननकारी और भोगवादी यौन रुचियों पर भारी नकारात्मक दबाव पड़ने लगे जिसके फलस्वरूप सभी गैर-प्रजननोन्मुखी यौनिकताओं को लगभग हाशिए पर धकेल दिया गया। इस प्रक्रिया में राधा की छवि का क्या हुआ? वह नियामक, मानक कविता से लगभग पूरी तरह गायब हो गई। यह बात पाठ्य पुस्तक साहित्य में खास तौर से दिखाई दी। मिसाल के तौर पर, इलाहाबाद के डी.ए.वी. स्कूल के हेडमास्टर गंगा प्रसाद, और इलाहाबाद विश्वविद्यालय में हिन्दी के लेक्चरर धीरेंद्र वर्मा ने हाई स्कूल के विद्यार्थियों के लिए 1928 में *सेलेक्शन ऑफ हिन्दी पोयम्स* तैयार किया। इसके उद्देश्य का वर्णन करते हुए कहा गया कि इससे कविता की आत्मा का साक्षात्कार होगा। पूरे संकलन में प्रेम अथवा राधा की यौनिकता पर एक भी कविता नहीं थी, और इससे भी बढ़कर बात यह है कि रीतिकाल के एक भी कवि को शामिल नहीं किया गया था। इसी दौर में राधा पर केन्द्रित एक बेहद रोचक रचना लिखी गई जिससे उसकी बदलती छवियों का अनुमान लगता है। सामान्यतः 'हरिऔध' के उपनाम से विख्यात अयोध्या सिंह उपाध्याय ने *प्रियप्रवास* नामक एक प्रसिद्ध काव्य लिखा। इसमें मथुरा से कृष्ण की विदाई के चिरपरिचित घटनाक्रम को ही दोबारा पेश किया गया है। मगर यहाँ राधा और कृष्ण का प्रेम बेहद संयमित और मर्यादित है। इतना ही नहीं, उद्धव राधा से कहते हैं कि वह कृष्ण के साथ अपने मिलाप/सम्भोग की स्वार्थपूर्ण इच्छा पर विजय पाए और नैतिक रूप से मानवता की सेवा का यत्न करे।

बहरहाल, ऐसे पद्य में राधा अतुलनीय आनन्द के स्थान पर एक अतुलनीय बोरियत का बायस बन जाती है। एक मूलतः सौंदर्यात्मक दृष्टि से देखें तो स्त्री की छवि विशुद्धतः नैतिक बन कर रह गई। कामशीलता, उन्माद, और इन्द्रिय हलचल की जगह सामाजिक चरित्रहीनता, सुधार, सुचरित और नैतिकता की बातें आ गईं। गद्य और पद्य में एक नया उद्देश्य पैदा हो गया। बाल विवाह और वैधव्य की कारुणिकता, मातृत्व का महिमामण्डन, और देश सेवा पर बार-बार जोर दिया जाने लगा, जिसके पीछे आर्य समाज के प्रभाव का भी हाथ था। तमाम दबावों को झेलते हुए भी स्वयं को ईश्वर और पति के चरणों में समर्पित करने के लिए उद्धत गुणशील स्त्री हिन्दू राष्ट्र की सांस्कृतिक प्रामाणिकता और सम्पूर्णता की नई वाहक बन गई। यहाँ स्त्री मर्यादित प्रेम और वैवाहिक दायित्व का प्रतीक थी। स्वयं विवाह भी उत्साह

से उत्सर्ग बन जाता है। महावीर प्रसाद द्विवेदी ने इस सम्मानित, आदर्श महिला का चित्रण करते हुए कहा कि वह साड़ी पहनती है, बिन्दी लगाती है और फूलों से अपना शृंगार करती है। वह मंदिर जाती है, अपने पति के लिए पूजा करती है, पढ़ी-लिखी है, सभ्य बैठकों में जाती है, और घर लौटने पर अपने पति का हृदय जीतती है।[28] एक नैतिकतावादी कवि की हैसियत से मैथिलीशरण गुप्त ने स्वागत और आर्य नायिका को शील और लज्जा की प्रतिमूर्ति माना।[29] उन्होंने तुकबन्दी की :

आर्य कन्या मान लेती स्वप्न में भी पति जिसे,
भिन्न उससे फिर जगत में और भज सकती किसे?[30]

स्त्री को नए मूल्यों से लैस कर दिया गया। ये नए मूल्य राष्ट्रवादी भी थे और हिन्दू भी। यह पुनर्रचित महिला पवित्रता और परिष्कृत लैंगिकता का प्रतीक थी। उसके व्यवहार पर लगे निषेधों का उद्देश्य स्त्री देह को आवरण में बन्द और अनुशासित करना, सत्ता की एक नई सामाजिक एवं नैतिक तारतम्यता स्थापित करना और शुचिता को मध्य वर्ग की पहचान के साथ एकीकृत करना था। इस प्रकार, यौन आनन्द को अत्यंत संदेह की दृष्टि से देखा जाने लगा। आधुनिक हिन्दू सांस्कृतिक विमर्श यौनिकता के सवाल पर एक होता दिखा, जिसमें सौंदर्य बोध और अश्लीलता, अभिजात और कुजात के बीच स्पष्ट सीमा रेखाएँ खिंची हुई थीं। मगर बात सिर्फ इतनी ही नहीं थी कि स्त्री चित्रण में आनन्द पर अंकुश लगाना था। बल्कि, साहित्यिक विमर्श में सम्मानित स्त्रीत्व को आनन्द के एक ऐसे विचार के साथ परिभाषित किया जाने लगा जिसमें आत्मोत्सर्ग, 'सकारात्मक' मिशन और वृहत्तर हित के विचार समाहित थे। सौंदर्यबोध नीतिशास्त्र का उपांग बन गया।

'गन्दा' साहित्य : नैतिकता तार-तार?

मगर हिन्दी साहित्य की नियमावली पूरी तरह स्पष्ट नहीं थी। साहित्यिक उत्पादन के पीछे भांति-भांति की अपेक्षाओं, प्रेरणाओं और सन्दर्भों का हाथ था। लोकप्रिय रुचि और पढ़ने की आदतें उच्च हिन्दी साहित्यिक मानकों का विरोध और पुनर्व्याख्या करती रहीं। मुद्रण के विकास ने अश्लील सामग्री को एक माल के रूप में बड़े पैमाने पर उपलब्ध करा दिया और कामुक उपभोक्तावाद उत्तर प्रदेश के प्रकाशन जगत में आए भारी उछाल का हिस्सा बन गया। इस प्रवृत्ति के चलते 'स्वच्छ' साहित्य के वर्चस्व पर चोट लगती रहती थी। कामुक यौन पत्रिकाएँ, रोमांस के किस्से-कहानियाँ, मनोरंजक गाने, यौन सम्बन्धों के बारे में सलाह देने वाला लेखन – इन सबको विरोधी अक्सर एक ही श्रेणी में रख देते थे। 'अश्लीलता' एक व्यापक कोटि बन गई जिसमें बहुत कुछ शामिल हो सकता था।

उत्तर प्रदेश में व्यावसायिक प्रेस का विकास धीमा, मगर सतत रहा। इसके समानान्तर देशी भाषाओं का भी उभार हुआ। व्यावसायिक प्रेस हिन्दी साहित्य के प्रसार और संवाद का ऐसा साधन बन गया जो सरकारी माध्यमों और तौर-तरीकों के प्रभाव से काफी हद तक मुक्त था। उत्तर प्रदेश में 1878-79 में कुल 177 प्रेस थे। यह संख्या 1901-02 में बढ़कर 568 और 1925-26 में 743 तक जा पहुँची। उत्तर प्रदेश में देशी भाषा के समाचार पत्रों पर विशेष ध्यान दिया गया। फलस्वरूप, 1878-79 में उत्तर प्रदेश में ऐसे समाचार पत्रों की संख्या 591 तक पहुँच गई जबकि बंगाल में अभी सिर्फ 26 अखबार ही छप रहे थे। बंगाल का दबदबा देशी भाषा की किताबों में था। मगर 1925-26 तक आते-आते उत्तर प्रदेश ने इस मामले में भी बाजी मार ली। उस साल उत्तर प्रदेश में 2,777 किताबें प्रकाशित हुई जबकि बंगाल में देशी भाषा की कुल 2,543 किताबें छपीं। इन किताबों के प्रकाशक ही अधिकाँशतः इनके विक्रेता भी थे। 1860 और 1870 के दशकों में उत्तर प्रदेश में सबसे अधिक प्रेस आगरा में थे। उसके बाद बरेली, कानपुर, बनारस, शाहजहांपुर, रुड़की और मेरठ का स्थान आता था। परन्तु एक सबसे पुरानी और सबसे प्रतिष्ठित प्रेस नवल किशोर प्रेस ने अपनी तरक्की का सफर लखनऊ में तय किया। बीसवीं सदी के प्रारम्भिक वर्षों तक पहुँचते-पहुँचते उत्तर प्रदेश की प्रकाशकीय सरगर्मियों पर इलाहाबाद का दबदबा कायम हो गया। ज्यादातर प्रेस छोटे थे और धार्मिक व पौराणिक कथाएँ, कविता, सनसनीखेज नॉवेल और रोमांस के किस्से छाप कर अपना खर्चा चलाते थे। वे सीमित विषयों पर सुगम परन्तु घटिया छपी हुई पुस्तिकाएँ और फौरी किस्म का साहित्य छापते थे। यह चीजें आम बोलचाल की भाषा में छापी जाती थी और उन्हें कुछ आने की कीमत पर खरीदा जा सकता था। शुरुआत में ज्यादातर कविताएँ और रोमांस के किस्से-कहानियाँ उर्दू और फारसी में छपते थे। मगर कुछ ही अर्से में फारसी और उर्दू पद्यात्मक कृतियों और रोमांस के हिन्दी अनुवाद भी आसानी से मिलने लगे।

सस्ती क़िस्म की कविताओं और रूमानियत के बहुत सारे हिन्दी लेखकों ने अपनी भाषा को काफी हद तक फारसी शैली में ढाल लिया क्योंकि इस शैली की पहुँच ज्यादा थी। उत्तर प्रदेश के शिक्षा निदेशक एम. कैम्पसन ने इस प्रवृत्ति की चर्चा करते हुए कहा :

> *यह अश्लील तुकबंदियों का कचरा बाजार है, जिनमें से कुछ तुकबंदियाँ तो बहुत ही गन्दी हैं। इसी किस्म की किताबों के चलते देशी लोग स्त्री शिक्षा का इतना तीखा विरोध करने पर उतर आते हैं...ऐसी पुस्तकें बड़े शहरों के युवाओं के मस्तिष्क में जहर भर रही हैं। क्योंकि जहाँ पढ़ने वाला एक आदमी होता है वहाँ सैकड़ों दूसरे भी होते हैं जिन्हें वासनापूर्ण इशारे और किस्से सुनने को मिल जाते हैं।*[31]

यह भय भी व्यक्त किया गया कि समाज में विद्यमान 'घटिया' रुचियों को संतुष्ट करने में लगे बहुत सारे छापेखानों के मालिक अपने ऐसे प्रकाशनों का उल्लेख उस

सूची में नहीं करेंगे जो वह हर साल सरकार को भेजते थे। ऐसी बहुत सारी किताबों को चोरी-छिपे ही छापा और बेचा जाता था। 1873 में संयुक्त प्रांत के सरकारी अफसर सी. ए. इलियट ने टिप्पणी की थी कि इस इलाके में 'बेहद घटिया और अश्लील श्रेणी' की किताबें भी हासिल की जा सकती हैं, हालाँकि अभी उनकी संख्या सीमित ही थी। माँग की जाने लगी कि ऐसी किताबों को आपत्तिजनक और गैरकानूनी घोषित कर दिया जाए तथा सभी छापेखानों और प्रत्येक मुद्रित पुस्तक और कागज के पंजीकरण से सम्बन्धित प्रावधानों को सख्ती से लागू किया जाए।

1868 तक आते-आते देवनागरी लिपि में छपने वाले प्रकाशनों की संख्या बढ़ने लगी और 1925 तक हिन्दी समाचार पत्रों, किताबों, पत्र-पत्रिकाओं, की संख्या उर्दू के मुकाबले बहुत अधिक हो गई। बीसवीं शताब्दी की शुरुआत तक व्यापक पहुँच वाला लोकप्रिय साहित्य - अर्ध पोर्नोग्राफिक सेक्स टीकाओं, और बोलचाल की हिन्दी में लिखे जाने वाले रोमांटिक किस्से-कहानियों की उत्तर प्रदेश के बाजार में बाढ़-सी आ गई। इनमें ब्रज भाषा में छोटे-छोटे दोहों में लिखी कविताओं की भरमार रहती थी। अलीगढ़ और मुरादाबाद ऐसे साहित्य के सबसे फलते-फूलते केन्द्र नजर आते थे। यहाँ यौन विज्ञान, काम कला और अश्लीलता के बीच की सीमारेखा अक्सर ओझल हो जाती थी।[32] ऐसी बहुत सारी टीकाएँ संस्कृतनिष्ठ हिन्दी में लिखी जाती थीं जिससे ऐसा आभास होता था कि उन्हें एक अभिजात हिन्दू पाठक वर्ग के लिए लिखा जा रहा है। इसके समानान्तर दूसरी तरफ बोलचाल की हिन्दी में लोकप्रिय, पतले और सस्ते संस्करण भी छप रहे थे। परन्तु इन सब पुस्तकों और टीकाओं का यह समान दावा था कि कामशास्त्र सम्बन्धी क्लासिक अनुसंधानों से प्रेरित होकर लिखी गई हैं। लगभग सभी पुस्तकों की भूमिका में इस बात पर जोर दिया जाता था कि प्रस्तुत रचना अश्लील नहीं है।

प्यारेलाल जमींदार ने अपनी पुस्तक *कोक शास्त्र*, जिसके कई संस्करण निकले, की भूमिका में लिखा :

> *यह पुस्तक अश्लील नहीं है। इस विषय में हमने कई विद्वान बैरिस्टर और वकील हाईकोर्ट से सम्मति ले ली है...विवाह के पहले कोक शास्त्र का देख लेना परमावश्यक है...इस विषय पर किताब लिखना भी खेल नहीं है, सूरे पूरे ही का काम है, पग-पग पर अश्लील शब्द लिखने के दोषारोपण का भय है जिस के लिए कानून में दंड नियत है।*[33]

नग्नता के आरोप में प्रतिबंधित होने का डर सबको था। इसीलिए ऐसी ज्यादातर किताबें रति-विज्ञान की भाषा में लिपटी होती थीं और उनमें यौन जीवन के वैज्ञानिक 'तथ्यों' को उद्धृत करते हुए प्रामाणिकता का दावा किया जाता था। मगर दूसरी तरफ अपनी किताबों के लिए अधिकाधिक खरीदार जुटाने के लिए प्रकाशक उन किताबों के कामुक पहलू पर खास जोर भी देते थे। ऐसी किताबों के रंगीन तस्वीरों वाले

1ः कामशास्त्र और गुप्तरोग की पुस्तकों के विज्ञापन

स्रोत : *वर्तमान*, 18 मार्च 1925 : 8।

एक मास के लिए खास रियायत !

सचित्र गुप्तरोग चिकित्सा

का द्वितीय संशोधित संस्करण प्रकाशित हो गया।

स्रोत : *वर्तमान*, 21 नवंबर 1938 : 6।

विज्ञापन कई जाने-माने अखबारों और पत्रिकाओं में छपते थे। हिन्दी दैनिक *वर्तमान* में ऐसी ही एक किताब के विज्ञापन में कहा गया था कि अविवाहित ब्रह्मचारी किशोर उससे दूर रहें। परन्तु विवाहित स्त्री-पुरुषों के लिए उसकी उपयोगिता पर जोर दिया गया। अखबार के एक पन्ने पर छपे इस विज्ञापन में कहा गया था कि किताब में हृदय को उत्तेजित करने वाली आकर्षक तस्वीरें दी गई हैं और पूरी किताब काम और शृंगार से भरपूर है। *अभ्युदय* में एक और किताब के विज्ञापन में पहले तो उसकी 'वैज्ञानिकता' सिद्ध की गई थी और इसके पश्चात बताया गया :

> *पुस्तक में रंगीले, चटकीले और भड़कीले पचास चित्र हैं। भारत के अतिरक्त अफ्रीका, रूस, जर्मनी, इटली, फ्रांस और ऑस्ट्रेलिया की प्यारी-प्यारी और भोली-भोली खूबसूरत स्त्रियों के भी चित्र और मसालेदार तस्वीरें हैं।*[34]

ऐसी बहुत सारी किताबों में अर्ध-पोर्नोग्राफिक शैली का इस्तेमाल किया जाता था। उनमें से कई किताबों को बार-बार भी प्रकाशित किया गया। प्यारेलाल जमींदार ने 1900 में *कोकशास्त्र* नामक जो पुस्तक लिखी थी, 1905 तक आते-आते उसके सात संस्करण छप चुके थे। सरल हिन्दी में लिखी गई इस पुस्तक में 'जवानी-दीवानी' जैसे शीर्षक थे और बताया जाता था कि वह किताब कम उम्र के लड़कों के बीच खास तौर से काफी लोकप्रिय थी। कुछ दूसरी किताबों में विशुद्ध रूप से यौन सुख परोसा जाता था। काशी के एस. एस. मेहता एंड ब्रदर्स ने *चुम्बन मीमांसा* के नाम से किताब छापी। यह एक गुजराती किताब का अनुवाद थी जिसमें चुम्बन के इतिहास, विकास और तरीकों का वर्णन किया गया था। किताब के कवर पर लिखा गया था कि केवल निजी प्रयोग के लिए है।[35] बाबू हरिदास वैद्य ने *शृंगार शतक* का अनुवाद किया और किताब के प्राक्कथन में बहुत साफ-साफ लिखा :

> *यह कह देने में हर्ज नहीं कि मैं अपनी सभी पुस्तकें द्वितीय और तृतीय श्रेणी के सज्जनों के लिए लिखा करता हूँ...प्रयाग के एक पंडित मोहनलालजी नेहरू महोदय को उनमें कई दोष दिखाई देते हैं...लेकिन हिन्दुओं के अनेक पुराणादि ग्रंथों में नारी-निन्दा-व्यंजक अनगिनती श्लोक भरे पड़े हैं...अगर हम स्त्री-निंदक होते, तो खामखवाह सैंकड़ों पेज नारी प्रशंसा में क्यों भर देते?...निश्चित ही स्त्री-बिना संसार के सभी सुखेश्वर्य फीके और बेमजे हैं। स्त्री इश्वर के संसार रूपी बगीचे का सर्वोत्तम फूल है।*[36]

कुछ इससे थोड़ी भिन्न शैली की किताबें भी थी जिन्होंने कामुकता को लोकप्रिय बनाया। बीसवीं सदी के प्रारम्भिक वर्षों में ब्रजभाषा के गीतों और व्यंग्यों की पतली और सस्ती पुस्तिकाएँ शैक्षणिक और सुधारवादी कृतियों से कहीं अधिक संख्या में बिकती थीं। बनारस के बाबू बैजनाथ बुक सेलर ने होली के गीतों और कृष्ण तथा उनकी गोपियों के इर्द-गिर्द लिखे जाने वाले गीतों और किस्सों को लेकर ऐसी

अनगिनत पुस्तिकाएँ छापीं।[37] इनमें से ज्यादातर पुस्तिकाओं में रासलीला वाली शैली का प्रयोग किया जाता था। उनमें उर्दू और फारसी के शेरों व जुमलों का भी धड़ल्ले से इस्तेमाल किया जाता था। ऐसी कुछ पुस्तकें बेहद कामुक होती थीं। उदाहरण के लिए एक पुस्तक *चौटाल चम्पाकली* में लिखित है :

चोलिया बिच जोबन जुलुम करे ॥चोलिया॥
अंगिया को बन्द टूक-टुक करी,
निशि दिन उर पे घूम करे ॥ [38]

इन पुस्तिकाओं में अपने-आप में कुछ खास नयापन तो नहीं था परन्तु छपाई की सुविधा मिल जाने से उनकी खपत काफी बढ़ गई। उनमें एक प्रकार से रीति कविता की ही नकल की जाती थी, मगर लोकप्रिय शैली में। इन पुस्तिकाओं ने आम जन की कल्पनाओं और कुंठाओं पर पकड़ बना ली और अपने प्रशासकों के लिए भारी मुनाफे का साधन बन गई। बहुत सारी किताबों और पुस्तिकाओं के कई-कई संस्करण भी छपे, जिससे पता चलता है कि वे आसानी से उपलब्ध थीं और उनकी माँग बढ़ती जा रही थी।

इन 'अश्लील' पुस्तिकाओं ने ब्रिटिश अधिकारियों और हिन्दू नैतिकतावादियों में नए सिरे से चिन्ताएँ पैदा कर दीं क्योंकि इनमें गम्भीर और खतरनाक निहितार्थ छिपे हुए थे। इन नई रचनाओं के लेखकों को छपाई, फोटोग्राफिक तकनीकी और व्यावसायिक प्रेस से काफी सुविधा थी। वे तस्वीरें छाप सकते थे, बड़ी संख्या में किताबें छाप सकते थे और उन्हें आराम से बेंच सकते थे। ये लेखक अश्लीलता को 'दरबार' से उठाकर 'जनता' के बीच ले आए थे और उनके पास ऐसी व्यापक पहुँच थी जो रीतिकाल के कवियों को कभी प्राप्त नहीं थी। उनका बाजार सिर्फ विद्वत समुदाय तक ही सीमित नहीं था, जो निषेध के बावजूद उन्हें खरीदते ही थे, बल्कि उनका बाजार कामचलाऊ हद तक पढ़े-लिखे लोगों की लगातार बढ़ती जा रही जमात तक फैल चुका था। इस जमात में क्लर्क, दूकानदार, व्यापारी और छात्र, सब शामिल थे। अब ऐसा साहित्य किताबों के नए-नए उभरते बाजारों, स्थानीय खोकों और रेलवे स्टेशनों से भी हासिल किया जा सकता था। ये लेखन ऐसा होता था जिसे बहुत सारे लोग लिखने के योग्य भी नहीं मानते थे। शृंगार उस सीमा तक ही स्वीकार्य था जहाँ वह एक फंतासी की दुनिया और अभिजात वर्ग तक ही सीमित हो। जनता के वासनाकरण के साथ दिक्कत इस बात में थी कि इससे व्यवस्था और मर्यादा के सामान्य कायदे-कानून भी छिन्न-भिन्न हो रहे थे।

ऐसे काम-साहित्य की व्यापक पहुँच की सम्भावना ने उस पर निगरानी की जरूरत को और बढ़ा दिया। भाषाई सर्वेक्षण करते हुए ग्रियर्सन ने 1925 में एक गोपनीय पत्र लिखा जिसमें उन्होंने उत्तर प्रदेश में छपने वाली कामुक कृतियों की व्यापकता पर चिन्ता व्यक्त की थी। उन्होंने लिखा :

1900 तक हम सिर्फ यह जानते थे कि ऐसी किताबें भी छपती हैं, मगर उनकी तादाद बहुत कम थी और उन्हें केवल चोरी-छिपे ही हासिल किया जा सकता था। उन्हें कमसिन लोगों की रुचियों के अनुरूप केवल अश्लील विषयवस्तु के लिए ही छापा और बेचा जाता था। मगर अब तो इन किताबों का खुले आम प्रचार किया जाता है और उनकी विषयवस्तु का पूरा वर्णन दिया जाता है जिससे इस बारे में कोई शुबहा बाकी नहीं रहता कि वह किस किस्म की किताबें होंगी।[39]

ब्रिटिश अधिकारी ऐसी सामग्री के सन्दर्भ में हस्तक्षेपवादी रवैया अख्तियार करने लगे। उन्होंने आदेश जारी कर दिया कि रेलवे प्लेटफोर्म पर ऐसा 'आपत्तिजनक' साहित्य नहीं बेचा जाएगा। कामुक किताबों, पुस्तिकाओं, पत्रिकाओं, पोस्टकार्डों और तस्वीरों को जब्त किया जाने लगा और 'अश्लीलता' के आरोप में छापेखानों, प्रकाशकों, और पुस्तक विक्रेताओं की धरपकड़ होने लगी। भ्रष्ट और यौन विषयक सामग्री की तलाश में अक्सर किताबों की दूकानों पर छापे पड़ने लगे। 1870 में जोसेफीन बटलर द्वारा स्थापित की गई एसोसिएशन फॉर मोरल एंड सोशल हाइजीन की भारतीय शाखा अपने केन्द्रीय संगठनकर्ता मैलीसैंट शेफर्ड के माध्यम से अश्लीलता के खिलाफ एक तीखी मुहिम छेड़े हुए थी। इन धर्मयोद्धाओं ने यौनिकता और सेक्स सम्बन्धी अभिव्यिक्तियों पर लगाम कसी। उनकी कार्रवाइयाँ अक्सर यौन केन्द्रित किताबों, परचों और पत्रिकाओं पर सेंसरशिप का रूप ले लेती थीं। लोकप्रिय, और विशेष रूप से 'अश्लील' साहित्य की कई देशी हल्कों में भी खूब आलोचना होती थी। इन आलोचकों में 'सम्मानित' साहित्यिक वर्ग, महिलाओं के संगठन और गांधी शामिल थे। बीसवीं सदी के प्रारम्भिक वर्षों के उत्तर प्रदेश की एक जानी-मानी पत्रिका *माधुरी* में 1925 में एक लेख छपा जिसमें कामुकता और रति विज्ञान सम्बन्धी रचनाओं की जमकर खबर ली गई थी :

जब देखते हैं कि उन गुप्त बातों के आड़ में आचार और विचार को भ्रष्ट करनेवाली, विषय-वासना को उत्तेजित करनेवाली और चरित्र को बिगाड़ने वाली बात अंधाधुंध प्रचार की जा रही है, तो हमारे धैर्य का अन्त हो जाता है...रतिशास्त्र व कामशास्त्र का सितारा फिर चमकता नजर आता कहते है।...और किसी प्रकार की पुस्तक बिके या न बिके कामशास्त्र और कोकशास्त्र की बिक्री में तो कोई संदेह ही नहीं।...कच्ची उम्र के युवकों में गुप्त इन्द्रियों के नाम लेने ही से एक विशेष उत्तेजना होती है। फिर जब आप 84 आसनों, 72 चुम्बनों और 128 प्रकार के आलिंगनों की चर्चा करेंगे (आपकी भाषा भी चुटपुटी और मजेदार होगी) तो कौन ऐसा युवक है, जो तन्मय होकर आपकी पुस्तक न पढ़ेगा...क्या इन विद्वजनों को यह

बतलाने की जरूरत है कि इन गुप्त बातों के प्रचार से विलासिता को उत्तेजना मिलती है, और लोग रति के मुख्य उद्देश्य को भूलकर केवल उसका आनन्द उठाने ही में मग्न हो जाते हैं? क्या यह बतलाने की जरूरत है कि कामशास्त्र की रचना उस समय हुई थी, जब भारतवर्ष में विलासिता की धूम थी, और इसी ने अन्त में उसे गुलाम बनाकर छोड़ा?[40]

महिला संगठन ऑल इंडिया वीमेन्स कॉन्फ्रेंस ने अश्लील साहित्य के प्रसार का तीखा विरोध किया। यह विरोध उन छोटी-छोटी दूकानों के खिलाफ खासतौर से ज्यादा था जहाँ से छात्र-छात्राओं को ऐसा साहित्य मिलता था। संगठन ने ब्रिटिश प्रशासन से आह्वान किया कि वह इस प्रवृत्ति को उखाड़ फेंकने के लिए फौरन कड़े कदम उठाए। 'साहित्य में गन्दगी' की इस प्रवृत्ति की गांधी ने भी आलोचना की। इन गन्दी किताबों को महिलाओं की पहुँच से दूर रखने की खासतौर से हिदायत दी जाती थी। गाँधी ने भी ऐसी किताबों और उनसे सम्बन्धित विज्ञापनों की कड़ी आलोचना की :

एक मासिक पत्र में प्रकाशित एक अत्यंत वीभत्स पुस्तक के विज्ञापन की कतरन एक बहिन ने मुझे भेजी है...जिस पुस्तक का यह विज्ञापन है उस किस्म की पुस्तकों की आज बाजार में बाढ़ सी आ रही है...जितनी अश्लील भाषा का उपयोग किया जा सकता है उतना किया गया है। इस पुस्तक का नाम स्त्री के शरीर का सौंदर्य है और विज्ञापन देने वाला फर्म पाठकों से कहता है कि जो यह पुस्तक खरीदेगा उसे नववधू के लिए नया ज्ञान और सम्भोग अथवा सम्भोगी को कैसे रिझाया जाए नामक दो पुस्तकें और मुफ्त दी जाएँगी...आश्चर्य तो यह है कि पुरुषों के सौंदर्य की प्रशंसा में पुस्तकें बिल्कुल नहीं लिखी गईं। तो फिर पुरुष की विषय-वासना उत्तेजित करने के लिए साहित्य हमेशा क्यूँ तैयार होता रहे?...किसी भी महिला को पुरुष के आगे अपनी देह की सुंदरता दिखाना क्या पसन्द होगा?...यह वाहियात विज्ञापन तो सिर्फ यही बताता है कि हवा का रुख किस तरफ है।[41]

हालाँकि बहुत सारी जानी-मानी पत्रिकाएँ और लेखक ऐसी कृतियों की निन्दा करते थे मगर लोकप्रिय माँग और बाजार अर्थव्यवस्था की जरूरतों के चलते वे थोड़ा-बहुत समझौता भी कर लेते थे। साहित्यिक मध्यवर्गीय हिन्दुओं का विमर्श भी पूरी तरह एकरूप नहीं था और वहाँ लिखे जाने वाले साहित्य में भी उल्लेखनीय विविधता होती थी। उच्च साहित्यिक वृत्त के भीतर भी प्रतिरोध और सहमिलन चलता रहता था।

ऐसी किताबें लिखने और छापने का कारोबार चलाने वाले सिर्फ 'निम्न कोटि' के लेखक और छोटे छापेखाने ही नहीं थे। यहाँ तक कि नवल किशोर प्रेस जैसे प्रतिष्ठित प्रकाशकों द्वारा छापी गई कुछ पुस्तकों को भी नैतिक आधार पर

आपत्तिजनक घोषित कर दिया गया था। शिवनारायण प्रेस आगरा का एक प्रतिष्ठित प्रेस था और वहाँ उन्नीसवीं सदी के अन्तिम दशकों से ही ऐसी किताबें छप रही थीं। *रक्षण कविता* एक 8 पेजी पुस्तिका थी जिसकी पहले संस्करण में ही 2100 प्रतियाँ छापी गई थीं। इस पुस्तिका में कृष्ण और राधा के बीच बड़ा तीखा संवाद दर्शाया गया है। एक और किताब, *हीन पुरुष की बारहमासी* नाम से छापी गई थी। इसमें नपुंसक पुरुष के बारह महीनों में 37 दोहे दिए गए थे जिनमें पत्नी अपने नपुंसक पति की चुगली और शिकायत करती रहती है। 'गंगा पुस्तकमाला कार्यालय' हिन्दी पुस्तकों की सबसे बड़ी और प्रतिष्ठित दूकानों में से एक थी। अमीनाबाद पार्क, लखनऊ में स्थित इस दूकान के पास अपना निजी प्रिंटिंग प्रेस और प्रकाशन था और उसके पास रोमांस, तिलस्मी, जासूसी कहानियों, फंतासी, गल्प, प्रहसन और जादू-टोने की किताबों का सबसे बड़ा भंडार था। इनमें से ज्यादातर किताबें कार्यालय ने खुद प्रकाशित की थीं जिसका पता जानी-मानी पत्रिकाओं में अक्सर छपने वाले विज्ञापनों से चल जाता था। *माधुरी* में यौन टीकाओं और कामोत्तेजक पदार्थों के फुल-पेजी विज्ञापन लगातार छपते रहते थे।[42]

परन्तु एक भिन्न दृष्टिकोण से कुछ सुधारकों और प्रकाशकों को भी विवाहित जोड़ों के सेक्स और रति-जीवन की बारीकियों के बारे में खुल कर बात करने की जरूरत महसूस हुई क्योंकि यौन सुख आधुनिक वैवाहिक जीवन का एक अहम पहलू था। फलस्वरूप, उन्होंने ऐसी किताबें और लेख लिखे जो केवल शिक्षाप्रद ही नहीं बल्कि कामोत्प्रेरक भी होते थे। आर्य समाज के अनुयाई और 'जात पात तोड़क मंडल' के संस्थापक संतराम ने 1924 में यौन विज्ञान सम्बन्धी 'सच्ची' कृतियों के समर्थन में *माधुरी* में एक लेख लिखा। बाद में उन्होंने *विवाहित प्रेम* और *रतिविलास* जैसी किताबें भी लिखीं। अभ्युदय प्रेस ने *कश्मीरी कोकशास्त्र* छापा और ऐसी किताबों पर पाबन्दी लगाने के लिए सरकार की आलोचना की। चाँद प्रेस ने *दाम्पत्य जीवन* नामक किताब छापी जो कामशास्त्र पर आधारित थी और एक महिला द्वारा लिखी गई थी।[43]

मदन मोहन मालवीय के भतीजे पंडित कृष्ण कांत मालवीय, जिन्हें कभी-कभी इलाहाबाद का 'कुवंर कन्हैया' भी कहा जाता था, ने यौन सम्बन्धों के बारे में कई विवादास्पद किताबें लिखीं जिन्हें प्रतिष्ठित 'अभ्युदय प्रेस' से प्रकाशित किया गया। उनकी *सुहागरात : बहुरानी को सीख* नामक पुस्तक में महिलाओं को बताया गया था कि अपने पति को वश में रखने के लिए उन्हें क्या करना चाहिए। दावा किया गया था कि यह किताब प्रमुख यौन टीकाओं में से एक है लेकिन फिर भी ऐसी पुस्तक अभी तक हिन्दी संसार में नहीं प्रकाशित हुई है।[44] उनकी एक अन्य किताब *मनोरमा के पत्र* अपने प्रेमियों के नाम गुदगुदाने वाली शैली में लिखी गई थी और उसकी जिल्द

पर ही बता दिया गया था कि यह पुस्तक केवल पतियों के लिए है और इसमें इस प्रश्न को सम्बोधित किया गया है कि विवाह करके भी मनुष्य सुखी कैसे रह सकता है।[45] किताब में विवाहित जोड़ों के बीच यौन निकटता पर बल दिया गया था और कहा गया :

> *काम के शास्त्र और उसकी कला का ज्ञान वैवाहिक-जीवन को सुखमय बनाने में बहुत कुछ सहायक हो सकता है, ऐसा हमारा विश्वास है।*[46]

किताब में पश्चिम के 'शुद्ध' आचारवादी दृष्टिकोण पर प्रहार है। इसमें मनोरमा द्वारा लिखे गए कुछ पत्र दिए गए हैं। विवाहित मनोरमा ने ये पत्र अपने भूतपूर्व प्रेमियों के नाम लिखे थे। ये पत्र मनोरमा के प्रेम और आकांक्षाओं की अभिव्यक्ति और पुरुषों की दुर्बलताओं व अक्षमताओं का खुलासा हैं। इनमें एक कामतृप्त जीवन जीने के सुझाव भी दिए गए हैं। उदाहरण के लिए एक पत्र का शीर्षक है 'प्रियतमा को प्रसन्न रखने के उपाय'।[47] दानीराम प्रेम, जी. पी. श्रीवास्तव और पाण्डेय बेचन शर्मा 'उग्र' (1900-1967) जैसे हिन्दी के कई प्रसिद्ध लेखकों ने सनसनीखेज रूमानी उपन्यास लेखन में भी ख़ूब हाथ आजमाया।[48] 1920 के दशक की यही सबसे लोकप्रिय विधा दी। उनकी कहानियों और उपन्यासों में राष्ट्रवादी और नैतिक चिन्ताओं के बीच खींचतान और एक तरफ समाज सुधार तथा दूसरी तरफ व्यावसायिक हितों, मनोरंजन, भावनात्मक फंतासियों, और रोमांस के बीच तनाव दिखाई देते थे। उग्र का *चंद हसीनों के खुतूत* 1927 का बेस्ट सेलर था। जी. पी. श्रीवास्तव की किताबों में नैतिक बट्टेदारी के स्थान पर हमें हास्य, प्रेम, रोमांस और आनन्द देखने को मिलता है। उदाहरण के लिए उनके एक उपन्यास में कुछ इस तरह की पंक्तियाँ हैं :

> *दिमाग दिल का हाल क्या जाने?...सच्चे प्रेमी के प्रथम चुम्बन से कुमारी का सौंदर्य जो लज्जा और प्रेम से दमक उठता है, उसी का नाम आदर्श सुंदरता है...स्त्री स्वभाव की यह भी विलक्षण लीला है कि जब पुरुष की लालसा कम हो जाती है तब उसकी लालसा बढ़ने लगती है।*[49]

इस दौर में हम पाते हैं कि अश्लीलता का आरोप सबसे तीखे तरीके से उग्र की किताब *चाकलेट* पर लगा, जो सबसे पहले 1927 में प्रकाशित हुई।[50] इस किताब में वयस्क पुरुषों और किशोर वय के लड़कों के बीच यौन क्रियाओं, तथा पुरुष समलैंगिकता के अन्य आयामों पर बात की गई थी। *चाकलेट* आठ कहानियों का संगह था जिसमें 'हे सुकुमार', 'व्यभिचारी प्यार', 'जेल में', 'हम फिदाए लखनऊ' और 'कमरिया नागिन सी बल खाए' जैसे शीर्षकों के साथ गुदगुदाने वाली भाषा का इस्तेमाल किया गया था। ये कहानियाँ समलैंगिकता के विरुद्ध थीं और 'अप्राकृतिक' मैथुन और चाकलेट पंथ को पाप मानती थीं। दावा किया गया था कि ये कहानियाँ

सच्ची घटनाओं पर आधारित हैं। परन्तु इस आलोचना की प्रक्रिया में लोगों ने विशेष रूप से उत्तर प्रदेश में ऐसी प्रवृत्तियों की व्यापकता को भी स्वीकार किया जहाँ सुंदर लड़कों को 'चाकलेट', 'पॉकेट-बुक' और 'मनी-ऑर्डर' आदि कहकर सम्बोधित किया जाता था।[51] *चाकलेट* में कृष्ण और अर्जुन, राम और तुलसीदास, तथा कृष्ण और सूरदास के बीच समलैंगिकता की प्रवृत्तियों की तरफ संकेत किया गया था।[52] *चाकलेट* व्यावसायिक दृष्टि से एक सनसनीखेज सफलता सिद्ध हुआ और प्रकाशन के मात्र छः सप्ताह के भीतर उसके दो संस्करण बिक गए।

नैतिकता के रक्षकों ने किताब के ख़िलाफ़ तीखा हमला बोल दिया और इसके जरिए अन्य रचनाओं जैसे *दिल्ली का दलाल, व्यभिचारी मंदिर* तथा *अबलाओं का इंसाफ* को भी आलोचना के दायरे में ले लिया गया। ऐसी रचनाओं को 'घासलेटी साहित्य' का नाम दिया जाने लगा और घासलेटी आन्दोलन के नाम से उनके खिलाफ एक व्यापक आन्दोलन छेड़ दिया गया जो बारह वर्षों तक चला।[53] *विशाल भारत* के सम्पादक बनारसी दास चतुर्वेदी ने इस मामले में अगुआ भूमिका निभाई और उन्हें हिन्दी के नए प्राधिकार केन्द्रों—विश्वविद्यालई विभागों, साहित्यिक संगठनों और प्रमुख पत्र-पत्रिकाओं—का भी समर्थन मिला। कुछ लोगों का आरोप था कि उग्र पैसे के लिए अश्लील साहित्य लिखकर हिन्दी साहित्य में गन्दगी फैला रहे हैं। उत्तर प्रदेश में *चाँद* और *सुधा* ने ऐसे साहित्य के खिलाफ लेख प्रकाशित किए और 'हिन्दी साहित्य सम्मेलन' तथा 'काशी नागरी प्रचारिणी सभा' ने ऐसी किताबों के खिलाफ प्रस्ताव पारित किए। गांधी ने पहले तो *चाकलेट* को पढ़े बिना उसके खिलाफ लिख दिया मगर बाद में उसे पढ़ने के बाद उन्हें उसमें अश्लीलता जैसी कोई बात नहीं दिखाई दी। उन्होंने इस बारे में एक चिट्ठी भी लिखी मगर वह 1951 में ही लोगों की जानकारी में आ पाई।

प्रश्न यह है कि *चाकलेट* जैसी किताब के खिलाफ ऐसी उन्मादपूर्ण प्रतिक्रिया क्यों हुई जबकि उसमें समलैंगिकता का विरोध ही किया गया था? इसके खिलाफ चला अभियान पैतृकवादी भी था और नैतिकतावादी भी, जिसका मकसद जनता को 'अस्वास्थ्यकर' प्रभावों से 'बचाना' था। मगर उसकी पहुँच को देखकर लगता है कि यहाँ सिर्फ शुद्धता और मर्यादा के विचारों के अतिक्रमण का ही मामला नहीं था। यहाँ उससे कही ज्यादा 'नाजुक' चीज दाँव पर लगी थी। उग्र ने एक ऐसे विषय पर लिखा था जिसके बारे में कई तरह के पूर्वाग्रह प्रचलित थे। उन्होंने एक ऐसी चीज पर लिखा था जिसका उल्लेख भी नहीं किया जा सकता था। उन्होंने न कहने वाली बात कह दी थी। आलोचकों का दावा था कि उग्र के लेखन से असल में पाठकों को गुदगुदी और उत्तेजना मिलती थी और इसलिए उससे समलैंगिक भावनाओं पर चोट नहीं पहुँचती बल्कि उन्हें बढ़ावा मिलता था। औपनिवेशिक उपस्थिति, बढ़ते राष्ट्रवादी आन्दोलन, उभरती उच्च साहित्यिक प्रवृत्तियों और हिन्दू पहचान के साथ उसके

सम्बन्धों ने उस समय इस आन्दोलन को उत्तर भारत में एक खास रंगत दे दी। *चाकलेट* ने इतरलिंगी व्यवस्था, प्रजननीयता की सार्थकता के आधुनिक एकल विवाही आदर्शों को संदेह की परिधि में खड़ा कर दिया। प्राचीन अभिलेखों और मध्यकालीन दरबारी रीति-रिवाजों में समलैंगिक सम्बन्धों के इतिहास का पता चलता है। परन्तु, *चाकलेट* ने स्पष्ट किया कि बढ़ते पुरुष-पुरुष आकर्षण सम्बन्धों के लिए स्कूल, कॉलेज, हॉस्टल, सिनेमा, थियेटर, समाज सेवी संगठन, पार्क, क्लब, मेले और जेल जैसी नई संस्थाएँ और जगहें पैदा हो चुकी हैं। जब एक शक्तिशाली पौरुषयुक्त हिन्दू मर्द की छवि पूरे राष्ट्र का विषय थी, उस समय *चाकलेट* ने सभ्यता के लिए खतरा खड़ा करते हुए उभरते शहरी पुरुष प्रश्रयों और वैकल्पिक यौनिकताओं को सार्वजनिक कर दियाः लगा, जैसे पुरुषत्व को संदिग्ध कर दिया हो।

इस टकराव ने आलोचकों को लोकप्रिय साहित्य और क्रमशः मनोरंजक कथा साहित्य के खिलाफ खड़ा कर दिया। इस टकराव का परिणाम यह हुआ कि हिन्दी साहित्य में एक स्थाई दरार पैदा हो गई। छात्रों के लिए ऐसी किताबें पढ़ना गुनाह था और आलोचकों ने इस बात का पूरा ध्यान रखा कि उन्हें पाठ्यक्रम में, बल्कि हिन्दी साहित्य के इतिहास में भी जगह न मिले। मगर अपनी लोकप्रियता की मेहरबानी से यह साहित्य जिन्दा रहा। टकराव आने वाले दशक में भी जारी रहा और 1940 के दशक में इसे लेकर जैनेद्र कुमार के *सुनीता*, यशपाल के *दादा कामरेड*, और इस्मत चुगताई के *लिहाफ* पर कई बहसें हुई।[54]

धूप में बारिश : एक मिश्रित परिदृश्य

यह स्पष्ट है कि हिन्दू नैतिकतावादी अपनी पहचान और एक सभ्य आधुनिक राष्ट्र की स्थापना एक खास किस्म के साहित्य को प्रोत्साहित करके और स्वयं को अश्लीलता तथा यौन सुख के विचारों से विरक्त रखते हुए करना चाहते थे। उत्तर मध्यकालीन अभिजात साहित्य के शृंगार रस के प्रति एक खास बेचैनी थी। लोकप्रिय प्रकाशनों के बाजार के प्रति यह बेचैनी और भी ज्यादा थी क्योंकि इसे जनता के बीच कामुकता फैलाने वाले माध्यम के रूप में देखा जाता था। 'अच्छे' और 'उपयोगी' साहित्य के लिए नियंत्रण और व्यवस्था का होना अनिवार्य था, फलस्वरूप एक उभरते हिन्दी साहित्यिक समुदाय के नैतिक प्राधिकार को बल मिला और एक हिन्दू राष्ट्रवादी पहचान पुष्ट हुई। साहित्यिक नीतिशास्त्र को राष्ट्र की नैतिकता के साथ जोड़ दिया गया। जहाँ तक इस काल के अधिकाँश 'उच्च' साहित्यिक रुझानों का प्रश्न है, ये प्रयास सफल रहे थे।

निस्संदेह यह साहित्य अपने आप में महत्वपूर्ण और प्रभावशाली था परन्तु सामाजिक पहचानों के समग्र क्षेत्र में उसका दखल नहीं था। अगर दूसरे हिन्दी प्रकाशनों पर नजर

डाली जाए तो तस्वीर कुछ और जटिल दिखाई देती है। उनमें से ज्यादातर स्वच्छ साहित्यिक अभिरुचियों और राष्ट्र निर्माण से तटस्थ थे। जो चीज वाकई बाजार में बिक रही थी और जिससे मुनाफा हो रहा था वह नाना प्रकार की सेक्स टीकाएँ, रोमांस और गीत ही थे। पुरानी शैलियाँ जैसे ब्रजभाषा के कामुक गीत, किस्से, नौटंकियाँ और संगीत बड़े पैमाने पर छपते और बिकते थे। रोमांटिक नॉवेल और थ्रिलर जैसी नई व्यावसायिक विधाओं ने न केवल मनोरंजन उपलब्ध कराया बल्कि ऐसे विषयों को भी उठाया जिनके बारे में तमाम तरह के पूर्वग्रह थे। यौन टीकाओं ने एक 'वैज्ञानिक' लबादा तो ओढ़ लिया मगर साथ ही वे यौन उत्तेजना और गुदगुदी भी पैदा करते थे। यह साहित्य हाशिए पर नहीं बल्कि एक उभरती उपसंस्कृति के केन्द्र में था। ऐसी किताबों में पितृसत्तात्मक और नैतिकतावादी विचारों को आंशिक रूप से पुनर्निर्मित किया गया और आंशिक रूप से उनका विरोध किया गया। इस मामले में 'उच्च' और 'निम्न' तथा 'अभिजात' और 'लोकप्रिय' की सरल विभाजक रेखाएँ भी हमें बहुत दूर तक रास्ता नहीं दिखा पातीं। इतना ही नहीं, कामुक सामग्री के लेखक और पाठक स्वयं भी हिन्दू मध्य वर्ग के ही अंग थे। 'उच्च' स्वच्छ साहित्य के पाठक कम ही थे।

सन्दर्भ

1. 229-232/January 1890, Public, A, Home Deptt, National Archives of India (आगे NAI); 457-483/October 1890, Public, A, Home Deptt, NAI.
2. Susie Tharu and K. Lalita, eds, *Women Writing in India : 600 B. C. to the Present, Vol. I: 600 B. C. to the Early Twentieth Century*, Delhi, 1991: 1-12, 116-20.
3. मैनेजर पांडेय, 'अश्लीलता के बहाने नारी के प्रश्न पर विचार', *हंस,* नवंबर-दिसंबर, 1994 : 27।
4. Tharu and Lalita, *Women Writing in India* : 118.
5. Svati Joshi, ed., *Rethinking English : Essays in Literature, Language, History*, New Delhi, 1992; Sumanta Banerjee, *The Parlour and the Streets : Elite and Popular Culture in Nineteenth Century Calcutta*, Calcutta, 1989; Sumanta Banerjee, 'Marginalisation of Women's Popular Culture in Nineteenth Century Bengal', in Kumkum Sangari and Sudesh Vaid, eds, *Recasting Women : Essays in Colonial History*, New Delhi, 1989: 127-79; Tapati Roy, 'Disciplining the Printed Text: Colonial and Nationalist Surveillance of Bengali Literature', in Partha Chatterjee, ed., *Texts of Power : Emerging Disciplines in Colonial Bengal*, Minneapolis, 1995: 30-62.
6. Roger Chartier, ed., *The Culture of Print : Power and the Uses of Print in Early Modern Europe*, trans. Lydia G. Cochrane, Cambridge, 1989 : 1-5.
7. Robert Darnton, *The Forbidden Best-Sellers of Pre-Revolutionary France*, London, 1996.

8. Anindita Ghosh, *Power in Print : Popular Publishing and the Politics of Language and Culture in a Colonial Society, 1778-1905,* Delhi, 2006.
9. Peter Burke, *Popular Culture in Early Modern Europe*, London, 1978.
10. Rustom Bharucha, *In the Name of the Secular : Contemporary Cultural Activism in India*, Delhi, 1998.
11. Archer Papers, Mss. Eur. F. 236/107, Oriental and India Office Collections.
12. नॉर्थ इंडियन क्रिस्टियन ट्रैक्ट एंड बुक सोसायटी, *हिन्दू धर्म के फल,* इलाहाबाद, 1905, दूसरा सं. : 26-27. यह भी देखें : नॉर्थ इंडियन क्रिस्टियन ट्रैक्ट एंड बुक सोसायटी, *हिन्दुओं की निर्धनता,* इलाहाबाद, 1909।
13. F. E. Keay, *A History of Hindi Literature,* London, 1920, 79-80, 102.
14. रामविलास शर्मा, *महावीरप्रसाद द्विवेदी और हिन्दी नवजागरण,* दिल्ली, 1977; उदयभानु सिंह, *महावीरप्रसाद द्विवेदी और उनका युग,* लखनऊ, 1951।
15. भक्तराम शर्मा, *द्विवेदी युगीन काव्य पर आर्य समाज का प्रभाव,* दिल्ली, 1973।
16. जगदीश गुप्ता, *रितिकाल्य संग्रह,* इलाहाबाद, 1961; लाला भगवानदीन, *बिहारी बोधिनी,* काशी, 1925।
17. इस विवाद के और पहलुओं को जानने के लिए देखें : विजयदेव नारायण साही, *साहित्य और साहित्यकार का दायित्व,* प्रयाग, 1983 : 34-6; विजयदेव नारायण साही, *साहित्य क्यों?* इलाहाबाद, 1988।
18. शर्मा, *महावीरप्रसाद द्विवेदी और हिन्दी नवजागरण* : 273-8।
19. *महावीरप्रसाद द्विवेदी रचनावली, खंड 2,* संकलन-सं. भारत यायावर, दिल्ली, 1995 : 55-58।
20. रामचंद्र शुक्ल, *हिन्दी साहित्य का इतिहास,* काशी, 1952, 8वाँ सं. : 60, 240-41।
21. रामबहोरी शुक्ल, 'द्विवेदी-युग की कविता की प्रगति', रामबहोरी शुक्ल, सं., *यूथिका,* कानपुर, 1936 : 101-3।
22. *भूषण ग्रंथावली,* राम नरेश त्रिपाठी, सं., इलाहाबाद, 1918।
23. *अखिल भारतीय हिन्दी साहित्य सम्मलेन का कार्य विवरण,* इलाहाबाद, 1926 : 6।
24. मैथिलीशरण गुप्त, *भारत भारती,* झाँसी, 1937, 14वाँ सं. : 120-21।
25. गुप्त, *भारत भारती* : 170-71।
26. सुमित्रानंदन पंत, *पल्लव,* प्रयाग, 5वाँ सं., 1948 : 7.
27. दुलारे लाल भार्गव, *भार्गव चित्रावली,* लखनऊ, 1929 : 20-1।
28. *महावीरप्रसाद द्विवेदी रचनावली, खंड 13,* संकलन-सं. भारत यायावर, दिल्ली, 1995 : 248-9।
29. मैथिलीशरण गुप्त के काव्य में नारी छवि के लिए देखें : मंजू लता तिवारी, *मैथिलीशरण गुप्त के काव्य में नारी,* लखनऊ, 1977; मधुबाला रोहतगी, *मैथिलीशरण गुप्त के काव्य में नारी भावना,* कलकत्ता, 1986।
30. मैथिलीशरण गुप्त, *रंग में भंग,* झाँसी, 1927, 9वाँ सं. : 22।
31. 'Reports on Native Presses in the NWP for 1862, 1863, 1864 and 1865', *Selections from the Records of the Government of India*, 1849-1937, V/23/121, Part 44, Article 1, Oriental and India Office Collection.
32. उदाहरण के लिए देखें : प्यारेलाल जमींदार, *कोक शास्त्र,* अलीगढ, 1905, 7वाँ सं.; मोहनलाल गुप्ता, *कोक शास्त्र,* अलीगढ़, 1905; गंगा प्रसाद गुप्त, *गुप्त प्राचीन कोक शास्त्र,* अलीगढ, 1916, दूसरा सं.; बनारसी लाल वर्मा, *कश्मीरी कोकशास्त्र,* प्रयाग, 1928; रामचंद्र वैद्याशास्त्री, *काम्ययोगावली (पुरुष और स्त्रियों के मनचाहे नुस्खों का अपूर्व भण्डार),* अलीगढ, 1939; पंडित कन्हैयालाल, *कामकुतुहल अथवा नापुन्सकनान्दमंदर,*

मोरादाबाद, 1900; कन्हैयालाल मिश्रा, *रतिमंजरी*, मोरादाबाद, 1928; कन्हैयालाल शर्मा, *कोकशास्त्र अथवा यौवनविलास*, मोरादाबाद, 1900; जगन्नाथ शर्मा 'अग्निहोत्री', *असली कोकशास्त्र*, बनारस, 1935, दूसरा सं। इसमें ऐसे विषय थे जैसे : 'वीर्य की उत्पत्ति, 'सम्भोग गृह', 'आलिंगन', 'चुम्बन', 'मैथुन'।

33. जमींदार, *कोक शास्त्र* : 3-6।
34. *अभ्युदय*, 26 अप्रैल 1924 : 10।
35. चन्नुलाल द्विवेदी, *चुम्बन मीमांसा*, काशी, 1929। यह भी देखें : जयदेव शर्मा विद्यालंकार, *दम्पति रहस्य*, काशी, 1921।
36. बाबू हरिदास वैद्य, अनु., *श्रृंगार शतक*, मथुरा, 1933 : ख-झ, 25।
37. उदाहरण के लिए देखें : ब्रिजबासी दास, *ब्रज बिलास*, बनारस, 1939। इसमें कई अध्याय हैं जैसे : 'पनघट लीला', चीर हरण लीला', 'गोपिन के प्रेम की उन्मत्त अवस्था लीला', स्नान लीला' इत्यादि। यह भी देखें : श्याम सुन्दर, *जोबन की धूम*, मथुरा, 1910; श्याम सुन्दर, *रंगीली पनिहारिन*, मथुरा, 1910; भूदेव प्रसाद और शिव शरण, *रसिया रसीलों की बहार*, आगरा, 1914; कविराम, *औरत-मर्द का झगड़ा*, इलाहाबाद, 1921।
38. बिन्देस्वरी प्रसाद तिवारी, *चौटाल चम्पाकली*, गोरखपुर, 1932 : 3।
39. 669/1925, Judl, Home Deptt, NAI.
40. 'रति-शास्त्र' का प्रचार', *माधुरी*, 3 (6), जून 1925 : 847-48।
41. *हरिजन सेवक*, 21 नवंबर 1936।
42. उदाहरण के लिए गंगा पुस्तकमाला कार्यालय का विज्ञापन *माधुरी* के कई अंकों में देखा गया, जैसे : *माधुरी*, जुलाई 1922; *माधुरी*, सितम्बर 1922।
43. सुशीला देवी निगम, *दाम्पत्य जीवन*, इलाहाबाद, 1930।
44. कृष्ण कांत मालवीय, *सुहागरात : बहुरानी को सीख (केवल विवाहित स्त्रियों के लिए)*, प्रयाग, 1930।
45. कृष्ण कांत मालवीय, *मनोरमा के पत्र : अपने प्रेमियों के नाम*, प्रयाग, 1927।
46. मालवीय, *मनोरमा के पत्र* : 6।
47. मालवीय, *मनोरमा के पत्र* : 1-27।
48. धनिराम प्रेम, *वल्लरी*, इलाहाबाद, 1932; धनिराम प्रेम, *प्रेम गीतांजलि*, अलीगढ़, 1923; जी. पी. श्रीवास्तव, *दिल की आग उर्फ दिलजले की आह*, इलाहाबाद, 1933; जी. पी. श्रीवास्तव, *गंगा-जमुनी उर्फ प्रेम रहस्य*, काशी, 1934, दूसरा सं.; जी. पी. श्रीवास्तव, *गुदगुदी*, इलाहाबाद, 1927; जी. पी. श्रीवास्तव, *मर्दानी औरत*, गोंडा, 1920।
49. श्रीवास्तव, *दिल की आग* : 245, 292, 601।
50. पाण्डेय बेचन शर्मा 'उग्र', *चाकलेट*, कलकत्ता, 1957, तीसरा सं।
51. 'उग्र', *चाकलेट* : 56, 101-02, 125-35, 156।
52. 'उग्र', *चाकलेट* : 76, 117।
53. रत्नाकर पांडेय, *उग्र और उनका साहित्य*, वाराणसी, 1969 : 255-60।
54. देखें : मधुलिका पाठक, *यशपाल के कथा साहित्य में काम, प्रेम और परिवार*, बम्बई, 1992।

4
जिन्न बोतल से बाहर
पुरुषत्व, ब्रह्मचर्य, कलियुग और कामोत्तेजक इश्तहार

इस अध्याय में मैं अपना ध्यान पुरुष यौनिकता पर केन्द्रित करना चाहती हूँ। इसकी चर्चा मैं ब्रह्मचर्य, कामोद्दीपक पदार्थों के प्रकाशित विज्ञापनों, कलियुग और पुरुषत्व के सवालों पर चल रही बहसों के जरिए करुँगी। यहाँ मैं दर्शाना चाहती हूँ कि औपनिवेशिक भारत में केवल स्त्री यौनिकता ही विवाद के केन्द्र में नहीं थी, पुरुष यौनिकता के प्रश्नों ने भी तत्कालीन नैतिक मूल्य-मान्यताओं को बदलने में योगदान दिया। उन्नीसवीं शताब्दी के अन्त और बीसवीं शताब्दी के आरम्भ में उत्तर प्रदेश में विभिन्न अखबारों और पत्रिकाओं में लगातार अनेक कामोद्दीपक पदार्थों के विज्ञापन छप रहे थे। इनसे यह संकेत मिलता है कि पुरुषों (और स्त्रियों) की यौनेच्छाओं और भावनाओं को तुष्ट करने के लिए विभिन्न माध्यमों की माँग बढ़ती जा रही थी।

ज्यादातर नारीवादी अध्ययनों में यह रेखांकित किया गया है कि किस प्रकार स्त्री यौनिकता ने विभिन्न पितृसत्तात्मक समाजों के लिए खतरा और भय पैदा किया है। भारतीय औपनिवेशिक सन्दर्भ में विद्वानों ने वैवाहिकता और दाम्पत्य का अध्ययन करते हुए इस बात पर जोर दिया है कि इस काल में स्त्री यौनिकता को कई प्रकार से पुनर्परिभाषित करने और बाँध कर रखने की कोशिश की जा रही थी। कई इतिहासकारों का यह भी मत है कि हिन्दू उच्च वर्गीय घरेलू औरत विशेष तौर पर आन्तरिक और आध्यात्मिक अस्तित्व का प्रतिनिधित्व करती थी। वह हिन्दू व्यवस्था की उच्चता और पारिवारिक ढाँचे को घरेलू क्षेत्र में बचाए रखने के लिए केन्द्रीय औजार थी, क्योंकि पुरुष तो बाह्य भौतिक परिधि में पश्चिमी औपनिवेशिक शक्तियों के सामने घुटने टेक चुका था।

लेकिन जहाँ विचारकों ने स्त्री की घरेलू क्षेत्र में यौनिकता पर नियंत्रण की ओर हमारा ध्यान खींचा है, और किताब में आगे चलकर हम इसकी उत्तर प्रदेश के सन्दर्भ में विशेष चर्चा भी करेंगे, वहीं कई ने पुरुषत्व के मुद्दे पर भी विशेष बात की है। उनका मानना है कि औपनिवेशिक भारत में, और विशेषकर बंगाल में, ब्रिटिश

शासकों ने एक ओर 'मरदाना' ब्रिटिश की छवि खींची और दूसरी ओर औपनिवेशिक शासितों को पौरुषहीन करार किया। पुरुषत्व की इस द्वैत और विरोधाभासी तस्वीर के जरिए ब्रिटिश अपने शासन को सही करार करना चाहते थे। लेकिन पुरुषत्व की केवल यही तस्वीर नहीं थी। भारतीय सुधारवादी और राष्ट्रवादी भी लगातार पुरुषत्व के सवाल से जूझ रहे थे। उनके बीच चल रही बहसें और उनके लेखन इस ओर संकेत करते हैं कि इस दौर में अनियंत्रित स्त्री-यौनिकता का भय बहुत बड़े पैमाने पर व्याप्त था परन्तु पुरुष यौनिकता पर भी नियंत्रण रखने की जरूरत महसूस की जा रही थी। यौन लोकाचार के कायदे-कानून पुरुषों पर भी लागू किए जाने के प्रयास हो रहे थे। मेरा मानना है कि हिन्दू परिवार को अक्षुण्ण बनाए रखने के दायित्व से हिन्दू पुरुष को भी पूरी तरह मुक्त नहीं किया गया था। इस बात को ब्रह्मचर्य से सम्बन्धित विमर्श में आने वाले बदलावों से भी समझा जा सकता है। उस समय बड़े पैमाने पर प्रकाशित हो रहे कामोद्दीपकों के विज्ञापनों के विश्लेषण के जरिए पुरुष यौनिकता की पड़ताल औपनिवेशिक उत्तर भारत में पुरुष उद्विग्नताओं और आकांक्षाओं का रोचक अध्ययन मुहैया कराती है।

ब्रह्मचर्य हिन्दू धर्म की एक केन्द्रीय अवधारणा रहा है। हिन्दू परम्परा में पुरुषों की शक्ति और ऊर्जा के लिए वीर्य की रक्षा पर विशेष जोर दिया गया है। इसके साथ ही हिन्दू धर्म में सेक्स के उत्सव का भी इतिहास रहा है। हिन्दू धर्म अपने विभिन्न आयामों में कामाचार और ब्रह्मचर्य, दोनों का सम्मिश्रण प्रस्तुत करता है और वह इन दोनों विरोधाभासी तत्वों को अपने में समेटे हुए है। इसके बावजूद सबसे आदर्श छवि एक ब्रह्मचारी की ही है और यौन संयम को सांस्कृतिक रूप से बेहद सम्मान की दृष्टि से देखा जाता है। परन्तु औपनिवेशिक काल में ब्रह्मचर्य की अवधारणा को नए अर्थ प्रदान करते हुए उसे एक आधुनिक विमर्श में रूपान्तरित कर दिया गया। जोसेफ ऑल्टर ने उत्तरी भारत के पहलवानों में ब्रह्मचर्य के आचरण का अध्ययन किया है। अखाड़ों में सेक्स की शक्ति अनुशासित पौरुष शक्ति में रूपान्तरित हो जाती है। शारीरिक अनुशासन प्राप्त करने के लिए ब्रह्मचर्य और आत्मनियंत्रण को सबसे अहम जरूरत, जबकि स्त्री आकांक्षा तथा यौनिकता को सबसे बड़ा शैतान माना जाता है। औपनिवेशिक काल में नायकों और पुरुषार्थ के सम्मान से भरे एक राष्ट्र को निर्मित करने के लिए विवेकानंद ने यौन सुख से परहेज का आह्वान किया, जिससे इस काल में ब्रह्मचर्य को एक नया अर्थ प्राप्त हुआ। गांधी ने भी ब्रह्मचर्य की एक अवधारणा हमारे सामने प्रस्तुत की। इस बात को वह भी मानते थे कि संचित वीर्य पुरुष देह में अतुलनीय शक्ति का स्रोत होता है। इसके साथ ही उन्होंने ब्रह्मचर्य को राष्ट्र की अखंडता के विमर्श के साथ जोड़ दिया। राष्ट्र के निर्माण और स्वतंत्रता आन्दोलन के लिए सेक्स के आनन्द में समय और ऊर्जा के बेजा व्यय पर रोक लगाने की आवश्यकता थी।

बीसवीं सदी के शुरू में ब्रह्मचर्य को सेवा समितियों और समाज सेवा के साथ भी जोड़कर देखा जाने लगा। बहुत सारे हिन्दू प्रचारकों, सनातनधर्मियों और आर्यसमाजियों ने इसका महिमामण्डन किया। गुरुकुल आदि शैक्षणिक संस्थानों के जरिए ब्रह्मचर्य और वीर्य रक्षा को शिक्षा के साथ जोड़ दिया गया। उनके तर्कों और प्रकाशनों में अब यह सिर्फ आत्मानुशासन का नैतिक सिद्धांत भर नहीं रह गया था। उनका आधुनिक विमर्श एक वैज्ञानिक 'तर्कणा' में लपेट दिया गया। एक शक्तिशाली हिन्दू पुरुष स्वस्थ शरीर में ही वास कर सकता था, एक ऐसा शरीर जो ब्रह्मचर्य का पालन करता हो। और शक्तिशाली हिन्दू पुरुष आधुनिक, मर्द राष्ट्र के लिए अपरिहार्य था। ब्रह्मचर्य आधुनिक काल की आशंकाओं और आशाओं के साथ गहरे तौर पर जुड़ गया। इन विचारों के साथ कलियुग की परिकल्पनाएँ और मान्यताएँ भी जुड़ गईं। कलियुग काल को व्यापक चिन्ताओं और तनावों का स्रोत माना जाता था और साथ ही इसे अब स्वस्थ जीवन शैली के विनाश का स्रोत भी माना जाने लगा, जिसके कारण हिन्दू पुरुष अपनी शारीरिक एवं मानसिक तेजस्विता खोते जा रहे थे। सुप्रसिद्ध कवि मैथलीशरण गुप्त ने लिखा :

हा! ग्रास लिया है वीर्य-बल को मोह रूपी ग्राह ने,
सरे गुणों को है बहाया इस कुरीति प्रवाह ने॥...
इस ब्रह्मचर्याश्रम-नियम का ध्यान जब से हट गया,
सम्पूर्ण शारीरिक तथा वह मानसिक बल घट गया॥...
यदि ब्रह्मचर्याश्रम मिटा कर शक्ति को खोते नहीं,
तो आज दिन मृत जातियों में गण्य हम होते नहीं।[1]

एक अन्य स्थान पर उन्होंने लिखा :

वीर्य बल का मूल है संसार में जो सार,
ब्रह्मचर्याश्रम बिना उसका कहाँ आधार?...
प्राप्त हो फिर से हमें वह बुद्धि और विवेक,
जन्म लें घट-घट यहाँ राममूर्ति अनेक।[2]

सिनेमा, थिएटर, उपन्यास, अनैतिक और अस्वास्थ्यकर जीवन शैली जैसी आधुनिक समाज की कुछ बुराइयों को युवकों को आधुनिक मनोरंजन तथा आनन्द के उन्माद में डुबो देने वाला माध्यम माना जाने लगा। इस प्रकार ब्रह्मचर्य सामाजिक एवं राजनैतिक शक्ति, सांस्कृतिक पहचान और एक 'वैज्ञानिक' जीवन शैली के लिए दावेदारी का आधारस्तंभ था। कई नैतिक सुधारकों और अनगिनत चिकित्सकों ने भी ब्रह्मचर्य के विमर्श में योगदान दिया। छपाई के साधनों ने ब्रह्मचर्य पर सस्ती निदेशिकाओं की बाढ़-सी ला दी। सदियों पुराने नुस्खों को नई-नई परिभाषाओं के साथ बार-बार परोसा जाने लगा। हिन्दू पुरुष को ब्रह्मचर्य, हस्तमैथुन के निषेध और वीर्य रक्षा की टीकाओं-तले दबा दिया गया।

2 : ब्रह्मचर्य पर एक किताब का कवर

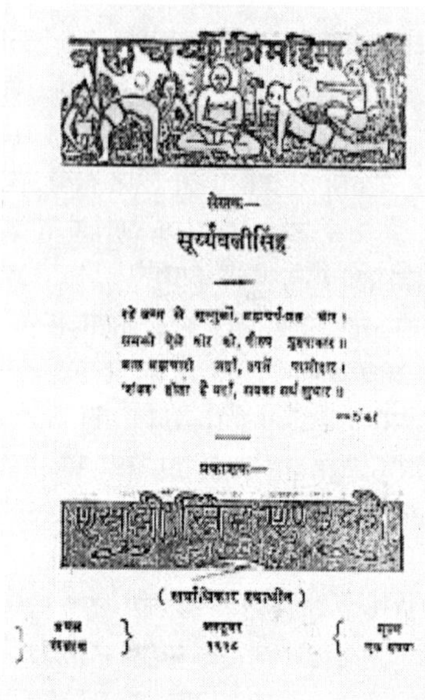

हिन्दू पुरुष को दी जाने वाली हिदायतों का कोई ओर-छोर नहीं था। उससे अपेक्षा की जाती थी कि वह अपनी यौन इच्छाओं को दबाने के लिए बहुत कम आयु से ही हर सम्भव प्रयास शुरू कर दे। वीर्यनाश, हस्तमैथुन, बहुमैथुन, स्वप्नदोष, गुदा-मैथुन, समलैंगिकता और परस्त्री गमन को पुरुष यौनिकता के प्रमुख शत्रुओं में गिना गया तथा इन्हें चरममुख और वीर्य स्खलन का स्रोत माना गया।[3] प्रकारांतर से इन्हें विभिन्न बीमारियों की जड़ भी माना गया। पुरुषों की पवित्रता बनाए रखने और वीर्य की एक भी बूंद को जमीन पर न गिरने देने के लिए हिन्दू पुरुष को लगातार ललकारा जाता था कि वह अपनी कल्पनाओं और कामोन्मादी कल्पनाओं पर नियंत्रण रखे। उसे हस्तमैथुन पूरी तरह छोड़ देना था। उसे अपने हृदय और मस्तिष्क को शान्त रखना था। स्त्री का कोई भी विवरण और स्पर्श निंदनीय था। एक पुस्तक ने उसे हिदायत दी :

> *अकेली स्त्री के साथ एकांत वास नहीं करना। स्त्रियों के काम कटाक्ष शब्द व श्रृंगारिक विचारों को मन में भी ना लाना। जिस स्थान पर पहले स्त्री बैठ चुकी हो उस ही स्थान पर ब्रह्मचारी को नहीं बैठना चाहिए...जिन श्रृंगारों से शरीर में एक प्रकार की अश्लीलता प्रकट हो वैसे श्रृंगार ब्रह्मचारियों को कदापि धारण नहीं करने चाहिए...स्त्री और पुरुष रामायण*

करते हुए हास्य-विनोदवादी शब्दों द्वारा आनंदित और मगन हो रहे हों तो उनके शब्द ब्रह्मचारी न सुनें।[4]

उससे अपेक्षा की जाती थी कि वह झक सफेद या चटक रंग के कपड़े नहीं पहनेगा। नाच, थियेटर, रासलीला, नौटंकी या सिनेमा देखना, विशेष रूप से विवाह के अवसर पर महिलाओं द्वारा गाए जाने वाले गीत और संगीत को सुनना, या रोमांस अथवा शृंगारिक उपन्यास आदि पढ़ना वर्जित था। उसे गायन, वादन और नृत्य करने की छूट नहीं थी। निचली जाति और वर्ग की महिलाओं के साथ सम्पर्क या बातचीत की मनाही थी। वह घोड़े या ऊंट की सवारी नहीं कर सकता था। वह मसालेदार खाना नहीं खा सकता था, स्त्रियों के सपने नहीं देखना और ऐसी भाषा का प्रयोग नहीं करना था जिससे यौनेच्छाएँ जागृत होती हों। इतना ही नहीं, उससे यह भी अपेक्षा की जाती थी कि वह जूते पहनना, छाता लेकर चलना, खुशबूदार तेल और फूलों का इस्तेमाल करना तथा नरम बिस्तर पर सोना छोड़ दे।[5] नवयुवकों को लगातार चेतावनी दी जाती थी :

युवकों! सुनो! विचार करो! बातें कुछ नीरस और कटु अवश्य हैं। किन्तु फल इसका मधुर है...बचो! इस युवावस्था में इन्द्रियों की लोलुपता से बचो! देखो! कहीं तुम्हें कोई अज्ञात यौवन अपनी भाव भंगिमा तिरछी चितवन के मोह पाश में आबद्ध न कर ले! भागो![6]

ये नैतिक हिदायतें शादी के बाद और जटिल हो जाती थीं और एक नया रूप ले लेती थीं। हिन्दू पुरुष के लिए अपनी देह पर नियंत्रण रखने की चुनौती और भी दुरूह हो जाती थी। नीतिप्रधान और सुधारवादी साहित्य का एक बड़ा हिस्सा इस बात को समर्पित था कि पति और पत्नी के सोने की व्यवस्था कैसी होनी चाहिए। उपदेशात्मक और ब्रह्मचर्य से सम्बन्धित टीकाओं में लैला-मजनूं और शीरीं-फरहाद जैसे अमर प्रेमियों के प्रेम को बेमानी और बकवास करार किया। ब्रह्मचर्य के विमर्श को वैवाहिक सम्बन्धों के भीतर पूर्ण निषेध की बजाय यौन संयम और मितव्ययता के विचारों पर आधारित किया गया। उदाहरण के लिए *गुरुकुल समाचार* ने स्पष्ट किया, 'ऋतु काल में गर्भधान करके पुनः स्त्री प्रसंग करना शास्त्रों में वर्जित किया गया है'।[7] न केवल संयुक्त परिवार की एकजुटता बल्कि राष्ट्रवाद के वृहत्तर हितों के लिए भी स्त्री की शुचिता और पुरुष का यौन संयम, दोनों अनिवार्य थे। *विवाह के उद्देश्य* नामक एक पुस्तक में लिखा गया :

इसमें कोई संदेह नहीं कि पूर्ण ब्रह्मचर्य का पालन करना बहुत ही उत्तम, श्रेष्ठ और कल्याणकारी धर्म है...पर ऐसा सब नहीं कर सकते और इसलिए उनके लिए 'गृहस्थाश्रम' या 'गृहस्थधर्म' नाम का लघु पेय तजवीज किया गया है, जिससे उनकी कामतृष्णा धीरे-धीरे शान्त हो जाये...विवाह का

उद्देश्य है काम की वेदना का उत्पन्न न होना, कामतृष्णा का समूल नाश हो जाना और काम को जीतने की अपने में शक्ति पैदा करना।[8]

लेकिन इसी काल में इस उपदेशात्मक साहित्य के समानान्तर और एक तरह से इसके विपरीत बहुत सारे 'सम्मानित' अखबारों और पत्रिकाओं में बड़े पैमाने पर कामोद्दीपकों के विज्ञापन छपते रहते थे। विशेष रूप से बीसवीं सदी के शुरुआती वर्षों से यह परिघटना ज्यादा साफ दिखाई दे रही थी। जबकि ब्रह्मचर्य की अवधारणा नए उद्देश्यों की पूर्ति के लिए विकसित और परिवर्तित हो रही थी, ऐसे समय में ही, अकल्पनीय आनन्द का आश्वासन देते हुए हिन्दू पुरुषों की प्यास और चाह को भड़काने वाले विज्ञापन बेहद लोकप्रिय सिद्ध हुए। हालाँकि परम्परागत कामोद्दीपक पदार्थ भारत के प्रेमियों को सदियों से रोमांचित करते आ रहे थे, मगर मुद्रित विज्ञापनों ने उनको नए रूप, नए आयाम दिए। इन विज्ञापनों ने सेक्स के रहस्यों को सार्वजनिक कर दिया। उन्होंने कामोद्दीपकों को खुले बाजार में ला पटका। प्रकाशन की दुनिया और कम कीमत के कारण अब वे आम लोगों की पहुँच में भी आ गए थे। बहुत सारे परम्परागत नुस्ख़ों को अब आकर्षक पैकेजिंग में लपेटकर बेचा जाने लगा। बहुत सारे नीम-हकीमों और कम्पनियों की बहार आ गई। वह मूलतः पुरुष उपभोक्ताओं को लुभाने के लिए हर कहीं और हर रोज विज्ञापन देने लगे। उनकी उत्तेजक और स्फूर्तिदायक दवाइयाँ खूब धडल्ले से बिकने लगीं।

इलाहाबाद स्थित शिवराम औषधालय के बी. पांडेय ने 'कामदेव वटी' के विज्ञापन में दावा किया :

यह दवा वीर्य को बढाती है। पतले वीर्य को गाढ़ा करती है। वृद्धावस्था में विकारों को रोकती है। निस्तेज तथा शक्तिहीन शरीर को बलिष्ठ तथा कांतिमय बनाती है।[9]

'मदन मंजरी' और 'कामरत्न गोलियाँ' के विज्ञापनों में ऐलान कर दिया गया कि व्यक्ति इनके उपभोग से सेक्स का भरपूर आनन्द ले सकेगा :

नामर्दी का नाश कर पुरुषत्त्व बकशती हैं...सेवन से क्षीणता, स्वप्नदोष, शीघ्र-पतन, इन्द्रिय शिथिलता, नपुंसकता, काम में मन ना लगना, सब दूर होते हैं।[10]

ये विज्ञापन कितनी जगह घेरते थे, इसका अनुमान लगाने के लिए 6 अगस्त 1938 के *वर्तमान* को देखा जा सकता है। अखबार के एक ही पृष्ठ पर ऐसे पाँच विज्ञापन छपे हुए थे। उदाहरण के लिए, एक और कामोद्दीपक 'तिला मस्ताना' नाम से था जो कथित रूप से शरीर पर बिजली जैसे असर डालता था। 'शिवमोहिनी सुरती' बनाने वालों का दावा था कि उससे मस्तिष्क और देह दोनों को ताजगी मिलती है। कलकत्ता के डॉ. एस. के. बर्मन तथा सीताराम वैद्य ने भी उत्तर प्रदेश

3 : अखबारों और पत्रिकाओं में कुछ कामोद्दीपक इश्तहार

स्त्री, बालक, जवान, बूढ़े सब पीजिए, जाड़ा, गर्मी, बरसात की परवाह न कीजिए

आदमी के शरीर में वीर्य ही अमृत-समान गुणदायक और आनंद बढ़ानेवाली जीवन-शक्ति है। धातु पुष्ट रहने से ही सांसारिक सर्व-कार्य सिद्ध होते हैं। इसलिये हमने बहुत परिश्रम करके अनेक रोगों पर हज़ारों बार आज़माइश करके, सच्चा गुण दिखाने वाला **"वीर्यसिंधु"** तैयार किया है। अगर आप जिन्दगी का सच्चा सुख लूटना चाहते हैं, कमज़ोरी और नामर्दी को लात मार कर अपने मुखमंडल की मनोहर कांति बढ़ाना चाहते हैं, तो वैद्यक-शास्त्र का असली रत्न हमारा **"वीर्यसिंधु"** ज़रूर सेवन कीजिए।

आप इस ज़िंदगी में संसार सुख का आनंद लूटना चाहते हैं, तो ज़रूर "वीर्यसिंधु" और "कामदेव-तिला" को आज़माइए। सच्ची और असली दवा है।

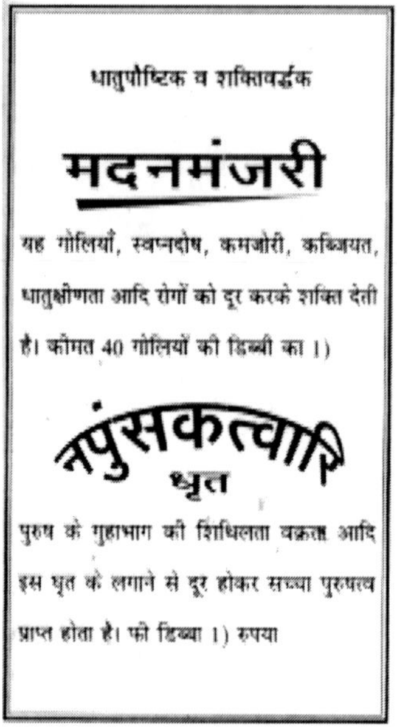
धातुपौष्टिक व शक्तिवर्द्धक
मदनमंजरी
यह गोलियाँ, स्वप्नदोष, कमजोरी, कब्जियत, धातुक्षीणता आदि रोगों को दूर करके शक्ति देती है। कीमत 40 गोलियों की डिब्बी का 1)
नपुंसकत्वारि
घृत
पुरुष के गुह्यभाग की शिथिलता वक्रता आदि इस घृत के लगाने से दूर होकर सच्चा पुरुषत्व प्राप्त होता है। फी डिब्बा 1) रुपया

भारत सरकार से रजिस्टर्ड
ताकत की मशहूर दवा
कैलाश वीर्यनज चूर्ण
कैलास ही वीर्य पानी के समान क्यों न निकल जाता हो केवल 7 दिन की खुराक से वीर्य का निकलना स्वप्नदोष, शीघ्रपतन, सुस्ती, नामर्दी को दूर कर मनुष्य को पुरुषार्थी बना देता है। मूल्य 2) फायदा न हो तो दाम वापस।
कैलाश तिला – यह तिला अपनी सानी का दूसरा नहीं रखता। इसके इस्तेमाल से न छाले पड़ते हैं न कोई तकलीफ इन्द्री की प्रत्येक कमजोरी को दूर करता है। मूल्य 2) डाक व्यय अलग, फायदा न हो दाम वापस।
कैलाश एण्ड कम्पनी सेन्ट्रल धर्मशाला कानपुर

शक्ति के लिये सर्वोत्तम दवा

कामसुन्दरी वटी (रजि०)

यदि आपको निर्बलता के कारण मन में कलह बना रहता है, तो इसके सेवन से बल, वीर्य पुरुषार्थ बढ़ता है। नपुंसकत्व जाता है, कामिनी प्यारी लगती है। आलस्य, बेचैनी, वीर्य [illegible] रोगों को नष्ट करके [illegible] है।

धातुपुष्ट की गोलियाँ

(ढीले, जवान व बीते-बूढ़ों का सहारा हैं)

"एक तंदुरुस्ती हज़ार न्यामत"

उसी का जीवन सफल है जो स्वस्थ (तंदुरुस्त) है। सबल मनुष्य जो चाहता है, अपने पुरुषार्थ से कर लेता है।

निर्बल मनुष्य पृथ्वी का भार है, उसका किया कुछ नहीं होता।

इसलिये यदि आप अपना जीवन व्याधि-रहित, सुखमय बनाना चाहते हैं तो—

डॉ० एस० के० बर्मन की "धातुपुष्ट" की गोलियाँ सेवन करें।

स्रोत : *वर्तमान*, 6 अगस्त 1938 : 8; *माधुरी*, 1925-26।

के अखबारों और पत्रिकाओं के जरिए बड़े पैमाने पर प्रचार किया। उनकी भी घोषणा थी कि जीवन का अधिकतम आनन्द देने वाला नुस्खा उन्हीं के पास है। उनका दावा था कि उनकी दवाओं के सहारे दुर्बल से दुर्बल और एकदम बूढ़ा आदमी भी जीवन का पूरा आनन्द ले सकता है। गौरतलब है कि ऐसी लगभग सभी गोलियों के मामले में अलग-अलग उपसर्ग और प्रत्ययों के साथ काम आदि शब्दों और दूसरे कामुक शीर्षकों का धड़ल्ले से प्रयोग किया जाता था। ये शब्द लोगों को अपनी तरफ खींचने का जरिया थे, जिससे सेक्स एक खुली चीज और खरीदा-बेचा जाने लायक माल बन गया।

कम्पनियों, डॉक्टरों, वैद्यों और नीम-हकीमों के लिए अपने उत्पादों का प्रचार करने के लिए विज्ञापन सबसे तेज साधन सिद्ध हुए। मुनाफे की चाह से संचालित ये विज्ञापनदाता आक्रामक मार्केटिंग तकनीक अपनाते थे। कामोद्दीपकों के विज्ञापन इस लिहाज से भी बेजोड़ और शक्तिशाली थे कि उन्हें 'सम्मानित', 'उच्च श्रेणी' अखबारों और किताबों के पन्नों में डाला जा सकता था, और इस तरह वे 'अदृश्य' थे। उनकी दखल घरों तक थी, इसलिए वे सर्वसुलभ भी थे। पाठक और उपभोक्ता, दोनों उनकी ओर आकर्षित हुए बिना नहीं रह सकते थे। इन विज्ञापनदाताओं के लिए एक अच्छा-खासा बाजार पहले से ही तैयार था क्योंकि उन्होंने आम आदमी की वास्तविक और कल्पित परेशानियों, मसलन स्फूर्ति के अभाव, नपुंसकता, और समय-पूर्व स्खलन को ब्रह्मचर्य की टीकाओं और पेशेवर डॉक्टरों के मुकाबले कहीं ज्यादा बेहतर तरीके से भाँप लिया था। उन्हें पता था कि क्या चीज बिक सकती है, और उसकी बिक्री बढ़ाने के लिए उन्होंने कमजोर, घबराए हुए, क्षीण लोगों पर निशाना साधा। 'कामरत्न गोलियाँ' और 'कामसुंदरी वटी' के विज्ञापनों में कहा गया था कि आज के समय में दुर्बलता का खतरा कई गुना बढ़ गया है और ये गोलियाँ आनन्ददायक यौन अनुभव प्रदान करते हुए नपुंसकता का इलाज कर सकती हैं। दूसरी तरफ असल जिन्दगी में भारतीय पुरुष वास्तविक सत्ता से च्युत महसूस कर रहा था। ऐसी स्थिति में इन विज्ञापनों ने उसके सामने कल्पना की एक ऐसी दुनिया के दरवाजे खोल दिए जहाँ पुरुष अपनी कथित अपौरुषता की क्षतिपूर्ति कर सकता था। इस प्रकार, ये विज्ञापन सिर्फ यौनिकता का उत्सव ही नहीं मना रहे थे बल्कि इन्हें नपुंसकता की आशंकाओं से मुक्ति का प्रयास भी माना जा सकता है। इसी से यह भी समझा जा सकता है कि ब्रिटिश पुरुषत्व के प्रतीक चिन्ह शेर को उस समय के कामोद्दीपकों के विज्ञापनों में इतना अधिक इस्तेमाल क्यों किया जाता था। सम्भवतः इसमें यह संदेश था कि एक समर्थ भारतीय पुरुष उस पशु-नरेश को भी जीत सकता है। जहाँ एक तरफ इन विज्ञापनों ने पुरुष यौन कल्पना का इस्तेमाल अपने माल को बेचने के लिए किया, वहीं दूसरी तरफ वे कभी-कभी अपनी भाषा

को नैतिक चोले में भी पेश कर देते थे। बीच-बीच में वे लोगों को शारीरिक सुख की अति के प्रति आगाह भी करते रहते थे।

इन विज्ञापनों ने यौन सूचनाओं के लिए एक नया और सार्वजनिक क्षेत्र खोल दिया। कई सुधारवादियों और राष्ट्रवादियों द्वारा उन्हें यौन नैतिकता के ऐसे व्यापक पतन का संकेत माना जाने लगा जिससे न केवल ब्रह्मचर्य के विचार को बल्कि सभ्यता मात्र को गम्भीर खतरा था। यह उनकी भारी व्यापकता और स्पष्ट संकेतों का ही परिणाम था कि इस तरह के विज्ञापन एक नैतिक अराजकता के एहसास का स्रोत बन गए और बहुत सारे अंग्रेजों और हिन्दुओं के लिए उन्हें स्वीकार करना असम्भव हो गया। ब्रिटिश सरकार ने ऐसे विज्ञापनों के खिलाफ मुहिम छेड़ दी। इन विज्ञापनों पर प्रतिबन्ध लगाने के लिए 'अश्लील' भाषा के प्रयोग का आक्षेप लगाते हुए कहा गया कि ऐसी भाषा नैतिक भ्रष्टाचार, अनैतिक सम्भोग, और दूषित विचारों का चिन्ह है तथा इससे सार्वजनिक स्वास्थ्य एवं प्रजननशीलता को खतरा पैदा हो सकता है। उत्तर प्रदेश में अखबारों के बहुत सारे सम्पादकों को कामोद्दीपकों के अश्लील विज्ञापन छापने के लिए दंडित किया गया। 1890 में मुरादाबाद के कई सम्पादकों को इस आरोप में दंडित किया गया और उन पर जुर्माना लगाया गया तो कुछ सम्पादकों ने स्थानीय सरकार को ज्ञापन देकर दरख्वास्त की कि 'अश्लील' की परिभाषा स्पष्ट की जाए। उनकी दलील थी कि ये विज्ञापन अनैतिकता को बढ़ावा देने या सार्वजनिक मर्यादा को भंग करने के उद्देश्य से नहीं छापे जा रहे हैं बल्कि उनका उद्देश्य जनता का हित ही है। आखिर अश्लील शब्दों का प्रयोग कानूनी और चिकित्सकीय रचनाओं में भी तो किया जाता है। मगर कुछ अखबारों ने ऐसे विज्ञापनों के खिलाफ की गई कार्रवाई का यह कहते हुए समर्थन किया कि उनसे प्रेस की प्रतिष्ठा को धक्का पहुँचता है। इन अखबारों ने सरकार से आग्रह किया कि वह उन लोगों को भी दंडित करे जो ऐसे नोटिस जारी करते हैं। *भारत जीवन* ने लिखा :

> *आजकल प्रायः औषधियों के इश्तिहार बहुत ही अधिकाधिक छपते हैं। इनकी भाषा अश्लील शब्दों से भरी रहती है...आजकल उत्तर प्रान्त की सरकार की इस ओर तीव्र दृष्टि है। प्रायः ऐसे अश्लील इश्तिहारों के लिए कई लोगों को दंड दिया जा चुका है। सुनते हैं कि मथुरा के दो शर्मा और एक वर्मा को सौ-सौ रूपए जुर्माना हुए हैं। विज्ञापन देने वालों को अब विशेष सावधान होना चाहिए क्योंकि जो अभिप्राय अश्लील भाषा से निकलता है वही साधु भाषा से भी निकलता है। तब क्यूँ व्यर्थ अश्लील भाषा के करण अपमानित और दण्डित होते हैं।*[11]

बहुत सारे हिन्दू प्रचारकों के लिए ये विज्ञापन कलियुग में अनियंत्रित यौन विध्वंस के लक्षण थे। हालाँकि ये विज्ञापन बहुत हद तक पितृसत्तात्मक विचारों को

पुष्ट करते थे परन्तु इसके साथ ही वे उसी पितृसत्ता के लिए एक नैतिक चुनौती भी थे। वे पथभ्रष्ट यौनिकता की दुनिया के तथा तार्किक हिन्दू पुरुष के आत्मसंयम के विनाश के आशंकित स्रोत थे। एक 'अच्छे' ब्रह्मचारी को नियंत्रित किया जा सकता था। एक 'घटिया' पुरुष की इच्छा नियंत्रण की सीमा के बाहर थी। फलस्वरूप एक भय और निन्दा का विमर्श पैदा हुआ। *गुरुकुल समाचार* में 'विज्ञापन' शीर्षक से छपे एक आलेख की शुरुआत इस आग्रह के साथ की गई कि किस प्रकार कामोद्दीपकों के विज्ञापन अखबारों के लिए और ऐसी दवाइयाँ बेचने वाली कम्पनियों के लिए मुनाफे का एक महत्वपूर्ण स्रोत हैं, परन्तु यह पैसा गन्दगी बेचकर कमाया जा रहा है न कि उत्तम साधनों से। आलेख में आगे कहा गया :

> *कामोत्तेजक चित्त में विकार उत्पन्न करने वाले विज्ञापनों को पढ़ कर कुल कामिनी गण सिर नीचा कर लेती हैं, छोटी उम्र की कन्याएँ बालक पढ़कर एक आश्चर्य में पड़ जाते हैं कि यह रात का मजा क्या है? हट्टा, कट्टा, पट्ठा कैसे बन जाना होता है, वीर्य गाढ़ा होकर दही का थक्का कैसे जमता है, यह अपूर्व पदार्थ क्या है? कोई यह तो नियम है नहीं कि इन अखबारों को कुल कामिनी गण न पढ़ें, बालक बालिका उधर दृष्टि न दें। वर्ण पत्र पढ़ने को सभी का जी चाहता है पर उनमें अमृत के स्थान में विष भरा है, वे क्या जान सकते हैं...अब पाठक गण उन कौतुक वर्धक विज्ञापनों में उन दवाओं के नाम पढ़ें और देखें कैसे विलासिता के रस से भरे हुए हैं। रति विलास, कामिनी विलास, मदन विलास, काम विलास, मदन मंजरी, मदन संजीविनी, धातु संजीविनी, नपुंसक संजीविनी, सुंदरी संजीविनी, मदन बट्टी, काम देव वटी, कनक प्रभा, वन्धेज, सुख करक वन्धेज, शक्ति शैल, ब्रह्म शक्ति, धातु पुष्ट, पुष्ट राज आदि। यह तो थोड़े से पत्रों से ही चुने गए हैं ।...*
>
> *स्वार्थी कामी गण इन्द्रियों के दास बन इन्द्रियों के दासों को यहाँ तक प्रलोभन देते हैं कि दो-दो घंटे थकावट न होगी। स्त्रियों के लटके हुए कुच गेंद से कठोर हो जायेंगे...एक ओर शिक्षा का प्रवाह बह रहा है। गुरुकुल और ऋषिकुल खुल रहे हैं। ब्रह्मचर्य के पालन के उपाय किए जा रहे हैं...उधर संसार में इस प्रकार के अश्लील विज्ञापन छाप और बाँट कर देश का नाश कर रहे हैं...हमारी समझ में तो ऐसे अखबारों को माँगने को कौन कहे, हाथ से भी छूना नहीं चाहिये, विशेष कर स्त्रियों के हाथ में तो जाना ही नहीं चाहिए।*[12]

लेख के अन्त में समाचार पत्रों और सरकार से अपील की गई थी कि ऐसे विज्ञापनों पर तत्काल रोक लगाई जाए। गांधी ने भी अखबारों के मालिकों से आग्रह किया कि वे ऐसे विज्ञापनों के खिलाफ कड़े प्रतिबन्ध लागू करें और केवल 'स्वस्थ

किस्म के विज्ञापन ही स्वीकार करें'। मगर संसाधनों के अभाव से जूझ रहे प्रेस के लिए कामोद्दीपकों के विज्ञापन आमदनी का एक महत्वपूर्ण जरिया थे। बाजार का एक अपना तर्क होता है। कई समाचार सम्पादक यद्यपि हिन्दू आदर्शों के कट्टर समर्थक थे लेकिन वे ऐसे विज्ञापनों की हिमायत भी करते थे। अपने खिलाफ चलाए जा रहे तीखे अभियान के बावजूद कामोद्दीपक दवाओं के निर्माता अपने उत्पादों को बेचने के रास्ते ढूंढते रहे।

पुरुषत्व के कई अर्थ होते हैं। ब्रह्मचर्य एक प्रकार के अर्थ पर जोर देता था जबकि ये विज्ञापन दूसरे पर। हालाँकि दोनों का ही सामना नपुंसकता और हिन्दू पुरुष की अस्मिता के संकट से था, मगर दोनों की दिशा एक दूसरे से विपरीत थी। एक संयम की वकालत करता था तो दूसरे का विश्वास उत्सव में था। ब्रह्मचारी हिन्दू पुरुष अपनी शक्ति को राष्ट्र के लिए संचित करता था, जबकि इन विज्ञापनों में चित्रित पुरुष उसे अपनी 'स्वार्थपरक' यौन तृप्ति के लिए इस्तेमाल करता था। एक में पुरुषत्व का सार वीर्य को बचाए रखने में निहित था तो, दूसरे का उसको प्रवाहित कर देने में था। मगर इसके साथ ही, दोनों पितृसत्तात्मक समझ को पुष्ट करते थे–एक महिलाओं को हाशिए पर धकेल कर, तो दूसरा उन्हें अधीन बनाकर। इस प्रकार हिन्दू पुरुषत्व इस दौर में विविध रूप अख़्तियार कर रहा था और कई बार विरोधाभासी लेकिन पूरक रूपों में हमारे सामने आ रहा था।

इस अध्याय से यह स्पष्ट हो जाता है कि हिन्दुओं के सामने उन्नीसवीं सदी के अन्तिम और बीसवीं सदी के प्रारम्भिक वर्षों में पुरुष यौनिकता भी विवाद का विषय थी। इस दौर में प्रकाशित कामोत्तेजक विज्ञापनों ने यौन उद्विग्नताओं को और पुष्ट किया। हिन्दुओं की कथित रूप से घटती संख्या का बढ़ता भय, वैवाहिक सम्बन्धों की नई परिभाषाएँ, राष्ट्रवादी आन्दोलन की नई चुनौतियाँ, कलियुग की नैतिकता सम्बन्धी आशंकाएँ, बाजार की माँग, इन सबने ब्रह्मचर्य की आधुनिक समझ और ऐसे विज्ञापनों के बीच स्थित तनाव को और बढ़ावा दिया तथा पुरुष यौनिकता को भी उसी हद तक प्रश्नों के दायरे में ला दिया जिस हद तक स्त्री यौनिकता पहले से थी।

सन्दर्भ

1. मैथलीशरण गुप्त, *भारत भारती*, झाँसी, 1937, 14वाँ सं. : 138-9।
2. मैथलीशरण गुप्त, 'ब्रह्मचर्य का अभाव', *पद्य प्रबन्ध (भाग 1)*, प्रयाग, 1912 : 46, 49।
3. गणेशदत्त शर्मा गौड़ 'इन्द्र', *स्वप्नदोष रक्षक*, बनारस, 1929।
4. गुरुदासजी महाराज, *ब्रह्मचारी बनो*, आगरा, 1928 : 11-12।
5. *गुरुकुल समाचार*, 2 (9-10), अप्रैल-मई 1910 : 25; सूर्य बलि सिंह, *ब्रह्मचर्य की महिमा*, बनारस, 1931 : 91, 113; *गुरुकुल विश्वविद्यालयकांगरी हरिद्वार की न्याम्वाली तथा भिन्न-भिन्न विद्यालय महाविद्यालयों की पाठविधि*, गुरुकुल कांगरी, 1924।

6. 'नवयुवकों के कर्त्तव्य', *कुशवाहा क्षत्रिय मित्र*, 15 (3), मार्च 1928; 5।
7. *गुरुकुल समाचार*, 2 (9-10), अप्रैल-मई 1910 : 24।
8. जुगल किशोर मुख़्तार, *विवाह का उद्देश्य*, आगरा, 1922 : 4-10।
9. *अभ्युदय*, 11 अप्रैल 1925 : 36।
10. *अभ्युदय*, 20 जनवरी 1923 : 6, 10।
11. *भारत जीवन*, 22 अगस्त 1892 : 4।
12. 'विज्ञापन', *गुरुकुल समाचार*, 2 (9-10), अप्रैल-मई 1910 : 27-32।

5

पहरे पर महिला मनोरंजन

इस अध्याय में हिन्दू प्रचारकों द्वारा महिलाओं के मनोरंजन और प्रचलित सांस्कृतिक क्षेत्रों को नियंत्रित करने की कोशिशों पर ध्यान दिया गया है। इसमें नाटक और सिनेमा, महिला गीत, होली और मेलों में उनकी भागीदारी पर हुए वाद-विवादों का अध्ययन किया गया है। हम पाते हैं कि व्यापक सार्वजनिक और सामाजिक हलकों में महिलाओं की बढ़ती हुई भागीदारी को लेकर हिन्दी साहित्यविदों, जाति विचारकों, राष्ट्रवादियों और समाज सुधारकों के एक खास हिस्से में गहरी चिन्ता का आलम था। उन्होंने महिलाओं के सांस्कृतिक जीवन, मनोरंजन, खुशी और आमोद-प्रमोद के स्थलों को कथित अश्लीलता से मुक्त और शुद्ध करके इसे एक शुचितापूर्ण, सपाट साँचे में ढालने की कोशिश की। मनोरंजन की इन नई परिभाषाओं के निर्माण से एक नैतिक संकीर्णता पैदा हुई। पर यह भी सही है कि ऐसी कोशिशें कई बार सतही रहीं और वास्तव में इनका असर सीमित रहा। इसलिए कई सामाजिक व्यवहार काफी परिवर्तित होने के बाबजूद जीवित भी रहे। इस अध्याय में उल्लेख किए गए महिला मनोरंजन के कई साधन, त्योहार और सांस्कृतिक गतिविधियाँ आज भी अलग-अलग रूपों में विद्यमान हैं।

नीता कुमार खेद जताती हैं कि बनारस के दस्तकारों की मनोरंजन सम्बन्धी गतिविधियों पर उनका अध्ययन केवल पुरुषों तक सीमित है। वे कहती हैं कि महिलाओं को सार्वजनिक जीवन की दुनिया और लोकप्रिय संस्कृति से बाहर कर दिया गया था और उनके मनोरंजन का दायरा पुरुषों से बिल्कुल अलग था।[1] लेकिन यह पूरी तरह सही नहीं है। महिलाओं की अपनी एक सामाजिक एवं सांस्कृतिक दुनिया थी जो कभी-कभार पुरुषों के साथ मेल भी खाती थी। मनोरंजन, प्रदर्शन और त्योहार, जैसे मेले, तीर्थ और होली दैनिक जीवन के ढाँचे में बुने हुए थे और ये स्त्री-पुरुष सभी को सामाजिकता का अवसर देते थे। लेकिन यह भी सच है कि उत्तर प्रदेश में, अन्य स्थानों के समान ही, महिलाओं को मनोरंजन और मौज-मस्ती के सीमित अवसर ही मिलते थे। उन्हें शादी-ब्याह, त्योहार और धार्मिक अवसरों में जरूर मौका मिलता था, जिनमें बँधे-बधाए जीवन की एकरसता से अलग माहौल मिलता था। जाहिर है

कि महिलाओं का यह दायरा आन्तरिक आध्यात्म और निजी संसार तक सीमित नहीं था। ये उनके पड़ोसी जीवन और गाँवों, बाजारों और कस्बों के सामाजिक जमावड़े का हिस्सा था और कभी-कभार खुलेआम सार्वजनिक तौर पर नजर भी आता था।

एस. डब्ल्यू. फैलन के विशद शब्दकोष में पश्चिमोत्तर प्रान्तों में जनानी बोली की विशिष्टताओं पर प्रकाश डालते हुए महिलाओं की अलग निजी जगहों को रेखांकित किया गया है। उनके विवरण कभी-कभी अतिशयोक्ति एवं रोमांटिक प्रतीत होते हैं क्योंकि उन्होंने महिलाओं की बोली को पूरी तरह से एक अलग कोना दिया है। वे भाषा पर एक विशेष विचार रखते हैं। उनके अनुसार भाषा शुद्ध प्रकारों में, अलग-थलग और बनी-बनाई जगहों के अन्दर पैदा हुई।[2] पर यह बात पूरी तरह विश्वसनीय नहीं लगती। यह बात अधिक सच लगती है कि भाषाएँ एक-दूसरे को आच्छादित करती थीं और सह-अस्तित्व में रहती थीं। महिलाओं की भाषा जनाना तक सीमित नहीं थी, बल्कि वह सामाजिक अवसरों और लोकप्रिय गीतों में घुलमिल गई थी। दूसरी बात यह है कि महिलाएँ काल्पनिक विवरणों की अभिव्यक्ति में अहम थीं। उत्तर भारत में वे खुशी और गम के गीतों की दुनिया पर प्रभावी थीं जो हमेशा पुरुषों के सुनने के दायरे से बाहर नहीं था।[3] ये गीत अक्सर उनकी इच्छाओं और दुखों को दर्शाते थे। ये गीत केवल उनके निजी मनोरंजन के रूप नहीं थे, बल्कि महिलाओं की संस्कृति के सार्वजनिक विस्तार थे। महिलाएँ कजली, रागिनियाँ और लावणी गाती थीं। कजली उत्तर प्रदेश की महिलाओं के बीच काफी लोकप्रिय थी। अधिकतर कजली महिलाओं द्वारा स्वयं लिखी और गाई जाती थी। ये गीत बहुत सारे मेलों, जैसे कजरिया का मेला, थनमुनिया का मेला और रात के मेले में गाए जाते थे।[4] महिलाएँ ये गीत खाना बनाते, कपड़ा धोते और सिलाई करते समय अपनी माँ, बहन और सखियों से सीखती थीं, और इस तरह ये पीढियों तक संचारित होते थे।[5]

गारी या गाली के रूप में मशहूर मजाकिया विवाह गीत खास तौर पर लोकप्रिय थे, और आज भी एक अलग रूप में ये जिन्दा हैं। वे मुख्यतः दुल्हन वालों की ओर से दूल्हे और उसके परिवार को सम्बोधित कर गाए जाते थे। इनमें से कुछ गीत पति, सास और परिवार के रिश्तेदारों की हँसी उड़ाते थे और कई बार वे उत्तेजक और यौनिकता से भरे होते थे। उदाहरण के लिए कई बार इन गीतों में भाभी की तरफ से देवर को अपने बिस्तर पर आकर सोने के लिए लुभाया जाता था। नवविवाहित लड़कियों को ससुराल में हुकुम चलाने की सलाह दी जाती थी ताकि सास और ननद उनके कब्जे में रहें और जेठ पानी भर लाएँ। दूल्हे के परिवार को गाली दी जाती थी और दूल्हे की माँ की हँसी उड़ाई जाती थी।[6]

जिस तरह महिलाओं की भाषा और गीत मिले-जुले और सार्वजनिक क्षेत्र में फैले, उसी तरह उच्च वर्ग की महिलाएँ कभी-कभार अपने घर के एकान्त से निकल पाने

में सफल होती थीं। खासकर वे लोकप्रिय मेलों में हिस्सा लेती थीं। उदाहरण के लिए बुलन्दशहर जिले में तमाम जगहों पर मेले लगते थे। पचेटा में एक अहीर सन्त के सम्मान में मेला लगता था जो दो दिनों तक चलता था। इस दौरान हजारों चमार और लोध सन्त की समाधि पर अपनी मनोकामनाएँ पूरा करने के लिए एकत्रित होते थे। बंध्या महिलाएँ सन्त से मन्नत माँगने जाती थीं। सिकंदराबाद के मोहाना में बैशाख, भादों और माघ महीने के सत्रहवें दिन सभी जातियों की करीब दस हजार महिलाएँ बूढ़ा बाबू की प्रतिमा की पूजा करने के लिए जुटती थीं, जिन्हें खासकर त्वचा के रोगों से महिलाओं और बच्चों की रक्षा करने वाला अभिभावक माना जाता था। खुर्जा के पास मवाई में हर साल शीतला के सम्मान में चैत के आठवें दिन मेला लगता था। इस अवसर पर करीब दस हजार महिलाएँ एकत्र होती थीं। कुछ पुरुष भी मेले में आते थे।[7]

इन धार्मिक मेलों के अलावा कुछ मेले पूरी तरह मनोरंजन और आनन्द के लिए आयोजित होते थे। यहाँ भी महिलाओं की मौजूदगी देखी जाती थी, और जिससे कभी-कभी सामाजिक नियमों की अवहेलना भी नजर आती थी। उत्तर प्रदेश के एक स्थानीय ईसाई द्वारा दर्ज विवरणों के मुताबिक हिन्दू महिलाएँ पुरुषों के मुकाबले इन मेलों की ज्यादा शौकीन थीं। उनके अनुसार पुरुष, खासकर मुस्लिम, इन मेलों में खूबसूरत और तरह-तरह के रंगों वाली पोशाक पहनी हिन्दू महिलाओं को देखने के लिए जाते थे। इन मेलों में दिखने वाली महिलाएँ सार्वजनिक नजरों से बचने के लिए कोई पर्दा नहीं करती थीं।[8] बनारस में अपनी तरह का एकमात्र बुढ़वा मंगल मेला खासकर लोकप्रिय था। यह नदी से जुड़ा एक त्योहार था जिसमें नाव चलाना और मौजमस्ती तथा संगीत शामिल था। यह हर साल तीन दिनों के लिए चैत के महीने में लगता था। दिन के वक्त लोग भीड़ में दुर्गा कुण्ड नामक स्थान पर जाते थे। धार्मिक भिखारियों के वेश में घुमंतू कलाकार या निम्न जातियों का रूप धरकर महिला और पुरुष, दोनों ही भीड़ में शामिल हो जाते थे और अपने गीतों, नृत्यों और मजाकों से सबका ध्यान आकर्षित करते थे। कभी-कभी विभिन्न दल एक दूसरे से कविताई प्रतियोगिता में परस्पर स्पर्धा करते थे। शाम के समय सैकड़ों नावें सजाई जाती थीं और संगीत, गीत, नृत्य और अन्य मनोरंजक गतिविधियाँ कई दिनों तक जारी रहती थीं। यह मेला 1790 तक लगातार चलता रहा।[9] मार्च के अन्त में और अप्रैल की शुरुआत में मेरठ में हर साल नौचन्दी का मेला एक और बड़ा मेला था जिसमें सभी वर्गों के लोग, देशभर के दूकानदार और नुमाइशगीर शामिल होते थे।[10]

उत्तर प्रदेश में सर्वाधिक लोकप्रिय त्योहारों में से एक था होली, और इसकी लोकप्रियता आज भी कायम है।[11] निम्न जातियों के बीच इसका विशेष महत्त्व था और इसमें महिलाओं की बड़ी भागीदारी दिखती थी। स्थानीय लोकनायकों और

किस्सों से प्रभावित इसका स्वरूप विभिन्न जगहों में अलग-अलग था।[12] इस त्योहार का एक लोकप्रिय आधार होलिका नाम की एक राक्षसी के किस्से में जुड़ा है, जो कहा जाता है कि हर रोज बच्चों को अपना आहार बनाने की आदी थी। एक साधु ने एक औरत को अपने पौत्र को बलि चढ़ाने से बचाने के लिए होलिका को गाली देने और अभद्र भाषा में सम्बोधित करने का सुझाव दिया। बूढ़ी महिला ने उसके सुझाव पर अमल किया। उसने होलिका को तमाम बच्चों के जरिए इस तरह के अश्लील संकेत और गालियाँ दी कि होलिका उसी मौके पर मर गई और बच्चों ने उसके अवशेषों से होलिका जलाई। होलिका के मिथक के अन्य पाठ भी हैं। इनमें से एक के अनुसार राम का एक भक्त प्रह्लाद अपनी बुआ होलिका के साथ अग्नि में बैठा। वह आग में से सकुशल बच निकला, जबकि होलिका जल मरी। इस पाठ के मुताबिक लोगों ने इस अवसर पर खुशी मनाई और होलिका के बारे में अश्लील गीत गाये।[13] इस तरह यह माना गया कि होली के दौरान अश्लील गीत गाने से बुरी आत्माएँ दूर रहती हैं।

अधिकतर संभ्रांत महिलाएँ इन सार्वजनिक आयोजनों से थोड़ा-बहुत अलगाव रखती थीं, मगर वे हमेशा ऐसा नहीं करती थीं। अलगाव रखते हुए भी वो एक ऐसी व्यापक दुनिया देख पाती थीं, जो उन्हें और उनके सरोकारों को प्रदर्शित करती थी। चालू गीत गाना, महिलाओं द्वारा पुरुषों को गाली देना, और महिलाओं की आकांक्षाओं को जोर देकर व्यक्त करने वाली साखियों का वाचन—ये सभी उत्तर प्रदेश में होली के जीवन्त हिस्से थे। बरसाना की प्रसिद्ध रंगीला होली में बरसाना की महिलाओं और लाड़ली जी मन्दिर के गोसाइंयों की पत्नियों और पड़ोसी गाँव नन्दगाँव के पुरुषों के बीच एक दिखावटी झगड़ा खेला जाता था। महिलाएँ बाँस के लम्बे डंडे से लैस रहती थीं, जिससे वे अपने प्रतिपक्षियों को मारती थी और उनके कन्धों और सिर पर डंडे बरसाती थीं।[14] साथ ही होली के दौरान महिलाओं और पुरुषों, भाभी और देवर के बीच के विनोद और विस्मय भरे प्रसंग काफी हँसी-मजाक के स्रोत थे। महिलाओं को कुछ हद तक मुहैया अन्य सार्वजनिक मनोरंजन की गतिविधियों में लोक नाटक भी थे जिन्हें स्वांग, संगीत और नौटंकी कहते थे। बीसवीं सदी के आरम्भ में नौटंकी उत्तर भारत में मनोरंजन के सबसे अधिक लोकप्रिय साधन थे। पारसी नाट्य कंपनियों द्वारा निर्मित नाटक उत्तर प्रदेश में काफी फैले हुए थे। नौटंकी के शो उत्तर प्रदेश के कई कस्बों में महीनों हाउसफुल रहते थे। हालाँकि इन नाटकों में पुरुष ही बड़ी संख्या में जाते थे लेकिन कभी-कभार महिलाएँ भी वहाँ जाती थीं।[15] इस दौरान सिनेमा भी शुरू हो गया और धीरे-धीरे उत्तर प्रदेश में फैल गया।

खासकर उन्नीसवीं सदी के उत्तरार्ध से महिलाओं के इस तरह के मनोरंजन, सामाजिक-सांस्कृतिक क्षेत्र और गतिविधियों ने समाज सुधारकों, शहरी बुद्धिजीवियों,

मध्यवर्ग और जातियों के संगठनों का ध्यान खींचा। वे खासकर महिलाओं और निम्न जातियों के सामाजिक और सांस्कृतिक व्यवहार में सुधार और परिवर्तन की वकालत करने लगे। हालाँकि यह कहना मुश्किल है कि ये भावना इस काल में कितनी उजागर हुई, लेकिन यह तय है कि उन्नीसवीं सदी में यह ज्यादा आम हो गई। विद्वानों ने औपनिवेशिक काल में लोकप्रिय संस्कृति पर हमले और शुद्धतावाद के उदय की चर्चा की है। उदाहरण के लिए कुछ इतिहासकारों ने औपनिवेशिक बंगाल के दृश्य माध्यमों में महिलाओं के चित्रण में आ रहे नैतिकतावादी तेवरों की ओर हमारा ध्यान खींचा है। इसी तरह कुछ अन्य विचारकों के शोध में बनारस की लोकप्रिय संस्कृति, जैसे रामलीला, होली और बुढ़वा मंगल पर सुधारवादियों के हमले का जिक्र है। एक अन्य शोध में शिक्षित मध्यवर्ग द्वारा नौटंकी के विरोध का विश्लेषण मिलता है।[16] इस तरह के सुधारवादी कदम सभ्यता का पाठ पढ़ाने वाली हिन्दू राष्ट्रवादी भावना के करीब थे। इनमें से ज्यादातर सुधारक 'सम्मानीय' और ऊँची जातियों के नजरिए से अपने विचार रखते हुए शिक्षित मध्यम वर्ग को सुधारों का नेतृत्व करने का अनुरोध कर रहे थे। वे एक तरफ महिलाओं की देह और पवित्रता के बारे में चिन्तित थे, तो दूसरी तरफ निम्न जातियों से दूरी बनाने के साथ-साथ उसका सुधार भी करना चाहते थे। भर्त्सना के साथ ही निम्न जातियों और महिलाओं को लालचों में आने के अपने रुझानों से सुरक्षित रखने की बात भी की जा रही थी। ये दोनों तरह की चिन्ताएँ सभ्य बनाने की समझदारी से जुड़ी और सम्मानीयता और शुद्धीकरण के केन्द्र में थीं। इन प्रयासों से संस्कृति को सभी प्रकार की सम्भावित अश्लीलताओं को दूर करने की चाहत थी। महिला यौनिकता की किसी भी अभिव्यक्ति को नई राष्ट्रवादी व्यवस्था के लिए हानिकारक माना गया। हिन्दू सुधारवादी विचारों ने अश्लील गानों और त्योहारों को 'असभ्य', निम्न और अनैतिक समाज के साथ जोड़ते हुए एक सीधी रेखा खींच दी।

ये सुधारवादी प्रयास ऊँची जातियों तक ही सीमित नहीं थे। कई मध्यवर्ती जाति संगठनों ने भी अपने को तथाकथित कमतर बनानेवाले नियमों और सांस्कृतिक गतिविधियों का बहिष्कार करने के लिए प्रस्ताव पारित किए। यह दौर जातियों के अग्रगामी गतिशीलता का था जिसमें धन और आर्थिक सत्ता काबिज करने के साथ-साथ ऊँची सामाजिक हैसियत का दावा किया जा रहा था। उत्तर प्रदेश की बहुतेरी निम्न जातियों को ऊँचे होने के दावों को सही साबित करने की खातिर अपनी संस्कृति और मनोरंजन को पुनर्परिभाषित करने के लिए बाध्य होना पड़ा। इस सन्दर्भ में वे विशेष तौर पर अपनी महिलाओं के चरित्र और आचरण को नैतिक मानदंडों के अनुसार ढालना चाहते थे। इस प्रकार भिन्न-भिन्न कारणों और विविध नजरियों से निम्न और मध्यवर्ती जातियों की प्रतिनिधि संस्थाओं ने महिलाओं के मनोरंजन पर

अंकुश लगाने के कमोवेश हमशक्ल प्रस्ताव स्वीकार किये। उत्तर प्रदेश में खासकर महिलाओं के गीत और होली, मेलों, थियेटर और सिनेमा में उन की भागीदारी को लेकर सुधारवादी अभियान चलाए गए।

शादी में गाई जाने वाली गालियों को विशेष तौर पर उच्च जाति और मध्यवर्ग की हिन्दू महिलाओं को भ्रष्ट करने, तथा असभ्य एवं अयोग्य बनाने के बतौर देखा गया। यह कहा गया कि इन गीतों में महिलाओं के नहीं बोलने योग्य और उन्हें अनियन्त्रित करने वाली बातें की गईं हैं। इसलिए सुधारवादियों ने इन गीतों को बुरा और गन्दा और इनको गाने वाली महिलाओं को फूहड़ और असभ्य करार किया। 1874 की शुरुआत में ही हरिश्चंद्र द्वारा महिलाओं के लिए निकाली गई पत्रिका *बाल बोधिनी* ने इन प्रचलनों, खासकर उनके सार्वजनिक प्रदर्शन, की भर्त्सना की और कहा कि इस तरह के गीत रस और शृंगार से भरे होते हैं और उन्हें सुनने से बुरी भावनाएँ जगती हैं। पत्रिका में यह भी कहा गया कि शादियों में गाए जाने वाली गालियाँ विशेष रूप से खराब होती हैं। माँ, पिता, भाई व अन्य रिश्तेदारों के सामने इस तरह की गालियाँ गाना या सुनना बेहद शर्मनाक है।[17] जैन गैजट ने खेद व्यक्त किया कि हिन्दू महिलाएँ, खासकर मारवाड़ी युवतियाँ, शादियों और ऐसे अन्य आयोजनों के दौरान बेहद अश्लील गीत गाती हैं और ऐसे शब्दों का इस्तेमाल करती हैं जो नाचने वाली लड़कियाँ भी सार्वजनिक रूप से नहीं करेंगी। इसने हिन्दुओं से इस तरह के प्रचलन तुरन्त बन्द करने का अनुरोध किया।[18]

ये आपत्तियाँ बीसवीं सदी के आरम्भ में और तीव्र गति से उभरीं। तर्क दिया गया कि गालियाँ न केवल अश्लील होती हैं बल्कि वे समुदाय का अपमान करती हैं क्योंकि वे पारिवारिक रिश्तों को बिगाड़ती हैं और यौनेच्छाओं को बढ़ावा देती हैं। हिन्दी के महान लेखक मैथिलीशरण गुप्त ने लिखा :

रखती यही गुण कि वे गन्दे गीत गाना जानतीं,
कुल, शील, लज्जा उस समय कुछ भी नहीं वे मानतीं।
हँसते हुए हम भी अहो! वे गीत सुनते सब कहीं,
रुदन करो हे भाइयों! ये बात हँसने की नहीं।[19]

इन गानों को गाकर सम्मान की सीमाएँ लाँघने के लिए महिलाओं की लगातार आलोचना की गई। कहा गया कि इन गानों के कारण भी बहुत सारी उच्च जातीय महिलाओं ने अपने घर छोड़ दिए और निम्न जातियों के परिवारों में शादियाँ कर लीं।[20] प्रसिद्ध पत्रिका *चाँद* के एक लेख में कहा गया :

स्त्रियों की जबान से गुप्तांगों की नग्न वर्णन, एक स्त्री का पर पुरुष से सम्बन्ध-सूचक गायनों का गाना जाना, रंगरलियों की वर्णन आदि बड़ा घृणित है...स्त्रियों के इस व्यसन का छोटी-छोटी बालिकाओं के अपरिपक्व

मस्तिष्क पर कुत्सित प्रभाव पड़ता है। इन बुरे ऐबों से उनमें पढ़ने-लिखने आदि की अच्छी बातों से घृणा पैदा हो जाती है तथा तीज, त्योहार, नाच, गाना, मेले, तमाशों की ओर उनकी अभिरुचि बढ़ती है।[21]

असमान पारिवारिक रिश्तों को महिलाओं द्वारा चुनौती देने के भय से उनपर सतर्क नियन्त्रण की जरूरत थी। क्योंकि महिलाओं के गारी गीत गाने और उनके विद्रोह एवं मुठभेड़ का व्यवहार करने के बीच सम्बन्ध देखा गया। इसलिए हर शिक्षित लडकी का यह कर्तव्य है कि वो ऐसे गाने बन्द करे और ऐसे गाने गानेवालों के साथ मेलजोल ना करे।[22] लड़कियों की पत्रिका *कन्या मनोरंजन* में यह कविता छपी :

गाली गाना है बात बुरी। कहलाती इससे जाति बुरी॥
जिया नहीं गाली गाने को। पर उत्तम शब्द सुनाने को॥...
शर्मजावें सुननेवाले। पर जरा नहीं वे शरमाएँ॥
वे हैं निर्लज्जा कहलातीं। यह देखके फटती है छाती॥
मैं गाली कभी न गाऊँगी। ना कुल की लाज लजाऊँगी॥[23]

मारवाड़ी और खत्री इस अभियान में खासे सक्रिय थे। आगरा की खत्री हितकारी सभा ने एक पर्चा छपवाकर खत्री महिलाओं से अनुरोध किया कि वे शादियों में गालियाँ या सिठनी न गाएँ क्योंकि यह मूर्खता, बेशर्मी और असभ्य व्यवहार का प्रतीक है। वास्तव में, सभ्य महिलाओं को तो 'सामान्य' गाने भी नहीं गाने चाहिए।[24] खत्री हितकारी सभा यह जानकर खुश थी कि शादियों में गाए जाने वाले अश्लील गीतों की परम्परा उनके बीच तेजी से खत्म हो रही थी। इसने उम्मीद जताई कि दूसरे समुदाय भी इसका अनुसरण करेंगे। यहाँ यह नोट करना भी प्रासंगिक है कि स्त्रियों द्वारा मृत्यु पर दुःख के सार्वजनिक प्रदर्शन, जो स्यापा के रूप में मशहूर था, का खासकर खत्रियों द्वारा एक बुरा रिवाज मानकर विरोध किया था।[25] अग्रवाल सभा ने आह्वान किया कि खुशी और दुःख के समय गालियों का गाना तुरन्त बन्द होना चाहिए, हालाँकि महिलाएँ अच्छे गीत गा सकती हैं। शादियों के समय महिलाओं के अश्लील गीत गाने को तुरन्त रोकना चाहिए।[26] अहीर और जाट समेत दूसरे निम्न और मध्यवर्ती संगठनों ने भी इन निर्देशों को दुहराया।[27]

न केवल महिलाओं में गीतों को नियमित व शुद्ध किए जाने के प्रयास हुए, बल्कि पुरुषों द्वारा बेहतर व सही गीतों को पारिभाषित भी किया गया। एक पुरुष लेखक ने कहा कि जो कुछ सामग्री महिला समाज में मिलती है, वह इतनी अश्लील और भ्रष्ट है कि सभ्य समाज उसे सुनना नहीं चाहता। इसीलिए महिला गीतों का एक ऐसा संग्रह तैयार किया गया है जिन्हें महिलाएँ तमाम अवसरों पर गा सकती हैं :

ग्राम्य गीत महिला लिखी, देखि गीत अश्लील।
सुधरें जेहि विधि नारी सब, बढे ज्ञान गुण शील॥[28]

जब महिलाओं के लिए *ग्राम गीतांजलि* नामक यह गीत संग्रह कविवर 'चंचरीक' ने प्रकाशित किया, तो तमाम जाने-माने नेताओं और लेखकों ने उसे अपना समर्थन प्रदान किया। सम्पूर्णानन्द ने कहा :

> *मैं चाहता हूँ कि इन गीतों का प्रसार हो। जो गाने विवाह आदि के अवसर पर, अपने यहाँ आज कल प्रचलित हैं उनमें से अधिकाँश नीरस हो गए हैं और सामंजस्य खो बैठे हैं। बहुत से तो अश्लील भी होते हैं। उनकी जगह अच्छे गीत आवश्यक हैं।*

विद्वान डॉ. भगवानदास जी ने लिखा :

> *श्री 'चंचरीक' जी ने मुझे अपनी ग्राम गीतांजलि नामक नवीन और मौलिक पुस्तक में से कुछ गीतें सुनाईं। मैं 'ग्राम गीतों' का बहुत दिनों से पक्षपाती हूँ, तथा विवाहादि के शुभ अवसरों पर जो अति अशुभ 'ग्राम्य (अश्लील) गीत' बहुधा गाई जाती हैं उनका वैसा ही विरोधी भी हूँ। 'ग्राम गीत' और 'ग्राम्य गीत' में प्रकाश और अन्धकार का अन्तर है। एक में शुद्ध भाव और सादी भाषा तथा हृदयग्राही रस रहते हैं, दूसरे में अशुद्ध भाव, भद्दे शब्द और मन को बिगाड़ने और गन्दा करने वाले कुरस। 'चंचरीक' जी ने इन्हीं विवाहादि के समय में 'गारियों' के स्थान पर गाने के लिए ये नई गीतें लिखी हैं...यह नई गीतें सर्वथा विवाहादि के शुभ अवसरों पर, पुरानी अशुभ और अश्लील गीतों के स्थान पर, प्रचार के योग्य हैं।*

राजेन्द्र प्रसाद, निराला, माखनलाल चतुर्वेदी और राम नरेश त्रिपाठी ने भी इस संकलन का जोरदार समर्थन किया और सभी महिलाओं से अनुरोध किया कि वे इन नए गीतों को अपनाएँ।[29] महिलाओं का अश्लील गीत गाना एक तरह से राष्ट्र विरोधी कृत्य था। कहा गया कि *ग्राम गीतांजलि* के गीत अपवित्रता की जगह पवित्र राष्ट्रीय भावनाओं से परिपूर्ण थे। इस बात को महिलाओं की सकारात्मक भूमिका और राष्ट्रीय संघर्ष में गीतों की उपयोगिता से जोड़ा गया। मशहूर लेखक रामनरेश त्रिपाठी ने इस नई किताब का परिचय लिखा। उन्होंने कहा :

> *स्त्रियों में भी यदि राष्ट्रीय भावों का प्रचार होता तो मेरा अनुमान है कि ऐसे गीत अबतक वे स्वयं बना चुकी होतीं। पर अभी तो उनमें राष्ट्रीय भाव फैलाने की जरूरत है। पीछे उनमें राष्ट्रीयता स्वाभाविक हो जायेगी, तब आपसे आप गीतों की सृष्टि होने लगेगी। तब तक पुरुष की ओर से यह दान स्त्रियों को स्वीकार करना ही चाहिए।*[30]

इस किताब को पाठ्यक्रम में सुधार लाने के लिए भी उपयोगी माना गया। लेखक ने खुद जिला एवं नगर बोर्ड से अपील की कि इस किताब को लड़कियों के स्कूलों में पाठ्यक्रम का हिस्सा बनाया जाए। वह यह भी चाहते थे कि शादी के समय सभी हिन्दू

महिलाओं को यह किताब उपहार के रूप में दी जाए।[31] किताब में 'विवाह के गीत', 'आदर्श गारी', 'आदर्श गीत' इत्यादि शामिल थे। साथ ही इसमें आदर्श गृहणियों के कर्तव्यों और मुँहजोर स्त्रियों के, रोजनामचा का भी उल्लेख था।[32] संकलन में एक गीत इस प्रकार था :

ओही नारी सोहागिनि, जो पति प्रेम प्यारी जी।
पर पति मुख नाहीं देखत, देखत नैन तिहारी जी॥

एक और स्थान पर कवि कहता है :

धरम करम उपदेस गुण सीखहूँ, बनी जाहूं कुलवंती नारी।[33]

इस प्रक्रिया में महिलाओं के गीतों को एक सलाह पुस्तिका में तब्दील कर दिया गया। गम्भीर इरादे और राष्ट्रीय आन्दोलन के प्रभुत्व पर दावा करने के लिए घटिया गीतों की जगह आदर्श गीतों को लाना जरूरी था।[34] इन गीतों को महिलाओं द्वारा राष्ट्र की सेवा में गाया जाना था। महिलाओं के लिए और भी कई नई गीत पुस्तिकाएँ लिखी गईं जिनमें मजबूत राष्ट्रीय भावना विद्यमान थी, खासकर 1920 से। उनमें खादी और चरखे का जिक्र था। इनका उद्देश्य महिलाओं को एक पतिव्रता स्त्री और राष्ट्रीय सेविका के रूप में परिवर्तित करना था, और उनके गुणों को प्रोत्साहित, ना कि प्रदर्शित करना था।[35] यहाँ मैं कुछ गीतों के उदाहरण देना चाहती हूँ :

गुस्से से मेरी बहनों कुछ तुम ना कर गुजरना।
जो कुछ करो वह पहिले खूब ही समझ कर करना॥

जो करती पति के सेवा है वही दुनिया में नारी है।
उसी का नाम जग में है वही सब की पियारी है॥

देखो लज्जा के दर्पण में तुम मुखड़ा।
विद्या के आभूषण पहिनों, हाथों में पहिनों ज्ञान गजरा।
पवित्रता की ओढ़ो चुनरिया, शील का नैनों में हो कजरा।

बहिनों, बुरी किताब कभी न पढ़ा करो।
किस्सों से सदा दूर ही प्यारी रहा करो।
भारत की देवियों की कहानी कहा करो।[36]

एक और गीत संग्रह भी प्रवचन की तरह लिखा गया :

करुणा करो दयानिधि भारत में सुधरें नारी।
देखो तो स्वामी कैसी बिगड़ी हैं आज नारी॥

फैशन पे मर मिटी हैं, कपड़ा बदन विदेशी।
सब लाज हाय तजकर, घूमें बाजार सारी॥
कर्त्तव्य को भुलाया, ऋषि धर्म को मिटाया।
दुर्गा के ज्ञान भूली, गाती निर्लज्ज गारी॥

हमारे सुनो वचन है कान, वृथा क्यों होती हो हैरान।
करो पति की ताबेदारी, बनो प्रिय प्रीतम की प्यारी॥...
बहुत गैरों से बतियाना, बुरा है घर पर का जाना।
नाचना उचित न नचवाना, न ब्याहों में गाली गाना॥...
कभी मत देखो सजनी रास, कृष्ण सखियों का विविध बिलास।
न इन पर करो कभी विश्वास, झूठ के खड़ी न होना पास॥

तुम नाच तमाशों के कभी पास न जाना।
मेलों में धक्के खाके ना इज्जत गंवाना॥ [37]

वर्ष 1920 तक आते-आते बुढ़वा मंगल मेला लगभग समाप्त हो गया।[38] यों तो हिन्दू राजसी संस्कृति का अवसान, शाही संरक्षण की समाप्ति एवं आर्थिक कठिनाइयाँ इस मेले के अवसान के मुख्य कारण थे, पर साथ ही 19वीं सदी के अन्त से बनारस टेम्परंस एसोसिएशन जैसे संगठनों की तरफ से उन्मुक्त एवं रंगरलियों जैसे माहौल की वजह से मेले पर काफी हमले हो रहे थे।[39] मेले के पतन में लैंगिक संहिता और नैतिकता की बदलती भूमिका का भी हाथ था। कोर्ट केस के रूप में प्रकाशित एक पुस्तक में हिन्दुओं से अनुरोध किया गया कि वे मेले में हिस्सा न लें और खासकर महिलाओं को ऐसा करने से रोकें। पुस्तक में एक जज ने तर्क दिया कि बनारस हिन्दुओं का सबसे बड़ा तीर्थस्थल है और ऐसी जगह पर इस प्रकार का गन्दा मेला आयोजित करना शर्मनाक है।[40] महिलाओं की अन्य मेलों में भागेदारी पर भी सवाल उठाए गए। *मेला घुमनी* शीर्षक से प्रकाशित पुस्तक के कई मुद्रण इस समय सामने आए। इसे कई प्रकाशकों ने प्रकाशित किया और अलग-अलग व गुमनाम लेखकों के नाम से छापा गया। हालाँकि हकीकत में यह कविताओं का वही संग्रह था, जिसके शीर्षकों एवं शब्दों में थोड़ा बहुत फेरबदल किया गया था।[41] सभी संस्करणों में महिलाओं को मेला भ्रमण से रोका गया और दावा किया गया कि जो औरतें ऐसा करती हैं, वे वेश्या और नैतिकता विहीन होती हैं। मेलों को ऐसे स्थान के रूप में पेश किया गया जहाँ हिन्दू महिलाओं का बलात्कार व अपहरण किया जाता है। विभिन्न संस्करणों से उद्धृत कुछ पंक्तियाँ इस प्रकार हैं :

गहना ना घरे रहे मगनी ले आवे माँगी।
करे लागे रूप के सिंगार मेला घूमनी॥...

मरद के कम भीड़ औरत के ठेलाठेली।
मेलवा में मारेली नजरिया मेला घुमनी ॥...
जलवा चढाई जब चलली मंदिर में से।
भीडिया में गुरादा दरकचे मेला घूमनी ॥...
इजत उतारी लेले कच गाल मली दले।
कहा बाटे इजत तोहार मेला घूमनी ॥...
सारी चोली फाटी गैले गति दुरगति भैले।
तबो नाहीं लागे तोरा लाज मेला घूमनी ॥...
थाना के बगलिया में हमरो दूकान बारे।
जहाँ पर गहकी के भीर मेला घूमनी ॥ [42]

पर सभी मेलों पर ऐसा निशाना नहीं साधा गया। कुछ मेलों को शुद्धिकरण एवं नियमन की कोशिश के रूप में भी पेश किया गया। अखिल भारतीय हिन्दू सभा के एक सचिव आगरा के लाला बैजनाथ ने हिन्दू सभा के संगठन एवं स्वरूप को विस्तार में समझाया। उन्होंने घोषणा की कि हिन्दू मेलों और त्योहारों का उचित नियमन हिन्दू सभा का एक प्रमुख लक्ष्य है, ताकि वे आम जनता में धार्मिक निर्देशों का माध्यम बन सकें।[43] वर्ष 1910 में आयोजित 'गुरुकुल मेले' की खूब तारीफ की गई। उसे एक ऐसा स्थान घोषित किया गया जहाँ बाल ब्रह्मचारियों और आर्य ग्रह देवियों का संगम सम्भव हुआ। यहाँ पर 'मेला' की मिठास और शक्ति से भरपूर होने के लिए प्रशंसा की गई, जिससे लोगों में एक नई जान आती है, पर इसका एक बेहद खास सन्दर्भ और अंदाज था।[44]

होली एक ऐसा त्योहार था जिसने हिन्दू समाज सुधारकों का विशेष ध्यान खींचा। उन्होंने इस त्योहार के वर्तमान स्वरूप की कड़ी भर्त्सना की। इस मामले में मिशनरियों और औपनिवेशिक राज के विचार अक्सर समाज सुधारकों से मेल खाते थे।[45] मिशनरी जॉन मुर्डोक ने इस त्योहार के प्रति अपनी विशेष आपत्ति व्यक्त की। उन्हें इसकी कथित अश्लीलता से घृणा थी। उन्होंने कहा कि इस त्योहार में पुरुष सम्मानित महिलाओं के साथ अभद्र संकेतों एवं शब्दों का प्रयोग करते हैं।[46] इन विचारों के बीच, ब्रिटिश अधिकारियों ने हिन्दू प्रचारकों द्वारा स्थानीय प्रशासन और नगर निगम से इस त्योहार में अश्लीलता को रोकने के लिए हस्तक्षेप करने की माँग को पूरा करने की कोशिश की। इन कोशिशों में 'होली कैसी है' से अधिक महत्वपूर्ण हो गया, 'होली कैसी हो'। और उसका रूप हिन्दू प्रचारकों के मॉडल पर आधारित था। इलाहाबाद की मशहूर चाँद प्रेस द्वारा प्रकाशित हिन्दू त्योहारों पर एक महत्वपूर्ण पुस्तक में दूसरे देशों के उदाहरणों के जरिए त्योहारों में सभ्यता के मूल्यांकन की बात की गई। पुस्तक में इस बात पर जोर दिया गया कि होली से देश की सभ्यता के बारे में बाहर के लोगों को बेहद खराब संदेश मिलता है :

पाठकों को यह तो मालूम ही होगा कि इस उत्सव पर घृणित गालियाँ बहुत बकी जाती हैं...गालियों की मात्रा कुछ प्रान्तों में इस हद तक बढ़ी है और विशेष कर गाँवों में पुरानी चाल के आदमियों में इतनी ज्यादा पाई जाती है कि मेरा विचार यह होता है कि मैं होलिका-दहन-उत्सव के वर्णन के साथ ही साथ और देशों में गालियों और अश्लील बातों से परिपूर्ण दो-एक त्योहारों का वर्णन करके यह दिखलाऊँ कि ऐसे त्योहार किस क्षेणी के राष्ट्र में और किस अवस्था में पाए जाते हैं। अश्लील गान और अश्लील बातें बकने की प्रथा भारतवर्ष के लिए ही नई नहीं है। जहाँ असभ्यता और नीचता का प्राबल्य रहता है, वहाँ इस प्रकार की बातें होती हैं। आज भी जो कौमें असभ्य हैं, इस प्रकार के त्योहार मनाती हैं। आजकल जो राष्ट्र सभ्य हो गए हैं उन्होंने भी अपनी-अपनी असभ्यता की अवस्था में इस प्रकार के त्योहार मनाए हैं...हमारे देश में भी होली के त्योहार पर जो अश्लीलता पाई जाती है, वह अन्य देशों से कम नहीं है। भेद सिर्फ इतना ही है कि यह अश्लीलता अन्य राष्ट्र अपनी असभ्यता के जमाने में रक्खा करते थे किन्तु हम सभ्य ही नहीं, ऋषि-संतान होने का दावा करते हुए भी इस अश्लीलता को बरतते हैं...जब तक हमारे कर्म और आचार-व्यवहार असभ्यों और पिशाचों के समान हैं, तब तक अपने मुँह से हम ऋषि-संतान ही नहीं, साक्षात् ब्रह्म ही होने का दावा क्यों न करें, पर संसार की नजरों में, और वास्तव में, हम वही रहेंगे जो हैं अर्थात असभ्य और पतित!![47]

एक अन्य पुस्तक में होली के बारे में अपना दुःख व्यक्त करते हुए यह कहा गया :

यह त्योहार विशेषकर शूद्रों का त्योहार कहा गया है...यह भी मानना पड़ेगा कि हमारे कुछ अशिक्षित एवं विचार-शून्य भाइयों की करतूती से इस पवित्र उत्सव में अधिकाँश कुरीतियों का समावेश हो गया है। उस दिन जब लोग लज्जा को ताक में रख उन्मत्त हो, परस्पर गालियों की बौछार और अश्लील गानों की झड़ी करने लगते हैं, तब हमारी भावी संतानों के शुद्ध तथा स्वच्छ हृदय पर दूषित भाव के छींटे पड़ जाते हैं। उनके कुप्रभाव से अनेक प्रकार के अत्याचार, अनाचार और दुर्व्यवहार फैलते हैं।[48]

कई हिन्दी अखबार होली के प्रति घृणा व्यक्त करते थे और हर साल वे होली पर होने वाली अभ्रदता, अश्लील व्यवहार, व इसमें महिलाओं और छोटी जातियों के शिरकत पर अनेक लेख, सम्पादकीय और रिपोर्ट प्रकाशित करते थे।[49] एक अखबार ने अपने सम्पादकीय में खेद व्यक्त करते हुए लिखा कि होली समारोहों में अश्लील गीतों, घृणित कार्यों और गन्दी भाषा का प्रयोग जारी है। लेख में कहा गया कि होली

का त्योहार मानव हृदय में खराब भावनाओं को भड़काता है और इस वजह से इस त्योहार की अध्यात्मिक भावना आहत होती है। होली हिन्दूत्व की भावना को चोट पहुँचाती है और यह धर्म के लिए शर्मनाक है।[50] हिन्दू धर्म और सभ्य राष्ट्र के पुनःउत्थान के मकसद से त्योहार की निन्दा करने के लिए इसे मुख्यतः निम्न जातियों और महिलाओं के साथ जोड़ा गया। यह उच्च जातियों और शिक्षित हिन्दुओं द्वारा नीची जातियों, अशिक्षित और गरीब लोगों का तिरस्कार करने का कारगर हथियार बन गई। इस बात पर बार-बार जोर दिया गया कि छोटी जातियाँ ही होली में वासनायुक्त अनियमितताओं और निम्नस्तरीय उत्सव के लिए जिम्मेदार थी।[51] आर्य समाज और ईसाइयों के प्रभाव में चमारों को उनकी परम्पराओं में शामिल गँवारू तत्त्वों के लिए शर्म का अहसास कराया गया।[52] मारवाड़ियों को भी होली में अश्लीलता के लिए जिम्मेदार ठहराया गया।[53]

सभी सम्मानित महिलाओं से कहा गया कि वे इन त्योहारों से दूर रहें। यह हिदायत नहीं माननेवालों की आलोचना की गई कि वे अश्लील और घृणित कार्यों में हिस्सा लेती हैं।[54] चूँकि समाज सुधारक यह साबित करने में लगे थे कि यह त्योहार असभ्य और निम्न जातियों तक सीमित था, इसलिए कुछ छोटी जातियाँ अपना स्तर बढ़ाने के लिए इस त्योहार की भर्त्सना करने लगीं ताकि वे साबित कर सकें कि वे शिक्षित उच्च जातियों से कम सभ्य नहीं हैं। अहीरों की जाति सभाओं ने घोषित किया कि उनकी परम्पराओं में सबसे अनुचित होली का त्योहार है। उन्होंने अपनी महिलाओं पर आरोप लगाया कि वे अपनी विनम्रता भूलकर इस त्योहार पर घटिया गीत गाती हैं, जिनका असर बाकी ग्यारह महीने देखा जा सकता है। कलवार जाति सुधारकों ने भी समान दृष्टिकोण अभिव्यक्त किये।[55]

त्योहार की निन्दा के साथ-साथ इसे पुनर्गठित करने का एजेण्डा भी सामने आया। प्रचारक मुख्यतः एक तरफ शिक्षित उच्च वर्णीय हिन्दुओं को सम्बोधित करते थे और दूसरी तरफ सरकार को। क्योंकि ये दोनों ही सभ्य और होली की सफाई के लिए दक्ष और योग्य माने जाते थे। सुधारक मुख्यतः यह आग्रह कर रहे थे कि शिक्षित हिन्दू पुरुष बड़ी संख्या में सामने आए और आपत्तिजनक रीतियों के खिलाफ सभाएँ आयोजित करें।[56] गर्व के साथ यह दावा किया गया कि शिक्षित हिन्दुओं के बीच ऐसे घृणित रिवाजों के खिलाफ चेतना निरन्तर बढ़ रही है और इन्हें सुधारने के लिए अब वे ज्यादा ध्यान देना शुरू कर चुके हैं।[57] 1908 में लखनऊ में हुए एक सामाजिक सम्मेलन ने होली के दौरान होने वाले चारित्रिक पतन की निन्दा की। होली के दौरान होने वाली अश्लीलता को रोकने की इलाहाबाद में एक सफल कोशिश हुई। शिक्षित हिन्दुओं के एक प्रतिबद्ध गुट ने पंडित रमाकान्त मालवीय और पुरुषोत्तम दास टण्डन के नेतृत्व में होली के पर्व को एक पुरानपंथी आध्यात्मिक अन्दाज में मनाया। इस आन्दोलन के संरक्षकों को प्रेस

में खूब प्रशंसा मिली।[58] अखबार भी सुधारकों के समूह में शामिल हो गए और राज्य सरकार, नगर निगमों और उत्तरप्रदेश के आयुक्तों पर पर्व के दौरान गाए जाने वाले 'फूहड़' गानों को बन्द कराने के लिए हस्तक्षेप करने का दबाव बनाने लगे, जिनसे उनके अनुसार हिन्दू धर्म का लोकप्रिय आधार दूषित हो रहा था। इसके लिए विभिन्न पत्र-पत्रिकाओं में कई तरह के सुझाव दिए गए। कहा गया कि होली में व्याप्त बुराइयों को रोकने के लिए हर गाँव-शहर में कमेटियाँ बनाई जानी चाहिए जिनका इस्तेमाल सार्वजनिक स्थानों पर अभद्र भाषा को रोकने के लिए किया जाना चाहिए। कुछ अन्य ने अनुरोध किया कि भारतीय दण्ड विधान की धारा 294 को मजबूती से लागू करना चाहिए ताकि पर्वों में अभद्रता को रोका जा सके। एक अन्य अखबार ने स्थानीय अधिकारियों से अनुरोध किया कि वे एक प्रभावी पुलिस तन्त्र विकसित करें जो होली के दौरान असभ्य व्यवहार और आचरण को रोक सके। विशेष तौर पर होली के अश्लील गीतों पर हमला बोला गया। जोर देकर कहा गया कि सरकार को चाहिए कि वह सभी सार्वजनिक स्थलों पर अभद्र गीतों का गाना रोके ओर लोगों से अपील की गई कि वे इसमें सरकार को पूरा सहयोग दें। इस बीच अखबारों में कई चिट्ठियाँ भी इसी विषय पर छपी जो होली में समाज सुधारों पर बल देती थीं। एक ने तो यहाँ तक कहा कि सरकार को ढिंढोरा पीटकर घोषणा करनी चाहिए कि जो भी होली में अभद्र गीत गाता हुआ पाया जायेगा, उसे दण्डित किया जायेगा।[59] लगभग पूरी 19वीं सदी में सरकार ने हस्तक्षेप नहीं किया, लेकिन अन्ततः उच्च वर्णों के दबाव और जनता के तुष्टिकरण के लिए सार्वजनिक कानून की नजर से जो आपत्तिजनक लगा, उसे प्रतिबन्धित कर दिया गया। उदाहरण के लिए 1892 में बनारस के मैजिस्ट्रेट ने होली के दौरान सार्वजनिक नुक्कडों पर अश्लील भाषा के प्रयोग पर पाबन्दी लगा दी।[60] असल में ऐसे मसलों में औपनिवेशिक समझदारी और कदम न केवल कई बार ठिठके हुए थे बल्कि उच्च वर्ण भारतीयों द्वारा संचालित भी थे।

वर्ष 1911 में होली के आसपास इलाहाबाद में एक बड़ा विवाद खड़ा हो गया। उस साल पंडित मोतीलाल नेहरू के आवास पर एक सभा हुई, जिसके जरिए होली पर अश्लीलताएँ रोकने के लिए पुलिस कार्रवाई की माँग की गई। इलाहाबाद के शिक्षित और 'सम्मानित' हिस्से ने शहर के मजिस्ट्रेट मिस्टर हॉपकिन्स से नुक्कडों पर अश्लील गानों पर पाबन्दी लगाने की माँग करते हुए एक ज्ञापन दिया। प्रसिद्ध अखबार *लीडर* में इसका काफी स्वागत हुआ।[61] हालाँकि कुछ ऐसे भी लोग थे जिन्होंने सत्ता के दुरुपयोग के डर से पुलिस हस्तक्षेप का विरोध भी किया। विरोधियों का तर्क था कि होली को देशी शिक्षित संभ्रात लोगों के जरिए ही सुधारा जाना चाहिए जो हरेक हिस्से में इसके लिए बैठकें आयोजित करें और प्रह्लाद की कथा सुनाकर होली को ठीक ढंग से मनाए जाने का आदर्श प्रस्तुत करें।[62] शासकीय हस्तक्षेप के बारे में

ये अलग-अलग दृष्टिकोण एक तरफ अंग्रेजी शासक वर्ग की निगाह में सम्मान हासिल करने की कोशिश की तरफ इशारा करते हैं तो दूसरी ओर देशी सुधारवादी समूहों की बहती रगों का रंग बताते हैं। दोनों समूहों के अलग-अलग तरीके सुझाने के बाबजूद उनमें सार्वजनिक स्थलों पर 'अश्लील' और 'अनैतिक' गानों की भर्त्सना करने पर एका था।

कुछ आवाजों ने इस पर्व पर पूरी तरह से प्रतिबन्ध लगाने की बात की, पर अधिकतर इसमें सुधार और बुनियादी बदलाव पर बल देते थे। एक वैकल्पिक होली का प्रस्ताव सामने रखा जा रहा था, जो सीमित अर्थों में सफल भी हुआ। अश्लील और फूहड़ कबीरों की जगह कथावाचन, समकालीन शैक्षणिक भजन और प्रभाती कीर्तन लाए गए। नकल, पैरोडी, चुटकुले और चुहलबाजी या मसखरी की जगह अच्छे और साफ-सुथरे ऐतिहासिक नाटकों की वकालत की गई ताकि निम्न जाति के लोगों और महिलाओं को सही रास्ते पर लाकर उनका चरित्र सुधारा जा सके। यह सामाजिक शुद्धिकरण से जुड़ा हुआ सवाल था। आर्य समाज ने उत्तर प्रदेश में ऐसे अवसरों पर हवन, भाषण और भजन गायन का रिवाज शुरू किया। इस शुद्धिकृत होली के जरिए यह सुनिश्चित करने के प्रयास किए गए कि हिन्दू धर्म दूषित नहीं है। खासतौर पर महिलाओं को ऐसा 'पवित्र होली' मनाने के लिए कहा गया—उन्हें पर्व मनाते हुए अपने पतियों की आज्ञाकारिणी बनना था और अश्लील गाने नहीं गाने थे।[63] होली के गानों की मूल संरचना को काफी कुछ परिवर्तित करना था, ताकि परिष्कृत व्यवहार और उच्च संस्कृति का परिचय दिया जा सके। बुद्धि और तार्किक अपील के नाम पर परम्परा को पुनर्गठित किया गया और इस प्रकार होली के एक नए मॉडल को वैधानिकता दी गई।

उन्नीसवीं सदी के अन्त में चल रहे इस सुधारवादी विमर्श ने कई अन्य सांस्कृतिक रूपों की भी आलोचना की। इसने रंगमंच को भी सम्मानीयता के नजरिए से हमले का निशाना बनाया। दयानन्द सरस्वती अपने लेखन में खासतौर पर रंगमंचीय प्रस्तुतियों के दुष्प्रभावों पर जोर देते थे। भारतेन्दु हरिश्चन्द्र ने लोकप्रिय रंगमंच के अधिकाँश प्रकारों को यह कहकर खारिज कर दिया कि इनमें रंगमंचीय तत्व का अभाव था। बनारस के कई पढ़े-लिखे लोग पारसी थियेटर को तुच्छ मानते थे। हिन्दी प्रदीप के सम्पादक बालकृष्ण भट्ट ने पारसी थियेटर पर भारत को हिन्दू पहचान से वंचित करने और हिन्दुओं में यौन भावनाएँ भड़काने का आरोप लगाया।[64] प्रेस का एक हिस्सा भी लगातार नाटक के अनैतिक प्रभावों और दुष्परिणामों की शिकायतें करता था। पारसी रंगमंच पर आरोप था कि वह शहर के लोगों को उनकी गाढ़ी कमाई और गुणों से वंचित कर रहा था।[65] बचत पर बढ़ते महत्त्व से भी लोकप्रिय संस्कृति की निन्दा करने में मदद मिली।

बीसवीं सदी की शुरुआत में सिनेमा की भी भर्त्सना की गई। बम्बई सेंसर बोर्ड द्वारा पास की गई बहुत सी फिल्मों को उत्तर प्रदेश में 'अप्रमाणित' घोषित कर दिया गया। *स्ट्रेंज इंटरल्यूड* और *पैशन* जैसी फिल्मों पर अश्लीलता का आरोप लगाकर प्रतिबंधित कर दिया गया।[66] 'भारतीय सिनेमेटोग्राफ कमेटी' ने 1927-28 में उत्तर प्रदेश समेत कई अन्य जगहों में फिल्मों में नहाने, चुम्बन, आलिंगन, छोटे कपड़ों के प्रदर्शन का विरोध किया क्योंकि वे 'अनैतिक' थे।[67] उत्तर प्रदेश वर्णाश्रम स्वराज्य संघ के अप्रैल 1935 को झाँसी में हुए सम्मेलन ने आपत्तिजनक फिल्मों के प्रदर्शन के खिलाफ एक संकल्प प्रस्ताव पारित किया।[68] हिन्दू महासभा चाहती थी कि प्रत्येक प्रान्त के सेंसर बोर्ड में उसके प्रतिनिधि नामित किए जाएँ ताकि फिल्मों का उचित निरीक्षण करते हुए हिन्दू लडके-लड़कियों के नैतिक पतन को रोका जा सके।[69]

यह सब उत्तर प्रदेश तक ही सीमित नहीं था। महान सुधारक मालाबारी ने होली के पर्व को अपवित्र होली की संज्ञा दी। वे होली के दौरान बम्बईया मारवाड़ियों द्वारा महिलाओं के प्रति इस्तेमाल किए जाने वाले फूहड़ विशेषणों व अभद्र और अश्लील भंगिमाओं में उन्हें निहारे जाने पर तो दुखी थे ही, साथ ही उतनी ही बेशर्मी के साथ महिलाओं द्वारा पुरुषों को ऐसे ही प्रत्युत्तर देने व आनन्दित होने पर भी उतने ही दुखी थे।[70] कोटा के दिगम्बर जैन मित्र मण्डल ने होली को सबसे शर्मनाक रिवाज करार दिया क्योंकि यह ब्रह्मचर्य के पवित्र चिन्तन को बलक्षीण करता था। इस पर्व में महिलाओं द्वारा नग्नता के प्रदर्शन की सम्भावना बने रहने से परगमन व व्यभिचार उत्पन्न होता था। बम्बई में होलिका सम्मेलन सभा की स्थापना हुई जिसने होली के शुद्धिकरण की कोशिश की। पंजाब में होली को 'पवित्र होली' में बदलने के प्रयास हुए।[71]

मेलाराम वैश्य द्वारा लिखित एक रोचक पुस्तक *गन्दे गीत बहिष्कार* में, जो भिवानी से प्रकाशित हुई थी और मुख्य तौर पर मारवाड़ियों को सम्बोधित करती थी, सशक्त रूप से महिला गीतों के खिलाफ लिखा गया :

> *आप अपने घर में सरस्वती को विराजमान करें न कि भांड या वेश्या को...यदि आप गन्दे गीत अपने घरों में न गायें और कन्या गन्दे गीत न सुनें तो उनके चरित्र गन्दे कदापि नहीं हो सकते...यदि हम उच्च घराने के कहलाने का दावा करते हैं तो हमको अपनी स्त्रियों को गन्दे गीत नहीं गाने देने हैं...अग्रवाल महासभा निम्नलिखित बातों पर आप अवश्य ध्यान दें : 1) किसी भी समय में हमारी देवी गन्दे गीत न गावें। 2) अपने घरों में देश-कुल-जाति हित के लिए नए भजन सिखलाए जाएँ। 3) यदि ब्रह्माणी गन्दे गीत गावें तो उनको अपने घरों में न गाने दें। 4) माँगलिक गीत हर साल गाने की आज्ञा है। 5) यदि कोई स्त्री गलती से गन्दे गीत गाती हों उनको स्वयं सेवक के रोकने पर रुक जाना चाहिए। 6) पुरुषों का कर्तव्य*

है कि अपने घरों में गन्दे गीत ना गाने की हिदायत कर दें। बहुत सी स्त्रियों को मालूम नहीं है कि गन्दे गीत बन्द हैं॥...

आधुनिक शृंगारिक गीतों में निर्लज्जता ठूस-ठूस कर भरी है...गायन में अश्लीलता का प्रचार कैसे हुआ?...हिन्दुस्तान में सैकड़ों बरसों तक मुगलाई का दौर था। जमाने मुगल में शैरख्वानी कि तरक्की खूब ही हुई परन्तु विषय इस काव्य विनोद का अधिकतर अश्लील ही होता था...बहुधा शृंगारिक गायन इतने निर्लज्ज और कामोत्तेजक होते हैं कि उनका नमूना बताते हुए भी लज्जा आती है...कई व्यभिचारिणी स्त्रियाँ गाकर अपनी काम वासना प्रकट करती हैं। इनमें बहुधा गायन सतियों का सत् डिगाने के लिए मोहनास्त्र समान हैं...इसी रोग के प्रकोप से गृहस्थाश्रम के कई उज्जवल कुटुम्बों को कलंकित होना पड़ा है। कई ब्रह्माणी और बनैनी कुटुम्बों के मस्तक पर काला टीका लगा नीच लोगों के घरों में जा बैठी हैं।[72]

मुख्यतः पुरुष हिन्दू प्रचारक अपनी अग्रगति और परिवार, जाति, समुदाय की प्रतिष्ठा जैसे आग्रहों से महिलाओं की रोजाना जिन्दगी और मनोरंजन को पुनर्संगठित करने की कोशिश कर रहे थे। 'भटकी' महिलाओं के उभार से हिन्दू संस्कृतिकरण अभियानों और राष्ट्रवादी एजेंडाओं को चुनौतियों का सामना करना पड़ रहा था। महिलाएँ सुरुचि, उचित व्यवहार और यौन नैतिकताओं की जगह संस्कृति के नकारात्मक पहलुओं से सम्बद्ध होती देखी जा रही थी, इसलिए उनके मनोरंजन का अवमूल्यन होना जरुरी था। स्त्रियों में सभ्यता की कथित परिभाषाओं के प्रति वफादारी की कमी के कारण उन्हें संस्कृति और आध्यात्मिक जगत के संरक्षक की बजाय एक खतरे के रूप में देखा जाने लगा। स्त्रियों के इस सांस्कृतिक जगत को शुद्ध और अनुशासित करके ही सम्मान अर्जित किया जा सकता था। सभ्यता की दुहाई देकर पितृसत्तात्मक शक्ति को न्यायसंगत बनाने और बरकरार रखने का यह एक और प्रयास था। महिला मनोरंजन को निम्न, गवारू और भ्रष्ट की उपमाएँ देकर उनके प्राकृतिक आनन्द को नियंत्रित करने की कोशिश की गई, और उसके स्थान पर एक 'उच्च' परिष्कृत और उत्कृष्ट सांस्कृतिक मनोरंजन को स्थापित करने का प्रयास किया गया। राष्ट्रवादी संघर्ष और सभ्याचार के गम्भीर उपक्रम में हिन्दू सुधारकों को न सिर्फ अश्लीलता और यौनिकता से खुद को दूर करना था, बल्कि लोकप्रियता से भी अलग-थलग होना था। उन्होंने स्त्रियों के सामाजिक व्यवहार और मनोरंजक गतिविधियों और साथ ही ऐसे व्यवहार को अभिव्यक्ति देने वाले संस्थानों को परिवर्तित करना चाहा। ऐसे प्रयास हिन्दू सुधारवादी एजेंडे के तहत एक उद्विग्नता की ओर भी संकेत करते थे, क्योंकि वो सामाजिक जीवन के ऐसे हलकों में अपना हस्तक्षेप बढ़ाने की कोशिश कर रहे थे जो आमतौर पर उनके दायरे के बाहर था।

ऐसे सांस्कृतिक प्रचार बदलते हुए समय और सामाजिक आयाम के एक नए पैमाने बन गए और मनोरंजक गतिविधियों के भौतिक स्पेस, तौर-तरीके, प्रदर्शन, आदि समय के ढाँचे में कस गए। अपने सार्वजनिक वक्तव्यों में बहुतेरे सामुदायिक व जातीय सुधारक एक पवित्र रटंत शैली अपनाए हुए थे। हालाँकि सुधारवादी आन्दोलन अक्सर विफल हो जाते हैं और वो पूरी तरह प्रभुत्व कायम नहीं करते हैं। महिलाओं के लोकप्रिय सांस्कृतिक दायरे आधुनिकता और सभ्यता के प्रभाव में कभी भी पूरी तरह निर्वासित नहीं हुए। ब्रज के होली गीतों की लोकप्रियता 1940 के दशक तक, और उसके बाद भी, प्रासंगिक बनी रही। कम दाम में उपलब्ध पतली पुस्तिकाएँ भी भरपूर ऐसे होरी-गीतों को छापती थीं और इस पर्व से सम्बन्धित सुधारवादी विवाद से दूर ही रहती थीं। बाजार में लगातार स्थापित माँग से उनकी छपाई सुनिश्चित रहती थी और ऐसे प्रकाशन बड़ी संख्या में निकलते थे। बनारस के दो प्रकाशन गृह, 'भार्गव पुस्तकालय' और 'बाबू बैजनाथ प्रसाद बुकसेलर' विशेष तौर पर ऐसी पुस्तिकाएँ छापते थे। इनमें बहुत से ब्रजभाषा के होली गीतों के संग्रह-संचयन थे और काफी लोकप्रिय थे।[73] ऐसी किताबों के भारी मुद्रण से उन्हें असीम संरक्षण मिलता था।

'स्त्रियों को अपना आचरण कैसे सुधारना चाहिए' विषय पर लगातार टिप्पणी करते रहने की जरूरत वास्तव में स्त्रियों की क्षमता और उनके अक्खड़पन की ओर इशारा करती है। जब भी होली नजदीक आती, तब ऐसे विचार व्यक्त किए जाते और अनेक जातीय संगठनों की ओर से महिला गीतों के खिलाफ संकल्प प्रस्ताव लिए जाते जिससे इसके लगातार चलन का पता चलता है। हाथरस के नौटंकी अखाड़े 1890 के आसपास अपने स्वर्णिमयुग में प्रवेश कर रहे थे, ठीक उस समय जब सुधारवादी एजेंडा पश्चिमी उत्तर प्रदेश में कदम रख रहा था। नौटंकी और पारसी रंगमंच फलता-फूलता रहा और दर्शक सुधारवादी फरमानों की अवहेलना करते हुए इसमें हिस्सा लेते रहे।[74] एक कदम आगे बढकर हम यह भी कह सकते हैं कि कुछ हो न हो, इन शुद्धतावादी प्रयासों से उत्पन्न तनाव लोकप्रिय सांस्कृतिक अभिव्यक्ति की और भी बड़ी जरूरत पैदा कर रहे थे। ये वे क्षेत्र थे जिनमें नियन्त्रणकारी शक्तियों की पहुँच से बाहर रोजमर्रा जीवन की छोटी-बड़ी खुशियाँ साँसे ले रही थीं। इनमें से बहुतेरी परम्पराएँ आज तक चली आ रही हैं, भले ही उनके रूप परिवर्तित हो गए हों। आखिरकार स्त्रियों ने आत्माभिव्यक्ति के कई रूप गढे जिन्होंने नई सांस्कृतिक जगह बनाकर उनके हित पूरे किए।

कुछ शोधकर्ताओं ने स्वातंत्रोत्तर भारत में महिलाओं की लोकप्रिय संस्कृति पर नजर डाली है। मैक्किम मैरियट का अध्ययन होली के स्वरूप का विश्लेषण करता है और यह स्पष्ट होता है कि होली के शुद्धिकरण के प्रयासों का प्रभाव वास्तव में कितना सीमित था। इस पर्व में निहित उल्लास, खिलंदड़े चरित्र और व्यापक आकर्षण

का कम ही ह्रास हुआ है। मैक्किम मैरियट दिखाती हैं कि शादियों के दौरान भी छोटी-छोटी होलियाँ उभरती दिखती हैं, जहाँ वर पक्ष के पुरुषों को वधू पक्ष की महिलाओं के आँगन में घुसने की चुनौती दी जाती है। वहाँ पुरुषों के साथ छेड़छाड़ की जाती है और उन्हें रंग से सराबोर कर दिया जाता है। इस पर्व में ब्रज के कई हिस्सों में आज भी महिलाओं द्वारा पुरुषों पर बढकर हमले किए जाते हैं और इस पर्दानशीं सेना की सबसे बहादुर हमलावर अक्सर किसानों, निम्नजातीय खेत-मजदूरों व काश्तकारों की पत्नियाँ, नौकरानियाँ, रखैलें और दाइयाँ होती हैं। मैरियट के अनुसार होली के मुहावरे आम जिन्दगी से अलग हैं। इसमें आमतौर पर व्यक्त नहीं होनेवाले सेक्स सम्बन्धों को खुलकर, विशिष्ट और आकर्षक तरीके से बखान किया जाता है और महिला और पुरुष के बीच पारम्परिक सत्ता सम्बन्धों को एकदम उलट कर दिया जाता है। जबकि दूसरे त्योहार परिवार की पितृसत्तात्मक संरचना, जातियों के बीच विस्तृत श्रेणीबद्ध सम्बन्ध और आमतौर पर गाँवों में भूस्वामियों के प्रभुत्व की अभिव्यक्ति और समर्थन करनेवाले दिखाई पड़ते हैं।[75] एक अन्य विद्वान कहते हैं कि यदि हिन्दू संस्कृति आमतौर पर स्त्रियों के शान्त स्वभाव को अपना आभूषण बताती है, तो होली पर यह पूरी तरह उलट जाता है। इसी प्रकार यदि हिन्दू संस्कृति आमतौर पर यौनिकता के खुले प्रदर्शन को वर्जित मानती है, तो यह यौनिकता होली के दिन की एक अत्यन्त मुखर और बेहद स्वाभाविक पहचान बन जाती है। इस त्योहार में एक सीधा विपरीत भाव है।[76] होली अभी भी एक ऐसा त्योहार है जिसमें दुनिया सिर के बल उलट जाती है, ऐसा त्योहार जिसमें पारम्परिक रीतियों में सेंधमारी और स्त्रियों की यौनिकता का मुखर उभार होता है।

कुछ अन्य विद्वानों ने महिलाओं की मौखिक परम्पराओं और समकालीन ग्रामीण उत्तर प्रदेश और राजस्थान में उनके भाषा-प्रयोग और गीतों पर रोशनी डाली है। उनके कार्यों से 'गारियों' के निरन्तर प्रयोग का पता चलता है। ये अधिकाँश गीत स्त्रियों के जुझारूपन के मुखर मौन हैं और इनमें सार्थक विद्रोह के बीज नजर आते हैं।[77] जेम्स स्कॉट की स्थापनाओं में कहें तो इन स्त्रियों की आवाजों में 'रोजमर्रा के प्रतिरोध के रूप', और प्रभुत्व को चुनौती देने वाले 'छिपे हुए आलेख' हैं।[78] यह भी कहा गया कि स्त्रियों के कई गीतों में रूढ़िवादी तत्व हो सकते है, पर सांस्कृतिक तौर पर उनके समूह गायन की प्रक्रिया अपने आप में महिलाओं की पहचान और अस्मिता दर्शाती है। महिलाओं की भाषाई तरतीब में पाया जाने वाला प्रतिरोध कई बार विरोधाभासी, द्विअर्थी और अस्पष्ट होता है, लेकिन महिलाओं के बात-व्यवहार की यह विषमता कई बार लैंगिक मुद्दों पर संघर्ष की जमीन भी प्रदान करती है।[79]

इन शोधकार्यों ने महिलाओं के बीच लोकप्रिय सांस्कृतिक जगत की निरन्तरता को समझने में महत्वपूर्ण भूमिका निभाई है। ये विश्लेषण स्त्रियों की लोकप्रिय संस्कृति

के हाशिए पर चले जाने वाले सम्बन्धी दावों पर भी सवाल खड़ा करते हैं, और अभिप्राय और अनुभव के बीच विरोधाभास उजागर करते हैं। पर साथ ही हमें स्त्रियों के इस संसार को समझने के क्रम में अतिरंजना से सावधान रहना होगा। लोकप्रिय संस्कृति में द्वन्द्व और अन्तर्विरोध हो सकते हैं। यह एक ही साथ सामाजिक प्रतिरोध और सामाजिक नियन्त्रण, प्रभुत्वशाली मूल्य और उनकी आलोचना, सहमति और विरोध, दोनों व्यक्त कर सकते हैं। लोकप्रिय संस्कृति की जीवन्तता और अक्षुण्णता इसके सुधारवादी सीमाओं का अतिक्रमण करते हुए मनोरंजन और सामाजिकता की जरूरतों को पूरा करने की क्षमता में निहित है। आज भी स्त्रियों के उल्लास के स्रोत संकीर्ण राजनीति के बावजूद उनके अपने को जीवंत रखने की रणनीति के रूप में सक्रिय हैं।

सन्दर्भ

1. Nita Kumar, *The Artisans of Banaras: Popular Culture and Identity, 1880-1986*, Princeton, 1988: 9, 62.
2. S. W. Fallon, *New Hindustani-English Dictionary*, Banaras, 1879: iii.
3. Sisir Kumar Das, *A History of Indian Literature, Vol. III, 1800 - 1910: Western Impact, Indian Response*, Delhi, 1991 : 110. दास बताते हैं कि सभी तरह के गीतों का एक बड़ा भाग महिलाओं द्वारा रचा गया, और उन्होंने इसे सुरक्षित रखा और प्रसारित किया।
4. बद्री नारायण चौधरी, *कजली कौतुहल*, मिरजापुर, 1913 : 1-10।
5. Sahab Lal Srivastava, *Folk Culture and Oral Tradition: A Comparative Study of Regions in Rajasthan and Eastern UP*, Delhi, 1974; K. P. Bahadur, *Folk Tales of UP*, Delhi, 1972; Ved Prakash Vatuk, ed., *Studies in Indian Folk Traditions*, Delhi, 1979.
6. *गाली संग्रह*, लखनऊ, 1917।
7. Kuwar Lachman Singh (Deputy Collector), *Historical and Statistical Memoir of Zila Bulandshahar*, Allahabad, 1874: 101-02.
8. Ishuree Dass (A Native Christian), *Domestic Manners and Customs of the Hindoos of Northern India (or more strictly speaking, of NWP of India)*, Banaras, 1860: 88-89.
9. Kumar, *Artisans* : 126-31; Diana L. Eck, *Banaras : City of Light*, London, 1983: 278; John Murdoch, *Hindu and Muhammadan Festivals*, London, 1904 : 43; *भारत जीवन*, 13 अप्रैल 1891।
10. H. R. Nevill, Meerut: *A Gazetteer, Vol. IV of the District Gazetteers of UP*, Lucknow, 1922: 274.
11. F. S. Growse, Mathura : *A District Memoir*, 1882, rpt, Delhi, 1979; W. Crooke, *The Popular Religion and Folklore of Northern India, Vol. II*, Westminster, 1896: 313-18.
12. प्रभुदयाल मित्तल, *ब्रज का सांस्कृतिक इतिहास*, दिल्ली, 1966 : 234-81।

13. H. R. Roe, *Guide to Muhammadan and Hindu Festivals and Fasts in UP*, Allahabad, 1925: 20; अदित्यप्रसाद सिंह और राम प्रसाद सिंह, *हिन्दू पर्व प्रकाश*, प्रयाग, 1934 : 91; शीतला सहाय, *हिन्दू त्योहारों का इतिहास*, इलाहाबाद 1927 : 98-100।
14. Growse, *Mathura* : 92.
15. Kathryn Hansen, *Grounds for Play: The Nautanki Theatre of North India*, Berkeley, 1992; रामनारायण अग्रवाल, *संगीत*, दिल्ली 1976; इन्द्र शर्मा 'वारिज', *स्वांग नौटंकी*, दिल्ली, 1984।
16. Sumanta Banerjee, 'Marginalisation of Women's Popular Culture in Nineteenth-Century Bengal', in Kumkum Sangari and Sudesh Vaid, eds, *Recasting Women : Essays in Colonial History*, Delhi, 1989: 130-32; Ratnabali Chattopadhyay and Tapati Guha Thakurta, 'The Woman Perceived: The Changing Visual Iconography of the Colonial and Nationalist Period in Bengal', in Jashodhara Bagchi, ed., *Indian Women: Myth and Reality*, Hyderabad, 1995: 147-67; Kumar, *Artisans* : 138-39, 176-79, 190-93; Hansen, *Grounds*.
17. 'गाने-बजाने आदि व्यवहारों के विषय में', *बाल बोधिनी*, 2 (8), अगस्त 1875 : 59-60।
18. *Jain Gazette*, 1 August 1898, *Native Newspaper Reports of UP* (आगे), 10 August 1898 : 426.
19. मैथिलीशरण गुप्त, *भारत भारती*, झाँसी 1937, चौदहवां सं. : 136।
20. *गन्दे महिला गीतों का असर*, इलाहाबाद 1923 : 7-8; लक्ष्मीनारायण 'सरोज', *नारी शिक्षा दर्पण*, बनारस, 1929 : 28।
21. वृन्दावनदास, 'स्त्रियों में गलियों की प्रथा', *चाँद*, जनवरी 1934 : 380-81।
22. 'गान विद्या', *कन्या मनोरंजन*, 1 (6), मार्च 1914 : 205।
23. श्रीयुत लून करन जी, 'गाली गाना', *कन्या मनोरंजन*, सितम्बर 1916 : 375-76।
24. जीवराम कपूर खत्री, *स्त्री धर्मसार*, मथुरा, 1892 : 17-18।
25. *खत्री हितकारी*, जनवरी 1907; सम्पादक, 'खत्री कांफ्रेस', *चाँद*, 2 (4), अगस्त 1924 : 291-3; *Report of the All India Khatri Conference, 18th Session*, Lucknow, 1937 : 34.
26. वासुदेव शर्मा, सं., *अग्रवाल जाति प्रबन्ध*, आगरा 1916 : 9; *सनातन जातीय सभा की द्वितीय वार्षिक रिपोर्ट*, आगरा, 1895 : 5, 17।
27. गणेशी लाल, *कछवाहा जाति उद्धार की सीढ़ी*, आगरा 1916 : 11-15; चौधरी धीसाराम, *भजन जाट क्षत्रिय जाति सुधार और जाट उत्पत्ति*, मेरठ 1920, द्वितीय सं. : 83-97; बैजनाथ प्रसाद यादव, *अहीर जाति की नियमावली*, बनारस, 1927 : 6, 10-13; 'स्त्री धर्म', *कलवार क्षत्रिय मित्र*, 18 (9), सितम्बर 1922 : 193।
28. भगवान सिंह, *महिला गीत*, प्रयाग, 1933 : 3।
29. इन सभी विचारों के लिए देखें कविवर 'चंचरीक', *ग्राम गीतांजलि*, गोरखपुर, 1938 : ख-घ।
30. रामनरेश त्रिपाठी, 'परिचय', *ग्राम गीतांजलि* : 7-8।
31. 'चंचरीक', *ग्राम गीतांजलि* : 12।
32. 'चंचरीक', *ग्राम गीतांजलि* : 99-110, 191-212।
33. 'चंचरीक', *ग्राम गीतांजलि* : 196, 211।
34. 'चंचरीक', *ग्राम गीतांजलि* : 154-73।
35. 'चंचरीक', *ग्राम गीतांजलि*; सिंह, *महिला गीत*; ब्रह्मशंकर माथुर 'आनन्द', *स्त्री गीत प्रकाश*, कानपुर, 1927; बाबूराम बाजपेयी, *स्त्री गायन प्रकाश*, लखनऊ, 1933।

36. 'आनन्द', *स्त्री गीत* : 1, 4, 5, 11।
37. बाजपेयी, *स्त्री गायन* : 1, 5, 9।
38. Eck, *Banaras* : 278; Kumar, *Artisans* : 127.
39. *भारत जीवन,* 28 मार्च 1892।
40. दुर्गा प्रसाद गुप्त, *एक रात की वारदात,* बनारस, 1929।
41. मैंने इसके चार रूप देखे : गोपालदास टंडन, *मेला घुमनी,* बनारस, 1931; भगवत प्रशाद, *मेला घुमनी,* मिर्ज़ापुर, 1925; *नवीन मेला घुमनी,* बनारस, 1931; *मेला घुमनी भंवारवा,* बनारस, 1923।
42. प्रशाद, *मेला घुमनी* : 1-3; टंडन, *मेला घुमनी* : 4-5।
43. *Leader*, 16 July 1911.
44. 'गुरुकुल मेला', *गुरुकुल समाचार,* 2 (5), 1910 : 11।
45. Growse, *Mathura* : 92, 94, 98.
46. Murdoch, *Hindu* : 35&36.
47. शीतलासहाय, *हिन्दू त्योंहारों का इतिहास,* इलाहाबाद, 1927 : 100-5।
48. सिंह और सिंह, *हिन्दू पर्व प्रकाश* : 95।
49. *कवि वचन सुधा,* 22 मार्च 1871; *अल्मोड़ा अखबार,* 14 मार्च 1887; *भारत जीवन,* 3 मार्च 1890, 7 मार्च 1892; *अभ्युदय,* 12 फरवरी 1907।
50. *प्रयाग समाचार,* 18 जनवरी 1900।
51. शीतलासहाय, *हिन्दू त्योंहारों* : 100; सिंह और सिंह, *हिन्दू पर्व प्रकाश* : 91, 95।
52. Geo. W. Briggs, *The Chamars*, Calcutta, 1920: 235-36.
53. *भारत जीवन,* 3 मार्च 1890 : 3।
54. महेन्दुलाल गर्ग, *कलावती शिक्षा,* प्रयाग, 1930 : 97।
55. चौधरी बलदेव सिंह उपदेशक, *अहीर जाति के लिए चार नुस्खे,* इलाहाबाद, 1993 : 43; रणवीरसिंह झिरीवाला, 'होली का सन्देश', *कलवार केसरी,* 1 (1), 1923 : 22-4; परमेश्वरी दयालसिंह 'सदा', 'होली', *कलवार केसरी,* 1 (12), 1923 : 717।
56. सिंह और सिंह, *हिन्दू पर्व प्रकाश* : 96; *अवध अखबार,* 22 मार्च 1910।
57. गर्ग, *कलावती शिक्षा* : 97; *प्रयाग समाचार,* 18 जनवरी 1900।
58. *Citizen*, 26 March 1908, *NNR*, 28 March 1908 : 305.
59. *कवि वचन सुधा,* 22 मार्च 1871; *भारत जीवन,* 3 मार्च 1890 : 3; *प्रयाग समाचार,* 18 जनवरी 1900; *प्रयाग समाचार,* 20 मार्च 1910; *Advocate*, 17 February 1907.
60. *भारत-जीवन,* 7 मार्च 1892।
61. *Leader*, 10 March 1911; *Leader*, 15 March 1911.
62. *अभ्युदय,* 12 मार्च 1911; *Independent*, 13 March 1911.
63. सिंह और सिंह, *हिन्दू पर्व प्रकाश* : 96; रामशंकर शुक्ल प्रयाग, 'होली के उद्देश्य', *अग्रवाल हितैषी,* 1 (8), 1925 : 2-5; हुक्मादेवी, *महिला मनोरंजक प्रश्नावली,* लखनऊ 1932 : 153-4; लालमणि शर्मा, 'होली और बसंत', *ब्राह्मण सर्वस्व,* 2 (13), फरवरी 1916 : 68; रामलाल खूबचन्द, *हिन्दू धर्म की प्रश्नोत्तरी, लखनऊ,* 1921 : 105; गर्ग, *कलावती शिक्षा* : 97; रामेसर सहाय भार्गव, *पवित्र होली,* बुलंदशहर, 1925; निर्बल, *होली की राख,* बनारस, 1922 : 16।
64. बालकृष्ण भट्ट, *हिन्दी प्रदीप,* सितम्बर-दिसम्बर 1903।
65. *आजाद,* 25 मार्च, 1892।
66. 308/1925, Box 149, GAD, Uttar Pradesh State Archives.
67. *Indian Cinematograph (Rangachariar) Committee, 1927-1928, Evidence, Vol. II*, Calcutta, 1928 : 362-65, 497-505.

68. 90/1935, Home Poll, National Archives of India.
69. C-3/1934-36, Akhil Bharat Hindu Mahasabha Papers, Nehru Memorial Museum and Library.
70. B. M. Malabari, *Gujarat and Gujaratis : Pictures of Men and Manners taken from Life*, London, 1882 : 350-51.
71. गर्ग, *कलावती शिक्षा* : 97।
72. मेलाराम वैश्य, *गन्दे गीत बहिष्कार*, भिवानी, 1932, दूसरा संस्करण : 2-31।
73. उदाहरण के लिए देखें : *होली मधुर मुरली*, काशी, 1932; *होली हृदय हुलास*, काशी, 1932; बाबू प्रहलाद दास, *होली रसभरी*, बनारस, 1927; बाबू देवी चरणगुप्त, *ब्रज की होली*, कानपुर, 1934।
74. Hansen, *Grounds* : 254.
75. McKim Marriott, 'The Feast of Love', in Milton Singer, ed., *Krishna : Myths, Rites, and Attitude*, Honolulu, 1966 : 200-12.
76. Joyce Burkhalter Flueckiger, *Gender and Genre in the Folklore of Middle India*, Ithaca, 1996 : 51-52.
77. Gloria Goodwin Raheja and Ann Grodzins Gold, *Listen to the Heron's Words*, Berkeley, 1994.
78. James Scott, *Weapons of the Weak : Everyday Forms of Peasant Resistance*, New Haven, 1985.
79. Susan Gal, 'Between Speech and Silence : The Problematics of Research on Language and Gender', in Micaela di Leonardo, ed., *Gender at the Crossroads of Knowledge : Feminist Anthropology in the Postmodern Era*, Berkeley, 1991 : 175-203.

6

घेरे के अन्दर और बाहर

घरेलू क्षेत्र और स्त्री यौनिकता

उत्तर प्रदेश में 19वीं शती के अन्त और 20वीं शती के शुरू में यौनिकता, शिक्षा में सुधार, बचत, बच्चों के पालन-पोषण और घरेलू प्रबन्ध पर गहरी सामाजिक चिन्ता और वैज्ञानिक पड़ताल का माहौल था। हिन्दू सुधारकों की यह लगातार कोशिश थी कि वे एक सम्मानजनक मध्यमवर्गीय और उच्चवर्णीय हिन्दू घरेलूकरण की विचारधारा स्थापित कर सकें और इसीलिए महिलाओं के मुद्दों के गिर्द उनके बीच एक साहचर्य सम्भव था। हाल के अध्ययनों में दर्शाया गया है कि औपनिवेशिक काल में एक आदर्श महिला स्थापित करने की वास्तविक लड़ाई घरों के अन्दर लड़ी गई। घरेलू क्षेत्र राष्ट्रीय संस्कृति का हृदय था। यह एक निजी और पृथक परिवेश था जहाँ हिन्दू मर्दों के लिए अपनी सत्ता और नियंत्रण कायम करना सम्भव था। यह बाहरी दुनिया से उलट था जहाँ पश्चिम ने अपनी सर्वोच्चता दिखाई थी और इसे शासितों से स्वीकार कराया था। हिन्दू महिला को घर के इस आध्यात्मिक सत्व और हृदय की वाहक तथा अग्रदूत के रूप में देखा जाने लगा, जो सांस्कृतिक पहचान का एक अनिवार्य सूचक था।[1] मेरा मानना है कि यद्यपि हिन्दू प्रभाव के लिए घर का क्षेत्र बेहद महत्वपूर्ण था और यह सच है कि यहाँ पुरुषों ने अपना आधिपत्य कायम करने की पुरजोर कोशिश की, लेकिन साथ ही हिन्दू प्रचारवादियों ने घर और बाहर दोनों ही क्षेत्रों में महिलाओं पर नियंत्रण करने का प्रयास किया, चाहे वह गृह में कार्य करे, बाहर सक्रिय हो, या राष्ट्रवादी आन्दोलन में हिस्सा ले। साथ ही, घर और बाहर के क्षेत्र रोजाना के सामाजिक और राजनैतिक व्यवहारों में बहुरूप और आन्तरिक रूप से असंगत नजर आते हैं। नारीत्व के आदर्श पर जोर विभिन्न स्तरों और मुकामों पर स्पष्ट था और इन सबमें कोई साफ विभाजक रेखा खींचना सम्भव नहीं था। निजी मुद्दे सार्वजनिक तौर पर विचारे जाते थे। प्रचारवादी सार्वजनिक क्षेत्र में कार्यरत थे और कानून, हाट-बाजार, रेलवे स्टेशन, प्रिन्टिंग प्रेस और प्रकाशन जैसे विभिन्न स्तरों पर हस्तक्षेप के जरिए वे हर तरह के क्षेत्र में सुधार लाना चाहते थे, चाहे वो 'निजी'

हों या 'सार्वजनिक'। चाहे घर हो या बाहर, नारी देह का सधन प्रबन्धन एक सभ्य सुसंस्कृत हिन्दू पहचान और एक नए राष्ट्र के निर्माण के लिए अनिवार्य था। महिलाओं की घरेलुता की रक्षा के साथ-साथ महिलाओं के जीवन जगत के अन्य कई बारीक पहलुओं पर नियंत्रण और दबाव की जोर आजमाइश चल रही थी।

4 : घर और बाहर

स्रोत : *व्यंग चित्रावली*, कानपुर, 1925।

इस काल में लैंगिक और सम्प्रदाय-विशेष राजनीति एक दूसरे के साथ गड्ड-मड्ड हो गई थी, जहाँ एक शिष्ट और गतिशील, पर संकीर्ण हिन्दू पहचान और एक नए राष्ट्र को प्रायोजित करने के लिए महिला शख्सियतों की तर्कसंगत प्रस्तुति आवश्यक थी। इस प्रकार पितृसत्तात्मक शोषण ने पवित्रता और पतिव्रता पत्नी की पाक-साफ शुचिता के नए मॉडलों के जरिए नए आकार ले लिए। महिला हिन्दू घरों

के सम्मान और इस प्रकार हिन्दू राष्ट्र के सम्मान की प्रतीक बन गई। पर साथ-साथ हिन्दू प्रचारवादियों और पुनरुत्थानवादियों की संस्तुतियाँ काफी कमजोर भी दिखती थीं। हिन्दू राष्ट्रवादियों के कार्यक्रमों में खासा आन्तरिक तनाव भी था जिससे कई विरोधाभासी और अनिच्छित नतीजे भी सामने आ रहे थे। घरेलू हलकों में हिन्दू प्रचारवादियों के कार्यकलापों को समझने के लिए मैं इस अध्याय में यौनिकता के मुद्दे पर विशेष ध्यान दूँगी।

डोलती यौनिकता : घर की यौनिक राजनीति

कई इतिहासकारों ने यौनिक जीवन और वैवाहिक सम्बन्धों पर ध्यान दिया है।[2] नायकीय पुरुषत्व और नियंत्रित यौनिकता पर विमर्श को औपनिवेशिक उच्चता के दावे के साथ जोड़ा गया और इसके बरक्स देशज अनियंत्रित यौनिकता को पेश किया गया। घर और परिवार साम्राज्य निर्माण का अभिन्न अंग था। यह कहा गया है कि महिलाओं और विवाह से सम्बन्धित विभिन्न औपनिवेशिक कानूनों से नई पितृसत्ता-त्मकता और सामाजिक अनुशासन कायम हुए। पर इस प्रकार के कथनों में इस तथ्य की अनदेखी की गई है कि औपनिवेशिक सत्तातंत्र ने देसी पितृसत्तात्मक ढाँचे और उच्चवर्णीय तौर-तरीकों से काफी कुछ उधार लिया या उनसे समझौता किया। और यह जीवन के कई क्षेत्रों में बेहद प्रभावकारी और बलवती रहा।[3]

यौनिकता, दाम्पत्य सम्बन्ध, विवाह और परिवार पर विभिन्न वाद-विवादों में एक तरफ सनातनधर्मियों, नव ब्राह्मणवादी विचारकों, कट्टर हिन्दू पुनरुत्थानवादियों और दूसरी तरफ आर्यसमाजी और उदार सुधारकों के बीच निरन्तर झगड़ा चलता था, पर 1920 के दशक तक दोनों धड़ों के बीच एक प्रकार का मुश्किल समझौता हो गया लगता था। दोनों धड़े मध्यमवर्गीय, उच्चवर्णीय हिन्दू पहचान के एक व्यापक राष्ट्रवादी एजेण्डा के तहत काम कर रहे थे जिससे घरेलू दायरे में पुरुष-महिला की स्थिति को नया अर्थ मिलता था। वास्तव में, आर्यसमाजी और सनातन धर्मी 'सही' महिला पहचान और यौनिक सम्बन्धों के मामले में एक दूसरे से काफी मिलते-जुलते थे। एक प्रकार से वो साम्राज्यी ताकतों से हाथबन्द थे, तब भी जब वो पश्चिमी ज्ञान विज्ञान का विरोध कर रहे थे।

दाम्पत्य और इच्छाएँ : अनेकता की ताकत

विवाह को परिवार के सर्वाधिक महत्वपूर्ण सामाजिक और आर्थिक संस्थान के रूप में देखा गया जिसके तहत व्यक्तिगत जरूरतें और इच्छाएँ गौण थीं। विवाह केवल

एक नागरिक अनुबन्ध नहीं था बल्कि जीवन भर के लिए एक धार्मिक गठबन्धन था। विवाह के आदर्शों और लक्ष्यों पर कोई भी सवाल अनैतिक और गलत माना जाता था। प्रेम अस्थिर और अस्थाई माना गया, जिसे विवाह से सम्मान मिलता था। परिवार के अन्दर एक नई 'नागरिक नैतिकता' ताकतवर होने लगी। 'गृहस्थ आश्रम' की भरपूर प्रशंसा होने लगी।[4] यह कहा गया कि विवाह से परिवार बनता है और परिवार से देश के भावी नागरिक बनते हैं। इस प्रकार विवाह को एक नया नैतिक आयाम मिल गया, जो राष्ट्रीय आन्दोलन और एक विशेष पहचान के लिए मददगार बनने लगा। एकचित्त और समरूप विवाह के आदर्श पर बार-बार जोर दिया गया।[5] परिवार और विवाह के दायरे के तहत सेक्स का विचार स्थापित किया गया। इस विचार के उचित पालन पर ध्यान दिया गया और इसे सही समय सही जगह सरअंजाम देने की भी बात की गई।

सेक्सजनित शरीर के स्व-अनुशासन, नियमन और अनुपालन से देश प्रभावित होगा। इस प्रक्रिया में पुरुष की यौनिकता पर खासा दबाव आया जबकि नियंत्रण की मार सबसे ज्यादा महिलाओं पर पड़ी। पुरुष और महिला के शरीर और सेक्स चाहत में प्राकृतिक, निरन्तर और स्वाभाविक अन्तर की समझदारी के कारण पत्नी पर पति के प्रभुत्व में काफी इजाफा हुआ जबकि पति अपनी कई कारगुजारियों के बाद भी बच सकता था। आदर्शीकरण की अवधारणा में शोषण की जड़ें थीं। महिलाओं को परिवार के केन्द्र में देखा गया। जैसे कि राज्य के आन्तरिक और विदेशी–दो महत्वपूर्ण विभाग होते हैं, वैसे ही आदमी की दुनिया बाहरी और औरत की अन्दरूनी है।[6] पतिव्रता आदर्श महिला की अवधारणा के प्रति आम वाकफियत के कारण इसे स्थापित करने में सफलता मिली, पर साथ-साथ इस अवधारणा को नए गुणों के साथ परिमार्जित किया गया।[7] पुरुष का काम था उत्पादन और महिला का काम था संरक्षण। महावीर प्रसाद द्विवेदी ने लिखा :

> *यदि कोई कानूनदां स्त्री पति से कहने लगे–सुनिये, जनाब, मेरे और आपके अधिकार बराबर हैं -- मैं भी स्वाधीन, आप भी स्वाधीन। एक दिन मैं चूल्हा-चौका और झाड़-बुहार करूँ, एक दिन आप। एक दिन मैं आपकी सेवा करूँ, एक दिन आप मेरी सेवा करें। अथवा यदि वह यह कह बैठे कि मुझे संतान उत्पन्न करने से इनकार है, तो बताइये, ऐसी स्वाधीनता का क्या नतीजा होगा?...स्त्रियाँ स्वभाव ही से सुकुमार होती हैं...इस दशा में यदि धर्मशास्त्र ने उन्हें पिता, पुत्र या पति के वश में रहने का नियम कर दिया तो क्या गजब किया?*[8]

सामाजिक तार्किकता को जैविक तर्कों के साथ मिलाकर घरों के अन्दर असमानता के नए साँचे बनाए गए और महिलाओं के लिए बहुद्देशीय काम-काज पर

जोर दिया गया। पुरुष के पतन से समाज का ज्यादा नुकसान होगा, पर महिला के पतन से परिवार, समुदाय और समाज में गिरावट आती है। यहाँ तक कि हास्यास्पद रूप से सेक्स क्रियाकलाप में भी अन्तर देखा गया :

> *प्राकृतिक सृष्टि क्रिया में पुरुष की जिम्मेवारी दस मिनट की है और स्त्री की जिम्मेवारी दस महीने की है। जब प्रकृति ने ही दस मिनट और दस महीने का अन्तर जिम्मेवारी में रक्खा है, तब कोई कैसे दोनों जिम्मेवारी एक कर सकता है?*[9]

एक जड़, धुर विचार प्रणाली सामने आई जिसमें पुरुष और महिला के स्वभावों को भी एकदम अलग और परिवर्तन से परे माना गया। पति आक्रामक, बलशाली और बहुसम्बन्धीय जबकि पत्नी पोषक और मातृत्व भरी। पुरुष के अपूरित, भक्षी भूख को नियंत्रित करने की जिम्मेवारी महिला पर।[10] सेक्स का मकसद है -- बच्चे पैदा करना, सामाजिक कल्याण और व्यक्तिगत विकास।[11] पति और पत्नी के बीच आमोद-प्रमोद नहीं बल्कि धार्मिक और नैतिक आदान-प्रदान का एक महत्वपूर्ण कर्म माना गया। एकाग्रचित्त वैवाहिक जिन्दगी के तहत पति और पत्नी के स्वीकृत सेक्स पर लेखकों और प्रचारकों ने खासा जोर दिया। मनभावन आनन्द की बजाय दाम्पत्य सेक्स की सीमाओं पर विस्तार में चर्चा की गई।[12] बार-बार 'मूल उत्तेजनाओं' के आधार पर जीने के खिलाफ चेतावनियाँ दी गईं। कहा गया कि एक बिस्तर पर साथ सोने से सेक्स की लगातार इच्छा होती है जिसका स्वास्थ्य और सुंदरता पर प्रतिकूल प्रभाव पड़ता है। यह भी कि जीवनसंगियों को अलग-अलग सोना चाहिए। विवाह के बाद कुँवारी को एक बार गर्भवती बनाना बेहतर है और इसके बाद सेक्स से दूर रहना ही अच्छा है। एक से दूसरे सेक्स सक्रियता के बीच समय के अन्तराल पर अलग अलग सिफारिशें थी–साल में एक बार, छः माह में एक बार, पर किसी ने भी माह में एक बार से ज्यादे की सिफारिश नहीं की।[13] विवाह और सेक्स पर चिन्ताएँ कानून के क्षेत्र में भी अभिव्यक्त हुईं और सेक्स के लिए उचित उम्र, अंतर्जातीय विवाह, आदि पर खासी बहस हुई।

हिन्दू विवाह विधानों पर विवाद

हिन्दू बाल विवाह पर सबसे बड़ा विवाद सामने आया। 1860 के पहले पुरुष द्वारा अपनी बालिका पत्नी के साथ सेक्स सम्बन्ध करने पर कोई कानूनी रोक नहीं था। और न ही विवाह की कोई न्यूनतम कानूनी उम्र थी। भारतीय दंड संहिता 1860 में पहली बार बलात्कार की परिभाषा–'एक पति द्वारा 10 साल से कम उम्र की पत्नी के साथ शारीरिक सम्बन्ध' बताई गई।[14] लगभग 70 साल के संघर्ष के बाद ही यह

उम्र बढ़कर 14 साल तक पहुँची, और फिर शादी के लिए भी एक न्यूनतम उम्र मुकर्रर की गई। कई ऐतिहासिक अध्ययनों में भारतीय दंड संहिता की धारा 375 से लेकर शारदा अधिनियम (बाल विवाह नियंत्रण अधिनियम) 1929 पारित होने तक की यह यात्रा दर्ज की गई है।[15] इस अधिनियम के विरोध में दिए गए तर्क, खासकर उत्तर प्रदेश के हिन्दू प्रचारकों, पुनरुत्थानवादियों और कट्टरपंथियों के विचार हमारे लिए गौरतलब हैं। इन विचारों से हिन्दू पितृसत्ता की दमनकारी और आक्रामक प्रकृति का पता चलता है, यद्यपि इनमें भी प्यार, कर्तव्य, 'महिला के हित' आदि शब्दावलियों का ही प्रयोग किया गया है। हिन्दू महिला के शरीर के सन्दर्भ से विशेष धार्मिक और सामुदायिक पहचान के नए स्तंभ निर्मित होते नजर आते हैं।

नागरिक प्रक्रिया संहिता 1882 की धारा 260 में दाम्पत्य अधिकारों की पुनर्स्थापना के लिए डिगरी तामगी और पत्नी की बरामदगी के लिए दावा दायर करने सम्बन्धी प्रावधान थे। इसके तहत पति अनिच्छित पत्नी को अपने साथ रहने के लिए मजबूर करने के लिए जेल भिजवाने की धमकी दे सकता था। प्रसिद्ध रकमाबाई मुकदमा इसके तहत लड़ा गया। 1884 में दादाजी भीकाजी ने अपनी पत्नी के ऊपर दाम्पत्य सम्बन्ध की पुनर्स्थापना के लिए मुकदमा दायर किया, पर उसकी पत्नी रकमाबाई जो महाराष्ट्र के एक निम्नवर्णीय बढ़ई परिवार की शिक्षित लड़की थी, ने इसका विरोध किया। उसके विरोध का तर्क पति की गरीबी, अशिक्षित हैसियत, फिजूलखर्जी और सबसे महत्वपूर्ण, शादी के समय 11 साल की उम्र में उससे स्वीकृति का अभाव था। रकमाबाई पति के साथ रहने की बजाय जेल जाने को भी तैयार थी। इससे तलाक की जरूरतों पर बातचीत शुरू हुई और यह भी कहा गया कि दाम्पत्य सम्बन्ध की पुनर्स्थापना के लिए पति का हित साधन या पत्नी को कारावास जैसे प्रावधान समाप्त होने चाहिए।[16]

उत्तर प्रदेश में संकीर्ण हिन्दुओं ने इन परिवर्तनों का विरोध किया और इन्हें हिन्दू परिवार के समरस ढाँचे को तोड़ने वाला करार किया जिससे पतियों और पत्नियों के बीच प्यार कमजोर होगा। वो अपने पतियों को परित्यक्त करनेवाली हिन्दू पत्नियों के लिए कारावास की सजा के विचार पर अड़े रहे।[17] आगरा के एक वकील पंडित जगन नाथ ने लिखा :

> *मैं ऐसी किसी पवित्र भारतीय पत्नी को नहीं जानता हूं जिसने अपनी स्वतंत्र इच्छा से पति का परित्याग किया है और जो पति के साथ रहने के लिए तैयार ना की जा सके। कई जवान पत्नियाँ जेल के भय के कारण भ्रष्ट जिन्दगी जीने की बजाय अपने वास्तविक सम्बन्ध और कर्तव्य की ओर उन्मुख रहती हैं। इस प्रकार वो अन्ततः एक सुखी जीवन व्यतीत करती हैं जबकि पृथक रहने पर उनके भ्रष्ट होने की आशंका ज्यादा है।*[18]

संकीर्ण हिन्दुओं की तार्किकता में महिलाओं पर डर या लालच के जरिए दबाव और नियंत्रण का काफी महत्व था। अलीगढ़ के भारतवर्ष नेशनल एसोशिएशन ने 1882 कोड के विभिन्न पहलुओं की जाँच-पड़ताल के लिए एक समिति बहाल की। कानून में बदलाव की जबर्दस्त मुखालफत करते हुए उन्होंने तर्क दिया कि संशोधन से हिन्दुओं में तलाक होगा, इससे हिन्दू तौर-तरीकों, आचार-विचार पर हमला होगा, इससे शादी केवल एक नागरिक समझौता बन कर रह जाएगी और यह हर प्रकार से महिलाओं के हितों के खिलाफ होगा।[19] कट्टरपंथी हिन्दुओं ने हिन्दुओं के व्यक्तिगत कानूनों में ब्रिटिश हस्तक्षेप का लगातार विरोध किया था। पर इस मौके पर उन्होंने औपनिवेशिक कानून का समर्थन किया–पितृसत्ता को मजबूत करने वाले अंग्रेजी कानूनों के साथ जाने में उन्हें कोई परहेज नहीं था। हिन्दू समाज, इलाहाबाद के अध्यक्ष लक्ष्मी नारायण व्यास ने समाज के विचार इस प्रकार व्यक्त किये :

> *हिन्दू राजाओं के तहत गैर आज्ञाकारी और ढुलमुल पत्नियों पर व्यक्तियों ने काफी ताकत और सत्ता का इस्तेमाल किया। पर अब ऐसी चपल पत्नियों के अंतर्मन को नियंत्रित करने की ताकत कानूनी कोर्टों के हाथ में है। इसलिए लोगों को उम्मीद है कि विधायिका को न्यायाधीशों के हाथों में ऐसे दंड के अधिकार देने चाहिए जिससे पदचलित महिलाओं में कानून का डर आए और वो न्यायाधीशों के निर्णय की अवमानना करने से बाज आएँ। वर्तमान कानून की सख्ती में किसी प्रकार की कमी से समाज के जुड़ाव कमजोर होंगे।*[20]

जेल की सजा का विरोध करने वालों के मुख्यतः दो तर्क थे। पहला, पुराने नियम बहाल किए जाने चाहिए जिसमें महिला को शारीरिक रूप से पति के सुपुर्द किया जाता था। दूसरा, जेल भेजने से इच्छित नतीजा नहीं निकलेगा क्योंकि कोई भी सम्मानित हिन्दू एक जेल भुगती महिला को वापस नही लेगा।[21] फिर भी दाम्पत्य सम्बन्धों की पुनर्स्थापना के लिए 1923 तक कारावास एक कानूनी तौर पर मान्य तरीका था।[22]

बाल विवाह के मुद्दे पर होने वाले विवाद भी खासे महत्वपूर्ण हैं। इस समय विशेषकर बंगाल के कई दुःखद हादसे सामने आए, खासकर 10 वर्षीय फूलमणि की अपने 35 वर्षीय पति हरिमोहन मैती के साथ सम्भोग के दौरान मृत्यु। मालवारी जैसे अभियानकर्ता ने विवाह की सहमति के लिए उम्र सीमा बढ़ाने का नया अभियान शुरू किया। उन्होंने उत्तर प्रदेश का दौरा किया और 1886 में इलाहाबाद, लखनऊ, आगरा, अलीगढ़, बरेली, मथुरा आदि में सभाएँ सम्बोधित कीं। सुधारवादियों के इन दबावों के कारण 1891 में सरकार ने यह कहा कि 12 वर्ष से कम उम्र की पत्नी के साथ सम्भोग दंडनीय होगा। गौरतलब है कि इस कानून द्वारा केवल सेक्स करने की उम्र

में इजाफा करने का प्रयास किया गया, ना कि विवाह की उम्र का। लेकिन इसका भी काफी विरोध हुआ। यह विरोध सबसे ज्यादा कलकत्ता में हुआ, पर इससे उत्तर प्रदेश भी अछूता नहीं रहा। वाराणसी से प्रकाशित होने वाले समाचार पत्र *भारत जीवन* ने इसमें अग्रणी भूमिका अदा की।

पुनरुत्थानवादियों ने बाल विवाह के खतरनाक असर को कम बताने या उससे ध्यान हटाने की लगातार कोशिश की। एक तर्क यह था कि इस कानून ने हिन्दू रीति रिवाज का उल्लंघन किया क्योंकि इसने गर्भधारण में हस्तक्षेप किया। यह एक तरह से पाप था। यह कहा गया कि ब्रिटिश ने भारतीयों के निजी विश्वासों में कोई हस्तक्षेप नहीं करने का वायदा किया था।[23] भारत धर्म महामंडल, हिन्दू समाज इलाहाबाद, विद्यावहिनी सभा, धर्म सभा फर्रुखाबाद, सारस्वत खत्री उन्नति करनी सभा और कानपुर और आगरा के ब्राह्मणों ने ऐसे प्रस्ताव पारित किये।[24] इस कानून के खिलाफ बनारस, आगरा, मथुरा, खांडवा, वृंदावन, मुरादाबाद, झाँसी, कानपुर इत्यादि में सार्वजनिक सभाएँ हुईं।[25] सती प्रथा की समाप्ति के साथ इसकी तुलना को नकारा गया। यह कहा गया कि सती केवल कुछ अपवाद मामलों में हुआ करती थी और इसमें जान का नुकसान था, पर विवाह और सेक्स सहमति की आयु सीमा हर पुरुष को प्रभावित करती थी और दाम्पत्य से शायद ही किसी को शारीरिक चोट पहुँचती थी। इस समय कई महिला डॉक्टरों ने कम उम्र में सम्भोग के कुप्रभाव और बाल माताओं के बच्चों के कमजोर स्वास्थ्य की ओर ध्यान आकर्षित किया था।[26] ऐसे डॉक्टरों का मजाक उड़ाया गया। यह कहा गया कि यदि सरकार डॉक्टरों की राय के आधार पर कानून बनाएगी तो उसे जल्दी ही जाड़े में घाटों पर सवेरे-सवेरे स्नान और दिन भर के उपवास, जैसे धार्मिक व्यवहारों को रोकने का काम करना पड़ेगा।[27] यह भी कहा गया कि महिला डॉक्टरों की सम्माननीय परिवारों के घरों तक कोई पहुँच नहीं थी और यदि अस्पतालों के रजिस्टरों से कभी पुरुषों द्वारा सताई लड़कियों की मृत्यु का पता भी चलता था तो ये लड़कियाँ वास्तव में वेश्या होती थीं।[28] मायने यह कि वेश्याओं की मृत्यु कोई ज्यादा ध्यान देने लायक बात नहीं थी। यह कहा गया कि सम्भोग और सेक्स की उम्र अविवाहित लड़कियों के लिए इसलिए निर्धारित की गई थी ताकि उन्हें वेश्यावृत्ति और अपरिचितों द्वारा बलात्कार से बचाया जा सके। लेकिन इस मॉडल को विवाहित लड़कियों पर लागू नहीं किया जा सकता था। विवाहित पुरुषों को अपनी विवाहित पत्नियों से कभी भी, किसी भी उम्र में, सम्भोग करने कर अधिकार होना चाहिए।[29] यह माना गया कि भारतीय पुरुष अपनी पत्नियों के साथ जोर-जबरदस्ती नहीं करते हैं। इसे सही साबित करने के लिए उदाहरण के रूप में कहा गया कि इंगलैण्ड में 3 करोड़ 50 लाख की आबादी में महिलाओं पर अत्याचार की 40 वारदातें हुई जबकि भारत में 26 करोड़ की आबादी में महिलाओं

पर अत्याचार के केवल दो मामले सामने आए थे। इसका मतलब था कि भारत इंगलैण्ड की तुलना में महिलाओं के साथ बेहतर बर्ताव करता था।[30]

बाल विवाह के कारण कमजोर प्रसव और मृत्यु के तर्कों का खंडन करने के लिए जलवायु और 'विवेक' आधारित तर्क गढ़े गए। यह कहा गया कि दो लड़कों को जन्म देने वाली और दिन में एक शाम खाना खाने वाली 16 वर्षीया हिन्दू महिला यूरोप की 25 वर्षीय अविवाहित महिला की तुलना में ज्यादा मजबूत है। और यदि कम उम्र में दाम्पत्य से मौतें ज्यादा होती हैं, तो भारत की आबादी 26 करोड़ कैसे हो गई। क्या बाल माताओं के पुत्रों, जैसे सिक्ख, रोहिला और गोरखा सिपाहियों, को कमजोर और स्खलित कहा जा सकता है?[31] यौवन की कोई एक घोषित उम्र नहीं है।[32] भारत को नौ साल की लड़की के बच्चा जनने का गौरव है।[33] एक अन्य हिन्दू पुरुष ने कहा :

> *कन्याओं को 20-25 वर्ष की उमर तक कुँवारी रखना कोई बुद्धिमानी नहीं है...भारतवर्ष एक गर्म देश है। इसमें कन्याएँ शीघ्र ही युवावस्था को प्राप्त हो जाती हैं। पाश्चात्य देश ठंडे हैं। उनमें लड़कियाँ देर से युवती होती हैं। शीत देशों की प्रथा उष्ण देश में प्रचलित करना बुद्धि, अनुभव और दूरदर्शिता सभी के विरुद्ध है...युवावस्था तक कन्याओं को अविवाहित रखने से उनकी मानसिक अपवित्रता का बड़ा भय हो जायगा।*[34]

विडम्बना कि विवाह के बाद की सेक्स जिन्दगी के बारे में यह तर्क दिया गया कि पुरुष की अनियंत्रित इच्छाएँ होती हैं और महिला का कर्तव्य उन इच्छाओं को दायरे में रखना है। सेक्स सम्बन्ध के लिए सहमति की आयु सीमा को लेकर इससे एकदम उलट तर्क दिया गया – महिला की ज्यादा सेक्स इच्छाएँ होती हैं, इसलिए मासिक धर्म शुरू होते ही उनका विवाह हो जाना चाहिए।

प्यार और सुरक्षा प्रदान करने वाली कथित वर्तमान व्यवस्था को महिलाओं के लिए कल्याणकारी बताया गया। कहा गया कि इस बिल से उन लोगों का ही नुकसान होगा जिनके लिए यह बनाया जा रहा है। कम उम्र में विवाह और सम्भोग से नवविवाहित स्त्रियों को संयुक्त परिवार में अभ्यस्त होने के लिए पर्याप्त समय मिलता है। कानून से विवाहित महिला की सेक्स आकांक्षा बाधित होगी और आयु सीमा के कारण वो अपनी आकांक्षा अभिव्यक्त नहीं कर पायेगी।[35] 'शर्म' और 'सम्मान' के तर्क दिए गए – कोई सम्मानीय महिला सेक्स की मेडिकल जाँच के लिए तैयार नहीं होगी। आयु सीमा पर अदालती कार्रवाई में महिला को 'शर्मनाक' बयान देने के लिए कोर्ट में बुलाया जायेगा। यह महिला और उसके परिवार के लिए सार्वजनिक अपमान होगा और वो यह अपमान बर्दाश्त करने की बजाय मर जायगी।[36] पत्नियों की जिन्दगी बदहाल हो जायगी, यदि उनके पतियों को लम्बे समय के लिए जेल जाना

पड़ेगा। वो विधवा से भी बदतर जिन्दगी जियेंगी। उनकी पवित्रता को ज्यादा समय तक संरक्षित रखना सम्भव नहीं होगा।[37] दाम्पत्य सम्बन्ध की पुनर्स्थापना के लिए इन्हीं ताकतों ने महिला के लिए कारावास की वकालत की। पर यदि दाम्पत्य अपराध के लिए पुरुष को कारावास भेजा जाता है, तो तर्क एकदम सर के बल उलट दिया गया। समाज में व्यवस्था बनाए रखने के लिए अपने पति के साथ रहने से इनकार करने वाली महिला को जेल जाना चाहिए, पर अपनी बाल पत्नी से बलात्कार करने वाले पति को जेल भेजने से समाज की व्यवस्था भंग होगी, यह माना गया।

सुधारवादियों के तर्क बेहद लचर और सुरक्षात्मक थे, पुनरुत्थानवादियों ने तर्क की जमीन पर कब्जा कर लिया था। सुधारवादियों के अनुसार यदि परिवर्तन की जरूरत है तो वो अन्दर से आने चाहिए।[38] अपराधी पति को कम सजा मिलनी चाहिए।[39] उनके तर्क भी जैविक, शारीरिक दैहिक तर्कों से जुड़े हुए थे और उसमें शायद ही महिला की अपनी इच्छाओं और जरूरतों का जिक्र था। कानून पारित होने के बाद भी लड़की के परिवार वाले मुकदमा करने से डरते थे। 1891 में उत्तर प्रदेश में इस कानून के तहत केवल दो मुकदमे दर्ज किए गए।[40] 1892-93 में भी केवल दो। आगरा में एक बाल पत्नी का 13 जून 1892 को अपने पति के हाथों बलात्कार हुआ और वो 11 अक्टूबर तक–अपनी मृत्यु तक -- अस्पताल में रही। उसके पति पर मुकदमा चला और उसे दो साल की सजा मिली। आगरा डिवीजन के कमिश्नर ने रिपोर्ट किया कि जनता की सहानुभूति अपराधी के साथ थी।[41]

कानून पारित होने के बाद भी हिन्दू पुनरुत्थानवादी इसके खिलाफ विरोध करते रहे, यद्यपि उनका विरोध 1891 जैसी चरम सीमा पर कभी नहीं पहुँचा। संकीर्ण हिन्दू विवाह कर्मकांड के समर्थन गें चारुचंद्र मित्र के अंग्रेजी लेख का हिन्दी अनुवाद पहली बार *मर्यादा* में प्रकाशित हुआ और फिर इसकी किताब भी निकाली गई।[42] शुरुआती तर्कों के दुहराव के अलावे यह भी कहा गया कि जल्दी शादी से शिक्षा पर प्रतिकूल प्रभाव का तर्क गलत था क्योंकि विवाहित छात्रों ने परीक्षा में अच्छे अंक हासिल किए थे। यह भी कहा गया कि शादी में देरी से नाजायज बच्चों की संख्या बढ़ेगी, जैसा कि कई पश्चिमी समाजों में हो रहा था। शुरुआती उम्र में शादी से मुस्लिमों की तुलना में हिन्दुओं की आबादी भी बढ़ेगी–ऐसा कहा गया।[43] 1921 में बक्शी सोहन लाल ने सहमति की आयु सीमा 12 से बढ़ा कर 14 करने का बिल पेश किया। यह बिल दूसरी सुनवाई में पराजित हो गया। एच. एस. गौड़ ने इसे 1923 में दोबारा जीवित किया।[44] उत्तर प्रदेश में 1921-23 के बीच 10 से 12 साल की लड़कियों पर बलात्कार के 128 मामलों में कानूनी कार्रवाई हुई। यह अन्य प्रदेशों की तुलना में ज्यादा था। बम्बई में 63 मामले और तीसरे नम्बर पर पंजाब में 57 मामले हुए।[45] इन बिलों को पेश करने में एक मजबूत मानवीय सरोकार दिखता था। ज्यादातर लोग इस बात पर सहमत थे

कि गैर-विवाहित मामलों और एक अनजान व्यक्ति द्वारा बलात्कार के मामलों में सहमति की आयु सीमा बढ़ाई जानी चाहिए। पर वैवाहिक सम्बन्धों के सन्दर्भ में उनके विचार अलग थे। उत्तर प्रदेश के एक न्यायाधीश की राय थी कि बलात्कार के मामले में एक अनजान व्यक्ति और पति को समान रूप से तौलना भारतीय विचारों की तौहीन थी।[46] श्री भारत धर्म महामंडल जैसे संगठनों ने इन बिलों का विरोध जारी रखा। सरकार भी कोई महत्वपूर्ण संशोधन करने की इच्छुक नहीं थी। पर इस समय महिलाओं के संगठित और बेहद मुखर संगठनों ने कई तर्कों का खंडन किया। कुछ हद तक शिक्षा और महिला आन्दोलन के विकास से स्थिति में फर्क आया था।

1927 में हरिविलास शारदा ने इस वाद-विवाद में एक नया आयाम जोड़ा। शारदा के अनुसार बाल पत्नी की सहमति की आयु सीमा पर्याप्त नहीं थी, विवाह की न्यूनतम उम्र तय होनी चाहिए। विधानसभा में महीनों तक बहस चली जिसमें कई विरोधी विचार उभर कर आए। मदनमोहन मालवीय ने हिन्दू कट्टरपंथी विचारों का प्रतिनिधित्व करते हुए इस प्रस्ताव के खिलाफ अभियान का नेतृत्व किया। विधानसभा ने सहमति की आयु सीमा के लिए समिति गठित की। इसने 10 भागों में अपनी बेहद विस्तृत रिपोर्ट बनाई। समिति की रिपोर्ट काफी व्यापक और उल्लेखनीय है, यद्यपि इसमें केवल शिक्षित वर्ग की महिलाओं के साक्ष्य लिए गए थे।[47] रिपोर्ट में स्वीकार किया गया कि कोर्ट में आए मामलों की तुलना में वास्तव में वैवाहिक सम्बन्धों में आयु सीमा सम्बन्धी कानून की अवहेलना के मामले काफी ज्यादा थे।[48]

अंततः 1929 में बिल पारित हुआ और विवाह की न्यूनतम उम्र 14 तय हुई। इसका विरोध हुआ और इस कानून को तोड़ने या अप्रभावी बनाने के लिए उपाय बताने वाले प्रकाशन सामने आए।[49] पर इस बार कानून का समर्थन ज्यादा संगठित था और इसके समर्थन के लिए ऑल इंडिया वूमेन कमेटी ने अभियान चलाया। लेकिन साथ ही सरकार भी इस बार फूँक-फूँककर कदम रख रही थी। उत्तर प्रदेश सरकार के मुख्य सचिव की एक 'बेहद गोपनीय' चिट्ठी में कहा गया :

> *जिलाधीश को चेतावनी दी जानी चाहिए कि इस कानून के तहत दायर की गई शिकायतों को बेहद सावधानीपूर्वक हल करें और बगैर किसी जल्दबाजी के कानून के तौर-तरीकों का पालन करें। भारत सरकार का मानना है कि एक सामान्य सिद्धांत के तौर पर जब तक कानून का पर्याप्त अनुभव न हो जाय तब तक इस कानून के तहत मामूली सजा दी जानी चाहिए और यदि सम्भव हो तो जेल की सजा से दूर रहना चाहिए।*[50]

यह विडम्बना है कि बिल के बाद राज्य में बड़ी संख्या में कम उम्र वाली शादियाँ हुईं और वास्तव में यह बिल एक कागजी चीज ही बना रहा।[51] उत्तर प्रदेश के विभिन्न कमिश्नरों और जिला अधिकारियों की रिपोर्टों के सारांश से पता चलता है कि

ज्यादातर को या तो बिल की जानकारी नहीं थी या वो बिल को महत्वपूर्ण नहीं मानते थे।[52] फिर भी, बिल का पारित होना महिला आन्दोलन के लिए एक जीत थी।

विशेष विवाह अधिनियम (स्पेशल मैरेज एक्ट) भी एक विवादास्पद कानून था। विशेष विवाह अधिनियम 1872 काफी प्रगतिशील था और इसमें विवाह के जातीय और धार्मिक रुकावटों को समाप्त किया गया था, बहुविवाह सम्बन्धों पर पाबन्दी लगाई गई थी और तलाक को कानूनी दर्जा दिया गया था। पर इस कानून का दायरा उन्हीं लोगों तक सीमित था जो भारत के किसी प्रचलित, आधिकारिक धर्म में शामिल नहीं थे। 1911 में भूपेन्द्र नाथ बसु ने इस कानून के अधिनियमों को सभी हिन्दुओं पर लागू करने का प्रस्ताव किया।[53] इस प्रस्ताव से हिन्दू धार्मिक और सामुदायिक पहचान की जड़ें हिलने लगीं। इस प्रस्ताव से व्यक्तिगत अधिकारों के लिए न्यायिक हस्तक्षेप का रास्ता खुलता था। पर अंतर्जातीय विवाहों के बारे में निर्णय से एक अलग प्रवृत्ति का पता चलता था -- समुदाय के प्राचीन रीति-रिवाजों का नाम लेकर समुदाय की एक निश्चित पहचान बनाना। पद्म कुमारी बनाम सूरज कुमारी मुकदमे का उदाहरण लीजिए जिसमें उच्च न्यायालय, इलाहाबाद ने कहा :

> *पुराने समय में चाहे जैसा भी होता हो और भारत के दूसरे हिस्सों में चाहे जैसे कानून हों, आज के समय में भी इस प्रदेश में एक ब्राह्मण और एक छत्री के बीच विवाह कानूनी विवाह नहीं है और ऐसे विवाहों से जुड़े मामलों को कानूनी नहीं कहा जा सकता है।*[54]

नए प्रस्तावों से ऐसी शादियों का रास्ता खुलता था। जबकि वास्तविकता यह थी कि ऐसी शादियों के होने पर या तो दम्पति का जाति बहिष्कार होता, उनकी शादी को सामाजिक मान्यता नहीं मिलती या उनके बच्चों को नाजायज माना जाता। जाति और समुदाय के मजबूत बन्धन देखते हुए, एक बेहद छोटी आबादी इससे लाभान्वित होती, पर इसे भी एक खतरे के तौर पर देखा गया। बिल के विरोध में कई तर्क दिए गए। जैसे, यह हिन्दू धर्म और विवाह समारोह की पवित्रता के खिलाफ है, इससे उत्तराधिकार और वंशगतता में मुश्किलें आएँगी।[55] बिल के खिलाफ विरोध सभाएँ और प्रस्ताव आयोजित किए गए।[56] बिल के विरोध के केन्द्र में यह डर था कि अंतर्जातीय विवाह से उच्चवर्णीय हिन्दू का 'पवित्र रक्त' प्रदूषित हो जायगा और अंतर्धर्मीय विवाह से हिन्दू समुदाय की एकरूपता को चुनौती मिलेगी।[57] गढ़वाल के राजा किर्तीशाह बहादुर ने दो-टूक कहा :

> *दूसरी आपत्ति मुझे ज्यादा महत्वपूर्ण लगती है। इस रूप में यदि बिल पारित हुआ तो एक हिन्दू को एक मुसलमान पत्नी बनाने या एक उच्च वर्गीय ब्राह्मण को एक शूद्र महिला से शादी करने से कोई रोक नहीं पायेगा। पर ऐसी शादियों को हिन्दू कानून के तहत वैध नहीं कहा जा सकता है।*[58]

कुछ सुधारवादियों, जैसे पाँचवे उत्तर प्रदेश सामाजिक सम्मलेन के अध्यक्ष सी.वाई. चिंतामणि ने कहा कि ऐसा बिल जाति की खाई पाटने के लिए जरुरी है। पर ऐसे विचार अल्पसंख्या में थे और बिल पारित नहीं हो पाया। बिल का विरोध करनेवालों में एक तार्किक असंगति थी—एक तरफ विभिन्न जातियों के बीच सम्पर्क के लिए वर्णसंकर या प्रजाति मिश्रण का तर्क दिया गया, तो दूसरी तरफ 'हिन्दू' पहचान पर जोर दिया गया। यहाँ तक कि आर्य समाज की कई शाखाओं ने बिल के खिलाफ सार्वजनिक विरोध का रवैया अपनाया।[59] यह कहा गया कि हर हिन्दू जाति और समुदाय में पर्याप्त संख्या में मर्द और औरत हैं, इसलिए उनके एक-दूसरे के बीच विवाह की कोई जरूरत नहीं है। यह भी कहा गया कि ऐसे अंतर्जातीय विवाहों से हिन्दू नस्ल को न तो सुधारा जा सकता है और न ही हिन्दू राष्ट्र को मजबूत और पुरुषत्वपूर्ण बनाया जा सकता है। ऐसे विवाह से कमजोर और कमतर बच्चे पैदा होंगे और यह हिन्दुत्व के लिए घातक होगा।[60] उत्तर प्रदेश सरकार के सचिव एल स्टुअर्ट ने सुधार विरोधी तर्कों का समर्थन किया।

कुछ इतिहासकारों का दावा है कि औपनिवेशिक शासकों द्वारा कानूनी हस्तक्षेप के कारण राष्ट्रवादी विरोध पैदा हुआ। पर यह पूरी तरह सही तर्क नहीं हैं। क्योंकि व्यक्तिगत मामलों में औपनिवेशिक हस्तक्षेप का विरोध चुनिन्दा था और एक ही व्यक्ति और संगठन ने औपनिवेशिक कानून के बारे में समय-समय पर, परस्पर विरोधी रुख अपनाया था। शादी और दाम्पत्य कानून के बारे में बहस-मुबाहिसा एक बार फिर नारी की यौनिकता के बारे में चिन्ता दर्शाता था। हिन्दू महिलाओं के पहनावे, ओढ़ावे, गहने-जेवर के प्रति उनका प्रेम, घाटों पर उनका अर्द्ध-नग्न स्नान करना, आदि भी चिन्ता के विषय बन गए और इस पर नियंत्रण की सोच विकसित हुई। राष्ट्रवाद और आधुनिकतावाद के चश्मों के कारण पहचान के इन बिन्दुओं को एक नया आयाम मिला।

फैशन, कपड़े, गहने, पर्दा

कपड़े शरीर के नकाब होते हैं। वो मर्यादा और सेक्स उन्मुखता के खेल की गुत्थियाँ खोलते हैं। वो सुख के नकार और समारोह का रास्ता बनाते हैं। उत्तर प्रदेश में हिन्दू प्रचारवादियों ने वस्त्र संहिता बनाने की कोशिश की। ऑल इंडिया हिन्दू महासभा की तरफ से हिन्दुओं के लिए एक राष्ट्रीय वेशभूषा बनाने का भी आह्वान था जिससे वो दूसरी 'नस्लों' से अलग दिखें।[61] वेश-भूषा के सवाल खासकर महिलाओं के लिए सम्बोधित किए गए। महिलाओं के गहना और फैशन प्रेम को हमले का निशाना बनाया गया और इसे महिलाओं के अंतर्निहित छिछोरेपन, उपभोगवाद, अतार्किक

सौन्दर्यशीलता और उनके इच्छा, सुख, आवेग का सूचक माना गया। महिलाओं को तंग, फैन्सी और दिखाऊ कपड़ों के प्रति आकर्षित होते देखा गया जिनमें उनका शरीर दीखता था।[62] फैशन को पश्चिमी वस्तुओं और रिवाजों की गुलामी, सेक्स अतिरेक और संयुक्त परिवार के टूटने से जोड़ दिया गया।[63]

गहना मुसीबतों के खिलाफ सम्पत्ति का एक पारम्परिक आधार था। यह 'स्त्री धन' का सबसे महत्वपूर्ण हिस्सा था जिसके ऊपर महिला का आंशिक नियंत्रण रहता था और यह उनके लिए एक अपेक्षाकृत स्वतंत्र साधन था। गहने पर कई प्रकार से वैचारिक हमला किया गया। आर्थिक असुरक्षा के साथ-साथ गरीबों की संख्या में बढ़ोत्तरी के कारण फैशन और गहने के खिलाफ तर्कों को वजन मिला।[64] कलयुग याकि आधुनिक-औपनिवेशिक दुनिया को विपत्तियों और आपदाओं की दुनिया बताया गया, जिसमें अशुद्ध भोजन, घी, मिलावटी खाद्य, अकाल और कमजोर बच्चे होते हैं। ऐसे समय में महिलाओं का अपने शरीर के कृत्रिम सजावट में संलग्न होना, गाढ़ी कमाई को इधर-उधर के मौज में उड़ाना एक प्रकार की मूर्खता बताया गया।

मध्यमवर्गीय महिला के नए फैशन और कपड़ों के प्रेम के खिलाफ विरोध को विदेशी वस्तुओं के बहिष्कार की स्वदेशी भावना से भी जोड़ा गया। इसकी निन्दा की गई कि पेरिस का पाउडर, इटली का साबुन, लंदन का टूथपेस्ट और मैनचेस्टर की साड़ी महिलाओं की आलमारी में है।[65] 1920 के दशक में गांधी जी ने महिलाओं का आह्वान किया कि वो गहनों के प्रति अपना प्रेम त्याग दें और राष्ट्रीय मकसद के लिए अपनी बचत का योगदान करें। जेवर पर खर्चा एक फिजूलखर्ची करार किया गया। कई जाति एसोशिएशनों ने शादी पर खर्चे की कमी के लिए प्रस्ताव पारित किया। विडम्बना कि इस मामले में कई बार ब्रिटिश मूल्यों की दुहाई दी गई। घरेलू प्रबन्ध के विज्ञान पर लिखते हुए एक लेखक ने पूछा कि यूरोपियों के पास भारतीयों से ज्यादा पैसा, ताकत और तेजस्विता क्यों है। उसका जवाब था कि उन्होंने बचत और खर्चे पर अपना दिमाग लगाया है।[66] वर्तमान समय की बुराइयों के लिए मुख्यतः औपनिवेशिक शासन को जिम्मेवार ठहराया गया और स्वदेशी और दान की जरूरत पर जोर दिया गया, पर यह भी कहा गया कि बचत और खर्चे के मामलों में यूरोप आदर्श है जिसे अपनाया जाना चाहिए।

महिलाओं की इस प्रकार की भर्त्सना में एक अंतर्विरोध था। यह कहा गया कि अधिकाँश हिन्दू महिला का पहनावा-ओढ़ावा पश्चिम के पतनशील प्रभाव से बचा हुआ है। ये कथन सामाजिक नियंत्रण और सामाजिक संगठन के एक खास शक्ल की ओर संकेत करते थे और पहनावा-ओढ़ावा सामाजिक एकाकार या बहिष्कार का उपादेय था। एक विशेष चिह्न जिससे हिन्दू, मुस्लिम और यूरोपीय महिला के बीच भेद किया जा सकता था। पुरुष ने तो अपनी पगड़ी और धोती त्याग दिया था और

पेशे के लिए यूरोपीय कपड़ों को स्वीकारा था, पर पुरुषों का कर्तव्य यह देखना था कि उनकी महिलाएँ पश्चिमी पोशाक नहीं अपनायें। देसी लिबास में लिपटी महिलाओं को हिन्दुओं के रीति रिवाज, प्रतिष्ठा और तहजीब का वाहक माना गया।[67] महिलाओं का पहनावा पश्चिम के लिए एक सांस्कृतिक संदेश था। इसलिए हिन्दू सुधारवादियों को पहनावे के नए तौर-तरीके और परिवर्तन भी सुझाने थे। ऐसे परिवर्तन जिनमें शरीर का कोई हिस्सा झलकता न हो, कपड़े लम्बे और मोटे होते हों। यह सब आनन-फानन में 'देसी स्वदेशी' और 'पारम्परिक' कहलाने लगा।[68] हिन्दू राष्ट्रवादियों ने सादगी और सामान्य पहनावे को एक नैतिक मूल्य दिया। पहनावे की नैतिकता और फैशन के सुधार की कोशिश वास्तव में फैशन को खत्म करने की कोशिश से कुछ कम नहीं था। महिला को बेहद जिम्मेदारी और मर्यादापूर्ण तरीके से कपड़े पहनने थे जिसमें सेक्स की कोई भनक न हो। एक पूरी तरह से ढकी महिला समय के राजनैतिक-वैचारिक जरूरतों की पूर्ति करती थी। सादगी वाले पहनावे-ओढ़ावे से वो राष्ट्र के लिए एक उम्मीद कायम करती थी। आधुनिक जन आन्दोलनों में शिरकत करते हुए भी वो पुरातन मूल्यों का सम्मान करती थी।

पर्दा को लेकर अनिश्चितता और संदिग्धता थी। यह मध्यमवर्गीय उच्च जातीय हिन्दू घरों के लिए सम्मान और प्रतिष्ठा का प्रतीक था और कई बार मध्यवर्त्तीय जातियाँ भी इसे अपना रुतबा बढ़ाने के लिए अपनाती थीं। पर्दा पुरुष की गैर विश्वसनीयता, महिला की उपलब्धता का खतरा, यौनिक विविधता आदि पर भी टिप्पणी था। साथ ही, यह समाज में महिला की स्थिति पर एक ज्वलंत बयान भी था। ब्रिटिशों के लिए यह भारतीय सभ्यता के पतन, महिलाओं की निम्न और अस्वास्थ्यकर स्थितियों का एक स्पष्ट प्रतीक था।

उत्तर प्रदेश के हिन्दू सुधारवादियों का हाल पेण्डुलम की तरह था -- एक तरफ तो वो पर्दा का विरोध करते थे, और दूसरी तरफ इसका चुनिन्दा तौर पर समर्थन करते थे और 'लज्जा' को महिलाओं का विशेष आभूषण मानते थे। कुछ ने पर्दा को पश्चिम की बुराइयों के खिलाफ हथियार के तौर पर खुले रूप से समर्थन दिया। वर्तमान समय की अधार्मिक और अनैतिक प्रवृत्तियों का सन्दर्भ देते हुए पर्दा प्रथा के प्रचलन को अनिवार्य बताया गया।[69] एक किताब *मेम और साहब* एक 'सच्ची' कहानी बताई गई जिसमें यूरोपीय विचार और कामकाज के तरीके अपनाने वाले एक भारतीय दम्पत्ति की परेशानियाँ चित्रित की गईं। इस कहानी में इलाहाबाद स्थित नारायण स्वरूप अंग्रेजी कपड़ों के काफी शौकीन हैं और समाज सुधार कमिटी के एक अग्रणी सदस्य भी हैं। वो पर्दा के कट्टर विरोधी हैं और नारी आजादी के पूरे समर्थक हैं जिसकी शुरुआत अपनी पत्नी सुशीला से करते हैं। वो सुशीला को 'मेम' कपड़े पहनाते हैं, जिसके लिए सुशीला मुश्किल से तैयार होती है। वो दोनों एक थियेटर जाते हैं जहाँ अलग-अलग हो जाते हैं और

फिर काफी परेशानी से साथ आते हैं। इस बार सुशीला अपने पति को व्याख्यान देती है जिसमें 'लज्जा' के सार्थक मूल्यों पर प्रकाश डालती है और बताती है कि किस प्रकार पर्दा त्यागने से सभ्यता का संकट खड़ा हो जायगा। नारायण सुधार कमिटी त्याग देते हैं और अब एक नये, परिवर्तित इंसान बन जाते हैं।[70]

पर्दा की चुनिन्दा भर्त्सना ज्यादा व्यापक थी जिसमें महिला के पर्दा त्यागने के सवाल से ज्यादा महत्वपूर्ण सवाल यह था कि पर्दा किसके लिए, कहाँ और कब त्यागा जाय। कई महिला लेखकों और पत्रकारों में इस पर विभिन्नता दिखती थी। पर्दा पर हिन्दू सुधारवादियों के विमर्श में इसे एक समस्या दर्शाया गया जो मुस्लिम शासन के कारण शुरू हुआ और मुख्यतः दो कारणों—मुस्लिम रीति रिवाज के गलत प्रभाव और कामी मुस्लिम मर्दों के हमले से हिन्दू महिलाओं के बचाव के हथियार—से व्यापक हुआ। महत्वपूर्ण यह था कि वर्तमान परिस्थिति में इससे कैसे निपटा जाय जब एक तरफ सुधारवादी और प्रगतिशील दिखना था और साथ ही साथ दूसरी तरफ घरेलू मूल्यों और संस्कृति का वाहक भी नजर आना था। कइयों ने बेहद हैरानी वाले अंदाज में पर्दा की बुराइयों का बयान किया। एक लेख में कहा गया कि लज्जा महिला का सबसे महत्वपूर्ण गहना है और इसकी दो छोटी बहनें सुशीलता और सहनशीलता हैं। पर वास्तव में पर्दे से कई समस्याएँ खड़ी हो सकती हैं। लेख में एक 'सच्ची' कहानी बताई गई जिसमें दो दुलहनें, एक क्षत्रिय और दूसरी ब्राह्मण, पर्दा के कारण फेरबदल हो गईं।[71] एक दूसरा सुझाव था कि पर्दा फुट भर लम्बा नहीं बल्कि केवल दो इंच होना चाहिए जिसमें महिला की सुंदरता दस-गुनी बढ़ जायगी।[72]

पर्दा का विरोध सर्वव्यापक नहीं था। महिलाओं के सार्वजनिक क्षेत्रों में बढ़ते कदमों के कारण पर्दा का चुनिन्दा चलन जरूरी बताया गया। खासकर रेलवे स्टेशनों, सार्वजनिक घाटों और सड़कों, दूकानदारों और अन्य ऐसे पुरुषों से सम्पर्क के दौरान पर्दा होना चाहिए।[73] इन तर्कों में घर के बाहर के दायरे में महिलाओं के व्यवहार, चाल-चलन, सम्बन्धों पर चिन्ता झलकती थी। रेलवे और संचार माध्यमों के विकास के कारण तीर्थस्थलों की संख्या में काफी वृद्धि हुई थी। पर आर्य समाज और कुछ अन्य सुधारवादियों ने इन तीर्थस्थलों को बुराइयों का अड्डा बताया जहाँ महिलाओं का विशेषकर विधवाओं का शोषण होता है। पंडों और महंतों को हिन्दुत्व के स्खलन के प्रतीक के रूप में देखा गया।[74] इसके साथ महिलाओं के तीर्थस्थलों पर यात्राओं को लेकर पितृसत्तात्मक चिन्ताएँ थीं। एक कार्टून में तीर्थस्थलों का चित्र खींचा गया और महिलाओं द्वारा अर्द्धनग्न अवस्था में स्नान पर चिन्ता व्यक्त की गई। महिलाओं का अर्द्धनग्न अवस्था में सार्वजनिक घाटों में स्नान करना शर्मनाक, असभ्यता की निशानी और खुले क्षेत्र में बदमाशी को आमंत्रण बताया गया। कानपुर से प्रकाशित होने वाली महिला पत्रिका 'स्त्री दर्पण' के एक लेख में कहा गया :

5 : तीर्थस्थल, स्नान और पर्दा

मात गंगे! हर! हर! हर!! हर!!!

कोई कुछ भी कहे न लख कर, विषम विधाता की यह चाल!
घर के भीतर का वह पर्दा, घर के बाहर का यह हाल!!

स्रोत : *व्यंग चित्रावली*, इलाहाबाद, 1930। यह एक कार्टूनों का संकलन था जो सुप्रसिद्ध 'चाँद' प्रेस द्वारा प्रकाशित किया गया था। इसमें से कई कार्टून *चाँद* पत्रिका के विभिन्न अंकों में छपे थे।

6 : रेलवे स्टेशन और पर्दा

हमारे रेलवे स्टेशनों का दृश्य

परदा न करने वाली स्त्री का स्टेशन पर दिखाई देना मानों बिजली का गिरना है। रेलवे कर्मचारी, मुसाफिर, कुली-कबाड़ी–सभी जिस आशापूर्ण नेत्रों से देखने लगते हैं, यह उसी का साधारण दृश्य है।

स्रोत : *व्यंग चित्रावली*, इलाहाबाद, 1930.

आजकल स्त्रियों ने पर्दे का उल्टा ही मतलब मान लिया है। वे घर में आकर तो गज भर का घूँघट खींच लेंगी और बाहर मेले तमाशों में जाते समय मुँह खोल कर जायंगी। विवाहादि के समय भी गन्दे गीत गाती हुई बाजारों में जाती हैं...फिर कार्तिकादि के महीने में नदियों और तालाबों में नहाती हैं जहाँ उनको हजारों मनुष्य आते जाते देखते हैं। इससे उनकी लज्जा बिल्कुल भी नहीं रहती...सीता जी और लक्ष्मण के बीच में जो पर्दा था, वह वास्तविक पर्दा था।[75]

सार्वजनिक घाटों को भद्र हिन्दू महिलाओं के लिए हुल्लड़बाजी वाली जगह के रूप में चित्रित किया गया, जहाँ उनकी छातियाँ खींची जाती हैं, जेवर चुराए जाते हैं और निम्नजातीय हिन्दू, मुस्लिम और देसी पुलिस उन्हें कामुक निगाहों से देखते हैं। इसलिए गंगास्नान भी पारदर्शी पतले कपड़े पहन कर नहीं बल्कि कुछ मूल्यों को ध्यान में रख कर सम्पन्न करना चाहिए।[76] अलग-अलग घाटों की जरूरत पर विचार किया गया और ऐसी जगहों पर पर्दा की जरूरत जताई गई। विभिन्न हिन्दू तौर-तरीकों की सेक्सजनित प्रवृत्तियों को लेकर मिशनरियों की आलोचना के कारण भी ये तर्क और प्रभावी हुए। उत्तर प्रदेश के हिन्दुओं के लिए रेल जैसे आधुनिक विकास वरदान और अभिशाप दोनों थे। रेल के करण तीर्थ यात्राएँ और आसान हो गईं, निम्न जाति के लोगों को रोजगार के नए अवसर मिले और आम जनता ज्यादा चलायमान हुई। साथ-साथ ये आधुनिकता के खुले प्रतीक थे और हिन्दू धर्म की पारम्परिक संस्कृति और रिवाजों के परोक्ष विरोधी भी। कई कट्टरपंथी हिन्दुओं के लिए इनसे जाति विभेद में कमी आई, महिला की चलायमानता में वृद्धि हुई, महिला-पुरुष सम्पर्क बढ़ा और पुरानी दुनिया में उल्लेखनीय परिवर्तन हुए। इन परिवर्तनों के कारण जाति और धार्मिक विशेष पहचान पर जोर देनेवालों और पवित्रता-प्रदूषण की बात करनेवालों के लिए नई चिन्ताएँ पैदा हुईं। इस कारण 'सम्मानीय' हिन्दू महिला के लिए सार्वजनिक हलकों में पर्दा और अलग वाहनों की माँगें बार-बार दुहराई गईं।[77]

पर्दा पर विमर्श धुँधला था और पर्दे का विरोध कभी भी पूरी तरह प्रभावशाली नही हो पाया। इसके साथ-साथ महिला को नियंत्रित, अलग-थलग करने और सुसंस्कृत-सभ्य दीखने के लिए कुछ सुधारों का समर्थन करने की कोशिशें जुड़ गईं। इस प्रकार, कुछ खास स्थितियों में चुनिन्दा पर्दाकरण महिलाओं के लिए हितकर माना गया। आधुनिक विकास, जैसे बाजार, रेलवे, तीर्थस्थल आदि को लेकर चिन्ताओं के कारण, जिसमें सम्माननीय महिलाओं का खुले में वास्ता पड़ता है, पर्दा को पूरी तरह समाप्त करने से पैदा होने वाली परेशानियाँ गिनाई गईं। इस प्रकार पर्दा का तिरस्कार और स्वीकार, दोनों साथ-साथ हुए। सार्वजनिक स्थलों और यहाँ तक कि घर में, पर्दा चुनिन्दा तौर पर अनिवार्य माना गया और जहाँ पर्दा सम्भव नहीं है, वहाँ महिला-पुरुष

के सम्बन्धों पर नजर रखी जानी चाहिए। हिन्दू नैतिकतावादियों के लिए ऐसा ही एक चिन्ताजनक सम्बन्ध देवर और भाभी का था।

देवर-भाभी के रिश्ते

उत्तर प्रदेश में, अन्य जगहों की ही तरह, देवर-भाभी के रिश्तों पर विभिन्न अर्थ और प्रतिक्रियाएँ सामने आईं और इस पर कई कहानियाँ, गाने, मुहावरे और मजाक लिखे गए। नववधू जो एक संयुक्त परिवार के ढाँचे में नवागता है, देवर में एक ऐसा इंसान पाती है जिसके साथ कोई असमान सत्ता सम्बन्ध नहीं है। भाई/पुत्र के रूप में देवर की हैसियत ऐसी है कि वो शारीरिक और भावनात्मक स्नेह का 'प्राकृतिक' पात्र है। वो परिवार का एकमात्र ऐसा पुरुष सदस्य है जिसके साथ वो स्वतंत्रतापूर्वक बातचीत कर सकती है। पूर्वी उत्तर प्रदेश में इस सम्बन्ध के बारे में कई लोकोक्तियाँ हैं, जैसे 'अबरा की जोरू, सबकी भौजाई। 'बुडबक की जोरू, सबकी भौजाई!!' यह बताता है कि भाभी को किस नजरिए से देखा जाता था – ऐसा व्यक्ति जिसके साथ सब कोई हंसी-मजाक कर सकता है। कई लोकगीतों में पारिवारिक मूल्यों की स्थापना है, पर इनमें अपरोक्ष रूप से देवर और भाभी के नाजायज रिश्तों के माने भी मौजूद हैं। ऐसे रिश्तों की सम्भावना के कारण हिन्दूवादियों में डर और विवाहेतर आकर्षण की कड़ी भर्त्सना नजर आई।

हिन्दू संयुक्त परिवार में पति और पत्नी के बीच सामाजिक सम्बन्ध काफी सीमित रहते थे। यह कहा गया कि विस्तारित हिन्दू परिवार के संरक्षण के लिए यह एक पारम्परिक कार्यकारी सिद्धांत था। इस समय, खासकर पूर्वी उत्तर प्रदेश में, बड़ी संख्या में पुरुष पलायन से स्थानीय घरों और परिवारों में एक नई तरह की रिक्तता पैदा हुई। इस अलगाव के कारण महिलाओं को मुश्किलें और भावनात्मक दबाव झेलना पड़ा। संयुक्त परिवार में चरमराहट आई और महिला को अपने पतियों के बगैर घरों में दमित माहौल में रहने के लिए मजबूर होना पड़ा। पुरुष पलायन से महिलाओं की जिम्मेदारियाँ बढ़ गईं। उत्तर प्रदेश में इस समय के लोकगीतों में पुरुष के पलायन और महिला के अकेलेपन की चर्चा है। कवि भिखारी ठाकुर के *विदेसिया* में बाहर गए प्रिय के लिए तड़प है, जो पूरे प्रदेश में काफी लोकप्रिय था। पूर्वी उत्तर प्रदेश के एक लोकगीत में कहा गया है :

सर गोहुनवा बरस दिन खैबन, बरस दिन खैबन,
पिया के जाए ना देवऊ हो,
रखबन अंखियों के हजुरवन,
पिया के जाए न देवऊ हो।

7 : देवर और भावज : तब और अब

(1)

देवर और भावज

[तब और अब]

(१)

मन पवित्र है तब भी लक्ष्मण चलते हैं मूंदे लोचन!
भ्रात्र, भ्रात्र-जाया सुभक्ति से है पूरित प्रति शोषित-कण!!
पद-चिन्हों पर श्रीसीता के पड़ न जाएँ पग है यह ध्यान!
धन्य-धन्य आदर्श अनुज वह, धन्य बड़ों का वह सम्मान!!

(2)

(२)

दिखलाता है चित्र बुरा यों देवर भावज को, क्या जान?
दूषित भाव उठाना है यह, अथवा है उसका अपमान!
भाई का मुख देख दूसरी ओर, किया अच्छा उद्योग।
इससे बढ़ कर हो सकता है, क्या शुभ अवसर का उपयोग?

(3)

मग्न ज्ञान-चर्चा में रख कर, भाई-भावज को गम्भीर!
उनकी कुटी बुहार रहे हैं सुख पूर्वक श्री लक्ष्मण धीर!!
सोच रहे उनके जीवन के, विविध रहस्यों को तल्लीन!
उठते हैं मन में समोद, बहु-सेवा के सदुपाय नवीन!!

(4)

कहता है देवर भावज से, नहीं हुआ छोटा सा काम!
बिस्तर यों ही पड़ा हुआ है–इसीलिए औरत बदनाम!!
बैठी रहती है बस घर में, गप्प लड़ाती बस दिन-रात!
हुआ नाक में दम है तुझसे–फिर न कभी हो ऐसी बात!!

(5)

गए राम, सुख से करते हैं, माता की रक्षा लक्ष्मण!
और हो रहा है मन ही मन, भ्राता के गुण का कीर्तन!!
शीत-सिंधु हैं कर सकते हैं, मुख सीता की ओर नहीं!
उनका-सा क्या अनुज जगत में, मिल सकता है और कहीं!!

(6)

भाई घर से बाहर निकले -- बस फिर हुआ अनुज का राज!
कहा काम छोड़ो भावज से, बैठो यहाँ सजा कर साज!!
'आधी भावज-आधी पत्नी' का प्रसिद्ध ही है व्यवहार!
और नहीं तो कर-स्पर्श का चिबुक-स्पर्श का है अधिकार!!

(7)

राम पूछते हैं लक्ष्मण से निज नैनों में जल भर कर!
'सीता का ही कुंडल है यह?' तब देते लक्ष्मण उत्तर–
'कुंडल को कैसे पहचानूँ–कैसे कोई आभूषन!
नुपुर को ही देख सके हैं, इस पद-सेवक के लोचन।'

(8)

किन्तु आजकल के समाज के प्रति गृह में बस है यह हाल!
बाल गूँथते, देवर गिनते भावज के सब शिर के बाल!!

करो प्रचार न कामुकता का रख कर ऐसे रीति-रिवाज!
नहीं अन्यथा कभी चलेगा उन्नति-पथ पर वृहत समाज!!

—आनन्दीप्रसाद श्रीवास्तव

स्रोत : *व्यंग चित्रावली,* इलाहाबाद 1930; *चाँद,* अप्रैल 1929 : 857-64।

अकेलेपन के कारण शायद कई महिलाओं ने अन्य रिश्तों में राहत तलाशी और इस हाल में उनका अपने देवर से निकट होना काफी सम्भव था। शहरी क्षेत्रों में शिक्षा और सुधारवादी बयार के कारण महिलाओं के लिए घरों के अन्दर गति ज्यादा हुई। वो अपने रोजाना के हाड़तोड़ जीवन से अलग इन विवाहेतर रिश्ते में राहत और एक मुकाम पाती थी। देवर-भाभी का आपसी आकर्षण काफी सामान्य था और यह एक ऐसा पहलू था जिससे महिला की कथित पतिव्रता छवि भी धूमिल होती थी। हिन्दू परिवारों के संरक्षक इस पर विशेष रूप से रोक लगाना चाहते थे। मुंशी जीवाराम कपूर खत्री ने खत्री हितकारी सभा, आगरा के सहयोग से एक किताब लिखी जिसमें महिला के लिए उपयुक्त जगह और सम्बन्धों का उल्लेख किया गया और उन्हें खासकर अपने देवर से दूर रहने की सलाह दी गई। यदि यह सम्भव नहीं है, तो कम से कम संवाद होना चाहिए। कोई हँसी-मजाक नहीं और आँखें नीची रखनी चाहिए।[78]

पुरुष के पलायन के कारण महिलाएँ काफी समय के लिए पति से अलग रहती थीं, इसलिए महिला के जीवन का नियमन जरूरी था। महिला को सुंदर कपड़े नहीं पहनने चाहिए, उसे तेज खाना नहीं खाना चाहिए, उसे बातचीत नहीं करनी चाहिए, उसे हँसना नहीं चाहिए, उसे संयोग से भी किसी और पुरुष को छूना नहीं चाहिए। एक महिला जो अपने पति के पलायन के दौरान किसी और पुरुष को देखती पसन्द करती है, वो 'कुरूप', 'बदजात' और 'टेड़े मुँह वाली' है।[79] उत्तर प्रदेश की सबसे प्रसिद्ध पत्रिका *चाँद* ने देवर-भाभी सम्बन्धों और अन्य 'नाजायज' सम्बन्धों की 'कारगुजारियों' के खिलाफ कार्टूनों के जरिए एक नैतिक जंग शुरू की। *चाँद* द्वारा प्रकाशित एक कार्टून पत्रिका में 'देवर और भावज' शीर्षक से कार्टूनों की एक श्रृंखला प्रकाशित हुई जिसमें देवर और भाभी के तथाकथित पहले और आज के सम्बन्धों में अंतर दिखाया गया। श्रृंखला का शीर्षक था 'देवर और भावज : तब और अब'। पहले कार्टून में आदर्श के रूप में सीता और लक्ष्मण का सम्बन्ध रखा गया और इसके विपरीत वर्तमान 'कलयुग' में देवर-भाभी के सम्बन्ध चित्रित किए गए।[80]

चाँद पत्रिका ने इस विषय पर लेख भी प्रकाशित किये। 'भौजाई' शीर्षक के एक लेख में कहा गया :

> *वर्तमान युग में इस नाते का निभाना स्त्री जाति के लिए अत्यंत संयम का काम है...नव वधु के पति-गृह में पदापर्ण करते ही देवर-भौजाई के छेड़-छाड़ शुरू हो जाती है। प्रायः देवर-भौजाई एक ही अवस्था के होते हैं...ऐसा नहीं कि आमोद-प्रमोद का जीवन में स्थान नहीं होना चाहिए, परन्तु पत्र और समय का विचार रखना आवश्यक है। देवर-भौजाई के आमोद-प्रमोद का वर्तमान रूप अत्यंत घृणित है। होली के दौरान उनके कपोल-अधरों का*

स्पर्श होता है और कबीर-गुलाल के बहाने मनमाना उद्यम करने को मिल जाता है...इन कुरीतियों को उखाड फेंको![81]

निषेध और विरोध अभियानों की व्यापकता से पता चलता है कि ऐसे सम्बन्ध काफी व्यापक होते जा रहे थे। खुले भाव से आदान-प्रदान और हंसी-मजाक, सुख का अनाबद्ध और आनन्दित करने वाला समय और एक तरह की भावनात्मक निर्भरता, किसी और चीज से भी ज्यादा, देवर-भाभी के रिश्तों में निहित था। यह महिला के अपने पति के साथ के सीमित सम्बन्धों से अलग था। इसकी भर्त्सना की गई कि हिन्दू महिलाएँ शास्त्रों की अवमानना कर रही हैं और अपने देवरों के साथ खुलेआम आँखें लड़ा रही हैं।[82] इस प्रकार के सम्बन्धों की निन्दा करने वाला काफी साहित्य है, पर इस साहित्य को एक भिन्न प्रकार से भी पढ़ा जा सकता है। यह साहित्य संकेत है कि किस प्रकार महिलाएँ पतियों के आधिपत्य और अपेक्षित व्यवहारों में सुराग लगा रही थीं, किस प्रकार वो अपने सुख और मनोरंजन के लिए अलग जगह बना रही थीं। कुछ समालोचकों ने महिलाओं के लिए ज्यादा आजादी की जरूरत स्वीकार करते हुए कुछ सम्बन्धों के लिए हामी भरी। *स्त्रियों के रिश्ते* नामक एक पुस्तक में एक अध्याय था 'स्त्रियों के पुरुष मित्र', जिसमें कहा गया कि पति और पत्नी पहले एक दूसरे के मित्र होते हैं। और जैसे महिलाओं के महिला मित्र होते हैं, वैसे ही उनके पुरुष मित्र हो सकते हैं, यदि उनका मनोरथ 'शुद्ध' है।[83] यह सुझाव ही अपने-आप में काफी अग्रगामी कदम था।

निष्कर्ष

औपनिवेशिक उत्तर भारत में हिन्दू मध्यमवर्गीय पहचान को स्त्री की यौनिकता पर नियंत्रण के साथ स्पष्ट रूप से जोड़ा गया। एक पतिव्रता महिला ही आदर्श महिला मानी गई। चाहे दाम्पत्य इच्छाएँ हों या विवाह का क्षेत्र या स्त्री के वस्त्र और उसके अन्य सम्बन्ध – सभी क्षेत्रों में स्त्री की देह पर पुलिसिया पहरे बैठाने का प्रयास किया गया। स्त्री-पुरुष के सम्बन्धों को एक नए पहनावे में रचाया गया ताकि पितृसत्ता का नवीनीकरण हो सके और लैंगिक विभेदीकरण मजबूत हो सके। घरेलू क्षेत्र में एक विशेष प्रकार की यौनिक नैतिकता सामने आई जिसे हिन्दू सभ्यता, हिन्दुत्व और हिन्दू पहचान के लिए आवश्यक माना गया।

लेकिन साथ ही जहाँ एक ओर हिन्दू नैतिकतावादी, सुधारवादी और राष्ट्रवादी अपनी पहचान, एक 'सभ्य आधुनिक' समाज और राष्ट्रवाद के निर्माण के लिए पतिव्रता और आदर्श महिला की नई-नई मूर्तियाँ गढ़ रहे थे, वहीं दूसरी ओर इसी के बीच महिलाएँ अपनी जगह बना रही थीं। यौनिकता प्यार और सम्बन्धों के अलग-अलग रूपों में

अभिव्यक्ति हो रही थी। घरेलू क्षेत्र को और अधिक नियंत्रित करने के प्रयासों के बीच ही महिलाएँ रेलगाड़ियों में अकेले सफर कर रही थीं, घाटों पर अकेले स्नान कर रही थीं, अपने देवर के साथ हँसी-मजाक के क्षण चुरा रही थीं और नैतिक विन्यास और व्यवस्था में बिखराव और अव्यवस्था के बीज भी बो रही थीं।

सन्दर्भ

1. Partha Chatterjee, *The Nation and its Fragments: Colonial and Postcolonial Histories*, Delhi, 1994: 120-21. यह भी देखें : पार्थ चटर्जी, 'राष्ट्र और उसकी महिलाएँ', शाहिद अमीन और ज्ञानेंद्र पांडेय, सं., *निम्नवर्गीय प्रसंग*, भाग-2, दिल्ली, 2002 : 52-73।
2. Mary John and Janaki Nair, eds, *A Question of Silence? The Sexual Economies of Modern India,* Delhi, 1998; Patricia Uberoi, ed., *Social Reform, Sexuality and the State*, Delhi, 1996.
3. Tanika Sarkar, Hindu *Wife, Hindu Nation : Community, Religion and Cultural Nationalism*, Delhi, 2001.
4. केशवकुमार ठाकुर, *विवाह और प्रेम,* इलाहाबाद, 1930, दूसरा सं.।
5. यशोदा देवी, *दाम्पत्य प्रेम और रीतिक्रिया का गुप्त रहस्य,* इलाहाबाद, 1933 : 510।
6. गंगाप्रसाद उपाध्याय, *महिला व्यवहार चन्द्रिका,* इलाहाबाद, 1928 : 3।
7. चन्द्रबली मिश्रा, *आदर्श हिन्दू नारी,* बनारस, 1930।
8. *महावीर प्रसाद द्विवेदी रचनावली, खंड 7,* संकलन-सं. भारत यायावर, दिल्ली, 1995 : 145।
9. कन्नोमल, *महिला सुधार,* आगरा, 1923 : 34।
10. यशोदा देवी, *दम्पति आरोग्यता जीवनशास्त्र,* इलाहाबाद, 1927 : 16।
11. ठाकुर विजयबहादुर सिंह, *दाम्पत्य शास्त्र,* इलाहाबाद, 1933 : 124।
12. जुगल किशोर मुख्तार, *विवाह का उद्देश्य,* आगरा, 1922।
13. मदनलाल खेमका, *स्त्री शास्त्र,* बनारस, 1934 : 72; लाला बैजनाथ, *धर्म शिक्षा,* मेरठ, 1910 : 72; ठाकुर, *विवाह* : 40-2; चिम्मनलाल वैश्य, *वीर्य रक्षा,* मेरठ, 1928, दसवां सं. : 65-84।
14. *Age of Consent (Joshi) Committee, 1928-29, Report*, Calcutta, 1929 (आगे *Consent, Report*) : 9.
15. Sarkar, *Hindu Wife* : 226-49; Janaki Nair, *Women and Law in Colonial India : A Social History*, Delhi, 1996 : 71-84; Geraldine Forbes, *Women in Modern India*, Delhi, 1998 : 83-90.
16. Sudhir Chandra, *Enslaved Daughters : Colonialism, Law and Women's Rights*, Delhi, 1998; Uma Chakravarti, *Rewriting History : The Life and Times of Pandita Ramabai*, Delhi, 1998.
17. 410-715/May 1890, Judl, A, Home Deptt., National Archives of India (आगे NAI). इसमें विशेष तौर पर देखें : File 519 for UP : 20, 34-35, 38-39, 41, 54, 66.
18. वही : 40-41।
19. वही : 52-54।
20. वही : 67।

21. 519/May 1890, Judl, A, Home Deptt, NAI : 22-27.
22. Nair, *Women* : 75.
23. *भारत जीवन,* 19 जनवरी 1891 : 3।
24. *हिन्दुस्तान,* 27 जनवरी 1891; *प्रयाग समाचार,* 26 जनवरी 1891; *हिन्दुस्तान,* 10 फरवरी 1891।
25. *भारत जीवन,* 26 जनवरी 1891; *हिन्दुस्तान,* 26 फरवरी 1891।
26. 155-159/February 1891, Judl, Home Deptt, NAI.
27. *अलमोड़ा अखबार,* 19 जनवरी 1891।
28. *भारत जीवन,* 9 फरवरी 1891 : 3।
29. *भारत जीवन,* 26 जनवरी 1891 : 3; *भारत जीवन,* 23 मार्च 1891 : 8-9।
30. *भारत जीवन,* 9 फरवरी 1891 : 3।
31. *भारत जीवन,* 23 फरवरी 1891 : 4-5।
32. *भारत जीवन,* 2 फरवरी 1891 : 3-4।
33. *भारत जीवन,* 23 फरवरी 1891 : 4-5।
34. कन्नोमल, *महिला* : 15-16।
35. *भारत जीवन,* 9 मार्च 1891 : 4।
36. *भारत जीवन,* 19 जनवरी 1891 : 3; *भारत बन्धु,* 6 फरवरी 1891; *हिन्दुस्तान,* 7 फरवरी 1891।
37. *हिन्दुस्तान,* 18 फरवरी 1891।
38. *प्रयाग समाचार,* 26 जनवरी 1891।
39. *हिन्दुस्तान,* 5 मार्च 1891।
40. 278-291/July 1892, Judl, A, Home Deptt, NAI.
41. 187-196/August 1893, Judl, A, Home Deptt, NAI.
42. बालमुकुंद बाजपेयी, *हिन्दू विवाह,* लखनऊ, 1919।
43. बाजपेयी, *हिन्दू विवाह* : 5-6, 8, 12-13, 15, 26-7, 34।
44. 416/1924, Judl, Home Deptt, NAI.
45. वही.
46. वही.
47. *Consent, Report* : 3.
48. *Consent, Report* : 17.
49. चेतराम त्रिपाठी, *शारदा कानून और सनातन धर्म,* काशी, 1929; मुन्नीलाल साधू वैश्य, *बाल विवाह निषेध कानून,* बनारस, 1929।
50. 482/1929, Box 209, Judl (Civil) Deptt, Uttar Pradesh State Archives (आगे UPSA).
51. वही.
52. 296/1930, Box 213, Judl (Civil) Deptt, UPSA.
53. 1/February 1911, Judl, Deposit, Home Deptt, NAI.
54. Padam Kumari vs. Suraj Kumari, *Indian Law Reports, Allahabad*, Vol. 28, Allahabad, 1906 : 458.
55. *अभ्युदय,* 30 जुलाई 1911; *अभ्युदय,* 6 अगस्त 1911।
56. *अभ्युदय,* 30 जुलाई 1911।
57. *अभ्युदय,* 10 अगस्त 1911।
58. 124/1911, Box 45, Judl (Civil) Deptt, UPSA.
59. वही।

60. *Leader*, 21 December 1911.
61. *Leader*, 17 May 1911.
62. ज्योतिर्मयी ठाकुर, *आदर्श पत्नी*, इलाहाबाद, 1935 : 14।
63. गोस्वामी लक्ष्मणाचार्य, *भीषण भविष्य*, इलाहाबाद, 1909 : 2-3, 92।
64. ठाकुर, *आदर्श* : 15।
65. बाबू सीताराम, 'हमारी स्त्रियों का रहन-सहन', *अग्रवाल हितैषी*, 1925 : 34-5।
66. जनार्दन जोशी, *गृह प्रबन्ध शास्त्र*, प्रयाग, 1918 : 1-5, 8, 62-3, 74।
67. कन्नोमल, *महिला सुधार* : 31-2।
68. रामतेज पाण्डे, *नारी धर्म शास्त्र*, काशी, 1931 : 56, 377।
69. कन्नोमल, *महिला सुधार* : 22।
70. रुकमणि देवी, *मेम और साहिब*, बनारस, 1919 : 1-32।
71. 'लज्जा', *कन्या मनोरंजन*, 28 मई 1915 : 212-13।
72. पाण्डे, *नारी* : 122-3।
73. लक्ष्मी नारायण 'सरोज', *नारी शिक्षा दर्पण*, बनारस, 1929 : 21।
74. *चाँद*, 2 (4), अगस्त 1924 : 302-4।
75. शकुंतला देवी गुप्ता, 'पर्दा', *स्त्री दर्पण*, 29 (1), जुलाई 1923 : 346-7।
76. रूपनारायण तिवारी, *गंगा स्नान*, कानपुर, 1923 : 8-9, 31-2।
77. *भारत जीवन*, 5 दिसंबर 1898; *आगरा अखबार*, 20 दिसंबर 1876; *हिन्दुस्तान*, 9 मई 1889।
78. मुंशी जीवाराम कपूर खत्री, *स्त्री धर्म सार*, मथुरा, 1892।
79. यशोदा देवी, *पति भक्ति की शक्ति अर्थात पति की मर्यादा*, इलाहाबाद, 1925 : 31-8।
80. *व्यंग चित्रावली*, इलाहाबाद, 1930. ये कार्टून *चाँद* पत्रिका में भी लगातार प्रकाशित हुए। उदाहरण के लिए देखें : *चाँद*, अप्रैल, 1929 : 857-64।
81. बाबूराम श्रीवास्तव, 'भौजाई', *चाँद*, फरवरी, 1929 : 610-12।
82. 'सरोज', *नारी* : 26-7; देवी, *पति भक्ति* : 32, 36।
83. विश्व प्रकाश, *स्त्रियों के रिश्ते*, प्रयाग, 1935 : 73-4, 112-13।

7
चाहे लक्ष्य, अनचाहे परिणाम
स्त्री शिक्षा और पढ़ने का भय

औपनिवेशिक उत्तर भारत में हिन्दू नवजागरण सुधारकों और विचारकों के लिए महिलाओं की शिक्षा का सवाल प्रमुख था। पर यह उल्लेखनीय है कि महिलाओं के लिए शिक्षा की जरूरत किस भाषा, किस तर्क या किस बोली में अभिव्यक्त की गई। बेहतर पत्नी और माँ के निर्माण में मदद करने के लिए महिला शिक्षा एक मध्यवर्गीय हिन्दू पहचान और सभ्यता निर्मित करने वाले एक नैतिक कर्म के रूप में सामने आई। स्त्री शिक्षा एक राष्ट्रीय निवेश था, जिसका मकसद उन्हें एक अच्छी गृहणी और अपने विवाहित जीवन में एक उत्तम और ज्ञानवान सहचरी बनाना था। इस अध्याय में हम देखेंगे कि हिन्दू सुधारकों ने महिलाओं के लिए किस प्रकार की शिक्षा का आदर्श सामने रखा, उसमें क्या कमियाँ थीं और इस सबके बीच महिलाओं ने कैसे अपनी जगह बनाई।

उन्नीसवीं शताब्दी की शुरुआत में पूरे उत्तर प्रदेश में शायद ही ढंग का कोई कन्या विद्यालय था और स्त्रियों को आम तौर पर घर पर ही अनौपचारिक ढंग से शिक्षा दी जाती थी, जिसे वरिष्ठ परिजन या कई बार कुछ पढ़ी-लिखी, पर गैर-पेशेवर, पंडिताइनें संचालित करती थीं।[1] हिन्दू स्त्रियों को औपचारिक शिक्षा देने का अभियान व्यवस्थित रूप से पहली बार इसाई मिशनरियों ने शुरू किया। भारतीय स्त्रियों की दुर्गति और उपेक्षा पर उन्होंने अपने हित के लिए गहरे रूप से प्रकाश डाला और उनके द्वारा दी जा रही शिक्षा को हिन्दू धर्म की बुराइयों और विसंगतियों के बोझ से उबरने का प्रथम चरण कहा। मिशनरी प्रवर्तकों ने घरों के अन्दर के जनानखाने को अन्धकार, गन्दगी और बदनसीबी का सबसे बड़ा कारक माना। *जनाना मिशन* जैसे अभियान भारत की स्त्रियों की मुक्ति, और उन्हें सभ्यता प्रदान करने की प्रथम आहट के तौर पर शुरू किए गए।[2] महिला जनानखाने के बारे में कहा गया :

> *जनानखाने की नीरस और सुनसान दुनिया में न तो कोई किताब, और न ही लेखन सामग्री या कसीदाकारी दिखाई देती है। अंग्रेज स्त्रियों के आन्तरिक कक्षों में मौजूद सभ्यता के अनगिनत उपादानों में से कुछ भी तो यहाँ दिखाई नहीं देता।*[3]

मिशनरियों का मानना था कि ऐसी स्त्रियों तक पहुँच बनाने के लिए कोई न कोई तो रास्ता ढूँढना ही होगा :

> *पुरुषों से अलग रखी गई स्त्रियों के पास पहुँचने का रास्ता स्त्रियों को ही बनाना होगा, और यदि दीक्षित मिशनरी मुक्ति के सुसमाचारों से अभिभूत हो कर ऐसी पहल करने में असहज महसूस करता है तो सिस्टर मिशनरी को आगे किया जाना चाहिए – हाथों में और होठों पर ईश्वरीय संदेशों को साथ लिए वे इन दुखियारी स्त्रियों के पास जाएँ और बताएँ कि जीवन और मुक्ति के द्वार उनके लिए भी निःशुल्क तथा बिना किसी रोक-टोक के खुले और उपलब्ध हैं।*[4]

दूसरी ओर हिन्दू सुधारक मिशनरियों तथा पश्चिमी शिक्षा से बेहद आशंकित रहते थे, खास तौर से स्त्रियों के सन्दर्भ में। उन्हें विभिन्न जातियों के मेलजोल और अंग्रेजी शिक्षा के प्रभाव से स्त्रियों के 'मेम' बन जाने का भय था। इसी कारण *जनाना मिशन* के नाम पर वे मिशनरी स्त्रियों के अपने घरों में आने-जाने की छूट मिल जाने को ले कर काफी चिन्तित रहते थे, और शिक्षा की आड़ में ईसाई धर्म प्रचार/ धर्मान्तरण का अंदेशा उनके मन में निरन्तर बना रहता था।[5] हिन्दू स्त्रियों के धर्मान्तरण के इक्का दुक्का मामलों की उग्र प्रतिक्रिया सामने आई, हालाँकि ऐसा करने के लिए उन पर किसी तरह का दबाव डालने के अधिक प्रमाण नहीं मिलते। उदाहरण के लिए 1898 में इलाहाबाद की एक कायस्थ कन्या को घर जा कर पढ़ाने वाली मिशनरी स्त्री ने उसे घरबार छोड़ कर इसाई बन जाने के लिए प्रेरित किया, जिसके लिए कन्या स्वेच्छा से राजी हो गई। पर ऐन वक्त पर परिवार के हस्तक्षेप के कारण यह प्रकरण सफल नहीं हो पाया।[6] कई मायनों में यह माना जाने लगा कि इसाई धर्म हिन्दू धार्मिक संस्कृति और सामाजिक संस्थाओं को अंग्रेजी राज से ज्यादा गम्भीर चुनौती दे रहा था।[7]

यह कहा गया कि पारिवारिक मूल्यों की बलि देकर और लैंगिक श्रेणीबद्धता को ध्वस्त करके हासिल की जाने वाली शिक्षा सार्थक नहीं हो सकती। हिन्दू पुरुषों का पक्ष प्रस्तुत करते हुए एक पत्र ने लिखा :

> *हम अपनी स्त्रियों को शिक्षित देखना तो चाहते हैं पर यदि शिक्षा का अर्थ उनका अपने मनमाफिक लोगों के साथ मनमाना मेलजोल बढ़ाना, ज्ञान में वृद्धि के साथ नैतिकता का ह्रास् जुड़ जाना, हमारे सम्मान का अवमूल्यन और घरों के अन्दर की निजता का हनन होना हो जाए तो हम अपनी स्त्रियों को शिक्षित करने के बजाय अपना सम्मान सँजोकर रखना चाहेंगे – चाहे इसके लिए हमें हठधर्मी, पूर्वग्रही या सिरफिरा ही क्यों न कहा जाए।*[8]

1909 के आसपास उत्तर प्रदेश के अनेक शहरों में स्त्री शिक्षा के विरोध में प्रतिक्रियाएँ देखने में आईं, हालाँकि शुरू में उत्साह दिखाया गया था, भले ही वह

दिखावे के लिए रहा हो। सार्वजनिक तौर पर स्त्री शिक्षण का तो स्वागत किया गया, पर इसका अन्दरूनी विरोध कायम रहा। बनारस में स्त्री शिक्षा को लेकर कोई हलचल नहीं थी, इलाहाबाद में उदासीनता दिखी, गोरखपुर में प्रतिकूल प्रतिक्रियाएँ सामने आईं और लखनऊ में खुले तौर पर उग्र विरोध सामने आया।[9]

लेकिन साथ ही, उत्तर प्रदेश के हिन्दू अपनी शालीन और सुसंस्कृत छवि बनाना चाहते थे। मध्यवर्गीय हिन्दू अस्मिता और सभ्यता के लिए स्त्री शिक्षा एक नैतिक अनिवार्यता बनती जा रही थी। स्त्रियों का विवाह सम्बन्धों में एक अनुकूल और प्रबुद्ध संगिनी की भूमिका निभाने पर जोर दिया जा रहा था जिसके लिए थोडी शिक्षा अनिवार्य मानी गई। राष्ट्रीय आन्दोलन में भी उनकी और अधिक सक्रिय भूमिका के लिए शिक्षा जरुरी थी। यह माना गया कि हिन्दू परिवार की खुशियाँ तभी बढ़ेंगी जब स्त्रियाँ थोड़ी शिक्षित होंगीं। लेकिन साथ ही अधिक पढ़ी-लिखी स्त्रियों की सकारात्मक भूमिका पर भी अँगुली उठाई जाने लगी। पारिवारिक और सामाजिक खामियों के लिए मुख्य रूप से स्त्रियों को दोषी माना जा रहा था। साथ ही यह कहा जा रहा था कि स्त्रियाँ पारिवारिक जीवन की केन्द्रीय शक्ति थीं, उन्हीं में वे सभी गुण समाहित थे जिससे परिवार के अन्दरूनी ढाँचे का संरक्षण किया जा सके।[10] उत्तर प्रदेश के एक नामचीन वकील बिशन नारायण धर ने लिखा :

> *स्त्रियों को शिक्षित करने से केवल घरेलू शान्ति और सद्भाव ही नहीं उत्पन्न होगा, बल्कि ज्ञान की प्रेरक शक्ति से आनन्द के नए द्वार भी खुलेंगे–स्त्रियों के साथ से मिलने वाले परिष्कृत और शुद्ध सुख, स्त्रियोचित स्नेह और करुणा से ओतप्रोत सामाजिक उन्नयन के विस्तृत मार्ग भी प्रशस्त होंगे।*[11]

उत्तर प्रदेश के हिन्दुओं की कोशिश थी कि महिला शिक्षा की एक ऐसी प्रणाली विकसित की जाए जिसमें पूर्वी और पश्चिमी संस्कृतियों का सहज समन्वय हो। वे चाहते थे कि आदर्श, पारम्परिक और आर्य स्त्रियों को आधुनिकता, सभ्यता और पश्चिमी ज्ञान से भी कुछ हद तक लैस किया जाए।[12] साथ ही उन्हें आदर्श से ओतप्रोत ऐसी व्यवस्था को अपनाना था जिसका स्थान उनकी निगाह में ऊँचा था। मदन मोहन मालवीय ने इस बात पर बल दिया कि स्त्रियों की शिक्षा में अतीत और वर्तमान की स्त्रियों के सर्वश्रेष्ठ पक्षों का समावेश होना चाहिए जिससे उन्हें भविष्य में नए भारत के निर्माण में बढ़-चढ़ कर हिस्सा लेने के लिए प्रेरणा मिले।[13] लेकिन इस तरह के तर्कों में एक महत्वपूर्ण अन्तर्विरोध छुपा हुआ था। एक छोर पर था, भारतीय स्त्रीत्व का पारम्परिक आदर्श और दूसरे छोर पर था, शिक्षा का आधुनिक आदर्श, और इनका समन्वय कर पाना सुधारकों के लिए कठिन था।[14] तात्कालीन व्यवस्था के अन्तर्गत् आर्य, आधुनिक और शिक्षित मातृत्व का सम्मिश्रण होना सफल

नहीं हो सकता था। स्कूलों में सरकार द्वारा निर्धारित पाठ्यक्रम पढ़ाना सरकारी अनुदान प्राप्त करने की अनिवार्यता थी, पर आर्य माताओं की नई पीढ़ी विकसित करने की नीयत से अन्य विषयों को भी साथ-साथ पढ़ाने की मुहिम चलाई जा रही थी। महिला शिक्षा में विशेषकर आधुनिक जीवन, सभ्यता और प्रौद्योगिकी के साथ-साथ पारम्परिक हिन्दुत्व का घालमेल आवश्यक माना जा रहा था क्योंकि यह पश्चिमी अन्ध-आधुनिकता को एक चुनौती दे सकता था। पुरुषों पर आधुनिक शिक्षा का बुरा प्रभाव पड़ा है–ऐसा मानकर कहा गया कि स्त्रियों को इससे खासकर दूर रखना चाहिए। एक सुधारक ने लिखा :

> *स्कूल के लड़के-लड़कियों को देखो तो हड्डी निकली हुई है, आँखें भीतर घुसी हुई हैं, चश्मा भी लग रहा है...हाथ से कोई काम करना तो उन्हें पहाड़ ही मालूम होता है...नई शिक्षा की रीति ही बुरी है।*[15]

इसके साथ ही इस बात पर जोर दिया गया कि चाहे पुरुषों ने पश्चिमी पोशाक और संस्कृति को शिक्षा के कारण अपना लिया था, हिन्दू महिलाओं ने यहाँ की संस्कृति और धरोहर को सँभाल कर रखा था। एक लेखक ने अपने विचार इस प्रकार व्यक्त किये :

> *जब यह देखने में आता है कि स्त्रियों का भी उसी सदोष शिक्षा-प्रणाली से पाला पड़ता है तब स्त्री शिक्षा पर विचार करने वालों का चित्त व्यथित हुए बिना नहीं रहता। जातीयता का अभाव, मातृभाषा के प्रति तिरस्कार इत्यादि दोष स्त्रियों में नहीं पाए जाते।*[16]

यह भी गौर करने का विषय है कि न केवल हिन्दू समाज सुधारक बल्कि कई ब्रिटिश अधिकारी, पाठय पुस्तकों के लेखक तथा सरकारी पाठयक्रम बनाने वाले अधिकारी भी उपर्युक्त विचारों के प्रभाव में थे। वे यह मानते थे कि आर्य स्त्रीत्व के कथित आदर्शों को बनाए रखना चाहिए और शिक्षा के द्वारा उन्हें और मजबूत करना चाहिए।

औपनिवेशिक काल की सच्चाई यह है कि स्त्रियों की शिक्षा के मामले में उत्तर प्रदेश देश के सबसे पिछड़े इलाकों में से था। परदा प्रथा, बाल विवाह और आर्थिक विपन्नता इस पिछड़ेपन के प्रमुख कारण थे। 1860-61 में यहाँ पर कन्याओं के पंद्रह विद्यालय थे, जिसमें 260 छात्राएँ पढ़ती थीं,[17] हालाँकि धीरे-धीरे औपचारिक शिक्षा प्राप्त करने वाली कन्याओं की संख्या उत्तर प्रदेश में बढ़ती गई। 1886-87 में उनकी संख्या 500 प्रतिशत से भी ज्यादा बढ़कर 13,116 तक पहुँच गई और 1916-17 में यह संख्या बढ़ कर 70,712 हो गई। इस गणना में सरकारी शिक्षण संस्थाएँ (विश्वविद्यालय, माध्यमिक तथा प्राथमिक) और निजी संस्थाएँ (उच्च एवं प्रारम्भिक) शामिल हैं।[18] 1937-38 तक छात्राओं की संख्या बढ़कर 1,44,998 तक पहुँच गई,

जिसमें सबसे आगे रहीं ऊँची जातियों की हिन्दू कन्याएँ। शहरी मध्य वर्गीय कन्या के जीवन में किसी प्रकार के स्कूल में दाखिला लेना एक सर्वमान्य मूल्य की तरह स्थापित होने लगा था।[19]

हिन्दुओं ने स्त्री शिक्षा के विकास के लिए दो-तरफा रणनीति अपनाई। एक, सरकारी नियम-कायदों का पालन करने वाले आर्यसमाजी विद्यालयों की स्थापना, और दो, व्यापक तौर पर सनातन धर्म के आदर्शों का अनुसरण करने वाले नव हिन्दुत्ववादी विद्यालयों का विकास। पहली श्रेणी के विद्यालयों में देहरादून का कन्या गुरुकुल अग्रणी था। अन्य महत्वपूर्ण संस्थाएँ थीं हरदोई की आर्य कन्या पाठशाला, मेरठ की कन्या पाठशाला तथा गाजियाबाद की वैदिक कन्या पाठशाला। दूसरी श्रेणी के विद्यालयों में सर्वप्रमुख था बनारस का एनी बेसेंट हिन्दू कन्या विद्यालय, जो हिन्दू सेंट्रल कॉलेज का एक अंग था। इसमें पढ़ने वाली सभी छात्राएँ ब्राह्मण परिवारों की ही थीं। पर शुद्ध शैक्षणिक मानदंडों से परखने पर यह विद्यालय निराश करने वाला था।

हिन्दुओं ने पुरुष शिक्षण से अलग एक नई स्त्री शिक्षण प्रणाली विकसित करने का प्रयास किया जो पश्चिमी शैक्षणिक प्रतिमानों का अनुसरण नहीं करती थी। यह कहा गया कि यहाँ की जरूरतें भिन्न हैं और साथ ही पश्चिमी शिक्षा के तथाकथित दोषों को भी उजागर किया गया। एनी बेसेंट ने इस सन्दर्भ में लिखा :

> *स्त्री शिक्षा के राष्ट्रीय अभियान को वास्तविक अर्थों में राष्ट्रीय स्तर का होना चाहिए। इसमें स्त्रियों की भूमिका की प्राचीन हिन्दू धारणा का समावेश होना चाहिए, न कि अधकचरे आधुनिक विचारों का। इसमें स्त्रियों को सार्वजनिक रोजगार के अवसरों के सन्दर्भ में पुरुषों का प्रतिद्वंद्वी और विरोधी नहीं माना जाना चाहिए। पश्चिमी समाजों में प्रचलित भिन्न आर्थिक परिदृश्यों में यह निरन्तर देखने में आ रहा है। भारत को शालीन तौर-तरीकों वाली शिक्षित पत्नियों और माताओं की, बुद्धिमती व स्नेही गृहिणियों की, बच्चों को पढ़ाने वाली शिक्षित शिक्षिकाओं की, पतियों को उचित परामर्श देने वाली सहगामिनियों की और बीमारों की तीमारदारी करने वाली सुयोग्य नर्सों की आवश्यकता है, न कि वैसी स्त्री स्नातकों की जो केवल बाहरी कामकाज के लिए उपयोगी हों।*[20]

अपने देश ब्रिटेन के स्त्री आन्दोलनों से भयभीत अनेक अंग्रेज अधिकारी उत्तर प्रदेश के सुधारकों के इस दृष्टिकोण के प्रति सहानुभूति तथा स्वीकृति का नजरिया रखते थे और उनके विचारों में यह रूढ़िवादिता स्पष्ट तौर पर दिखती भी थी। प्रदेश के तत्कालीन शिक्षा निदेशक एच. बी. बटलर का मानना था कि लड़कियों की शिक्षा को लड़कों की शिक्षा का अंधानुकरण नहीं करना चाहिए, और न ही इनमें परीक्षाओं की भरमार होनी चाहिए।[21] उत्तर प्रांत के शिक्षा निदेशक मैकेनजी ने भी जोर देकर

कहा कि भारतीय लड़कियों को लड़कों की प्रतिलिपि के तौर पर विकसित नहीं किया जाना चाहिए, और न ही इन्हें पश्चिमी लड़कियों की प्रतिलिपि ही बनाना चाहिए। उन्होंने लड़कियों के लिए ऐसे पाठ्यक्रम बनाने पर जोर दिया जिससे भारतीय स्त्रीत्व के सर्वश्रेष्ठ गुण निखर कर सामने आएँ।[22] यह भी माना गया कि स्त्रीत्व के प्राचीन आदर्शों को गौरवान्वित करने के बदले हिन्दू समाज यदि राष्ट्रीय विशिष्टताओं से रहित पश्चिमी कैरिकेचर को प्रोत्साहित करेगा तो अपनी चमक-दमक और सम्मोहन का ह्रास ही करेगा। उत्तर प्रदेश में इसाई मिशनरियों द्वारा स्थापित स्त्री शिक्षा के मानदण्ड हिन्दुओं द्वारा स्थापित आदर्शों से ज्यादा भिन्न नहीं थे - बस, धार्मिक शिक्षाएँ अलहदा थीं। मिशनरियों ने यही कहा :

> *कन्या विद्यालय अपनी स्थापना के लक्ष्य तब तक प्राप्त नहीं कर सकते जब तक वहाँ प्रवीणता-दक्षता का अध्यापन पारिवारिक जरूरतों को ध्यान में रखकर न किया जाये...सहज स्वाभाविक हुनर के रूप में स्वीकार कर युवा होती कन्याओं को बीमारों की तामीरदारी और फर्स्ट एड में प्रशिक्षित किया जाना चाहिए। परिवार के रखरखाव के लिए घरेलू अर्थशास्त्र महिलाओं के लिए एक बहूमूल्य साधन हो सकता है और इससे पारिवारिक मामलों का ठीक और अच्छा प्रबन्धन किया जा सकता है। सम्भव है बाहर फरिश्ता मानी जाने वाली युवा स्त्रियाँ घर के अन्दर कर्कशा के रूप में देखी जाती हों। इसका कारण यह हो सकता है कि विद्यालयों में सहपाठियों के साथ संयमित और निःस्वार्थ बर्ताव करने की दीक्षा उन्हें नहीं दी गई।*[23]

उत्तर प्रदेश में स्त्री शिक्षा की विफलता का एक बड़ा कारण पाठ्यक्रम की अनुपयुक्तता को माना गया। शिक्षा विभाग का मत था कि स्त्री शिक्षा गणित के बोझ से बोझिल हो गई थी और इसमें घरेलू विज्ञान का अभाव था। 1915 में लड़कियों को पढ़ाए जाने वाले देसी पाठ्यक्रम का संशोधन करने के लिए एक समिति का गठन किया गया जिसने मुख्य तौर पर गणित के पाठों को सरलीकृत करने तथा निम्न माध्यमिक कक्षाओं में घरेलू विज्ञान को अनिवार्य विषय के तौर पर पढ़ाने के सुझाव दिए।[24] यों तो सरकार स्त्री शिक्षा के प्रति गम्भीर चिन्ताएँ जाहिर करती थी, पर वास्तव में इसके लिए पर्याप्त राशि का आबंटन करने में हीला-हवाला करती थी। इसलिए कन्या विद्यालयों में संसाधनों और प्रशिक्षित शिक्षिकाओं की बड़ी कमी हमेशा देखने में आती थी। तुलनात्मक रूप में लड़कों के विद्यालयों की दशा संसाधनों और शिक्षकों के मामले में काफी अच्छी थी।[25]

हिन्दुओं को निरन्तर यह चिन्ता सता रही थी कि स्त्रियाँ शिक्षित होते ही, विशेषकर अंग्रेजी शिक्षा पाते ही, पश्चिमी जीवन शैली का अनुकरण करने लगती हैं। हिन्दू महिला सुधारकों ने भी यह चिन्ता व्यक्त की :

खास कर जिन स्कूलों में अंग्रेजी की शिक्षा दी जाती है वहाँ की छात्राएँ तो अपने में सादगी का अनुभव करना कम पसन्द करती हैं...उनमें एक प्रकार से चटक-मटक कर रहने की विशेष आदत पड़ जाती है...इस समय गर्ल्स स्कूलों में सबसे अधिक आवश्यकता है सादगी का प्रचार करना...अंग्रेजी और पश्चिमी शिक्षा के प्रभाव से बचने के लिए उनकी धर्मशिक्षा का विशेष प्रबन्ध होना चाहिए। उनके सामने भारत के प्राचीन गौरव का आदर्श रखना चाहिए।[26]

एक अन्य अखबार ने कहा :

इन अंग्रेजी नव-शिक्षित महिलाओं ने परम पवित्र विवाह बन्धन को एक साधारण खिलवाड़ समझ लिया है। जैसे कोई व्यक्ति किसी ऑफिस में नौकरी करता है उसी प्रकार इस नव-शिक्षित महिलाओं की समझ में स्त्री भी मानो पति की नौकरी करती है कि वो अपने पति से खाना कपड़ा और खर्च पाया करे; जब उसकी इच्छा हुई कुछ दिन की कैजुअल लीव ले ली...खेद की बात है कि अंग्रेजी शिक्षा ने ऐसा खराब असर महिलाओं के दिलों पर कर दिया है।[27]

और एक अन्य प्रकाशन ने पश्चिमी शिक्षा के महिलाओं पर भयंकर असर को दर्शाते हुए व्यंगात्मक रूप में लिखा :

यदि विचार कर देखा जाए तो अनाधिकार स्त्री शिक्षण, युवती विवाह और स्त्री स्वतंत्रता–ये तीनों ही हिन्दू समाज के लिए विष हैं...हिन्दू समाज में इन के द्वारा जिस भीषण भविष्य की सम्भावना है इसे हम दर्शाना चाहते हैं...

पश्चिमी दृश्य : सभ्य बीवी की चिठ्ठी :

सीखे मैंने डांसिंग ढंग, और सिंगिंग है इसके संग,
बस अब देख दिखलाऊँगी, और सीखूँ सिखलाऊँगी,
सदा सुन्दर तितली बनकर, उड़ूँगी फूलों फूलों पर,
कभी थियेटर मैं जाऊँगी फूल तुर्रे ले आऊँगी।[28]

एक और उदाहरण देखिये। एक गीत संकलन ने लिखा :

मैं अंग्रेजी पढ़ गई, नहीं पर्दे में रहने की ॥...
गेंद खेलने को जाऊँगी, मर्दों में जी बहलाऊँगी ॥...
पति अंग्रेजीदां जवान हो, क्रिस्तान या मुस्लमान हो।[29]

इस प्रकार आधुनिक, अंग्रेजी और पश्चिमी शिक्षा को कई बुराइयों का द्योतक माना गया, विशेषकर महिला शिक्षा के सन्दर्भ में। सुधारवादियों को यह खतरा भी लगातार

लग रहा था कि अधिक शिक्षा पाने पर महिलाएँ अपने घर के चैन, पति के सुख और बच्चों को तिलांजलि दे देंगी। चाँद कार्यालय ने अपने विभिन्न प्रकाशनों में और एक कार्टून संकलन में इस विषय पर कई कार्टून छापे। एक कार्टून में दिखाया गया कि एक शिक्षित महिला अपने पति पर गुस्सा हो रही है। वो कुर्सी पर बैठी है और पति चाय लेकर खड़ा है। एक अन्य कार्टून में शिक्षित पत्नी टेबल पर बैठ भाषण लिख रही है और पति बच्चे को खड़े होकर सुला रहा है।[30] स्पष्ट था कि सुधारकों के अनुसार महिला शिक्षा एक सीमा में ही होनी चाहिए और महिलाओं को अपने घर का सारा काम स्वयं करना चाहिए। शिक्षा का अर्थ यह नहीं है कि पति चाय पिलाए या बच्चे को देखे!

इसके साथ-साथ प्राचीन भारत को ऐसे युग के रूप में चित्रित किया गया जिसमें शिक्षित स्त्रियों की भरमार थी। इसी मॉडल को अंगीकार करने की बात बराबर कही जा रही थी।[31] अनेक स्तरों पर, जैसे कथा कहानियों, निबन्धों और उपदेशात्मक आख्यानों में, शिक्षित स्त्री पर आदर्शवादी हिन्दू पत्नी और पश्चिमी चाल-ढाल में ढली, अंग्रेजी पढ़ी हुई स्त्री पर धार्मिक शिक्षा पाई स्त्री *विजयी* बन कर उभर रही थी।[32] काशी नागरी प्रचारिणी सभा ने भी स्त्रियों से अंग्रेजी उपन्यासों का परित्याग करके *हिन्दू गृहस्थी, आदर्श दम्पति* तथा *सती चरित्र संग्रह* जैसी पुस्तकें पढ़ने का आग्रह किया।[33] इस बात पर जोर दिया गया कि महिलाओं के लिए सबसे महत्वपूर्ण धार्मिक और नैतिक शिक्षा है, इसमें भी विशेषकर *महाभारत, रामायण* और *मनुस्मृति* को अनिवार्य रूप से शामिल किया गया। एक विशेष प्रकार की वैज्ञानिक शिक्षा भी इसमें शामिल थी। महिलाओं को गृह विज्ञान में प्रशिक्षित करना था, जैसे साफ-सफाई के नियम, घर की देखभाल, खाद्य पदार्थों का महत्व, घरेलू प्रबन्ध, बुनियादी अकाउंट की जानकारी, स्वच्छता, रसोई, सिलाई-बुनाई आदि। नारी शिक्षा का आदर्श प्रस्तुत करते हुए एक लेखक ने कहा :

> *वर्तमान समय में नारी शिक्षा के लिए खूब बहसें हो रही हैं। इस समय तीन मत के लोग अपनी-अपनी गा रहे हैं। पहला तो यह है कि नारियों को खूब ऊँची शिक्षा देनी चाहिए। अर्थात पुरुषों की तरह उन्हें भी बी.ए., एम.ए. की डिग्री दिलानी चाहिए। दूसरे कहते हैं कि नारियों को शिक्षा ही न देनी चाहिए। तीसरे कहते हैं कि हमें अपने भारत की स्थिति के लायक शिक्षा देनी चाहिए...मेरे मत से अन्तिम शिक्षा ही उत्तम है...नारियों को मध्यम श्रेणी ही की शिक्षा देनी चाहिए। उन्हें अपने भारतीय ग्रन्थ पढ़ाने चाहिए, धर्म की पुस्तकें पढ़ानी चाहिए, पतिव्रत धर्म क्या है, इसे समझाना चाहिए। इसके बाद उन्हें गृहस्थ्य धर्म की पुस्तकें, जैसे पाकशास्त्र, बच्चों के पालन की रीति, पति-कुटुंब सेवा, सीना-पिरोना, पतिव्रत-धर्म, अतिथि-सेवा,*

8 : महिलाएँ और शिक्षा

अर्द्ध-शिक्षिता बीवी

हे भगवन! स्त्री-शिक्षा के हिमायतियों का नाश कर!
उन्हीं ने मेरी यह दुर्दशा की है!!

स्रोत : चाँद, अगस्त, 1926।

देवी जी के लिए पति-देवता स्वयं चाय बना कर लाए हैं, देवीजी का आज मिंटोपार्क में 'गृहस्थ्य-सुख' पर एक महत्वपूर्ण व्याख्यान होने वाला था। चाय की देरी के कारण -- 5 मिनट की देरी हो गई–पति-देवता पर बहुत बिगड़ रही हैं!!

देवी जी स्त्रियों की वर्तमान दशा पर एक जबरदस्त नोट लिख रही हैं और पति-देवता बाहर बच्चा खिला रहे हैं! जो यह स्वाभाविक दृश्य देखकर हँसे, खुदा करे उसको बीवी भी ऐसी फुलझड़ी जैसी मिले!!

स्रोत : *व्यंग चित्रावली*, इलाहाबाद, 1930।

गृह-प्रबन्ध आदि की पुस्तकें पढ़ानी चाहिए। जब इन ग्रंथों का वह अध्ययन कर चुकें तो उस समय से उन्हें उपनिषद, गीता आदि महत्त्व की पुस्तकें पढ़ानी चाहिए। मेरी समझ से भारतीय कुल महिलाओं के लिए इतना ही यथेष्ट है।[34]

हिन्दू स्त्रियों को यह आदेश भी दिया गया कि वे अंग्रेजी और यहाँ तक कि उर्दू का भी परित्याग कर दें और हिन्दी पढ़े।[35] सबसे जरूरी यह था कि उनका साहित्यिक ज्ञान पर्याप्त स्तर तक पहुँचे जिससे वे 'अपने पतियों द्वारा महान् लेखकों की रचनाओं को पढ़कर सुनाने पर पूरा ध्यानमग्न हो कर इसका रसास्वादन कर सकें'।[36] स्त्री शिक्षा इसलिए जरूरी मानी जा रही थी क्योंकि इसमें ऐसी विलक्षण क्षमता थी कि वह चाहे तो पतियों का उद्धार कर दे या उनकी प्रगति को धराशाई कर दे, वैसे ही जैसे माताएँ अपने बच्चों का भविष्य चाहें तो बना दें या बिगाड़ डालें।[37] यह कहा गया कि :

घर ही हमारा शिक्षालय है और गृहणी उसमें सरस्वती रूप में शिक्षा देने वाली विराजमान है...घर ही धर्म-मंदिर है जिसमें भिन्न-भिन्न प्रकार के धर्मकार्य होते रहते हैं। घर एक प्रकार का छोटा सा राज्य है, जिसकी अधीश्वरी गृहणी है और जिसकी प्रजा उसकी संतान है...विद्या पढ़ने का मुख्य उद्देश्य धर्माचर की वृद्धि है।[38]

एक अन्य पुस्तिका ने लिखा :

विद्या पढ़ाने का अभिप्राय साक्षर बनाने से नहीं है, बल्कि योग्य बनाने से है...हमारी शिक्षा का यह अर्थ नहीं कि हमारी बहनें बी.ए., एम.ए. की डिग्रियाँ प्राप्त कर भोग, विलास और मनोरंजन की सामग्रियों का उपयोग करें। हमारी शिक्षा का वास्तविक उद्देश्य तो त्याग, बलिदान और आत्मोत्सर्ग है।[39]

देहरादून के कन्या गुरुकुल में केवल शिक्षिकाओं की नियुक्ति की गई, वहाँ की छात्राओं को खादी के वस्त्रों को ही पहनने की अनिवार्यता थी। आम तौर पर प्रचलित पाठ्यक्रम से पृथक छात्राओं के लिए अलग पाठ्यक्रम बनाया गया था। जैसे लड़कों को जीवन संघर्ष में विजयी होने के लिए विज्ञान अनिवार्य तौर पर पढ़ाया जाता था, उसी प्रकार लड़कियों को धार्मिक साहित्य पढ़ाया जाता था जिससे वे घरों के अन्दर प्रेम का विशेष लक्ष्य प्राप्त कर सकें। दिन भर का हिसाब-किताब रखने के उद्देश्य से उन्हें कामचलाऊ गणित पढ़ाने की जरूरत समझी गई। भूत-प्रेत के किस्सों से बच्चों का बचाव करने के उद्देश्य से थोड़ा-बहुत विज्ञान पढ़ाना भी लाजिमी माना गया और साथ में इतिहास का विस्तृत ज्ञान उनके लिए आवश्यक समझा गया।[40] उदाहरण के लिए कहा गया कि उन्हें सीता और प्राचीन हिन्दू अतीत के बारे में जरूर पता होना चाहिए। एक आदर्श हिन्दू नारी की छवि के लिए ऐसी पुस्तकें पढ़ना श्रेयस्कर था।[41]

ऐसे में लड़के और लड़कियों के लिए पृथक विद्यालय तथा शिक्षण पर जोर देने वाली सूचना, ज्ञान तथा पाठ्यक्रम की श्रेणीबद्धता निर्मित की गई, उन्हें वैधानिक मान्यता दी गई और उसे पोषित किया गया। स्पष्ट तौर पर विभाजक रेखा खींची गई - स्त्रियों को हृदय और संवेदनाओं का प्रतीक माना गया, तो पुरुषों को मस्तिष्क और बुद्धि का।[42] महावीर प्रसाद द्विवेदी ने स्पष्ट किया :

> *स्त्रियों के कर्तव्य-कार्य पुरुषों के कार्यों से कुछ भिन्न अवश्य हैं। अतैव उनकी शिक्षा भी, उनकी स्थिति और उनके कर्तव्य के अनुसार, कुछ भिन्न अवश्य होनी चाहिए...आचार्यों की आज्ञा के अनुसार पति-सेवा और संतान-पालन स्त्रियों का प्रधान पारिवारिक कार्य है। पुरुष का काम अर्जन और स्त्री का काम रक्षण है।*[43]

पुरुषों के कार्य क्षेत्र में समाज में समाहित धर्मशास्त्र, कानून व चिकित्सा जैसे विषयों को महत्व दिया गया, जबकि स्त्रियों की दुनिया में बच्चों का लालन-पालन, पाकशास्त्र और सफाई जैसे कम महत्वपूर्ण विषयों का वर्चस्व रहा। बड़े मुखर तौर पर स्त्रियों के लिए उपदेशात्मक साहित्य ही अधिक रचा जा रहा था। इस प्रकार हम कह सकते हैं कि महिला शिक्षा के अलावा शिक्षा के किसी और क्षेत्र में इतना नैतिक जाप, शुद्ध चरित्र और सदाचारी होने का आग्रह नहीं रहा।

लेकिन क्या यहाँ पर हम अपनी बात समाप्त कर सकते हैं? क्या यहाँ पर विराम लगाने का अर्थ यह नहीं है कि हम केवल स्त्री शिक्षा के नकारात्मक पहलुओं की ओर देख रहे हैं? क्या शिक्षा का उपयोग महिलाओं के लिए केवल यही था कि वे एक पतिव्रता स्त्री, सुघड़ गृहणी और समझदार माँ बनकर ही सामने आएँ? क्या शिक्षा का मुख्य परिणाम यह हुआ कि महिलाओं पर अंकुश बना रहा और उन्हें दोयम दर्जे की भूमिका से ही संतोष करना पड़ा? ऐसा करने से हम केवल शिक्षा की सीमाओं पर ही प्रकाश डाल पाएँगे। शिक्षा के क्षेत्र में महिलाओं के लिए सीमित अवसरों और शिक्षा की प्रभुत्वकारी भूमिका पर बात करना काफी नहीं है। स्त्री शिक्षा पर किया जाने वाला कोई भी अध्ययन तब तक सम्पूर्ण नहीं माना जा सकता जब तक औपचारिक तौर पर उपलब्ध साहित्य और लिखे-छपे पाठों से आगे बढ़ कर न देखा जाए। साथ ही यह देखना आवश्यक है कि महिलाओं ने उन्हें दी जाने वाली शिक्षा का क्या किया।

गौर तलब है कि बनारस की कुछ उच्चवर्णी विधवा स्त्रियों ने शिक्षा के हथियारों से लैस होकर वैधव्य की पारम्परिक छवियों का खंडन-मंडन किया और कड़ी पाबंदियों के बीच भी कुछ फेरबदल करके अपने लिए अनुकूल माहौल बनाने का प्रयास किया।[44] अनेक विद्वानों ने दिखाया है कि बीसवीं शताब्दी के शुरुआती दौर में उत्तर प्रदेश में कैसे अनेक मध्यवर्गीय हिन्दू स्त्रियाँ प्रकाशित होने वाले साहित्य में भागीदारी करने

9 : महिलाओं के लिए एक उपदेशात्मक किताब का कवर

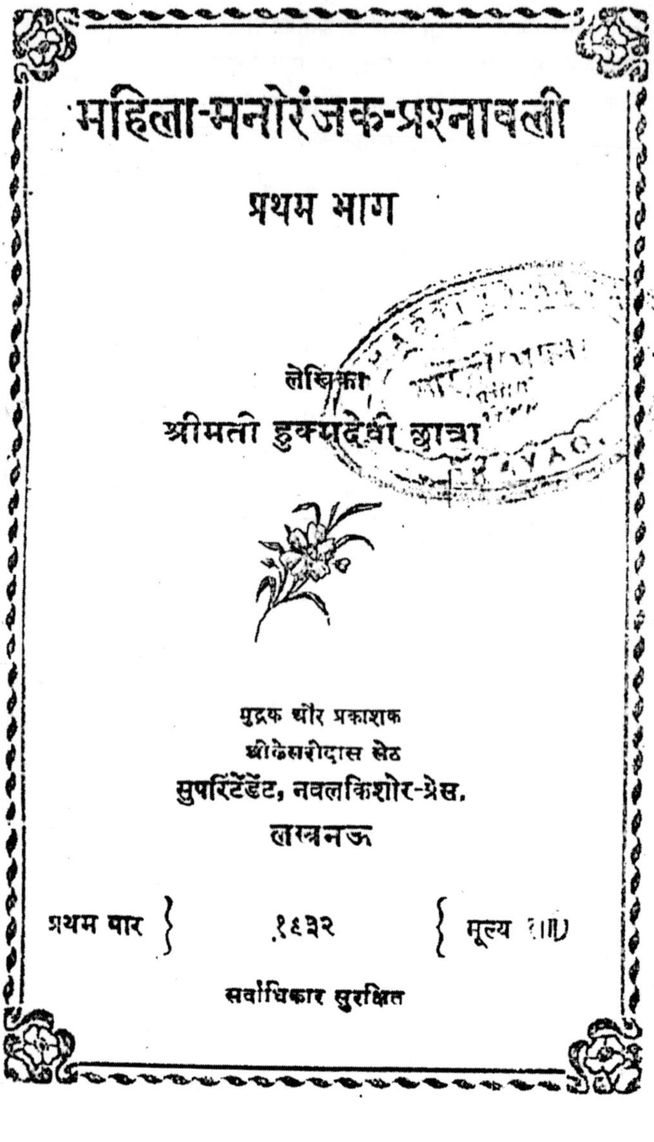

महिला-मनोरंजक-प्रश्नावली

प्रथम भाग

लेखिका

श्रीमती हुक्मदेवी खात्रा

मुद्रक और प्रकाशक

श्रीकेसरीदास सेठ

सुपरिंटेंडेंट, नवलकिशोर-प्रेस,

लखनऊ

प्रथम बार } १९३२ { मूल्य ।।।)

सर्वाधिकार सुरक्षित

लगी थीं और उनकी अलग पहचान भी उभरने लगी थी। स्त्रियों की अपनी पत्रिकाएँ, प्रेस और लेखिकाएँ थीं। कई मध्यवर्गीय हिन्दू महिलाएँ सार्वजनिक क्षेत्र में अपनी पृथक पहचान बनाने लगी थीं और उनके द्वारा प्रयोग की जाने वाली भाषा और विचारों पर भृकुटियाँ भी तनने लगी थीं। सार्वजनिक क्षेत्र में महिलाओं द्वारा लेखन कार्य में कई तरह की रुकावटें और विरोध के स्वर थे। इस कारण महिलाओं द्वारा रचित साहित्य का स्वरूप भी धीरे-धीरे सुधारवादी ढाँचे में ढलने लगा। स्त्रियों की पत्रिकाएँ काफी हद तक मध्यवर्गीय आचार संहिता के प्रचार-प्रसार का माध्यम बनने लगीं, हालाँकि स्त्रियों के सन्दर्भ में उन्होंने अपने तेवर मोटे तौर पर प्रगतिशील ही बनाए रखे। पुरुष सुधारकों से उन्होंने अच्छी-खासी सामग्री ग्रहण की, लेकिन साथ ही साथ अन्य स्रोतों से भी ऐसी सामग्री लेकर उनका अनुवाद तथा परिष्कार किया जिसमें पारिवारिक तथा शैक्षणिक मामलों में उनकी सक्रिय भागीदारी का पक्ष प्रस्तुत किया गया था। यह सब प्रचलित श्रेणीबद्धता के लिए किसी न किसी रूप में चुनौती था। अनेक स्त्री प्रधान पत्रिकाओं, खास तौर पर *चाँद*, में प्रकाशित अनेक पत्रों में महिलाओं के विचारों और भावनाओं का परोक्ष तथा बचावपूर्ण ढंग से समर्थन किया गया।[45]

एक अन्य महत्वपूर्ण बात यह है कि औपनिवेशिक उत्तर भारत में शिक्षित महिलाओं के पढ़ने की आदतें कुछ और ही संकेत करती हैं। आप ठोक-पीटकर सिलेबस बना सकते थे, पर एक बार शिक्षित हुई महिला के लिए 'क्या पढ़ेगी, क्या नहीं पढ़ेगी' का बन्धन लगाए रखना, और वह पढ़कर अपने ज्ञान का क्या इस्तेमाल करेगी, इसे तय करना बेहद मुश्किल था। शिक्षा प्रायः सार्वजनिक क्षेत्रों में होती थी, पर महिलाओं का पढ़ना प्रायः एक निजी कर्म था, जिसमें उन्हें अपने चुनाव की काफी आजादी मिलती थी। महिलाओं को आखिर कुछ खास पढ़ने या कुछ भी पढ़ने से कैसे रोका जाता! वो मजे ले-लेकर कामुक कथाएँ, जासूसी उपन्यास, प्रेम कहानियाँ, नाटक, स्वांग, नौटंकियाँ, और गाने की किताबें पढ़ रही थीं। ये मुख्यतः वही चीजें थीं जिन्हें हिन्दू सुधारवादी महिलाओं से दूर रखना चाहते थे। कुँवारी पढ़ी-लिखी लड़कियाँ काम-कलाएँ तक पढ़ती थीं। ऐसी किताबों का अपना एक बड़ा बाजार था। इलाहबाद की प्रसिद्ध आयुर्वेदिक डाक्टर और 40 से अधिक 'सुधारवादी' किताबों की लेखिका यशोदा देवी का कहना था :

> *मैं इस बात को भलीभाँति जानती हूँ कि किसी पढ़ी-लिखी स्त्री का ट्रंक खाली न होगा जिसमें एक-दो उपन्यास न रखे हों। मेरे यहाँ इस प्रकार के उपन्यासों के लिए बीसों पत्र आया करते हैं। अगर मैंने ऐसे उपन्यास लिखे होते तो बहुत सा धन अर्जित कर लिया होता...हर रोज स्त्रियाँ इस प्रकार के चटपटे उपन्यासों के लिए पत्र लिखती हैं। नीतिशास्त्र, धार्मिक*

शिक्षा और गृह-सम्बन्धी पुस्तकों को कोई नहीं पूछता...दो-चार वर्ष तक मैंने अपनी स्त्री शिक्षा की पुस्तकें माघ मेले में त्रिवेणी तट पर बिक्री के लिए भेजीं...स्त्रियाँ उन पुस्तकों को देखकर लौट जाती थीं और अनेक प्रकार के रसीले उपन्यास जैसे अलबेला गवैया और गजल संग्रह की माँग करती थीं...जिन दूकानों पर इस प्रकार के उपन्यास और व्यर्थ पुस्तकें आती थीं, उनकी खूब बिक्री हुआ करती थी।[46]

ये उपन्यास शायद न बोझिल थे और न ही अपठनीय। ये प्रायः पितृसत्तात्मक मूल्यों से भरे थे, पर इनमें महिलाओं के लिए नैतिक बट्टेदारी कम थी। रोमांस प्रायः रोमांच, यौनिक उत्तेजना और आनन्द का सबब था। महिलाओं का उन्हें पढ़ना ही अपने-आप में सबसे महत्वपूर्ण क्रिया थी जिसमें प्रतिरोध के बीज छुपे थे। इसलिए हिन्दू प्रचारक महिलाओं के पठन-पाठन के बारे में बार-बार डरते, संदेह करते थे, उसकी खोज-बीन करते थे। वे इस बात पर जोर देते थे कि महिलाओं के लिए पृथक साहित्य की आवश्यकता है, जो उनके अनुकूल लिखा गया हो। एक महत्वपूर्ण पुस्तक में एक सज्जन ने लिखा :

स्त्रियों तथा पुरुषों की स्वाभाविक अभिरुचि तथा स्वभाव भिन्न-भिन्न होता है तथा स्वाभाविक भिन्नता के कारण उनके कर्त्तव्यों में भी भिन्नता होती है...कुछ सज्जन ऐसे हैं जो तोता-मैना की कहानी, अश्लीलता तथा ग्रामीणता पूर्ण स्वांग, नाटक, नौटंकी तथा गाने की पुस्तकें भी महिलाओं के लिए साहित्य की श्रेणी में सम्मिलित कर लेते हैं, परन्तु ऐसे मत से हमारा घोर विरोध है...ऐसी पुस्तकें महिलाओं के पढ़ने का हिस्सा नहीं हो सकतीं...हमने स्वयं हाथरस के नाटक स्वांग आदि की अत्यंत दोषपूर्ण पुस्तकों को अनेक देवियों को पढ़ते देखा है।[47]

विभिन्न प्रकार की किताबों के बीच उपन्यासों को सबसे ज्यादा नशीला बताकर गहरे संदेह की नजर से देखा गया। चिन्ता यह थी कि उपन्यास महिलाओं को प्रदूषित करेंगे और उनमें भ्रष्ट विचारों और रूमानी रुझानों का प्रसार करेंगे। यह सुझाव निहित था कि महिला शिक्षा पूरी तरह शुद्ध, धार्मिक और सांस्कृतिक होनी चाहिए और जिसे विशेषकर चुना जाना चाहिए।[48] उदाहरण के लिए, कम्पनी सेवाकर्मियों के लिए निर्मित फोर्ट विलियम कॉलेज में अंग्रेजों द्वारा एक पाठ्यपुस्तक रूप में सन्दर्भित राधा और कृष्ण के बीच प्यार का वर्णन करने वाली कहानी की किताब *प्रेम सागर* को नकारात्मक किताबों की सूची में रखा गया। इस प्रकार की दुश्चिंताओं को ढापने के लिए विकास के तर्क भी दिए गए। इस प्रकार महिलाओं की शिक्षा से हिन्दू आशान्वित और असुरक्षित, दोनों महसूस करते थे। शिक्षा का उद्देश्य महिलाओं को अच्छी पत्नी, अच्छी माँ, अच्छा हिन्दू बनाना था। पर इसी में उन्हें 'बुरी पत्नी, बुरी

माँ, बुरी हिन्दू औरत' बनाने का खतरा निहित था। शिक्षा से महिलाओं को न जाने कौन सी ताकत मिल जायेगी, इसे लेकर एक सतत चिन्ता व्याप्त थी। यही द्वंद्व था कि राष्ट्रवादियों और हिन्दू सुधारवादियों ने शिक्षा के महत्त्व पर जोर दिया, पर उसकी सीमाबन्दी भी भरपूर की।

सार संक्षेप में औपनिवेशिक उत्तर भारत में हिन्दू महिला शिक्षा ने पवित्रता और आदर्श महिला की नई-नई भूमिकाएँ और मूर्तियाँ बनाईं, पर यह भी सच है कि इस सबके बीच महिलाएँ भी अपनी जगह बना रहीं थीं। हिन्दू महिलाओं को किस प्रकार की शिक्षा दी जानी चाहिए, उसकी दुनिया तंग थी, पर बदन की तंग कमीज की तरह उसकी सिलाईयाँ उखड़ रही थीं।

सन्दर्भ

1. Nita Kumar, 'Orange for the Girls, or, the Half-Known Story of the Education of Girls in Twentieth Century Banaras', in Nita Kumar, ed., *Women as Subjects: South Asian Histories*, Delhi, 1994: 212.
2. W. Hooper, *Christian Doctrine in Contrast with Hinduism and Islam: Intended for Young Missionaries in North India*, London, 1887; A. M. Robinson, comp., *Weaving Patterns for Eternity: The Wonderful Story of C.E.Z.M.S Industiral Missions*, London, n.d.; Agnes Johnson, comp., *About Signs Following: The Work of C.E.Z.H.S,* London, n.d.; H. Lloyd, *Hindu Women: with Glimpses into their Life and Zenanas*, London, 1882: 1-47; Priscilla Chapman, *Hindoo Female Education*, London, 1839: 28-30.
3. Emma Raymond Pitman, *Indian Zenana Missions: Their Need, Origin, Objects, Agents, Modes of Working and Results*, London, n.d.: 27.
4. Lloyd, *Hindu Women* : 47.
5. *भारत जीवन,* 11 अप्रैल 1892 : 4; *प्रयाग समाचार,* 14 अप्रैल 1898; *हिन्दी प्रदीप,* जनवरी-अप्रैल 1909।
6. *प्रयाग समाचार,* 28 अप्रैल 1898।
7. Antony Copley, *Religions in Conflict: Ideology, Cultural Contact and Conversion in Late-Colonial India*, Delhi, 1997: 6.
8. *Aligarh Institute Gazette*, 8 July 1870, *Native Newspaper Reports of UP*, 1870 : 271.
9. *Report on the Working of the Local and District Boards in UP, 1909-10*, Allahabad, 1911: 5.
10. इसी प्रकार के प्रयास मुस्लिम सुधारवादियों ने भी किये। देखें, Gail Minault, *Secluded Scholars: Women's Education and Muslim Social Reform in Colonial India*, Delhi, 1998.
11. Bishan Narayan Dar, *Signs of the Times*, Lucknow, 1895: 62. यह भी देखें, रामदेवी, 'स्त्री शिक्षा', *कायस्थ महिला हितैषी,* 1 (9), 1918 : 15-19।

12. पुरषोत्तम दास टंडन, 'स्त्री शिक्षा की रीति पर विचार', *गृहलक्ष्मी,* 7 (3), मई-जून 1916 : 111-13।
13. उद्धृत है, पुरषोत्तम, *स्त्री भूषण,* बनारस, 1932 : 2।
14. Malvika Karlekar, 'Women's Nature and the Access to Education', in Karuna Chanana, ed., *Socialisation, Education and Women: Explorations in Gender Identity*, Delhi, 1988: 129-65; Nita Kumar, 'Religion and Ritual in Indian Schools: Banaras from the 1880s to the 1940s', in Nigel Crook, ed., *The Transmission of Knowledge in South Asia : Essays on Education, Religion, History and Politics*, Delhi, 1996: 135-54.
15. पुरषोत्तम, *स्त्री भूषण* : 218।
16. हरी रामचंद्र दिवाकर, 'भारतीय स्त्रियों के विश्वविद्यालय', *सरस्वती, 7* (2), अक्टूबर 1916 : 220।
17. *Annual Report on the Progress of Education in NWP*, 1860-61, Allahabad, 1862 : 34.
18. *Statistics of British India for 1907-08 and Preceding Years, Part VII, Education*, Calcutta, 1909: 16-17; *Statistics of British India, Vol. V, Education, 1919-20*, Calcutta, 1921: 238.
19. *General Report on Public Instruction in UP, year ending 31 March 1938*, Allahabad, 1939 : 34, 36.
20. Annie Besant, *The Education of Indian Girls*, Banaras, 1904: 2.
21. Butler Papers, Mss. Eur. F. 116/47, 68, Oriental and India Office Collections.
22. उद्धृत है, श्यामकुमार, *स्त्रियों के लिए पृथक साहित्य की आवश्यकता,* आगरा, 1935 : 88।
23. Joseph Carroll, *Our Missionary Life in India*, Allahabad, 1917: 335-340.
24. *General Report on Public Instruction in UP, year ending 31 March 1920*, Allahabad, 1920: 82.
25. *Primary Education for Every Boy and Girl in UP,* Allahabad, 1928: 25-26; *Report on the Working of the Local and District Boards in UP, 1901-02*, Allahabad, 1903 : 3; *General Report on Public Instruction in UP, year ending 31 March 1938*, Allahabad, 1939: 34, 41.
26. श्रीमती शुक्ल, 'स्त्रियाँ और शिक्षा', *भारतेंदु,* अक्टूबर 1928 : 59-60।
27. *भारत जीवन,* 11 अप्रैल 1892 : 4।
28. गोस्वामी लक्ष्मणआचार्य, *भीषण भविष्य,* इलाहाबाद, 1909 : 1,92. इसके अलावा देखें, 'स्त्री शिक्षा', *गुरुकुल समाचार,* 2 (9-10), मई 1910 : 21।
29. रामानंद सरवती, *नवीन ज्ञान गजरा,* अलीगढ, 1924 : 37-8।
30. *व्यंग चित्रावली,* इलाहाबाद, 1930।
31. *क्षत्रिय जाति सुधारक व्याख्यान,* आगरा, 1904 : 1-4; कृष्णाकुमारी, *भारत की विदुषी नारियाँ,* लखनऊ, 1925।
32. उदाहरण के लिए देखें, उपेन्द्रनाथ 'अश्क', *स्वर्ग की झलक,* इलाहाबाद, 1939।
33. मेहता लज्जाराम शर्मा, *आदर्श हिन्दू,* प्रयाग, 1928 : 72-88।
34. लक्ष्मीनारायण सरोज, *नारी शिक्षा दर्पण,* बनारस, 1929 : 2,11. यह भी देखें, यशोदा देवी, *पतिव्रता धर्म माला,* इलाहाबाद, 1926, 47; उदयनारायण सिंह, 'स्त्री शिक्षा', *कुर्मी क्षत्रिय दिवाकर,* 1 (7), सितम्बर 1925 : 9-11।

35. महेंदुलाल गर्ग, *कलावती शिक्षा*, प्रयाग, 1930 : 122।
36. Besant, *Education of Indian Girls*: 5.
37. रामकृष्ण, *स्त्री शिक्षा*, इलाहाबाद, 1874 : 32; देवी, *पतिव्रता* : 3।
38. विशम्भर प्रकाश, *नारी उपदेश*, मेरठ, 1912 : 14-17।
39. मदनलाल केमका, *स्त्री शास्त्र*, बनारस, 1934 : 5।
40. कन्हैया लाल, *राष्ट्रीय शिक्षा का इतिहास और उसकी वर्तमान अवस्था*, काशी, 1929 : 90-1; रामकृष्ण, *स्त्री शिक्षा* : 7।
41. चंद्रबली मिश्र, *आदर्श हिन्दू नारी*, बनारस, 1930; गोपाल देवी, *दिव्य देवियाँ*, प्रयाग, 1926।
42. पुरषोत्तम, *स्त्री भूषण* : 350-1; गुप्त पागल, *गृहिणी भूषण*, काशी, 1921 : 4-6।
43. *महावीरप्रसाद द्विवेदी रचनावली : खंड 7*, संकलन-सम्पादन, भारत यायावर, दिल्ली, 1995 : 150-1।
44. Nita Kumar, 'Widows, Education and Social Change in Twentieth Century Banaras', *EPW*, 26 (17), 27 April 1991: WS-19-25.
45. Franchesca Orsini, *The Hindi Public Sphere 1920-1940: Language and Literature in the Age of Nationalism*, Delhi, 2002; Vir Bharat Talwar, 'Femininst Consciousness in Women's Journals in Hindi: 1910-1920', in Kumkum Sangari and Sudesh Vaid, eds, *Recasting Women: Essays in Colonial History*, New Delhi, 1989: 204-232.
46. यशोदा देवी, *दम्पति आरोग्यता जीवनशास्त्र*, इलाहाबाद, 1927 : 5-7।
47. श्यामकुमार, *स्त्रियों के लिए पृथक साहित्य* : 49,98. ये भी देखें, ओंकारनाथ वाजपयी, 'सम्पादकीय', *कन्या मनोरंजन*, मई 1924 : 30; ज्योतिर्मयी ठाकुर, *आदर्श पत्नी*, इलाहाबाद, 1935 : 9।
48. रामकृष्ण, *स्त्री शिक्षा* : 31-2; गंगा प्रसाद उपाध्याय, *महिला व्यवहार चन्द्रिका*, प्रयाग, 1928 : 27; जी. पी. खन्ना, 'स्त्री शिक्षा', *स्त्री दर्पण*, 33(4), अप्रैल 1925 : 84।

8
चिन्ता सागर में हिन्दू पुरुषार्थ के गोते
शुद्धि और संगठन आन्दोलन

यह किताब अब तक ज्यादातर इस पर केन्द्रित रही है कि किस तरह अश्लीलता और यौनिकता की धारणाओं और महिलाओं के घरेलू, सामाजिक और सार्वजनिक ठिकानों के बारे में हिन्दू प्रचारकों के लेखन में बदलाव आया। किताब के इन हिस्सों में हम हिन्दू प्रचारकों के एक दूसरे पहलू पर चर्चा करेंगे – हम देखेंगे कि किस प्रकार हिन्दू पहचान की राजनीति में स्पष्ट रूप से हिन्दू पुरुषार्थ और 'दूसरे-पराये' मुस्लिम पुरुष का निर्माण किया गया और इसमें कैसे महिला देह का इस्तेमाल किया गया। इस प्रकार ये अध्याय हिन्दू पहचान, लिंग और 'दूसरे' मुस्लिम पुरुष के निर्माण के बीच के सम्बन्ध पर आधारित है।

धार्मिक समुदाय की खासियतों के बढ़ते दावे के बीच, खास कर 1920 के *शुद्धि* और *संगठन* आन्दोलनों के परिप्रेक्ष्य में, हिन्दुओं और मुसलमानों के बीच तीखे विभाजन को परिभाषित और विकसित करने के लिए लिंग एक महत्वपूर्ण साधन बन गया। इन आन्दोलनों के जरिए एक भरे-पूरे पुरुषार्थी हिन्दू के निर्माण की कोशिश की गई, जो समुदाय की पहचान मजबूत कर सके और साथ-साथ कट्टर राष्ट्रवादी संघर्ष शुरू कर सके। हिन्दू महिला इस आक्रामक हिन्दू राष्ट्रवाद की अभिव्यक्ति के लिए एक निर्णायक साधन बन गई जिसका समुदाय की प्रतिष्ठा, साम्प्रदायिक संघर्ष में भागीदारी और पुरुषोचित भूमिका निभाने के लिए आवाहन किया गया। साथ ही एक न्यायोचित हिन्दू पुरुष की छवि बनाई गई, जो मुसलमान महिला को अपहरण नहीं, प्यार से आकर्षित करता था।

इस अध्याय में शुद्धि और संगठन की आम पृष्ठभूमि की पड़ताल की गई है। साथ ही, इसकी भी खोज-बीन की गई है कि इन आंदोलनों में किस तरह हिन्दू पौरूष एक महत्वपूर्ण कारक बन गया। हिन्दू पुरुषों और महिलाओं को सबसे पहले अनिवार्य रूप से एक सम्प्रदाय के अंग के रूप में परिभाषित किया गया, और फिर सम्प्रदाय की प्रतिष्ठा कायम रखने के लिए महिलाओं को 'पुरुषत्व' के आदर्श के रूप में

प्रतिष्ठापित किया गया। यहाँ बताया गया है कि किस तरह मुस्लिम महिला की छवि का इस्तेमाल भी हिन्दू पुरुषार्थ को मजबूत करने के लिए किया गया।

मालाबार से मलकाना तक

1920 के दशक में असहयोग और खिलाफत आन्दोलन के क्षीण होने के तत्काल बाद उत्तर प्रदेश में हिन्दुओं को एकजुट करने के अभियान को नया जीवन मिल गया और वह अधिक आक्रामक, लड़ाकू तथा प्रभावशाली हो गया। उन्नीसवीं सदी के उत्तरार्ध से ही आर्य समाज, हिन्दू समाज इलाहाबाद, सनातन धर्म महामंडल और सनातन धर्म सभा की तरफ से हिन्दू समुदाय को एकजुट करने के लिए प्रयत्न किए गए थे। इस समय वो अधिक सक्रिय और मुखर हो गए थे। धर्मांतरणों को संगठित रूप से चुनौती दी जाने लगी और अपने समुदाय तथा हिन्दू राष्ट्र निर्माण के प्रवचन के हिस्से के रूप में आर्य समाज और हिन्दू महासभा ने बड़े पैमाने पर *शुद्धि* और *संगठन* का कार्यक्रम शुरू किया। दोनों में ही महिलाओं के लिए एक कठोर आचार संहिता की व्यवस्था थी। इन आन्दोलनों के साम्प्रदायिक स्वरूप की चर्चा की गई है,[1] लेकिन उनमें निहित लैंगिक प्रेरित संदेश को समझने की कम कोशिश हुई है। मुसलमानों के खिलाफ चलाए गए अभियान के तीखे और विषैले नतीजे निकले। मुसलमानों का एक वर्ग भी अधिक आक्रामक हो गया और उसने मुसलमानों को संगठित करने के लिए *तंजीम* का और उनमें शिक्षा व एकता का प्रसार करने के लिए *तबलीग* का आह्वान किया। साथ ही उन्होंने लोगों को इस्लाम में धर्मांतरण करने का बीड़ा उठा लिया। इसने आग में घी का काम किया।[2]

इस अवधि में हिन्दू सुधारवादियों और धार्मिक एवं साम्प्रदायिक संगठनों के बढ़ते आन्दोलन के विभिन्न कारण थे।[3] पहला, विश्व युद्ध के बाद ब्रिटिश सरकार की तरफ से किए गए राजनीतिक एवं संवैधानिक सुधारों में साम्प्रदायिक प्रतिनिधित्व को आंशिक रूप में मान्यता देने का एक व्यापक सन्दर्भ था। इससे भी महत्वपूर्ण बात यह थी कि हिन्दू प्रचारकों ने खिलाफत आन्दोलन और मोपला विद्रोह को एक एकताबद्ध, संगठित, सुनियोजित और आक्रामक मुस्लिम आबादी के उदय के खतरे के रूप में देखा जो हिन्दुओं और उनकी संस्कृति को नष्ट कर सकते थे। इसके साथ-साथ उत्तर प्रदेश में 1920 में मदन मोहन मालवीय के नेतृत्व और स्वामी श्रद्धानन्द के सक्रिय समर्थन में कांग्रेसी नेतृत्व के एक हिस्से ने स्वराजवादियों के बढ़ते प्रभाव का विरोध करने का रवैया अपनाया था। इस क्षेत्र में हिन्दू प्रचारवादियों और कांग्रेस में काफी समानता दिखाई दे रही थी। उत्तर प्रदेश में काफी हद तक पूर्वी उत्तर प्रदेश के शहरों के 'शिक्षित' मध्यवर्गीय नेताओं ने हिन्दू महासभा को जन्म दिया था।

ये वही लोग थे जो कांग्रेस के कर्णधार भी थे। इस तरह इस दौर में पहले की तुलना में धार्मिक, जातीय एवं साम्प्रदायिक पहचान का बोध व्यापक और अधिक स्पष्ट रूप से रेखांकित हुआ। 1923 के बाद हिन्दू-मुस्लिम दंगों की बाढ़ आ गई। ब्रिटिश टीकाकारों के अनुसार भारत के किसी भी प्रांत की तुलना में उत्तर प्रदेश में उस अवधि में सबसे अधिक दंगे हुए।[4] हिन्दू महासभा और उस जैसे अन्य साम्प्रदायिक संगठनों को अब अधिक अहमियत मिलने लगी।[5] हिन्दू सुधार आन्दोलन की राजनीतिक ऊर्जा अधिक कट्टर और लड़ाकू जन अभिव्यक्ति की शक्ल लेने लगी।

मोपला विद्रोह ने खासतौर पर हिन्दू संगठनों को सजग कर दिया और उन्हें एकजुटता के लिए कोशिश करने का अवसर मिला।[6] व्यावसायिक सिनेमा के साथ समाचार चित्रों का वितरण कर बागियों के खतरे के बारे में फौरन आगाह किया गया। मोपला द्वारा बलपूर्वक धर्मांतरण, हिन्दू महिलाओं के साथ बलात्कार और अपहरण के किस्सों को विशेष रूप से तरजीह दी गई।[7] इस दौर में कई पर्चे और पुस्तिकाएँ निकाली गईं जो मालाबार की भयावता को दर्शाती थीं। बिशन शर्मा ने ऐसी कई प्रचार पुस्तिकाओं की शृंखला लिखी, जो किसी छुट्टनलाल स्वामी द्वारा प्रकाशित हुईं और उत्तर प्रदेश में मुफ्त वितरित की गईं।[8] एक और लोकप्रिय प्रचार पुस्तिका में एक स्थान पर उल्लेख किया गया कि किस तरह इस क्षेत्र की एक हिन्दू महिला, जो इस्लाम में धर्मांतरित की गई थी, आर्य समाजियों के वहाँ पहुँचने पर मोपला पोशाक को फाड़ देती है और हिन्दुओं की पोशाक धारण कर लेती है।[9] इस प्रकार यहाँ हिन्दू पहचान के प्रतीक के रूप में वस्त्र का उल्लेख किया गया। इस सुनियोजित प्रचार अभियान से यह स्पष्ट हुआ कि हिन्दू संगठन बगावत का इस्तेमाल अखिल भारतीय स्तर पर राजनीतिक लामबन्दी के लिए करना चाहते थे। स्वामी श्रद्धानंद ने अवसर का लाभ उठाते हुए 'पीड़ितों' का उद्धार करने के लिए और 'समर्पितों' की रक्षा करने के लिए उत्तर प्रदेश में शुद्धि अभियान शुरू कर दिया। आर्य समाज की मजबूत जड़ें वैसे तो पंजाब में थी, लेकिन उत्तर प्रदेश में शुद्धि आन्दोलन अधिक असरदार रहा। हालाँकि इस आन्दोलन की उत्पति पहले ही हो चुकी थी, आपराधिक जाँच विभाग की एक टिप्पणी में बताया गया कि '1923 में व्यक्तिगत धर्मांतरण की जगह सामूहिक धर्मांतरण के लिए इसके प्रयोग ने इसे विशेष महत्व दे दिया'।[10] पश्चिमी उत्तर प्रदेश के मुस्लिम मलकाना राजपूतों को हिन्दू धर्म में वापस लाने के लिए आर्य समाज ने दृढ़ता के साथ कदम बढ़ाया। उत्तर प्रदेश के मथुरा, आगरा, एटा और मैनपुरी जिलों के काफी गाँवों में मलकाना बसे हुए थे। 1911 की जनगणना के समय उनमें से तकरीबन सभी ने अपना मजहब इस्लाम दर्ज करवाया था।[11] एक आर्य समाजी गीत में दो मलकाना राजपूतों और फिर एक मौलवी तथा एक मलकाना के बीच बातचीत को दर्शाया गया है। एक मलकाना कहता है :

हम शिखा सूत्र के धारी हैं, क्षत्रिय द्विजाति कहलाते हैं,
हम गौ ब्राह्मण के सेवक हैं, हम दुनिया को दिखलाते हैं...
शुद्धि करवाने से अपनी जो कोई इस दम चूकेगा,
वह भ्रष्ट हमेशा बना रहे, संसार उसी को थूकेगा। [12]

एक अन्य गीत में बताया गया कि कैसे हमारे प्यारे मलकाना लोगों को 'गलत तरीके' अपनाकर हमसे अलग कर दिया गया।[13] या एक अन्य कविता में कहा गया :

प्यारे भाई हैं मलकाने,
उच्च वंश के हैं उजियारे,
अर्जुन, भीम, करण के प्यारे।
माता की आँखों के तारे,
सुखमय सुयश सुधारस साने।
प्यारे भाई हैं मलकाने॥ [14]

आर्य समाज के अभियानों को परम्परावादी हिन्दू समूहों के विभिन्न प्रस्तावों के जरिए आगे बढ़ाने का सिलसिला चलाया गया। राजपूतों के बीच आन्तरिक एकजुटता बनाने के लिए गठित संस्था क्षत्रिय उपकारिणी महासभा ने 1922 में काशी में निर्णय लिया कि जो भी राजपूत पहले किसी भी समय धर्मांतरित होकर मुसलमान बने थे, उन सबों की हिन्दू धर्म में वापसी के लिए उनका पुनधर्मांतरण किया जाएगा।[15] उत्तर प्रदेश में आर्य समाज और क्षत्रिय उपकारिणी सभा का सम्बन्ध अधिक घनिष्ट हो गया। एक आर्य समाजी ने लिखा :

शुभ घड़ी मैं सुन रहा, धन्य शुभ घड़ी आज,
क्षत्रिय महासभा ने रखी कुल की लाज। [16]

दरभंगा के महाराजा और बनारस के जाने-माने विद्वानों ने परम्परावादी भारत धर्म महामंडल की तरफ से बोलते हुए मलकाना राजपूतों की अपने पहले के धर्म में वापसी को मंजूरी दे दी। आन्दोलन परवान चढ़ता गया – गुज्जर सम्मेलन की तरह कई संगठनों ने शुद्धि के समर्थन में प्रस्ताव पारित किये।[17] 1923 में भारतीय हिन्दू शुद्धि सभा की स्थापना की गई जिसका मुख्यालय आगरा में था।[18] स्वामी श्रद्धानंद इसके अध्यक्ष बने।[19] अगस्त 1923 में बनारस में आयोजित सत्र में हिन्दू महासभा ने भी शुद्धि का समर्थन करने का फैसला किया। सत्र की अध्यक्षता मदन मोहन मालवीय ने की थी। इस बैठक में लिए गए कुछ फैसले महत्वपूर्ण थे। हिन्दुओं में व्यायाम की संस्कृति को बढ़ावा देने के लिए समाज सेवक दलों का गठन होना चाहिए। समुदाय के विकास के लिए संगठन को सशक्त बनाना आवश्यक है। और शुद्धि को किसी भी जाति से धर्मांतरित व्यक्ति को उसकी पूर्व की जाति में स्थान मिलाने के अभियान रूप में मान्यता और विस्तार मिलना चाहिए । साम्प्रदायिक दंगों

के दौरान हिन्दू हितों की सुरक्षा करने के लिए हिन्दू रक्षा मंडलों को सक्रिय करने का फैसला किया गया जो स्थानीय संगठनों को संगठित कर सकते थे।[20] बनारस सत्र का सबसे महत्वपूर्ण परिणाम यह हुआ कि आर्य समाज और सनातन धर्म आन्दोलन ने, विशेष रूप से उत्तर प्रदेश में, शुद्धि के साझा कार्यक्रम के लिए अपने पुराने मतभेदों को भुला दिया। उत्तर प्रदेश में हिन्दू प्रचारकों के विशेष जोर का अनुमान इस तथ्य से लगाया जा सकता है कि हिन्दू महासभा के वार्षिक सत्र में 56 प्रतिशत प्रतिनिधि सिर्फ उत्तर प्रदेश से आए थे। इसका ग्रामीण आधार भी तेजी से मजबूत होता गया।

हालाँकि परम्परावादी हिन्दू संगठनों ने सैद्धांतिक रूप से शुद्धि को स्वीकार कर लिया था, लेकिन आन्दोलन के भीतर तीव्र जातिगत तनाव बरकरार था। 1923 में जब चमारों को परम्परावादी हिन्दू समुदाय में शामिल करने के लिए आर्य समाजियों ने प्रयत्न किए तो सहारनपुर में इसकी तीव्र प्रतिक्रिया हुई। उसी वर्ष मैनपुरी के स्थानीय राजपूतों ने धर्मांतरित मलकाना राजपूतों को अपने समुदाय में स्थान देने से इनकार कर दिया।[21] जनवरी 1924 में इलाहाबाद के कुम्भ मेले में आयोजित महासभा की परवर्ती बैठक में बताया गया कि सनातन धर्म शास्त्र तथा जन परम्परा के अनुसार निचली जातियों को जनेऊ धारणा करने, वेद का अध्ययन करने और सामूहिक रूप से भोजन करने का अधिकार नहीं है। यह भी बताया गया कि किसी भी गैर हिन्दू का हिन्दू धर्म में शामिल होने पर स्वागत तो होगा लेकिन उसे किसी जाति में स्थान नहीं दिया जाएगा।[22] हालाँकि, हम देखेंगे कि जब हिन्दू नारी की पवित्रता और प्रतिष्ठा का प्रश्न आया या मुस्लिम कामुकता के खिलाफ आगाह करने का समय आया तो सुगमता के साथ एक कृत्रिम सर्वसम्मति बन गई।

अभियान उल्लेखनीय तीव्रता के साथ विकसित हुआ और तेजी से आगरा से मथुरा और अलीगढ़ और पड़ोस के जिलों में फैल गया। मई 1923 तक शुद्धि के प्रचारकों ने आगरा और उसके पास कम से कम 18,000 धर्मांतरित व्यक्तियों को हिन्दू धर्म में वापस लाने का दावा किया। एक सरकारी दस्तावेज में बताया गया है : 'स्वामी श्रद्धानंद और उनके अनुयायियों ने आगरा में मुसलमानों को हिन्दू धर्म से वापस लाने के लिए जोर-शोर के साथ संघर्ष शुरू कर दिया...एक ही गाँव में 300 व्यक्तियों को धर्मांतरित किया गया'।[23] बताया गया कि 1923 के अन्त तक 30,000 से ज्यादा मलकाना राजपूतों को धर्मांतरित किया गया, और 1927 में बताया गया कि 1,63,000 से ज्यादा मलकाना राजपूतों को हिन्दू धर्म में दीक्षित कर दिया गया।[24]

गांधी इस आन्दोलन के आलोचक थे और मानते थे कि इससे जबर्दस्त साम्प्रदायिक विभाजन पैदा हो सकता है।[25] यह भी बताया गया कि धर्मांतरण करते समय नव दीक्षित व्यक्ति को हिन्दू धर्म का ज्ञान देने की जगह अनिवार्य रूप से कुछ इस्लामी अनुष्ठानों का परित्याग करने के लिए कहा जाता था, जैसे मृतक को

दफनाना, निकाह, दरगाह पर जाना और सन्नत। इस तरह यह आन्दोलन आध्यात्मिकता और धार्मिक मूल्यों को प्रचारित करने की जगह सशक्त मुसलमान विरोध की भावना से अधिक प्रेरित था।[26]

हिन्दू पुरुष के 'पराक्रम' : समुदाय और राष्ट्र आह्वान

हिन्दू पुरुषत्व के साथ नाता जोड़ते हुए शुद्धि और संगठन ने अपनी मूल शक्ति हासिल की। पुरुषत्व की इस अवधारणा पर अंग्रेजों के प्रभाव से इनकार नहीं किया जा सकता। लेकिन अन्दर से ही उभरी और विकसित हुई लैंगिक पहचान से सम्बन्धित धारणाएँ भी थीं, जिनके आधार पर हिन्दू अतीत और पुरुषत्व की छवियों को हिन्दुओं के एक वर्ग ने पुर्नसृजित किया था। वे इस अवधि में समुदाय की राजनीति के बदलते हुए आयामों के उत्पाद थे। इसमें हिन्दुत्व की परिभाषाएँ पूर्व-औपनिवेशिक परम्पराओं और औपनिवेशिक प्रभावों के मिश्रण और प्रतिक्रिया के तौर पर तैयार हुई और संशोधित की गई थीं। हिन्दुत्व के सामरिक पक्ष पर जोर देने की कोशिशें पहले भी हुई थी, लेकिन अब वे अधिक प्रभावशाली हो गए थे।

हिन्दू प्रचारकों ने हिन्दुओं की वर्तमान शोचनीय अवस्था की दुहाई देते हुए उन्हें जीवित लाश और नपुंसक, दुर्बल तथा अकर्मण्य के रूप में चित्रित करना शुरू कर दिया।[27] विसैन्यीकरण और शान्ति बहाली के औपनिवेशिक प्रयत्नों के कारण यह कहा गया कि परम्परागत सामरिक कार्यकलापों से हिन्दू पुरुष दूर होकर कमजोर हो गया था। इसके विपरीत अतीत के मिथकीय हिन्दू पुरुषत्व का, विशेष रूप से साहसी और शक्तिशाली राजपूतों तथा मराठों का, निर्माण किया जा रहा था। नई कथा को गढ़ने से लिए कुछ किंवदंतियों और ऐतिहासिक कथाओं को समकालीन राजनीतिक महत्व के हिसाब से प्रस्तुत किया गया।[28] ये कथाएँ अवचेतन में समाए और ग्रहण ज्ञान का एक हिस्सा बन गई। काफी संख्या में लिखे गए निबन्धों में, विशेष रूप से बीसवीं सदी के आरम्भ में, प्रतिरोध से सम्बन्धित राजपूतों और मराठों की कथाओं का बढ़ा-चढ़ाकर वर्णन किया गया। हरिदास माणिक ने कई तथाकथित इतिहास की पुस्तकों का सम्पादन किया जो माणिक ग्रंथमाला सीरीज के नाम से मशहूर हुईं।[29] इसी दौर में टाड द्वारा राजस्थान का वर्णन इतना लोकप्रिय हुआ कि हिन्दी की कई पुस्तकें इससे प्ररित होकर लिखी गईं। एक पुस्तक ने लिखा :

> *भारतवर्ष के इतिहासरूपी विशाल समुद्र में जिसने अवगाहन किया है, उसके सामने एक चित्ताकर्षक दृश्य उपस्थित होता है। वह चित्ताकर्षक दृश्य है—भारत की वीरता के चिरस्मरणीय वीरोचित चरित्र!...यदि कहीं वे लोग वाल्मीकि अथवा वेदव्यास के समय में उत्पन्न हुए होते, तो वे टाड*

साहब लिखित राजस्थान के इतिहास ही में नहीं, प्रत्युत समस्त संसार में अमित यश और गौरव के पात्र बनते...मध्ययुग के राजपूत वीर...योग्य कार्य कर अपना नाम भारतवर्ष के इतिहास में अमर कर गए हैं...अगर वे एक हो गए होते तो भारतवर्ष से यवन राज्य को समूल नष्ट कर पुनः पवित्र भूमि को हिन्दू राज्य के अन्तर्गत कर सकते थे...यवनों के अपवित्र संस्पर्श से यह भूमि कभी की छुटकारा पा चुकी होती...टाड साहब ने इस अमूल्य ग्रन्थ की रचना कर हिन्दू जाति को जो अनुपम उपहार दिया है, उसके लिए हिन्दू जाति उनकी सदा कृतज्ञ रहेगी।[30]

इस समय महाराणा प्रताप और शिवाजी मुख्य रूप से पुरुषार्थ से भरे आदर्श नायकों के रूप में सामने आए।

शुद्धि और संगठन इसी पुरुषत्व को नए सिरे से जगाना चाहते थे। मलकाना पर विशेष जोर देते हुए राजपूतों में शारीरिक पराक्रम की संस्कृति को फिर से विकसित करने की बात की जा रही थी। यहाँ तक कि उच्चतर सामाजिक दर्जा और अपने पराक्रम के प्रदर्शन के लिए बड़ी संख्या में किसान, जाति संगठन और शहरी गरीब भी क्षत्रियता की तरफ अभिप्रेरित हुए।[31] हिन्दू धर्म छोडकर धर्मांतरित होने का मतलब शक्तिविहीन, दुर्बल और दुर्भाग्यपूर्ण माना जाता था। शुद्धि का तात्पर्य क्षति की भरपाई और हिन्दू पुरुष में पुरुषत्व का नव संचार माना जाने लगा। उदाहरण के लिए, आर्य के प्राचीन गौरव और मध्ययुगीन राजपूतों की प्रतिष्ठा को शुद्धि की शक्ति के साथ परोसा गया। कई कविताओं में इस बात को व्यक्त किया गया। एक कविता को देखें :

ऐ हिन्दुओं उठो, अब क्यों दुख उठा रहे हो,
किस सोच में पड़े हो, जो मुँह की खा रहे हो॥
दिन राति धौल थप्पड़, खाते हो हैफ हर्जा।
हिन्दू धरम के ऊपर, धब्बा लगा रहे हो॥
साहस विहीन होके, बेकार जी रहे हो।
माता के दूध को तुम, नाहक लजा रहे हो॥
कुछ भी खबर नहीं है, तुमको बिरादरों की।
जो छूत का बहाना, उन पे लगा रहे हो॥
दिल में जो हो तमन्ना, जल्दी उसे निकालो।
शुद्धि में देर प्यारे, नाहक लगा रहे हो॥
मर्दानगी तुम्हारी, थी कल जहाँ में रोशन।
अफसोस हमको आपि, कायर बना रहे हो॥
भैरव कवीन्द्र करदो, पुरजोश हर बशर को।
वीरों के वंश धर क्यों, सुस्ती दिखा रहे हो॥[32]

एक दूसरी कविता में कहा गया :

बुजदिली छोड़ के मैदान में आना होगा,
हिन्दुओं अब तुम्हें कुछ करके दिखाना होगा ॥ ॥
नसल वीरों की हो वीरत्व दिखाना होगा।
वीर हो धीर हो हर बात में ज्यादा सबसे,
संगठन शुद्धि से बल अपना जताना होगा।[33]

एक अन्य कविता की पंक्तियाँ इस प्रकार थीं :

क्षत्रिय वीरों हुए कहो क्यूँ इस प्रकार से तेज विहीन?
हाय! तुम्हारी पूर्व वीरता हुई कहाँ क्यूँ आज विलीन?
क्या नितान्त ही भूल गए हो पूर्व पूर्वजों के तुम नाम।
अर्जुन भीमसेन आदिक की शिक्षा का क्या रहा न काम ॥[34]

इन आन्दोलनों ने हिन्दुओं से बार-बार अपमान का बदला लेने, साहसी बनने और महान हिन्दू नस्ल का योद्धा बनने का आह्वान किया। हिन्दू महासभा लखनऊ का नारा था :

वह व्यर्थ ही जन्मा जगाया जाति को जिसने नहीं।
हिंदुत्व जीवन की झलक आई कभी जिसमें नहीं ॥[35]

आत्मसमर्पण, क्षति और पराजय का इलाज था – शारीरिक पराक्रम। *अभ्युदय* अखबार ने आह्वान किया कि वर्षों से पुरुषत्व विहीन होकर रहनेवाले हिन्दुओं को दुष्प्रभावों से मुक्त करने के लिए और उनमें पुरुषत्व का संचार करने के लिए संगठन आवश्यक है।[36] अहिंसा के सिद्धांत पर हमला किया गया और कहा गया कि अहिंसा के उपदेश ने हिन्दू राष्ट्र को वीर्य विहीन बना दिया था। हमें गांधी की सलाह की जरूरत नहीं है। हमें भगवान कृष्ण के उपदेश का पालन करना होगा।[37] एक पुस्तक ने लिखा :

श्रीकृष्ण जी की शिक्षा से देश में क्षात्रधर्म का भाव भी नए सिरे से पैदा करना हमारा धर्म है...देश की रक्षा के लिए हमें सिपाहियों और शूरवीरों की जरूरत है और सदा रहेगी...क्षात्रधर्म की जय! जिस जाति में शास्त्र-अस्त्र का मान नहीं और क्षात्रधर्म दुर्बल हो गया है वह शीघ्र ही दुःख और दासता के नरक में गिर जायेगी...आजकल ब्राह्मण, वैश्य और शूद्र सब ही को क्षात्रधर्म का पालन करना होगा।[38]

'हिन्दू सभा और शुद्धि' शीर्षक से लिखे एक लेख में दावा किया गया कि हिन्दू-मुसलमान समस्या का एक ही समाधान है। हिन्दुओं को अहिंसा के महान उपदेश का बोझ उतारकर एक कोने में फेंक देना होगा और आज से ही अपने समाज को उस समय तक संगठित करना होगा जब तक हिन्दू समाज दमनकारियों को समान रूप से

चुनौती न दे सके और उनकी तरह ही बेरहमी के साथ ईंट का जवाब पत्थर से न दे सके।[39] जिस निष्कपट ढंग से गांधी पुरुषत्व और नारीत्व पर विचार करते हुए नारीत्व की शक्ति पर जोर दे रहे थे, वैसा समाधान लड़ाकू हिन्दू संगठन को कबूल नहीं था। एक नम्र, सहिष्णु और शान्तिप्रिय हिन्दू की छवि के स्थान पर एक स्व-निर्भर, लड़ाकू नायक की छवि को बढ़ावा दिया गया। अखिल भारतीय हिन्दू महासभा की तरफ से घोषित उद्देश्यों में से एक था 'हिन्दुओं के शारीरिक बल को बढ़ाना और सैन्य विद्यालय तथा स्वयंसेवी शिविर आयोजित कर उनके बीच सामरिक भाव को बढ़ावा देना'। ऐसा बताया गया कि महासभा की प्रान्त, जिला, तहसील और ग्राम स्तर की शाखाएँ होनी चाहिए जो हिन्दुओं के लिए अनिवार्य रूप से शारीरिक शिक्षा की व्यवस्था कर सकें।[40]

इस समय स्वामी सत्यदेव परिब्राजक द्वारा लिखित एक महत्वपूर्ण प्रचार पुस्तक *संगठन का बिगुल* बहुत प्रसिद्ध और लोकप्रिय हुआ और इसके कई संस्करण निकले।[41] लैंगिक प्रेरित भाव से 130 पृष्ठों की यह मोटी प्रचार पुस्तक लिखी गई थी। पुस्तक के लेखक सत्यदेव परिब्राजक ने पुस्तक की 'प्रस्तावना' में ऐलान किया :

> *हिन्दू जाति के अस्तित्व की रक्षा का प्रश्न सब प्रश्नों से श्रेष्ठतम है...गन्दे सड़े रुधिर को निकाल कर शुद्ध रक्त का संचार अपनी नाड़ीयों में करना पड़ेगा। जोकों, मुफ्तखोरों और नपुंसकों की उत्पत्ति का रास्ता बन्द करना होगा, और हानिकारक कल्पित आचार सम्बन्धी नियमों को मिटा कर हिन्दू जाति को बलशाली बनाने के नए मार्ग निकालने होंगे...आज हिन्दू जाति के अंग प्रत्यंग को एक दूसरे के साथ मिलाने और सुगठित करने का समय है...मेरा यह बिगुल बड़े जोर से घोषणा करता है– 'हिन्दू संगठन करो! हिन्दू संगठन करो!! इसके बिना भारत की राष्ट्रीयता और स्वतंत्रता का कुछ अर्थ नहीं। मैं चाहता हूँ कि यह पुस्तक प्रत्येक हिन्दू स्त्री और पुरुष के हाथों में पहुँच जाये। यह संगठन का बिगुल है। हिन्दू संगठन की फौज में भर्ती होनेवाले सभी सैनिकों की जेब में यह पुस्तक रहनी चाहिए।*[42]

इस पुस्तक को हिन्दू संगठन की बाइबिल की संज्ञा दी गई और विभिन्न बैठकों में इसके अंश पढकर सुनाए जाते रहे। उदाहरण के लिए बस्ती में 13 जनवरी 1926 को स्वामी सत्यदेव ने हिन्दू संगठन के बारे में भाषण दिया और उनकी पुस्तक *संगठन का बिगुल* की 184 प्रतियाँ उसी समय बिक गईं। 5 फरवरी 1926 को फैजाबाद शहर में आयोजित हिन्दुओं की एक सभा में इस पुस्तक के अंशों का पाठ हुआ और पुस्तक की बिक्री भी हुई। 10 मार्च 1927 को कानपुर में एक सभा को सम्बोधित करते हुए स्वामी सत्यदेव ने घोषणा की कि पुस्तक का चौथा संस्करण बिक्री के लिए तैयार है। सभा के अन्त में 8 आना की कीमतवाली इस पुस्तक की एक हजार प्रतियाँ बिक गईं।[43] पुस्तक में घोषित किया गया कि सबसे पहले प्रत्येक मोहल्ले में एक अखाड़ा

होना चाहिए जहाँ महीने में कम से कम एक बार दंगल आयोजित होना चाहिए। दूसरा, राष्ट्रीय त्योहारों के अवसर पर भी, विशेष रूप से विजय दशमी के अवसर पर, दंगल आयोजित होना चाहिए ताकि आम जनता के बीच क्षत्रिय धर्म को लोकप्रिय बनाया जा सके। तीसरा, मुक्केबाजी की तरह विदेशी क्रीड़ाओं को भी लोकप्रिय बनाया जाना चाहिए। हिन्दुओं की शारीरिक शक्ति में वृद्धि करने के अन्य उपायों का भी पुस्तक में वर्णन किया गया।[44] संगठन के साथ-साथ हिन्दू अखाड़े भी खुलते गए, जहाँ कसरत, कुश्ती और लाठी भाँजने का अभ्यास होने लगा। *अभ्युदय* ने कई लेख छापे जैसे 'कसरत करो और मर्द बनो'।[45] कहा गया कि 'अखाड़ों का उद्देश्य यही है कि हिन्दू जाति के बालकों और नवयुवकों में जो शारीरिक दुर्बलता है, वह दूर हो और वे बलिष्ठ हों'।[46]

इन आन्दोलनों ने हिन्दू पौरुष के पुरुषार्थविहीन, दुर्बल और सामाजिक रूप से अक्षम औपनिवेशिक छवि के विपरीत हिन्दू पुरुषत्व का निर्माण किया। सामरिक हिन्दू संगठनों के लिए शारीरिक शक्ति का प्रदर्शन उनकी मनोवैज्ञानिक सुरक्षा के लिए जरुरी था और इससे शक्तिशाली, बुद्धिमान अंग्रेजों और कामुक मुसलमानों की छवि का जवाब भी मिलता था। एक अँगरेज के साथ जहाज पर यात्रा करते समय लाजपत राय ने मदन मोहन मालवीय को एक पत्र लिखा। अँगरेज के नजरिए का उल्लेख करते हुए उन्होंने लिखा :

> *मैं आपको अपने आन्दोलन के बारे में उसके विचार लिख रहा हूँ। मेरा तात्पर्य हिन्दू आन्दोलन से है। वह शुद्धि और संगठन आन्दोलन के खिलाफ है, जैसा कि सभी अंग्रेज अधिकारी खिलाफ हैं। वे शायद सोचते हैं कि अगर शुद्धि आन्दोलन सफल हो गया तो हिन्दू राज जरूर कायम हो जाएगा। हिन्दुओं की संख्या और प्रभाव को कमजोर बनाने की उनकी योजना खतरे में पड़ सकती है। उनके प्रधान हिन्दुओं को राजनीतिक रूप से नपुंसक बनाने की योजना के आधार पर कदम उठाते रहे हैं। इस तरह हमारे लिए जरूरी हो जाता है कि आन्दोलन को आगे बढ़ाने के लिए हमे कोई कसर नहीं छोडनी चाहिए।*[47]

हिन्दू समुदाय के बीच एकता और सौहार्द कायम करने के लिए संगठन एक राष्ट्रवादी अलंकार और प्रभावशाली शक्ति की भूमिका निभा सकता था। *संगठन का बिगुल* में कहा गया कि वर्तमान में हिन्दू समुदाय की सुरक्षा सबसे महत्वपूर्ण सवाल है। हिन्दू समुदाय को ताकतवर बनाने के लिए हमें नए रास्ते ढूँढने होंगे। यह समय जातिभेद पर बहस करने का नहीं है। हमें समुदाय के सभी हिस्सों को एकजुट कर इसे सशक्त बनाना होगा।[48] सभी किस्म के हिन्दी अखबारों ने हिन्दुओं को संगठित करने पर जोर दिया। एक ने लिखा कि हमारी तकलीफें उसी दिन खत्म हो जाएँगी

जिस दिन हिन्दू समाज संगठित हो जाएगा। ऐसा माना गया कि हिन्दू-मुस्लिम एकता की जगह हिन्दुओं के विभिन्न समूहों और वर्गों में एकता अधिक महत्वपूर्ण है।[49] एक पुस्तक ने आह्वान किया :

करके हिन्दू संगठन शीघ्र बढाओ शक्ति।
तन अर्पण कर जाति को, दिखलाओ निज भक्ति॥
दिखलाओ निज भक्ति, अछूतों को अपनाओ।
हुए विधर्मी बन्धु, उन्हें कर शुद्ध मिलाओ॥[50]

10 : संगठन

स्रोत : ***व्यंग चित्रावली,*** **कानपुर, 1925 : 2।**

हिन्दू-मुस्लिम एकता के बिना स्वराज हासिल न कर पाने की धारणा को गलत घोषित कर दिया गया। अगर हिन्दू एकजुट हो जाएँ तो वे स्वयं इसे हासिल करने

में सक्षम हो सकते थे। इस तरह भेदभाव और पहचान का भाव गहराता गया। हिन्दू महासभा के नेता वी. डी. सावरकर ने लिखा कि भारत जैसे देश में जहाँ धार्मिक एकता अनिवार्य रूप से सांस्कृतिक एवं राष्ट्रीय एकता के रूप में विकसित हो सकती है, शुद्धि आन्दोलन केवल परमार्थी या मताग्रही बनकर ठहर नहीं गया, बल्कि इसमें एक राजनीतिक और राष्ट्रीय आन्दोलन बनने का व्यापक महत्व निहित था। एक कविता में कहा गया :

विश्व को प्यारा है वो, प्यारा है जिसको संगठन;
कौम की किस्मत का है, ऊंचा सितारा संगठन।[51]

संगठन ने इस प्रकार अपनी धार्मिक समझ को राष्ट्र के बारे में एक राजनीतिक समझ के साथ एकाकार किया जिसका रूप हिन्दू साम्प्रदायिक था। आन्दोलन की एक प्रभावी अन्तर्धारा हिन्दू संगठनों की नीतियों को राजनीतिक रूप से प्रचारित कर रही थी।[52] इस धारणा के अनुसार हिन्दुत्व में धर्मांतरण एक राष्ट्रवादी कदम है। सच्चा देशभक्त केवल एक हिन्दू हो सकता था और जो हिन्दू नहीं थे, उनका जवाब शुद्धि था। अपहरण के सम्बन्ध में प्रचार अभियान ने आन्दोलन को अतिरिक्त गति प्रदान कर दी थी, जिसका हम अगले अध्याय में विस्तृत अध्ययन करेंगे।

हिन्दू नारी का वीरांगना और बहन रूप

जैसा कि हम देखेंगे, अधिकतर समय हिन्दू नारी का चित्रण मुसलमानों के आक्रमण की भुक्तभोगी के रूप में किया गया था। लेकिन हिन्दू महिलाएँ मात्र उत्पीड़ित वस्तु नहीं थीं। उन्हें इस काल में शस्त्र सुसज्जित भगिनियों और वीरांगना बहनों के रूप में भी चित्रित किया गया। कुछ विशेष क्षणों में उन्हें पुरुषत्व की छवि भी दी गई, और उन्हें हिंसा के वाहक के रूप में भी प्रस्तुत किया गया। यहाँ अतीत की बहादुर राजपूत और आर्य नारियों की किंवदंतियों और मिथकों का आह्वान किया गया, जो कि पतिव्रता एवं वीरांगना नायिका होने का प्रतीक थीं। इस बात पर बल दिया गया कि सम्मान और शील की रक्षा के लिए उन्होंने अतीत में आक्रमणकारियों, विशेषकर मुसलमानों के विरुद्ध हथियार भी उठाए थे। इस दौर में क्षत्रिय महिलाओं की बहादुरी की अनेक गाथाएँ लिखी गईं।[53] उदाहरण के लिए एक पुस्तक ने किसी राजपूत रानी नील देवी की चर्चा की जिसने अपने पति के मुस्लिम कातिल को मार गिराया और फिर सती हो गई :

पालन पतिव्रत धर्म किया, वीरत्व खूब दिखलाया है।
पति का बदला ले यवनों से, निर्मल यश जग में छाया है।
भारत की वीर सती नारी, जो ऐसी ही सब हो जावें।
हो जाति धर्म कुल की उन्नति, निर्मल गुण नित्य सकल गावें।[54]

एक अन्य पुस्तक ने अपने उदगार व्यक्त किये :

नारियाँ गाते गाते गान। जल मरीं किया किन्तु नहीं आह।
जभी आता जौहर का ध्यान। उमड़ता आह समुद्र अथाह॥ [55]

इसी प्रकार इस दौर में पद्मिनी और अलाउद्दीन से जुड़े किस्से बार-बार दोहराए गए।[56]

11 : राजपूत महिलाओं पर एक पुस्तक का कवर

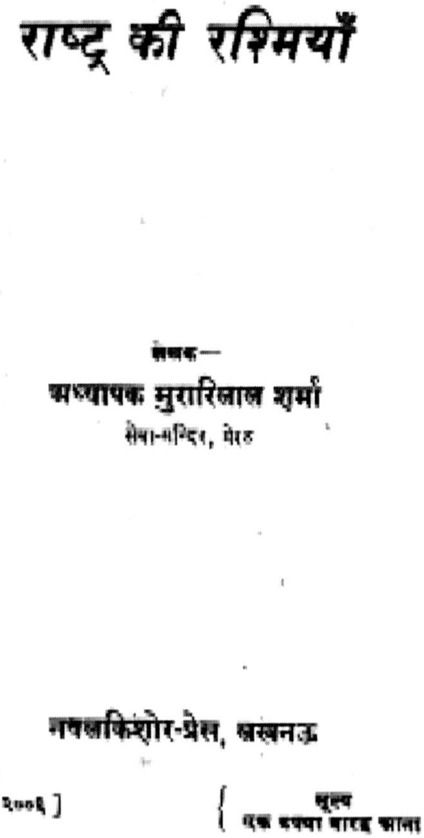

राष्ट्र की रश्मियाँ

लेखक—
अध्यापक मुरारिलाल शर्मा
सेवा-मन्दिर, मेरठ

नवलकिशोर-प्रेस, लखनऊ

संवत् २००६]

मूल्य
एक रुपया बारह आना

हिन्दू महिला को यह बताया जाने लगा कि यदि उसे अपने शील और सम्मान की रक्षा करनी है तो उसे भी संगठन का एक अंग बनना पड़ेगा। सतीत्व रक्षा से

ही आत्मरक्षा का दरवाजा जोड़ा गया और महिलाएँ वीरांगना के रूप में पेश की गईं। *संगठन का बिगुल* ने लैंगिक भाषावली का प्रयोग करते हुए *संगठन* को एक लैंगिक रूप दिया :

> *मेरा नाम क्रांति है...मेरा नाम चंडीभवानी है। मैं वर्तमान को मिटा कर भव्य भाग्यशाली भविष्य की रचना करती हूँ...मैं बसंती देवी हूँ...मेरा नाम पाप-नाशिनी दुर्गा है...मेरा संगठन का शंख है...मैं स्वतंत्रता की देवी हूँ...मैं विधवाओं के आँसुओं को पोंछने आई हूँ और उनको हर्ष संवाद सुनाने आई हूँ। अबलाओं को सताने वाले आतताई अब खबरदार हो जाएँ मेरा डंडा बड़ा भयंकर है।*[57]

अब महिलाएँ महज कमजोर अबला या उत्पीड़ित नहीं थीं, बल्कि शस्त्र-सुसज्जित भगनियाँ और वीरांगना बहनें थीं। बहन की छवि ने नारी का एक प्रकार से विलैंगिकरण कर दिया और एक सक्रिय पुरुषत्व के विचार की सहायता की। इन्हीं बहनों और भगनियों को सम्बोधित करते हुए *'संगठन का बिगुल'* कुछ यों आहवान करता है :

> *क्रांति की फौज में भरती होनेवाली प्रत्येक बहिन को अपने पास एक ऐसा चाकू रखना पड़ेगा जिसे वह अवसर पड़ने पर काम में ला सके। उस चाकू की बनावट खुखरी के ढंग की होनी चाहिए, जिसे फौरन उसके घर से निकालकर उपयोग में लाया जा सके, और उस बहिन को 15-20 मिनट रोज उस चाकू को चलाने का अभ्यास करना होगा, और यह सहज में ही लौकी, काशीफल और तरबूज आदि फलों में भोंकने के अभ्यास से हो सकता है...समय पड़ने पर वे इसका इस्तेमाल उनकी इज्जत से खेलनेवाले मुसलमान गुंडों के खिलाफ आसानी से कर सकती हैं...संगठन में भरती होनेवाली देवियों का यह परम धर्म है की वे सतीत्व-रक्षा के लिए शस्त्र धारण करें। वे इसी रूप में संगठन की बड़ी सहायता कर सकती हैं और अपने पुरुषों का उत्साह बढ़ा सकती हैं।*[58]

1923 में मुरादाबाद में आर्य समाज की वार्षिक बैठक में बुलंदशहर के मुरारीलाल ने सुझाव दिया कि प्रत्येक हिन्दू नारी को अपने पास एक छुरा रखना चाहिए ताकि कोई मुसलमान उन्हें हाथ न लगा सके। यह प्रस्ताव स्वीकार कर लिया गया और निर्णय लिया गया कि भविष्य में कन्याओं को पारितोषिक के रूप में छुरे दिए जाएँगे। बैठक स्थल पर ही 25 छुरे देने की बात पक्की हो गई। मार्च 1924 में देहरादून में आयोजित जिला स्तरीय हिन्दू सम्मेलन में कई महिलाएँ अपने साथ खुखरी लेकर आईं ताकि मुसलमान गुंडों से वे अपनी रक्षा कर सकें। बरेली से प्रकाशित एक पुस्तक में हिन्दू महिला को भारत देवी के चित्र के रूप में प्रकाशित किया गया। उसके हाथ

में तलवार और भाला था। उसने कुछ मुसलमानों को मार दिया था और वो ऐसे ही मारे एक मुसलमान के शव के सामने तलवार लेकर खड़ी थी।[59]

कुछ हिन्दू महिलाएँ इस आन्दोलन में शामिल भी हुईं। आर्य समाज और कांग्रेस की सदस्य सरस्वती देवी तथा सत्यवती देवी ने विस्तार पूर्वक मुलसमानों के शर्मनाक हथकंडों के चलते हिन्दू नारी पर मंडरा रहे खतरे के बारे में बताया। उन्होंने महिलाओं से अपनी सुरक्षा के लिए हथियार-बन्द होने और मुसलमानों के हमले को साम्प्रदायिक एकजुटता के जरिए रोकने के लिए संगठन को समर्थन देने का आह्वान किया।[60] जून 1924 में कानपुर में हफ्ते भर सत्यवती देवी लगभग युद्ध छेड़ने के अंदाज में मुसलमान विरोधी भाषण देती रही।[61] *आर्यमित्र* में लिखते हुए इलाहाबाद की एक राणावती देवी ने अविश्वसनीय मुसलमानों से अपनी सुरक्षा करने के लिए हिन्दू नारियों को आगाह करते हुए बताया कि मुसलमान उन्हें बर्बाद कर देना चाहते हैं। उन्होंने हिन्दू नारियों से आह्वान किया कि वो उनके खिलाफ हरकतें करने वाले मुसलमानों को दंडित करने के लिए तत्पर रहें।[62]

इस प्रकार औपनिवेशिक भारत में भी कुछ महिलाएँ हिन्दू आन्दोलनों में सक्रिय भागीदार थीं। ये महिलाएँ सार्वजनिक क्षेत्र की प्रतिभागी थीं और पुरुषों जैसा कार्य कर रही थीं। उनमें 'पुरुषत्व' की सम्भावना भी देखी जा रही थी। 'युद्ध' के प्रस्तावित रंगमंच पर नारी को शामिल कर लिया गया और उसे कुछ 'परम्परागत' प्रतिबन्धों से भी मुक्त कर दिया गया। हिन्दू नारी की छवि को पीड़ित के तौर पर निर्मित किया गया ताकि उसका 'सशक्तीकरण' किया जा सके। संगठन और शुद्धि ने इस तरह दो भिन्न, पर पारस्परिक विशिष्टता रहित सम्भावनाओं को मौका दिया। नारी की छवि का आह्वान समुदाय की रक्षा, सुरक्षा और प्रतिष्ठा के सूचक के रूप में किया जा सकता था। सामुदायिक गौरव, हिन्दू नारी के सतीत्व और मर्यादा की रक्षा करने का दायित्व उनके समुदाय के पुरुषों पर था। दूसरी तरफ, नारी स्वयं हिंसात्मक तरीके अपना सकती थी। नारी का यह आदर्श गांधी की सहिष्णुता की सलाह से काफी अलग था। हालाँकि वीरांगना बहन को अनवरत सांस्कृतिक व्यवहारों के पुरुष मापदंडों के तहत दबाकर रखा गया। पीड़ित और अभिकर्ता के रूप में नारी के दो रूप यहाँ एक दूसरे के पूरक थे। दोनों नारी के सतीत्व और सामुदायिक प्रतिष्ठा के संरक्षण से जुड़े हुए थे। जो हिन्दू नारी इन दोनों ढाँचे में नहीं समाती थी, उन्हें नियंत्रित करने की जरूरत थी। वे अमूमन कामवासना से प्रेरित सक्रिय नारी थी। यह आन्दोलन दर्शाता है कि जरूरी नहीं कि नारी की आममुख्तारी को प्रगतिशीलता ही समझा जाए।

न केवल हिन्दू महिला, बल्कि मुस्लिम महिला का इस्तेमाल भी हिन्दू पुरुषत्व की छवि मजबूत करने के लिए किया गया। अगले हिस्से में मैं मुस्लिम महिलाओं

के प्रति हिन्दू प्रचारकों के रवैए पर संक्षेप में विचार करूंगी। इस रवैए में कुछ हद तक अनेकार्थता थी।

मुस्लिम नारी की छवि और हिन्दू पुरुषत्व

कोई भी हिन्दू पुरुष जो किसी मुस्लिम नारी से प्यार करने में सफल होता था, उसे अद्‌भुत नायक के रूप में पेश किया जाता था। इस अवधि में हिन्दी में लिखे या अनुवाद किए उपन्यास इस विचार के परिचायक हैं। एक मशहूर उपन्यास *शिवाजी व रोशनआरा* इस समय प्रकाशित हुआ, जिसे अनिर्धारित सूत्रों से बटोरकर ऐतिहासिकता के रूप में पेश किया गया। इसमें मराठा परम्परा का रंग भरकर दर्शाया गया कि शिवाजी ने औरंगजेब की बेटी रोशनआरा का दिल जीता और उससे विवाह कर लिया। विवाह के बाद पुत्र के रूप में संभाजी का जन्म हुआ।[63] उपन्यास के लेखक कालीचरण शर्मा ने भूमिका में लिखा :

> *कभी-कभी हमारी वीरता की विद्युत ने वह चमत्कार दिखाए कि जिससे औरंगजेब जैसे शक्तिशाली मुगल सम्राट का भी कलेजा काँप उठा...यह चमत्कार था श्री छत्रपति शिवाजी की औरंगजेब पर विजय और विजयलक्ष्मी स्वरूपा उसकी प्राणस्वरूप कन्या से विवाह करना।*[64]

उपन्यास एक आवेगिक प्रेम कहानी की तरह है जिसमें मध्ययुगीन भारतीय इतिहास में हिन्दू साम्प्रदायिक निर्माण के केन्द्रीय चरित्र के रूप में शिवाजी का विस्तार से चित्रण किया गया है। वह नाटकीय रूप से सत्रह वर्षीया रोशनआरा के सामने आकर्षक हिन्दू मर्द के उदाहरण के रूप में, गठीला शरीर, गोरा रंग और चमकती आँखें लिए आते हैं, और रोशनआरा को उनसे धीरे-धीरे प्यार हो जाता है।[65] उपन्यास में एक स्थान पर बताया गया है कि किस प्रकार रोशनआरा तुलना करने लगी और बादशाह की बेटी कहलाने की जगह एक छोटे राजा की रानी कहलाने में ज्यादा खुशी महसूस करने लगी।[66] हिन्दू पुरुषों से अपेक्षा की जाने लगी कि वे भी शिवाजी के उदाहरण का अनुकरण करें। एक अन्य आरम्भिक पुस्तक में इसी तरह रजिया बेगम को एक निचली जाति के हिन्दू के प्रेम में डूबते हुए चित्रित किया गया।

1926 में उस समय के प्रमुख नाटकीय लेखकों में से एक पांडेय बेचन शर्मा 'उग्र' ने एक उपन्यास *चंद हसीनों के खतूत* शीर्षक से लिखा जिसमें एक हिन्दू युवक और एक मुसलमान युवती के प्रेम का रोमांचक चित्रण था।[67] 1927 में हिन्दी में यह सर्वाधिक बिकने वाली किताब साबित हुई और ऐसा कहा जाने लगा कि प्रत्येक कालेज युवक-युवती की 'कोर्स' बुक के बीच इस किताब की प्रति जरूर छिपी रहती थी।[68] जब अपहरण सम्बन्धी किस्से फैल रहे थे तभी यह उपन्यास प्रकाशित हुआ था। ऐसे समय में हिन्दू

युवक और मुसलमान युवती की प्रेम कहानी से हिन्दू युवक की शक्ति को उजागर किया जा सकता था। उपन्यास के अन्त में मुस्लिम युवती नर्गिस हिन्दू बन जाती है और मुसलमान संस्कृति के खिलाफ प्रचार करने का निर्णय लेती है।

हिन्दू पुरुष और मुस्लिम नारी के बीच प्रेम और आकर्षण के किस्सों से हिन्दू पुरुषों को गुदगुदाहट और सफलता का भाव महसूस होता था। हिन्दू नायक के कदमों में मुस्लिम नायिका को झुकते हुए देखकर एक किस्म की सिहरन महसूस होती थी। इससे हिन्दू पुरुष की छवि का नायकत्व वीरता से भरा तथा बुराई, कायरता और अपहरण से रहित अपना प्यार प्रमाणित करता था। यह मुस्लिम नारी पर नियंत्रण, अधीनता और विजय को अधिक असरदार ढंग से व्यक्त करता था चूँकि इसमें बल, शासन या दमन का प्रयोग नहीं होता था। 1931 में प्रकाशित एक लेख में बताया गया कि अकबर अपने परिवार की लड़कियों का ब्याह राजपूतों से करने के लिए तैयार था, लेकिन उस समय के अदूरदर्शी हिन्दुओं ने इस प्रस्ताव को स्वीकार नहीं किया। यह अत्यंत अफसोस की बात थी चूँकि अगर ऐसा हो गया होता तो भारत हिन्दू धर्म, अनुभूति और संस्कृति का एक विराट देश, एक सच्चा हिन्दुस्तान बन सकता था।[69] मुसलमान नारी के धर्मांतरण को बढ़ावा दिया गया। इलाहाबाद की यात्रा पर गए मथुरा के श्यामलाल ने टिप्पणी की कि मौलवियों की पत्नियों द्वारा धर्मांतरण किए जाने की घटनाएँ हुई थीं। राय बरेली में स्थानीय आर्य समाज की वार्षिक बैठक में लखनऊ के पंडित धरम दीक्षित ने कहा कि हिन्दुओं को मुसलमान नारियों का अपहरण हवस शान्त करने के लिए नहीं बल्कि शुद्धि के लिए करना चाहिए। अप्रैल 1926 को लखनऊ में आयोजित उत्तर प्रदेश हिन्दूसभा की एक वार्षिक बैठक में केदार नाथ ने कहा कि मुसलमान नारियों को हिन्दुओं के घरों में रखा जाना चाहिए ताकि अन्य मुसलमान नारियों को भी आकर्षित किया जा सके।[70] हालाँकि, मुसलमान नारियों के धर्मांतरण के कम ही उदाहरण मिलते हैं। मुझे ऐसा एक ही मामला मिला, जब मार्च 1926 में एक मुस्लिम महिला ने गोंडा में स्वेच्छा से धर्मांतरित होकर एक हिन्दू से विवाह किया।[71] इससे प्रतीत होता है कि हिन्दू धर्म को अपनाने से वे अपनी स्थिति में सुधार होने की उम्मीद नहीं रखती थीं, न ही हिन्दू परिवार की संरचना को मुस्लिम पितृसत्ता वाले परिवार से बेहतर मानती थीं। जिन मामलों में पुरुषों ने धर्म बदला, जैसे कुछ मलकाना राजपूत, तो महिलाओं ने भी उनका अनुसरण किया। मगर इस बात पर भी तनाव बरकरार रहा। मार्च 1924 में मेरठ में शुद्धि के जरिए धर्मांतरण के कुछ मामले सामने आए, मगर धर्मांतरित महिलाओं के सवाल पर कुछ दिक्कत पैदा होती रही।[72] लेकिन तर्क दिया जा रहा था कि हिन्दू पुरुष बेहतरी के लिए मुस्लिम नारी का 'उद्धार' कर रहे थे, जबकि मुसलमान पुरुष बलपूर्वक ऐसा करते थे और हिन्दू नारी की तकलीफ बढ़ा देते थे। नारी यहाँ एक माध्यम थी जो गर्वबोध बढ़ा सकती थी और हिन्दू धर्म अपनाकर हिन्दुओं की तादाद बढ़ा सकती थी।

लेकिन ये तस्वीर का एक पहलू था। 'दूसरे' मुस्लिम की नारी के खिलाफ आक्रमक ढंग से अपमानजक रवैया भी अपनाया जा रहा था। मुसलमान पुरुषों पर दोषारोपण कर अल्पसंख्यक समुदाय की नारी पर किए गए आक्रमण को तर्कसंगत ठहराया जा सकता था। प्रचार पुस्तिका *इस्लाम की तीली तीली झार* में बताया गया कि इस्लाम ने वेश्याओं का उपयोग धर्म प्रचार के लिए किया। और इस आधार पर कहा गया कि जब धर्म का दायित्व वेश्याओं को सौंप दिया गया हो तो ऐसा अधम धर्म कैसे जिन्दा रह सकता है।[73] कुछ अन्य परिस्थितियों में आक्रमण अधिक तीखा होता गया। हिन्दुओं ने भोपाल में प्रचलित उस कानून पर आपत्ति की जिसके तहत इस्लाम का परित्याग करना कानूनी अपराध था।[74] इस विशेष क्षण में भोपाल पर एक मुस्लिम महिला का शासन था। उस समय हिन्दी अखबारों में भोपाल की बेगम को खास तौर पर निशाना बनाया गया। उनका चित्रण एक खतरनाक, पागल, उन्मादी और पूरी तरह से अविश्वसनीय महिला के रूप में किया जा रहा था।[75] एक अखबार ने उनको औरंगजेब की तरह ही क्रूर बताया और लॉर्ड रीडिंग से बार-बार अनुरोध किया कि उन्हें इलाज के लिए किसी मानसिक अस्पताल में भेज दिया जाए। एक अन्य अखबार ने लिखा कि यह बेहतर होगा कि उसका दिमागी सन्तुलन अभी भी ठीक हो जाए।[76] 16 फरवरी 1926 को बदायूं में एक सभा को सम्बोधित करते हुए आर्य समाज के बद्री प्रसाद ने बताया कि भोपाल की बेगम ने हिन्दुओं का जबर्दस्ती धर्मांतरण करने का आदेश दिया है और वो पूरी तरह पागल हो गई है।[77] बेगम पर आक्रमण के जरिए शत्रु सम्प्रदाय की प्रतिष्ठा के एक स्वायत्त प्रतीक को विकृत बनाया जा रहा था। एक मुस्लिम नारी के 'आसुरी शासन' का हौवा खड़ा कर, जो नारी हिन्दू पितृसत्ता के नियमों की पुष्टि नहीं करती थी, हिन्दू आन्दोलन को मदद मिल रही थी। इसमें यह भी निहितार्थ था कि नारी शासक के रूप में विध्वंसक होती है, और मुसलमान नारी होने पर तो और भी अधिक विध्वंसक होती है। नारी को राजनीतिक शक्ति देने से अराजकता पैदा हो सकती थी और बेहतर यही था कि पुरुष वर्चस्व बना रहे और नारी नियंत्रण में रहे।

निष्कर्ष

शुद्धि और संगठन आन्दोलन के जरिए यह स्पष्ट होता है कि इस दौर में हिन्दू पुरुषत्व की धारणाएँ काफी प्रभावशाली साबित हुईं। ये विचार कई हिन्दू प्रवक्ताओं की विध्वंसक शक्ति उजागर करते हैं, भले ही उनका निर्माण संकटकालीन साम्राज्यवाद-विरोधी और राष्ट्रवादी संघर्ष के दौरान किया गया था। धर्म, जाति और वर्ग भी लिंग के लिए मध्यवर्ती बनते हैं, जैसा कि मुसलमानों के खिलाफ हिंसा के अभिकर्ता के रूप में नारी

के प्रयोग से स्पष्ट हुआ। सम्प्रदाय के अन्तर्गत हिन्दू नारी की पुनर्कल्पना से जाति-वर्ग के दायरे में नारी को समुदाय का सक्रिय और समर्थक घटक बनाने में सहायता मिली। साम्प्रदायिक अन्तर के लिए नारी सक्रिय और निष्क्रिय विभाजन रेखा थी। वे इतिहास में महज छाग नहीं थीं। उन्होनें असर डाला और उसे बनाए रखा। हालाँकि, भले ही कुछ महिलाएँ इस साम्प्रदायिक वाकपटुता में सक्रिय थीं, उनकी भूमिका का निर्धारण पुरुषों द्वारा किया जा रहा था। बेहद परम्परागत तरीके से, वे पीड़ित भी बन सकती थीं और सक्रिय भी। पुरुषत्व के निर्माण के दौरान, अतीत और धार्मिकता की प्राचीन परम्पराओं के मिथकों का पुनर्सृजन किया गया। इसी आन्दोलन का दूसरा पहलू था मुस्लिम पुरुष की नकारात्मक छवि का प्रचार, जिसका अध्ययन हम अगले अध्याय में करेंगे।

संदर्भ

1. R. K. Ghai, *Shuddhi Movement in India: A Study of its Socio-political Dimensions*, Delhi, 1990; J. F. Seunarine, *Reconversion to Hinduism through Shuddhi*, Madras, 1977; Kenneth W. Jones, *Arya Dharm: Hindu Consciousness in Nineteenth Century Punjab*, Berkeley, 1976.
2. 6/IX/1924, Home Poll, National Archives of India (आगे NAI); 150/1934, Home Poll, NAI.
3. Richard Gordon, 'The Hindu Mahasabha and the Indian National Congress, 1915 to 1926', *Modern Asian Studies*, 9 (2), 1975: 145-203. उन्होंने इस समय उत्तर प्रदेश में हिन्दू महासभा और आर्य समाज की बढ़ती शक्ति पर रोशनी डाली है।
4. 4/1927, Home Poll, NAI.
5. Gyanendra Pandey, *The Construction of Communalism in Colonial North India*, Delhi, 1990: 233-35.
6. मोपला आन्दोलन का विस्तृत ब्यौरा मौजूद है। देखें : R. H. Hitchcock, *Peasant Revolt in Malabar: A History of the Malabar Rebellion, 1921*, 1925, rpt, New Delhi, 1983; K. N. Panikkar, *Against Lord and State: Religion and Peasant Uprisings in Malabar 1836-1921*, Delhi, 1989.
7. 156/II/1924, Home Poll, NAI.
8. देखें : बिशन शर्मा, *मालाबार का दृश्य नं 1 : दृढ़ संकल्प वीर; मालाबार का दृश्य नं. 2 : सत्यवती विमला की पुकार* और *मालाबार का दृश्य नं. 3 : भोले स्वामी का दुष्ट नौकर*, मेरठ, 1923।
9. देखें : सत्यव्रत शर्मा, *मालाबार और आर्य समाज*, आगरा, 1923, तीसरा सं. : 32।
10. 140/1925, Home Poll, NAI.
11. *Census of India, 1911, United Provinces, Vol. XV, Part I*, Allahabad, 1912: 118.
12. रामस्वरूप शर्मा, *मलकानों की पुकार*, आगरा, 1924।
13. गंगा प्रसाद उपाध्याय, *हमारे बिछड़े भाई*, प्रयाग 1923 : 3-12।

14. गणेशबक्श सिंह, *क्षत्रिय नवयुवक*, अवध, 1926।
15. स्वामी चिदानंद संन्यासी, *शुद्धि व्यवस्था*, दिल्ली, 1928 : 12-13।
16. शर्मा, *मलकानों की पुकार*।
17. J. T. F. Jordens, *Swami Shraddhananda: His Life and Causes*, Delhi, 1981: 134.
18. *भारतीय हिन्दू शुद्धि सभा का संक्षिप्त इतिहास तथा विवरण 1923-1950*, दिल्ली, साल नहीं; Swami Shraddhanand, *Hindu Sangathan: Saviour of the Dying Race*, n.p., 1926 : 124.
19. भारतीय हिन्दू शुद्धि सभा, *प्रथम वार्षिक रिपोर्ट*, आगरा, 1923 : 1-2।
20. 198/1924, Home Poll, NAI; 140/1925, Home Poll, NAI.
21. 25/May 1923, Home Poll, NAI.
22. 66/VI/1924, Home Poll, NAI.
23. 6/IX/1924, Home Poll, NAI.
24. गंगा प्रसाद उपाध्याय, *आर्य समाज*, मथुरा, 1924।
25. M. K. Gandhi, *Communal Unity*, Ahmedabad, 1949: 56-57.
26. Yoginder Sikand and Manjari Katju, 'Mass Conversions to Hinduism among Indian Muslims', *Economic and Political Weekly*, 29 (34), 20 August 1994: 2214-18.
27. *वर्तमान*, 15 सितम्बर, 1923; *अभ्युदय*, 9 फरवरी 1924 : 4, 6; चंदकरण शारदा, 'हिन्दू जाति की दुर्दशा का कारण और उसके निवारण के उपाय', *माधुरी*, 13 (1), सितम्बर 1924 : 290-95; सम्पादकीय, 'हिन्दू मनोवृत्ति का व्यापक स्वरूप', *चाँद*, 6 (1), मार्च 1928 : 546-54; कृष्णानंद, *हिन्दुओं चेतो*, आगरा 1929 : 11-13।
28. हालाँकि उत्तर प्रदेश में उन्नीसवीं सदी से ही किसानों में पौरूष और क्षत्रिय होने की गर्वानुभूति देखी जा सकती है और जो बंगाली बाबू की छवि से समानता नहीं रखती।
29. उदाहरण के लिए देखें : हरिदास माणिक, *चौहानी तलवार*, बनारस 1918। इसमें दिल्ली के राजा पृथ्वीराज का भारत पर हमला करनेवाले मुसलमान आक्रमणकारियों के साथ आरम्भिक संघर्ष का वर्णन किया गया है। और देखें : हरिदास माणिक, *राजपूतों की बहादुरी : भाग 1 और 2*, बनारस 1918। इसमें हरदौल बुंदेला, राणा संग्राम सिंह, शिवाजी की दुर्ग विजय और हल्दीघाटी की लड़ाई जैसे अध्याय हैं। हरिदास माणिक ने *माणिक ग्रंथमाला सीरीज* के तहत कई अन्य तथाकथित ऐतिहासिक किताबें लिखीं जैसे *भारत की प्राचीन झलक, पांडव-प्रताप नाटक, भारत की क्षत्राणी, मेवाड़ का उद्धार, संयोगिता हरण नाटक* इत्यादि। इसके अलावा, इस प्रकार की कई अन्य पुस्तकें भी प्रकाशित हुईं, जैसे : चुन्नीलाल गौड़, *शिवाजी की बावनी*, कानपुर 1921।
30. चतुर्वेदी द्वारकाप्रसाद शर्मा, *प्राचीन आर्य वीरता अर्थात राजपुताने के वीरों के चरित्र*, बनारस 1927 : 1-4। यह भी देखें : मैथिलीशरण गुप्त, *रंग में भंग*, झाँसी 1927, 9वां सं.।
31. William R. Pinch, *Peasants and Monks in British India*, Delhi, 1996 : 81-114.
32. बंधुसमाज, *हिन्दुओं की तेज तलवार*, कानपुर, 1927 : 15-16।
33. गौरीशंकर शुक्ल चौधरी, *क्या स्वामी श्रद्धानंद अपराधी थे*, कानपुर, 1928।
34. सिंह, *क्षत्रिय नवयुवक* : 8।
35. File F-4, Hindu Mahasabha Papers, Nehru Memorial Museum and Library.

36. *अभ्युदय,* 8 अगस्त 1924 : 2-3।
37. *सुधारक,* 27 सितम्बर 1924।
38. कृष्णानन्द, *हिन्दुओं की उन्नति का उपाय अर्थात शुद्धि और संगठन सम्बन्धी उपदेश,* शाहजहाँपुर, 1927 : 54-55।
39. *Leader*, 11 April 1925
40. 206/1926, Home Poll, NAI.
41. स्वामी सत्यदेव परिब्राजक, *संगठन का बिगुल,* देहरादून, 1926, तृतीय सं. इसकी 4000 प्रतियाँ प्रकाशित की गईं। 1925 में प्रकाशित पूर्व के संस्करणों की भी चार-चार हजार प्रतियाँ प्रकाशित हुई थीं।
42. परिब्राजक, *संगठन का बिगुल* : क-ड।
43. *UP of Intelligence of Abstracts Police Secret* (आगे PAI), 23 January 1926, No. 3, Para 72: 43; *PAI*, 13 February 1926, No. 6, Para 138 : 84; *PAI*, 19 March 1927, No. 11, Para 231 : 96.
44. परिब्राजक, *संगठन का बिगुल* : 62-70।
45. *अभ्युदय,* 30 अगस्त 1924 : 6। यह भी देखें : *अभ्युदय,* 10 फरवरी 1923 : 4; *अभ्युदय,* 16 जून 1923 : 4।
46. ठाकुर राजकिशोर सिंह, *हिन्दू संगठन,* बलिया, 1924 : 89.
47. उल्लेख किया गया है : Indra Prakash, *A Review of the History and Work of the Hindu Mahasabha and the Hindu Sangathan Movement*, Delhi, 1938 : 46-7.
48. परिब्राजक, *संगठन का बिगुल* : 1।
49. *अभ्युदय,* 21 अक्तूबर, 1922; *Leader*, 2 April 1923 : 3।
50. कृष्णानन्द, *हिन्दुओं की उन्नति का उपाय* : पहला पृ.।
51. अयोध्या प्रसाद गोयलिया 'दास', *संगठन का बिगुल,* दिल्ली 1926।
52. 140/1925, Home Poll, NAI.
53. काशी नाथ खत्री, *भारतवर्ष की विख्यात रानियों के चरित्र,* अलाहाबाद, 1914, छठा सं.; हरिदास माणिक, *भारत की क्षत्राणी,* काशी, 1916; शेर सिंह, *दुर्गा,* मेरठ, 1917; हरिशरद तिवारी, *पद्मा की पैनी तलवार,* कानपुर 1927; मास्टर दयाल झालू, *भारत की वीर क्षत्राणियाँ,* बिजनौर 1929; जगदीश प्रसाद तिवारी, *तुर्कों पर तारा की तलवार,* कानपुर, 1932, 10वां सं। लाला भगवानदीन ने ऐसे कई कवितायें लिखीं जैसे, 'दुर्गावती', 'वीरांगना नारी', 'तारा' और 'पद्मा'. देखें : *वीर सतसई,* प्रयाग, 1927।
54. राधेश्याम, *शेरदिल औरत : नील देवी,* कानपुर, 1922 : 15।
55. सिंह, *क्षत्रीय नवयुवक* : 4।
56. कई पुस्तकों में इस किस्से को शामिल किया गया, जिनका उल्लेख पहले की टिप्पणी में किया गया है. यह भी देखें : राधाकृष्ण दास, *महारानी पद्मावती,* काशी, 1903, दूसरा सं.; *कन्या मनोरंजन,* 1 (2), अक्टूबर 1914 : 2-5।
57. परिब्राजक, *संगठन का बिगुल* : 37-40।
58. परिब्राजक, *संगठन का बिगुल* : 50-51।
59. *PAI*, No. 16, 21 April 1923, Para 321: 266; *PAI*, No. 12, 22 March 1924, Para 102: 111.
60. 140/1925, Home Poll, NAI.
61. *PAI*, No. 23, 14 June 1924, Para 187: 191.
62. *आर्यमित्र,* 31 मई 1924।

63. कालीचरण शर्मा, *शिवाजी व रोशनआरा*, बरेली, 1926, तीसरा सं.।
64. शर्मा, *शिवाजी व रोशनआरा* : 2।
65. शर्मा, *शिवाजी व रोशनआरा* : 9-17।
66. शर्मा, *शिवाजी व रोशनआरा* : 21।
67. पांडेय बेचन शर्मा 'उग्र', *चंद हसीनों के खतूत*, कलकत्ता, 1927।
68. Francesca Orsini, 'Reading a Social Romance: *Cand Hasinom ke Khutut*', in V. Dalmia and T. Damsteegt, eds, *Narrative Strategies : Essays on South Asian Literature and Film*, Leiden, 1998; रत्नाकर पांडेय, *उग्र और उनका साहित्य*, वाराणसी 1969 : 34।
69. राय कृष्णदास, 'अकबर काल का हिन्दू पहनावा और उसकी परम्परा', *हिन्दुस्तानी*, अप्रैल 1931 : 227-29।
70. *PAI*. No. 13, 3 April 1926, Para 342: 195; PAI, No. 15, 24 April 1926, Para 371: 219; *PAI*, No. 16, 1 May 1926, Para 397: 227.
71. *PAI*, No. 12, 27 March 1926, Para 294: 171.
72. *PAI*, No. 13, 29 March 1924, Para 107: 116.
73. 140/1925, Home Poll, NAI.
74. 6/IX/1924, Police, Home Deptt, NAI.
75. देवेशवर सिद्धान्तालंकार, *स्वामी श्रद्धानंदजी की हत्या और इस्लाम की शिक्षा*, बनारस, 1927 : 57।
76. *आवाज*, 24 मई 1924; *लोकमान्य*, 31 मई 1924।
77. *PAI*, 13 March 1926, No. 10, Para 231: 135.

9
'कामुक' मुस्लिम के (कु)कर्म
अपहरण प्रचार अभियान

इस दौर में हिन्दू प्रचारक हिन्दू पुरुषार्थ स्थापित करने की कोशिशें तो कर ही रहे थे, पर वो इसके साथ एक 'कामुक' मुस्लिम की तस्वीर भी मजबूत कर रहे थे। हिन्दू पुरुषत्व का निर्माण 'दूसरे' के बरक्स करना था। इसीलिए वासना से भरपूर, कामुक मुसलमान पुरुष का हौवा आक्रामक रूप से खड़ा किया गया। इस प्रक्रिया में मुस्लिम पुरुष को विशेष रूप से एक अपहरणकर्ता के रूप में पेश किया गया। साथ ही, हिन्दू प्रचारकों ने एक सामूहिक 'शत्रु' के भय को पहचानने और बढ़ावा देने के लिए पीड़ित और अपहृत हिन्दू महिला की छवि का इस्तेमाल किया। इस समय हिन्दू साम्प्रदायिकतावादियों के बड़े हिस्से ने मुस्लिम गुंडों द्वारा हिन्दू महिलाओं के अपहरण और धर्म परिवर्तन की अनेकों कहानियाँ प्रचारित कीं।[1] मुसलमानों द्वारा हिन्दू महिलाओं के अपहरण के खतरे की वजह से हिन्दुओं के एक वर्ग को हिन्दू पहचान और चेतना के लिए लामबन्दी का एक प्रमुख कारक मिल गया। इसने हिन्दू प्रचारकों को एक अहम सन्दर्भ बिन्दु और एकजुटता बनाने के लिए एक भावनात्मक सूत्र प्रदान किया। इस मुद्दे पर प्रचार और लेखन से न केवल हिन्दू पहचान का बोध रेखांकित हुआ, बल्कि हिन्दुओं के एक वर्ग को सूचना का एक आधार और उनके दैनिक जीवन के अनुभवों को एक व्याख्या भी मिली। साथ ही, इस अभियान ने मुसलमान पुरुषों के खिलाफ भय तथा गुस्सा और बढ़ाया, जिसने खास मौकों पर हिन्दू पितृसत्ता और जाति विशिष्टताओं को तेज किया और अप्रत्यक्ष रूप से हिन्दू-मुस्लिम दंगे भी बढ़ाये। मुस्लिम गुंडों द्वारा हिन्दू महिलाओं के अपहरण की घटनाएँ अक्सर मनगढंत होती थी, पर हिन्दू सम्प्रदायवादियों के एक बड़े वर्ग ने विभिन्न मीडिया में इसका भरपूर इस्तेमाल करके कामवासना से भरपूर, ललचाए मुस्लिम पुरुष की एक ऐसी छवि प्रचारित की जो हिन्दू महिलाओं के शरीर की पवित्रता भंग करता है। इन कहानियों को फैलाने में विविध प्रचार माध्यमों में एक सुनियोजित संगति देखी गई। यहाँ तक कि बहुत से हिन्दू तो अपहरण को मुसलमानों

की गतिविधि का पर्याय समझने लगे। इस लेख में जहाँ 'कामुक' मुस्लिम की विकसित हो रही छवि की पड़ताल की गई है, वहीं इसके इर्द-गिर्द अपहरण प्रचार अभियान के लिए हिन्दू प्रचारकों द्वारा अपनाए विभिन्न तरीकों और अभिनव प्रयोगों को भी दर्ज किया गया है।

अपहरण और मुस्लिम पुरुष की छवि

औपनिवेशिक उत्तर भारत में, विशेषकर 19वी शताब्दी के अन्त और 20वी शताब्दी के आरम्भ में, मुस्लिम पुरुषों का अवमूल्यन खासकर महिला परक शब्दावली में किया गया। मुस्लिम मर्द बहुत बार बलात्कारी या अपहरणकर्ता दिखाया जाने लगा। हिन्दू महिलाओं की कद-काठी के इस्तेमाल के जरिए मुस्लिमों की एक खास साँचेदार सांस्कृतिक छवि बनाने की प्रवृति उल्लेखनीय है। इस दौर के अधिकाँश हिन्दी साहित्यकारों को साम्प्रदायिक या राष्ट्रवादी, मुस्लिम समर्थक या विरोधी की श्रेणियों में नहीं डाला जा सकता है। उनकी रचनाओं में परस्पर विरोधी रुझान दीख सकते हैं, पर वो सभी हिन्दू और भारतीय दोनों को एक पर्यायवाची मानते लगते हैं। इन साहित्यकारों के घोषित विचार, मकसद और मंजिल चाहे जो भी हो, उनके रुझानों में खतरनाक सम्भावनाएँ निहित हैं, और ये एक नए हिन्दू राष्ट्रीय संचेतना के निर्माण में खासी मदद करते हैं। भारतेंदु हरिशचंद्र (1850-85), प्रतापनारायण मिश्र (1856-94) और राधाचरण गोस्वामी (1859-1923) जैसे कई प्रमुख हिन्दी लेखक प्रायः मुस्लिमों को हिन्दू महिलाओं के बलात्कारी और अपहरणकर्ता के रूप में चित्रित करते हैं। 1890 के दौर के लोकप्रिय हिन्दी रचनाकारों की पहली पीढ़ी—देवकीनंदन खत्री, किशोरीलाल गोस्वामी और गंगाप्रसाद गुप्त—इन्हीं पूर्वाग्रहों के शिकार हैं। इनमें मुस्लिम मुख्यतः लम्पट, व्यभिचारी, अंध कामवासना के शिकार, धार्मिक रूप से कट्टर, जैसे ही नजर आते हैं।[2]

हमने देखा कि इस दौर में किस तरह यौनगत रूप से सुस्पष्ट सामग्रियों को अक्सर अश्लील बता दिया जा रहा था। हालाँकि सभी प्रकार की 'अश्लीलताओं' को संदेह की नजर से नहीं देखा जाता था। हिन्दुओं के एक वर्ग ने, विशेष रूप से जो आर्य समाज से सम्बन्धित थे, इस्लाम, पैगम्बर मोहम्मद और अतीत तथा वर्तमान के मुसलमान शासकों को अपमानित करने के उद्देश्य से 'राजनीतिक रूप से अश्लील' साहित्य की श्रृंखला लिखी। कई मुसलमान शासकों के व्यभिचार का अक्सर खुलकर और विस्तार से वर्णन किया गया। उस समय, ऐसे मुद्रण और वितरण का अंग्रेजों ने भी समर्थन किया, क्योंकि वे अक्सर अलग-अलग परिप्रेक्ष्य में हिन्दुओं और अंग्रेजों, दोनों की जरूरतें पूरी करते थे। 1860 के दशक के आरम्भ में देशी भाषा और अंग्रेजी माध्यम के स्कूलों के लिए इतिहास की पाठ्यपुस्तक *इतिहास तिमिरनाशक* प्रकाशित करने का आदेश दिया। इस

पुस्तक के तीन भाग थे, जिनके लेखक बनारस के राजा शिवप्रसाद थे, जो इस दौर के एक प्रभावशाली व्यक्तित्व थे।[3] शिवप्रसाद ने इस ग्रन्थ को ऐसी भाषा में लिखा कि केवल चार-पाँच शब्द हिन्दी और उर्दू संस्करणों में बदले गये। इस पुस्तक को लेकर व्यापक विवाद छिड़ा था, जिसकी अन्यत्र चर्चा की गई है।[4] पुस्तक में कई मुसलमान शासकों के अनैतिक आचरण का जीवंत विवरण या परोक्ष संकेत शामिल किया गया था। शिवप्रसाद ने विशेष रूप से खिलजी वंश के मुसलमान शासक मुबारक शाह (1316-20) और मुगल शासक मोहम्मद शाह (1719-48) को बेहद लम्पट के रूप में चित्रित किया था। कामुक सम्बन्धों और प्रेम के बारे में प्रकाशित सामग्री को लेकर आपत्ति दर्शानेवाले एम. केंपसन ने इस पुस्तक का समर्थन किया और इसे 'सत्य' का वर्णन बताया। और उन्होंने इलियट और तत्कालीन कई ब्रिटिश अधिकारियों को भी अपनी राय बताई। विभिन्न तरह की बहसों के बाद मुस्लिम शासकों की रंग-रेलियों के चित्रण को पुस्तक में रहने दिया गया। इस तरह ऐसी 'राजनीतिक अश्लील' सामग्री को आम जनता के बीच जाने दिया गया और यहाँ तक स्कूल के बच्चे भी उसे पढ़ सकते थे। अकबर जैसे शासक को भी नहीं बख्शा गया। उसे व्यभिचारी स्वभाव का और 'नीरा बगुला' बताया गया और कहा गया कि नौरोज के मेले के दौरान अकबर नारी का पहनावा पहनकर हिन्दू औरतों पर बुरी नजर डालता था।[5]

इसी नजरों से समकालीन मुसलमान नवाबों और शासकों को भी देखा जा रहा था। 1899 के अन्त में और 1900 के आरम्भ में देशी अखबारों ने रामपुर के तत्कालीन नवाब पर तीखा आक्रमण शुरू किया। उसको अतीत के मुसलमान शासकों की तरह लम्पट जीवन शैली के प्रतीक, शासन व्यवस्था की अवनति तथा शाही दुराचारी की तरह चित्रित किया गया। मुरादाबाद से एक कायस्थ अंबाप्रसाद द्वारा प्रकाशित *जमी-उल-उलूम* अखबार ने इस दुष्प्रचार में अग्रणी भूमिका निभाई और अखबार के लगभग सभी अंकों में नवाब का वर्णन समलैंगिक व्यक्ति के रूप में किया गया, जो लौंडों और वेश्याओं से घिरा और भोग-विलास में डूबा रहता था।[6] हालाँकि नवाब का चरित्र उदाहरणात्मक नहीं था, लेकिन हिन्दुओं द्वारा उसपर आक्रमण से एक प्रतीकात्मक उद्देश्य की पूर्ति हो रही थी। राजनीतिक स्थिति के नजरिए से यहाँ एक विशेष प्रकार की अश्लीलता को चुन-चुन कर पेश किया गया था और नवाब की कामुकता का विस्तार से वर्णन किया गया था। सरकार ने ऐसे अश्लील लेखों की तरफ ध्यान दिया। उत्तर प्रदेश सरकार के मुख्य सचिव ने एक गोपनीय पत्र में लिखा कि ये सनसनीखेज लेख थे जो मर्यादा की सभी सीमाओं का उल्लंघन करते थे। लेकिन सरकार ने दंडित करने की जगह इसके सम्पादकों को सिर्फ चेतावनी देना ठीक समझा। अगर मुकदमा किया जाता तो जनता तक यह संदेश जा सकता था कि नवाब की सुरक्षा उसके आचरण के खुलासे के कारण की जा रही है।[7] मुस्लिम

शासक की अश्लीलता के प्रचार पर चुप्पी यहाँ सरकार के कमजोर मापदंड और जनमत के विपरीत जाने के अंदेशे से जुड़ी हुई थी।

मुस्लिम शासकों के नकारात्मक, अनैतिक चित्रण के साथ-साथ हिन्दू समाज में, विशेषकर महिलाओं से सम्बन्धित, कुरीतियों के लिए भी भारत में मुस्लिम शासन काल की अराजकता को जिम्मेवार ठहराया गया। विभिन्न लेखों, कहानियों, पत्रिकाओं के जरिए यह खास नजरिया सामने आया और एक आम धारणा विकसित की गई कि पर्दा प्रथा, सती, बाल-विवाह जैसी सामाजिक कुरीतियों के लिए मुस्लिमों का व्यभिचारी चरित्र जिम्मेवार है। उत्तर प्रदेश के मामले में ऐसा विशेष रूप से कहा गया क्योंकि 'मुसलमानी राज्य का आतंक इस प्रान्त में अधिक रहा और इसीलिए पर्दा, बाल विवाह, वृद्ध विवाह, कन्या विक्रय, ठहरौनी आदि सामजिक कुरीतियों का जितना यहाँ जोर है, उतना और प्रान्तों में नहीं'।[8] घोषणा की गई कि हमारी महिलाओं को परदे में रखने के पीछे कामुक मुसलमान जिम्मेवार हैं। एक पत्रिका ने लिखा :

> *मुसलमानी शासन काल आर्य ललनाओं पर जो अत्याचार मुसलमानों ने किये, उनसे बचने के लिए उस समय के हिन्दुओं ने यह पर्दे के प्रथा जारी की हो, यह कुछ अनुचित भी नहीं मालूम होता।*[9]

कहा गया कि बाल विवाह की कुरीति इसलिए शुरू हुई क्योंकि लड़की को किसी हिन्दू को सौंप देना बेहतर है जिससे उसका सतीत्व सुरक्षित रह सके, न कि उसके युवती बनने की प्रतीक्षा की जाए, जब उनके सौंदर्य की झलक देखकर बुरे और क्रूर यवन उसे अपना शिकार बना सकें।[10] इतिहास की पुस्तकों ने भी ऐसे विचार ही दोहराए :

> *मुसलमानी शासनकाल का प्रभात भारतीय नारियों पर बहुत बुरा पड़ा। बहुत से, प्रायः सभी मुसलमान शासक बहुत स्त्रियों के प्रेमी हो गए और हिन्दुओं की कन्याओं का अपहरण करने लगे। इसके कारण हिन्दुओं में पर्दे का प्रचार हुआ और स्त्रियाँ घरों के अन्दर हो गईं...महिलाओं के लिए घर से बाहर निकलना बिल्कुल असम्भव हो गया...धीरे-धीरे स्त्रियों की प्राचीन गौरवपूर्ण महिमा नष्ट हो गई। वे केवल घर के भीतर रह कर एक मशीन की भाँति कार्य करने वाली रह गईं और धीरे-धीरे उनकी विद्या, कला एवं संस्कृति बिल्कुल लुप्त हो गई।*[11]

मिथक और सृजित इतिहासों के जरिए कई लेखकों ने वर्तमान की आवश्यकताओं के अनुकूल अतीत का पुनर्सृजन किया। उनके पाठ में इतिहास और कल्पना का घालमेल होने लगा। कुछ किंवदंतियों का चतुराई के साथ प्रयोग किया गया, जिसके कारण कई हिन्दुओं की सामूहिक स्मृति में मध्यकालीन मुसलमानों के बलात्कारी होने के मिथक निर्मित और सशक्त हुए। बीसवीं सदी में भी कई लोकप्रिय

पुस्तकों में इसी तरह का विन्यास अपनाया गया।[12] 'दूसरे' के विमर्श ने इस तरह की प्रभावशाली सांस्कृतिक रूढ़िबद्ध धारणाएँ तैयार कीं कि वे अवचेतन स्तर पर निरन्तर सक्रिय रहीं और प्रेमचंद जैसे लेखक भी उसे पूरी तरह खत्म कर पाने में असफल रहे। इस समय, विशेष रूप से 1920 के दशक में, इस्लाम और कुरान की निन्दा करते हुए काफी संख्या में निन्दात्मक साहित्य का प्रकाशन मुख्य रूप से आर्य समाज द्वारा किया गया। ये पुस्तकें न केवल मुसलमानों पर हमला करती थीं, बल्कि स्पष्ट रूप से लिंगभेद की ओर भी संकेत करती थीं।[13] बरेली और रूहेलखंड में वितरित की गई ऐसी प्रचार-पुस्तिकाओं की एक श्रृंखला अपमान करने की एक खास शैली में लिखी गई थी।[14] उत्तर प्रदेश के ज्यादातर शहरों में प्रचार पुस्तिका *इस्लाम की तीली तीली झार* उपलब्ध थी। कई पुस्तकें गप, पैरोडी और व्यंग्य की शैली में लिखी गई थीं। 1920 के दशक में प्रकाशित सनसनीखेज पुस्तकें *रंगीला रसूल* और *विचित्र जीवन* में आर्य समाज ने पैगंबर का अपने नजरिए से मजाक उड़ाया था और उनसे जुड़े किस्सों का चित्रण किया था। *रंगीला रसूल* पहले उर्दू में मई 1924 में लाहौर से प्रकाशित हुई। यह फौरन ही लोकप्रिय हुई और इसकी खूब बिक्री हुई। मुसलमानों ने जल्द ही इसका विरोध शुरू किया और एक मुकदमा दर्ज किया गया।[15] लेकिन पुस्तक का हिन्दी अनुवाद कर उसे पुनःप्रकाशित कर बड़े पैमाने पर उत्तर प्रदेश में वितरित किया गया, भले ही इसका विरोध जारी रहा।[16] हिन्दी में *विचित्र जीवन* का लेखन आर्य समाज के एक उपेदशक कालीचरण शर्मा ने किया और नवंबर 1923 में आगरा से पहली बार लेखक द्वारा इसे प्रकाशित किया गया।[17] इस्लाम धर्म का लगातार कई पुस्तिकाओं में मजाक उड़ाया गया। एक पुस्तक ने लिखा :

> *भारतवर्ष में जो इस्लाम का स्वरूप है वह बड़ा संकुचित और दकियानूसी है...उसका स्वरूप बंध्या स्त्री जैसा है। उसमें से महापुरुष पैदा नहीं हो सकते...किसी प्रकार की उन्नति उससे हो नहीं सकती...औरतों की इज्जत का भाव भी इस्लाम में नहीं है।*[18]

कई अन्य प्रचार-पुस्तिकाएँ भी ऐसे ही अंदाज में लिखी गईं।[19] उन सभी में पैगंबर को कामुक और यौन के मामलों में निम्न नैतिकता वाले व्यक्ति के रूप में चित्रित किया गया था। उदाहरण के तौर पर एक पुस्तिका में कहा गया :

> *जिसने मद्यपान, अपनी बेटियों से विषय और मिथ्या भाषण किया क्या वह मौमिन (पैगम्बर) है? जिसने बुतपरस्ती (मूर्तिपूजा) की शतशः स्त्रियों से भोग किया, कतल किया क्या वह मौमिन (पैगम्बर) है? जिसने झूठ बोला, बहिन से भोग किया क्या वह मौमिन (पैगम्बर) है?...जिसने एक पतिवाली स्त्री से बलात् व्यभिचार किया, उसके पति को कतल करवाया, और झूठ बोला क्या वह मौमिन (पैगम्बर) है?*[20]

इस दौर में बदमाश मुसलमान शासकों और चरित्रहीन पैगंबर की इन रुढ़िबद्ध धारणाओं का विस्तार सामान्य मुसलमान पुरुष तक भी किया गया। विशेषकर 1920 के दशक में जिस प्रकार के भड़काऊ और लफ्फाजी से भरे वक्तव्य दिए गए, वे अभूतपूर्व थे। मुसलमानों द्वारा हिन्दू महिलाओं पर अत्याचार और व्यभिचार की अनगिनत कहानियाँ गढ़ी गईं। इन वक्तव्यों का ऐसा सैलाब आया कि मुसलमानों द्वारा हिन्दू महिलाओं के साथ बलात्कार, आक्रामक व्यवहार, अपहरण, बहलाना-फुसलाना, धर्मान्तरण और जबरन मुसलमान पुरुषों से हिन्दू महिलाओं की शादियों की कहानियों की एक लंबी सूची बनती गई। इस आन्दोलन में जहाँ एक ओर पहले की निरन्तरता थी, वहीं महत्वपूर्ण बदलाव और संशोधन भी थे। सबसे पहले, लम्पटता, अपहरण और धर्मांतरण अब केवल शासकों और पैगंबर तक ही सीमित नहीं रह गए। खलनायक के रूप में अब केवल असाधारण घटनाएँ या मध्य युगीन अतीत की 'बुरी' चीजें ही नहीं रह गईं। अब वर्तमान समय में भी औसत मुसलमान को वैसा ही दर्शाया जाने लगा।[21] इस तरह हिंसक और बलिष्ठ मुलसमान की छवि को समसामयिक महत्व मिल गया, जिससे कई पूर्वाग्रह मजबूत हुए और *शुद्धि* तथा *संगठन* आन्दोलन को औचित्यपूर्ण ठहराने का एक और मौका मिला। दंगों में भी अक्सर मुसलमानों को मूल प्रेरक और हमलावर के रूप में दर्शाया जाता था। उदाहरण के लिए कानपुर के 1931 दंगे के लिए मुसलमानों को एक पुस्तिका में स्पष्ट रूप से जिम्मेवार ठहराया गया :

कानपुर हिन्दू मुस्लिम दंगे का हाल बताऊँगा।
ध्यानपूर्वक सुनते जाना पूरा हाल सुनाऊँगा॥...
अल्लाह-अकबर के लगाते जोर से नारे सभी।
वे हिन्दुओं को राह में भी छेड देते थे कभी॥
पर शान्तिमय हिन्दू कभी ख्यालही करते न थे।
हथियार बल्लम और कांतों से कभी डरते न थे॥...
मुस्लिम दल कांतां बल्लम ले निकला जंग मचाऊँगा।
कानपुर हिन्दू मुस्लिम दंगे का हाल बताऊँगा॥...
हाय अबलायें बिचारी बाल-बच्चों को लिए।
भग कर कहाँ जाएँ, उसी में प्राण अपने दे दिए॥
बहुतक बिचारी नारियों का धर्मभ्रष्ट किया गया।
मारा पिछाडी को प्रथम तो कष्ट बहुत किया गया॥...
किन्तु न आई दया मुसलमानी गुंडों ने वार किया॥
हाय एक निष्पक्ष पुरुष पर कैसा अत्याचार किया।[22]

एक अन्य अखबार ने लिखा :

यदि सूक्ष्म दृष्टि से देखा जाये, तो हर जगह यही दिख पड़ेगा कि मुसलमानों की अपेक्षा हिन्दू अधिक सहनशील, शान्तिप्रिय, परधर्म सहिष्णु और अहिंसावादी हैं...मुसलमानों में तो खुल्लम खुल्ला हिन्दुओं के घरों में घुसकर उनकी बहू बेटियों को उठा ले जाना एक आम बात है और अब तो यह बहुत ही बढ़ गई है।[23]

और एक उदाहरण लें :

फसादों की शुरुआत, यानी हाथापाई, मारपीट, अमूमन मुसलमानों की तरफ से शुरू होती है, ये ही पहिले लड़ पड़ते हैं...और सबसे ज्यादा खराब बात यह होती है कि उनकी तरफ से हिन्दू औरतों पर हमले होते हैं और उनका अपहरण किया जाता है। मर्दों का मर्दों से लड़ना-भिड़ना, मारपीट करना, तो खैर हो, मगर औरतों पर हमला करना यह तो वहशी कारवाई है...हिन्दुओं की तरफ से मुसलमान औरतों पर ऐसे हमले होते कभी नहीं सुन पड़ते।[24]

1923 में बनारस में हिन्दू महासभा के अध्यक्ष के रूप में मदनमोहन मालवीय ने अपने भाषण में वर्तमान समय में मुस्लिम पुरुषों द्वारा हिन्दू महिलाओं के जबरन अपहरण के इतिहास की वृहद चर्चा की।[25] 'अपहरण' शीर्षक से एक लेख लिखा गया, जिसमें कहा गया :

शायद ही कोई दिन गुजरता हो जब हमारे सामने मुसलमान बदमाशों और गुंडों द्वारा हिन्दू महिलाओं और बच्चों के अपहरण की कोई न कोई घटना न आती हो। ऐसी घटनाओं में मुसलमान गुंडे बदमाश ही नहीं, समाज में हैसियत रखनेवाले साधन-सम्पन्न और ऊँची-ऊँची पहुँच वाले मुसलमान भी शामिल होते हैं। इस घिनौनी हरकत का एक बदतर और चिन्ताजनक पहलू यह भी है कि इतना सब कुछ होने के बाद भी हिन्दू जनता अपनी राष्ट्रीय सम्पत्ति पर दिन-दहाड़े होनेवाली इस डकैती को देखकर भी आन्दोलित नहीं होती। हमें अच्छी तरह पता है कि पूरे देश में हिन्दू महिलाओं और बच्चों के अपहरण को बढ़ावा देनेवाले लोग विभिन्न केन्द्रों से नियमित रूप से दुष्प्रचार कर रहे हैं। यह राज किसी से छिपा नहीं है कि दिल्ली और लाहौर की जामा मस्जिदों को केन्द्र बनाकर ही सारे दुष्प्रचार किए जा रहे हैं। इन बदमाश मुसलमानों द्वारा हिन्दू महिलाओं और बच्चों के अपहरण के इस कार्य से हमें निपटना होगा। हिन्दू समुदाय के इस अत्यंत महत्वपूर्ण मसले के कटु सत्यों के समक्ष केवल आँख मूंद लेने से कुछ नहीं होगा।[26]

1924 में एक मामला सामने आया जब कानपुर के डिप्टी कलक्टर रजा अली पर एक हिन्दू स्त्री का अपहरण करने और फिर उसका उत्पीड़न करने का आरोप लगाया

गया। यह भी कहा गया कि उसने जबर्दस्ती हिन्दू स्त्री का धर्मांतरण किया था। स्थानीय हिन्दी अखबार इस वारदात से भरे पड़े थे और उन्होंने रजा अली के खिलाफ तीखा अभियान शुरू कर दिया। इस मामले का हवाला देते हुए कहा गया कि अपहरण की गतिविधियाँ निचली जाति या उद्दंड मुसलमानों तक ही सीमित नहीं रह गई हैं। उदाहरण के लिए, *प्रताप* और *अभ्युदय* ने रजा अली की हरकत की निन्दा करते हुए टिप्पणी की कि रजा अली की हरकतें इस बात की परिचायक हैं कि सारे मुसलमान ऐसी गतिविधियों को अंजाम दे सकते हैं। *आर्य पुत्र* के अनुसार मुसलमानों का, खासतौर पर महिलाओं के मामले में, विश्वास नहीं किया जा सकता और हिन्दुओं को इस घटना से सबक लेना चाहिए। *आजाद* ने भी इस घटना की निन्दा की।[27] 28 जून को कानपुर में हिन्दू सभा की एक बैठक हुई जिसमें लगभग 2000 लोगों ने भाग लिया और रजा अली के खिलाफ सख्त कार्रवाई करने की माँग की गई। उन्नाव में हिन्दू सभा की एक बैठक में कहा गया कि रजा अली के घर से जो हिन्दू स्त्री है, उसको बाहर निकाल लिया जाए।[28] इस मामले में लोगों का गुस्सा बढने का सम्भवतः एक अन्य कारण यह भी था कि मामले से जुड़ी महिला सुलतानपुर की एक ब्राह्मण विधवा थी। उसकी जाति और हैसियत हिन्दू शक्तियों को एकजुट करने में सहायक बनी।

अपहरण प्रचार अभियान में मुसलमान पुरुषों की ऐसी चरित्रहीनता प्रदर्शित की गई जिसमें हिन्दू महिलाओं के प्रति जरा भी आदर भाव नहीं था। मुसलमानों में पुरुषत्व की भावना को अनियंत्रित बताते हुए उस पर प्रतिबन्ध लगाना उचित माना गया। मुसलमानों को कुएँ के पास, अस्पताल में और पड़ोस में, यानि रोजाना जिन्दगी से जुड़ी जगहों पर हिन्दू नारी को बरगलाते हुए दर्शाया गया।[29] ऐसे दोषारोपण में परम्परावादी हिन्दू संगठनों ने आर्य समाज के साथ प्रतिभागिता की और अपहरण अभियान को लेकर इनके बीच एकता दिखाई पड़ी। सनातन धर्म का समर्थक और काशी से प्रकाशित हिन्दी साप्ताहिक *भारत धर्म* लगातार मुसलमान पुरुषों पर नारी का उत्पीडन करने का आरोप लगाता रहा।[30] अगस्त 1924 में प्रतापगढ़ में मुस्लिम विरोधी पर्चे बाँटे गए, जिसमें आरोप लगाया गया कि साधु के पहनावे में मुसलमान हिन्दू नारियों के पास जा रहे हैं।[31] एक अखबार ने बरेली की एक घटना का उल्लेख किया कि एक मुसलमान युवक को हिन्दू जोगी के पहनावे में उस समय पकड़ा गया जब वह नदी में नहा रही हिन्दू स्त्रियों की तस्वीर खींच रहा था। लेखक ने मामले के पीछे कोई साजिश बताई और कहा कि अजीब और अमानवीय तरीके अपनाकर मुसलमान हिन्दू नारियों को धर्मांतरित करने की कोशिश कर रहे थे।[32] प्रसिद्ध पत्रिका *माधुरी* ने एक लेख में कहा :

> *औरतें उड़ाई जा रही हैं, विधवाएँ भगाई जा रही हैं, बच्चे चुपके-चुपके मुसलमान बनाए जा रहे हैं। गाँव-गाँव में मौलवी साधुओं के वेश में घूम*

रहे हैं...किसी औरत या बच्चे के उड़ाए जाने पर यह न सोचना चाहिए कि हिन्दू रक्षा समिति तो बचा ही लेगी, मैं क्यूँ झगड़े में पड़ूँ?[33]

उसी समय *'चंद मुसलमानों की हरकतें'* नाम से एक कविता लिखी गई, जिस पर बाद में प्रतिबन्ध लगा। कविता के उदगार कुछ इस प्रकार हैं :

अए आर्यो क्यों सो रहे हो पै पसारे।
मुस्लिम ये नहीं होएँगे हमराह तुम्हारे॥...
औ आर्यो के खून के दरिया बहाए थे
जबरन पकड़-पकड़ के मुसलमाँ बनाए थे।
माँ बहिन बेटियों एके सतोपन बसाए थे
दीवार में चुनवा दिए कितने ही दुलारे॥...
शुद्धि व संगठन किया तबही से दिल जला
अब्बल से क्या किसी को कभी मारा था भला।
ए झूठ बोलने में सदा सब से अगारे॥...
करतूत हसन निजामी की तुमको सुनाते हैं।
बच्चों व औरतों को चाल से मँगाते हैं...
तादाद बढ़ाने के लिए चाल चलाई।
मुस्लिम बनाने के लिए स्कीम बनाई।...
इक्कों को गली गाँव में लेकर घुमाते हैं।
परदे को डाल मुस्लिम औरत बिठाते हैं॥ [34]

इस तरह के दुष्प्रचार के परिणामस्वरूप मुसलमानों को निरन्तर सार्वजनिक रूप से प्रताड़नाओं का सामना करना पड़ा। 1927 में शाहगंज, जौनपुर में एक मुसलमान और उसकी पत्नी को आर्य समाजियों द्वारा दो बार रोका गया। मुस्लिम महिला को अपना चेहरा और हाथ दिखाने के लिए बाध्य किया गया ताकि साबित हो सके कि वह कोई अपहृत हिन्दू नारी नहीं है। अपहरण और बलपूर्वक भगा ले जाने के आरोपों से कांग्रेस में भी हिन्दू और मुसलमान की मित्रता प्रभावित हुई। असहयोग की अवनति के साथ तनाव बढ़ता गया। जून 1922 में सहारनपुर में कांग्रेस कमेटी एक सब-इंस्पेक्टर मसीह उल्लाह के खिलाफ अपहरण के एक मामले में सारी ऊर्जा लगाने में जुटी हुई थी। क्षेत्र में हिन्दू-मुसलमान एकता में दरार आ गई और बचाव पक्ष के वकील मुफात अली ने, जो एक समर्पित कांग्रेसी कार्यकर्ता थे, अपनी सदस्यता से त्यागपत्र दे दिया।[35]

बलात्कार और अपहरण की कहानियों में हिन्दू महिलाओं की असहायता, नैतिक मलिनता और दर्द को उजागर करते हुए उन्हें अक्सर मुसलमानों के हाथों एक निष्क्रिय शिकार के रूप में दर्शाया गया। हिन्दू समाज में इन पीड़ित स्त्रियों के प्रति

12 : हसन निजामी

सोते ख्वाजा हसन निजामी, स्वप्नों का है तना वितान!
छोड़ अछूत राम-गंगा को, कलमा में लाते ईमान!!

स्रोत : *व्यंग चित्रावली,* कानपुर, 1925।

सहानूभूति उमड़ पड़ी और समाज से ऐसी स्त्रियों को अपनाने का अनुरोध किया गया। इस प्रक्रिया में सार्वजनिक यौन हिंसा का सन्दर्भ बिन्दु मुसलमानों (और कभी-कभी ईसाइयों) की तरफ स्थानांतरित होता गया और हिन्दू पुरुषों को इससे मुक्त कर दिया गया। इस तरह अपहरण प्रचार अभियान अपना गुस्सा मुसलमानों पर केन्द्रित करने और विभिन्न मीडिया से समर्थन हासिल करने के साथ-साथ पीड़ितों का भावनात्मक समर्थन भी हासिल करने लगा। यहाँ हिन्दू नारीत्व एक पाक-साफ, पवित्र बोध बन गया। जून 1924 में मेरठ में हिन्दू महिलाओं और बच्चों के कथित अपहरण के सम्बन्ध में पर्चे बाँटे जा रहे थे और इस विषय पर विचार करने के लिए एक बैठक आयोजित हुई जिसमें लगभग 2000 लोग शामिल हुए।[36] पीड़ित हिन्दू नारी की दर्दनाक छवि कुछ हिन्दुओं के लिए अत्यंत लाभदायक भी साबित हो सकती थी। एक उदाहरण उत्तर प्रदेश के आर्य समाज के प्रमुख सदस्य और हिन्दू सभा के सह सचिव केदारनाथ का है। उसने अपहरण को लेकर व्यापक अभियान शुरू किया और 1920 के दशक के समय उत्तर प्रदेश के विभिन्न हिस्सों में कई बैठकों को सम्बोधित किया। उसका प्रमुख उद्देश्य हिन्दू नारी का अपहरण करनेवाले मुसलमानों

पदस्खलित हिन्दू रमणी।

हिन्दू रमणी–प्रभो, भूल से मेरा पैर फिसल गया है, मुझे समाज के किसी कोने में सर रखने को स्थान दो।

हिन्दू समाज के ठेकेदार–राम, राम, तेरा तो मुँह देखना भी पाप है। तू अब क्या समाज को भी अपने साथ रसातल में ले जायेगी?

ईसाई–बहिन आ, परम पिता क्राइस्ट की शक्तिशाली गोद में आ!

मुसलमान–खुदा के लिए इस्लाम पर ईमान ला, हम तेरा सब इन्तजाम कर देंगे!

स्रोत : *व्यंग चित्रावली*, कानपुर, 1925 : 9।

पंच महाराज—जब मोला बक्स कह रहा है कि इसने मेरे बघने का जल पी लिया तो तुमने अवश्य जल पिया है।

स्त्री—नहीं पिताजी, वह मुझपर बलात्कार करना चाहता था। मेरे अस्वीकार कर देने से वह ऐसा कह रहा है।

पंच—नहीं तुम पतित हो चुकी हो, निकल जाओ यहाँ से।

स्रोत : बैजनाथ केडिया, *व्यंग चित्रावली*, भाग 1, काशी, 1933 : 40।

की मुखालफत करना था। शुद्धि सभा के अन्य स्वयंसेवकों के साथ वह 4 अगस्त 1924 को मथुरा पहुँचा और हिन्दू नारी के अपहरण और बलपूर्वक धर्मांतरण के सम्बन्ध में भारी अफवाहें फैलाईं। वह मुसलमानों के साथ चलनेवाली नारी पर लगातार नजर रखता था और बलपूर्वक उन्हें अलग करने का प्रयास करता था। केदारनाथ सितम्बर तक मथुरा में रहा और उसने नारी सुरक्षा के लिए विधवाओं की एक संस्था खोलने का प्रस्ताव रखा। जिन स्त्रियों को मुसलमानों से बचाने के नाम पर आर्य समाज में लाया गया था, केदारनाथ और त्रिभुवन दत्त उन असहाय स्त्रियों को फैजाबाद में बेचकर धन कमाने लगे।[37] पीड़ित के रूप में नारी का चित्रण उन्हें नियंत्रित करने का एक तरीका भी हो सकता था ताकि उनके घूमने-फिरने पर पाबन्दी लगाई जा सके, क्योंकि विभिन्न सार्वजनिक स्थलों को उनके लिए असुरक्षित घोषित कर दिया गया था।

अपहृत हिन्दू स्त्री को पवित्रता और अपमान, दोनों ही प्रतीकों में चित्रित किया गया। इस प्रकार उन्हें हिन्दू समाज के उत्पीड़न के प्रतीक के रूप में देखा गया। उत्पीड़ित हिन्दू स्त्री और अपहरणकर्ता पुरुष मुसलमान की कहानियों पर केन्द्रित तरह-तरह की प्रचार सामग्री तैयार की गई और लेखन कार्य किया गया। इस लेखन के शीर्षक भी काफी उत्तेजक थे। एक शीर्षक था *हिन्दू औरतों की लूट* जिसमें हिन्दू स्त्रियों के मर्जी से धर्म बदलने की बात को मुस्लिम प्रचार करार करके उसकी भर्त्सना की गई थी।[38] इसी तरह एक अन्य पुस्तक भी प्रकाशित हुई जिसका नाम था *हिन्दू स्त्रियों की लूट के कारण*। इस आर्य समाजी पुस्तक में बताया गया था कि किस प्रकार 'अपनी' महिलाओं को ईसाई या मुसलमान बनने से बचाया जाए।[39] अपहृत महिला पारिवारिक व्यवस्था और धार्मिक भावनाओं के आहत और अपमान का प्रतीक थी। उसके जरिए हर हिन्दू परिवार में मुस्लिम खतरे का भय पहुँचाया जा सकता था। महिला इस खतरे की वाहक थी और उसपर जोर देकर हिन्दू लामबन्दी को सशक्त बनाया जा सकता था।

स्त्री पवित्रता एवं शीलत्व के गहरे सरोकार ने हिन्दू पुरुषत्व को न्यायसंगत और औचित्यपूर्ण ठहराने में भी मदद की। समुदाय का पौरुष महिलाओं के सम्मान की रक्षा पर टिक गया। साथ ही, हिन्दू सांस्कृतिक सौहार्द और कोमलता के मिथक के साए में, धर्मान्तरण एक उल्लंघन, आक्रमण, दमन और बलात्कार के रूप में देखा गया। हिन्दू स्त्री सबसे पहले हिन्दू पुरुष की विशिष्ट सम्पदा थी। इस तरह उसकी सुरक्षा करना हिन्दू पुरुषत्व का पैमाना समझा गया। 1925 में हिन्दू सभा, बनारस में स्वयंसेवकों को संगठित करने की कोशिश कर रही थी जिससे रेलवे स्टेशनों पर महिलाओं और बच्चों को मुसलमानों के हाथ में पड़ने से बचाया जा सके। इसके लिए चंदे उगाहे गए। उसी वर्ष हमीरपुर में मुसलमानों द्वारा महिलाओं और बच्चों के

अपहरण के सम्बन्ध में हिन्दू पुरुषों को सतर्क रहने के लिए लिखित चेतावनी दी गई। जौनपुर में लोगों को मुस्लिम गुंडों से हिन्दू महिलाओं और बच्चों की सुरक्षा की सलाह देने वाला पर्चा मिला। यह इलाहाबाद से आया था और इसे मार्च 1926 में किसी बाबू रामसुनार ने वितरित किया था।[40] उत्तर प्रदेश में महावीर दल की शाखाएँ बनाई गईं, और उसके नाम की व्याख्या इस प्रकार की गई :

> *हिन्दू युवाओं के संगठन के कई नाम हो सकते हैं जैसे समाज सेवक दल, हिन्दू युवक दल आदि, मगर महावीर दल सुनने में सबसे सटीक लगता है। इसका अपना आकर्षण है चूँकि यह हनुमान की याद दिलाता है, जिन्होंने रावण द्वारा अपहृत सीता को मुक्त करवाने में सहायता की थी। उसी तरह हमें भी वर्तमान समय के अपहर्ताओं के चंगुल से अपनी महिलाओं को मुक्त करवाने में सहायता करनी होगी।*[41]

हिन्दुओं से बार-बार आह्वान किया जा रहा था कि वे अपनी महिलाओं की सुरक्षा के लिए आगे आएँ। हिन्दू पुरुषों की मर्दानगी को लगातार ललकारा गया :

> *हम देखते हैं कि सैंकड़ों हिन्दू स्त्रियाँ गुंडों द्वारा बहकाई और भगाई जाती हैं परन्तु हिन्दू चीखने पुकारने के सिवाए और कुछ नहीं करते। क्या अबलाओं पर इस प्रकार अत्याचार होते हुए देखते रहना मर्दानगी है? क्या पुरुषों का पौरुष इसी में है कि उनकी स्त्रियाँ बलात् छीनी जाएँ और जाकर दूसरों के शरीरों का आलिंगन करें...एक दिल वह होता है जो रणक्षेत्र में मशीनगनों का मुकाबला करता है और एक दिल वह भी होता है जो अपनी बहू-बेटियों का अपहरण होते देख तनिक भी नहीं पसीजता। एक दिल वह होता है जो यवनों के खिलाफ जी जान से लड़ता है, और एक दिल वह भी होता है जिसमें सैंकड़ों सावित्रियों के चुराए जाने पर जुम्बिश भी नहीं होती।*[42]

हिन्दू पुरुषों की बैठक-दर-बैठक को सम्बोधित किया गया। मुरादाबाद में आर्य कुमार सभा के नौवीं वर्षगाँठ समारोह के दौरान मुजफ्फरपुर के शेर सिंह ने अपनी महिलाओं की सुरक्षा न कर पाने के लिए हिन्दुओं की आलोचना की। अयोध्या में आर्य समाज के त्रिभुवन दत्त ने एक सभा को सम्बोधित किया और मुसलमान गुंडों से अपनी महिलाओं की सुरक्षा करने का आह्वान किया। जून 1924 में मेरठ हिन्दू सभा की एक बड़ी बैठक इस बात पर विचार करने के लिए आयोजित हुई कि मुसलमानों द्वारा महिलाओं का अपहरण करने और उनको धर्मांतरित करने के अभियान का मुकाबला किस तरह किया जाए। 9 से 12 अप्रैल 1926 तक राय बरेली

में आयोजित स्थानीय आर्य समाज की सालाना बैठक में लखनऊ के वैद्य पंडित देवीचरण ने बताया कि रोज मुसलमान गुंडे हिन्दू स्त्रियों का अपहरण कर रहे हैं लेकिन हिन्दू कुछ नहीं कर पा रहे हैं। उन्हें अपहरण के लिए जिम्मेवार लोगों की जान ले लेनी चाहिए।[43] हिन्दू साम्प्रदायिक संगठनों की तरफ से प्रमुख तर्क यह दिया जा रहा था कि 'हमारी' स्त्रियों की सुरक्षा करने के लिए कोई भी कदम तर्कसंगत हो सकता है। एक क्रूर, असहिष्णु, कामुक मुसलमान पुरुष और असहाय हिन्दू नारी की छवि का निर्माण किया गया और फिर हिन्दुओं को भी समान रूप से हिंसक बनने के लिए आमंत्रित किया गया। यहाँ युद्ध में जुटे एक समुदाय की आत्म-छवि भी जुड़ी हुई थी।

मुसलमान हमारे आस-पास, पड़ोस में पनप रहे खतरे के रूप में दर्शाए गए। जहाँ 19वीं सदी के उत्तरार्ध में, विशेष तौर पर हिन्दू महिलाओं के सन्दर्भ में, इसाई मिशनरियों पर हमला बोला गया था, वहाँ अब उसका स्थान काफी हद तक मुस्लिम अपहर्ताओं ने ले लिया था। बाहरी हमलावरों के अलावे हिन्दू सम्प्रदायवादियों के लिए भीतर के एक शत्रु पर ध्यान केन्द्रित करना अधिक आसान था, जिसे हिन्दुत्व के लिए अधिक गम्भीर खतरा बताया जा सकता था। सवाल-जवाब शैली में प्रकाशित एक पुस्तिका में सवाल पूछा गया कि हिन्दुओं के लिए सबसे बड़ा खतरा कौन है – ईसाई या मुसलमान, खास तौर पर धर्मांतरण के परिपेक्ष्य में? भाई परमानंद ने साफ-साफ जवाब दिया :

> *हालाँकि दोनों प्रयास कर रहे हैं, लेकिन हमें मुसलमानों से अधिक खतरा है चूँकि वे हमारे प्रत्येक गाँव, प्रत्येक शहर, गली-कूचे में मौजूद हैं। वे हमारी कमजोरियों से अवगत हैं और इस तरह हमें अधिक नुकसान पहुँचा सकते हैं...असहिष्णुता मुसलमानों का मूल स्वभाव है और इस तरह हिन्दुओं और मुसलमानों को अपने मूल स्वभाव में परिवर्तन करना होगा। या तो मुसलमान धार्मिक असहिष्णुता छोड़ दें या हिन्दू भी पूरी तरह और समान रूप से असहिष्णु बन जाएँ। नहीं तो शीशे और पत्थर का एक हो पाना असम्भव है...मैं निश्चित तौर पर अंग्रेजों की तुलना में मुसलमानों को अधिक खराब मानता हूँ।*[44]

इस तरह पड़ोस को खतरनाक और सहायक, दोनों रूपों में देखा जा सकता है। पड़ोस में मुसलमानों की उपस्थिति का अर्थ था–एक विभाजित क्षेत्र का अस्तित्व। यह हिन्दू पहचान के लिए एक कठिन परीक्षापूर्ण स्थिति के रूप में देखा गया।

अपहरण के आरोपों के चलते स्थानीय स्तर पर कई हिंसक झड़पें हुईं और बीच-बीच में दंगे भी हुए, जहाँ मुसलमानों के खिलाफ हिन्दू एकजुट हुए। जून 1924 में कानपुर में हिन्दू वक्ताओं के एक समूह ने स्त्रियों के अपहरण को लेकर गहरी

उत्तेजना फैलाई, जिसके परिणामस्वरूप शहर में गंगा किनारे घाट पर एक स्नान उत्सव में भाग ले रहे कुछ मुसलमानों को बलपूर्वक हटा दिया गया था।[45] उसी वर्ष उन्नाव में अपहरण की डरावनी कहानियों के चलते हिन्दुओं ने मुसलमान फकीरों की पिटाई कर दी।[46] आगरा सीमा से उत्तर में भरतपुर सीमा पर स्थित मथुरा जिले के एक बड़े गाँव ओल में 9 मार्च 1928 को गम्भीर रूप से साम्प्रदायिक दंगा फैल गया। झगड़े की शुरुआत तब हुई जब धर्मपुरा के हिन्दुओं ने ओल गाँव पहुँचकर गाँव के मुसलमानों पर हमला कर दिया क्योंकि उस गाँव का एक मुसलमान एक हिन्दू स्त्री के साथ भाग गया था।[47] 1938 में बनारस में सारनाथ मेले के दौरान कथित गलत तरीके से एक हिन्दू महिला को छूने पर हिन्दुओं ने कुछ मुसलमानों की पिटाई कर दी थी। उसी वर्ष कानपुर की ग्वालाटोली में साम्प्रदायिक झड़प की स्थिति पैदा हो गई जब एक मुसलमान पर एक हिन्दू स्त्री का शीलहरण करने का आरोप लगाया गया।[48] 25 अगस्त 1939 की सुबह अलीगढ़ में कुछ हिन्दुओं और मुसलमानों में झगड़ा हुआ था। आरोप लगाया गया था कि कुछ मुसलमान बदमाशों ने कुछ हिन्दू स्त्रियों पर फब्तियाँ कसी थी और हिन्दुओं ने ऐतराज जताया था।[49]

एक अन्य महत्वपूर्ण बात यह भी थी कि निम्न जाति की महिलाओं के अपहरण को भी सम्बोधित किया गया, जिसने उच्च जाति और निम्न जाति के हिन्दुओं के बीच वैचारिक तालमेल बिठाने का काम किया, और मुसलमान 'बाहरी' बने रहे। एक गंगा सिंह ने, जो जौनपुर में हिन्दू स्त्रियों के अपहरण के नाम पर मुसलमानों के खिलाफ अभियान की नसीहतें देते थे, सितम्बर 1928 में अपने मुसलमान पति के साथ कलकत्ता जा रही एक भाट महिला को रोककर हलचल पैदा कर दी।[50] 1938 में कानपुर में जब एक जमादारिन केलेवाली मस्जिद के पास सडक पर झाडू लगा रही थी तब कुछ मुसलमान गुंडों ने उसका अपहरण कर लिया। उसकी चीख सुनकर दूसरे जमादारों ने उसे मुक्त कराया। इसके बाद मेहतर सभा ने स्थानीय मुसलमानों का बहिष्कार करने का प्रस्ताव पारित किया।[51] 17 फरवरी 1939 को पीसी कोतवाली, बस्ती के शिवरात्रि मेले में एक चमार महिला के साथ एक मुसलमान द्वारा कथित छेड़खानी के परिणामस्वरूप साम्प्रदायिक दंगा हो गया था। उस क्षेत्र में हिन्दुओं और मुसलमानों के बीच लाठी अखाड़ों के कारण अधिक शत्रुता होने से स्थिति गम्भीर हो गई थी।[52] अपहरण निचली जाति के पुरुष के आवेगिक तार को छूता था, क्योंकि स्त्री उनके भौतिक व आर्थिक अस्तित्व के लिए अहम जगह रखती थी। इस तरह हिन्दू प्रचारक ऐसी घटनाओं का प्रयोग हिन्दू सजातीयता का प्रचार करने के लिए कर सकते थे। और तो और, निचली जाति के पुरुष भी उस समय जातिक्रम परम्परा के यथार्थों को भूलकर हिन्दू समुदाय के साथ अपनी पहचान विकसित कर सकते थे, जिसके बारे में आने वाले अध्याय में अधिक विस्तार से चर्चा की जाएगी।

प्रचार माध्यमों और न्यायालयों का नवीन प्रयोग

हिन्दू नारी के पवित्र शरीर को दूषित करने वाले कामोन्मत्त, वासना से भरपूर मुसलमान पुरुष की छवि तैयार करने के लिए अपहरण की कहानियाँ दर्शाती हैं कि हिन्दू सम्प्रदायवादियों ने मीडिया के कई हलकों में अपनी अद्‌भुत क्षमता का परिचय दिया। हिन्दू प्रचारकों, खास तौर से आर्य समाज के प्रमुख सदस्यों, ने सार्वजनिक संचार व्यवस्था में सीधे हस्तक्षेप के महत्व को समझ लिया था और अनेक महत्वपूर्ण पब्लिशिंग हाउसों तथा उन्नीसवीं सदी के शुरू में उत्तर प्रदेश से प्रकाशित होने वाले अनेक अखबारों पर उनका नियंत्रण था। उस समय तक आते-आते हिन्दी में प्रकाशित होने वाले अखबारों और प्रकाशनों की संख्या उर्दू भाषा के अखबारों और प्रकाशनों से अधिक हो गई थी। इसके अलावा अनेक हिन्दू महासभा के नेता वकील भी थे। अनेक अखबारों और कानूनी पेशों पर नियंत्रण से उस समय हिन्दू प्रचारकों को काफी फायदा हुआ और उनका स्वर अधिकाधिक साम्प्रदायिक होता गया। खास तौर पर अपहरण अभियान में हिन्दू अखबारों की भूमिका महत्वपूर्ण रही। कइयों का स्वर अधिक साम्प्रदायिक हो गया। इन अखबारों को प्रमुख हिन्दू प्रचारकों के प्रत्यक्ष हस्तक्षेप से काफी लाभ मिला। प्रमुख अखबार और पत्रिकाएँ, विशेष रूप से असहयोग आन्दोलन के बाद, हिन्दू संगठन के समर्थक बन गए। उनमें कानपुर का *वर्तमान* प्रमुख था। उसी तरह का काम *विक्रम* कर रहा था।[53] *अभ्युदय* इलाहाबाद का एक प्रमुख अखबार था, जिसका स्वामित्व प्रभावशाली मालवीय परिवार के पास था। हम पाते हैं कि इस समय उत्तर प्रदेश क्षेत्र में हिन्दू प्रचारकों और राष्ट्रवादियों के बीच भी कई बार कोई विशेष अन्तर नजर नहीं आया। वो बहुधा एक ही थे और उनके बीच घनिष्ट सम्बन्ध था।[54] इलाहाबाद के *लीडर* के सम्पादक और प्रदेश के अग्रणी अंग्रेजी के पत्रकार सी. वाई. चिंतामणि उत्तर प्रदेश हिन्दू सभा की कार्यकारिणी समिति के सदस्य थे। इस अखबार ने स्पष्ट रूप से मुसलमान विरोधी रूख अपना रखा था और *शुद्धि* आन्दोलन को भरपूर समर्थन दे रहा था।[55] उत्तर प्रदेश सरकार की 1923-24 की रिपोर्ट के अनुसार इस अवधि में साम्प्रदायिक तनाव बढ़ाने के लिए उत्तर प्रदेश से प्रकाशित हो रहे पत्र-पत्रिकाएँ मुख्य रूप से जिम्मेवार थे।[56]

1923 से विशेष तौर पर स्थानीय अखबारों में हिन्दू स्त्रियों के अपहरण के मामले अधिकाधिक प्रकाशित किए जा रहे थे, जो कई बार मनगढ़ंत होते थे। ऐसी खबरें अक्सर छोटी होती थीं लेकिन नियमित रूप से प्रकाशित होती थीं और कभी-कभी वे सुर्खियाँ भी बनाई जाती थीं। ऐसी कहानियों को अधिक से अधिक स्थान दिया जाता था। एक प्रमुख खबर में सुनिश्चित रूप से बताया गया कि एक ललिता देवी का अपहरण एक मुसलमान ने कर लिया था। दस दिनों के बाद एक

छोटी खबर छपी कि गलती से उस खबर के साथ 'कथित रूप से' शब्दों को जोड़ा नहीं जा सका![57] प्रभावी प्रचारों के लिए सटीक बात ही महत्वपूर्ण समाचार बनते थे। जो असुविधाजनक होता था, उसे या तो छोड़ दिया जाता था या भीतर के पृष्ठों में डाल दिया जाता था। विभिन्न अपहरण की कथाओं को नाटकीय रूप प्रदान करने में सुर्खियों से सहायता मिलती थी और ये सुर्खियाँ हिन्दू भावना को भड़काने के लिए उत्तेजक भूमिका निभाती थीं। सुर्खियों में प्रतिकूल तथ्यों की उपेक्षा की जाती थी और मोटे-मोटे अक्षरों में कहानी और इसके 'तथ्यों' को प्रस्तुत किया जाता था। वे अक्सर खबर के मूल पाठ से भी तारतम्य नहीं रखते थे। अपहरण की कथाओं की एक सतत प्रवाहित धारा तैयार होती थी, जिसमें दिए गए निश्चित ब्यौरे को याद रख पाना किसी पाठक के लिए जटिल काम हो सकता था। वो मानव स्मृति की सीमाओं से जुड़ी हुई थीं। और इस प्रकार से, मुसलमानों के आक्रमण और हिन्दू नारी की विपत्ति की एक कथा सागर बहती थी। समान सुर्खियाँ इस तरह की होती थीं : 'अदालत परिसर में साम्प्रदायिक तनाव : हिन्दू लड़की का कथित धर्मांतरण', 'आजमगढ़ : ललिता देवी अपहरण मामला', 'अभूतपूर्व साम्प्रदायिक रुचि', 'मियाँजी की करतूत', 'मुसलमान उठा ले गया हिन्दू युवती को'।[58] यह केवल एक खास मामले का ही सवाल नहीं था। ऐसी सुर्खियाँ आम से अमूर्त रूप लेती जाती थीं। लापरवाहीपूर्वक और सुनियोजित रूप से सामान्यीकरण किया जाता था और लगभग प्रतिदिन किसी ठोस प्रमाण के बगैर स्थानीय हिन्दी पत्रों में अपहरण के बारे में सामग्री प्रकाशित की जाती थी। मुक्त रूप से विचार व्यक्त किए जाते थे जिनमें मूल मामले के तथ्यों को ध्यान में रखे बिना ही मुसलमानों को अपहर्ता के रूप में चित्रित किया जाता था, जिसका काम हिन्दू स्त्रियों का अपहरण करना था। उदाहरण के लिए *प्रेम* ने लिखा कि उस समय सभी प्रांतों में अपहरण आम घटना बन गई थी और हिन्दू सभा को ऐसे अत्याचार पर रोक लगाने के लिए हिन्दू स्वयंसेवकों को तैयार करना पड़ेगा।[59] 28 मई 1923 को *प्रताप* ने फैजाबाद के हिन्दुओं को आगाह किया कि वे जिले में हिन्दू महिलाओं को मुसलमानों द्वारा दिए जा रहे प्रलोभन से बचाएँ।[60]

हिन्दू स्वामित्व वाले अखबारों ने न सिर्फ अपहरण की कहानियों को अधिक स्थान देना शुरू किया बल्कि साम्प्रदायिक रूढ़िबद्ध धारणाओं का भी निर्माण किया। इससे कुछ हद तक हिन्दू नारी के अपहरण का बुनियादी व्याकरण तैयार हुआ। जटिल और सूक्ष्म रूप से अखबारों ने इन कथाओं को परिभाषित, निर्मित और अनवरत जारी रखा। वे न केवल अपहरण के विचार के एक शक्तिशाली स्रोत थे बल्कि एक ऐसी जगह भी थे जहाँ इन विचारों का जन्म होता था। उन्हें संशोधित, परिमार्जित कर आम लोगों के बीच लोकप्रिय भी बनाया जाता था। हिन्दू स्त्री और बच्चों के अपहरण के सामन्यीकरण और रोज प्रकाशन के कारण अब इसे खुले रूप से जाहिर किया जा

सकता था। उनकी जन अभिव्यक्ति को वैध बना दिया गया था और वास्तव में उनके प्रति जन स्वीकृति भी बढ़ती गई। और इससे वे 'सच्चे' भी बनते गए। अखबारों और दैनंदिन वार्तालाप में परोसी गई अपहरण की कथाओं के चलते अपहरण निरन्तर एक सक्रिय सांस्कृतिक और इस तरह राजनीतिक मुद्दा बना रहा।

वकील और न्यायालय अतिरिक्त सार्वजनिक स्थान उपलब्ध करवा रहे थे जहाँ अपहरण के तमाशे निर्मित किए जा सकते थे। अदालत की कार्यवाही में अखबार भी विशेष रुचि प्रदर्शित करते थे। हर पखवाड़े *लीडर* अदालत की कार्यवाही के प्रति विशेष रूप से समर्पित दो पृष्ठ देता था। इस तरह अखबार और न्यायिक संस्थान एक साथ कार्य कर रहे थे। अखबार कानूनी कार्यवाही को लिखित रूप में प्रस्तुत कर देते थे। अखबारों में लिखी गई कहानियाँ अक्सर अदालत की कार्यवाही पर आधारित होती थीं। अपहरण के प्रति उन्माद के लिए न्यायालय और स्थानीय कचहरियाँ प्रमुख स्थल बन गए थे। लखनऊ के अदालत परिसर में उस समय साम्प्रदायिक तनाव पैदा हो गया जब एक अब्दुल्ला नामक व्यक्ति ने नगर के न्यायाधीश को आवेदन देकर रसूल बांदी नामक युवती को अपने साथ रखने की अनुमति माँगी। रसूल एक हिन्दू युवती थी और उसने इस्लाम अपना लिया था। ऐसा बताया गया कि सम्बन्धित युवती का मूल नाम द्रौपदी था। जब युवती के अभिभावक ने धर्मांतरण की शिकायत की तो पुलिस ने युवती को हिरासत में ले लिया और उसे एक महिला आश्रम में रख दिया।[61]

एक मामले ने, जिसमें अदालत और वकीलों ने केन्द्रीय भूमिका निभाई थी, 1938 में कानपुर को झकझोर कर रख दिया था। जब विमला देवी एक मुसलमान के साथ भाग गई तो सनसनी और तनाव का माहौल हो गया। इस मामले में काफी रुचि दिखाई गई, जिससे इसे विशेष महत्व मिल गया। इसकी अहमियत का अंदाजा इस तथ्य से लगाया जा सकता है कि उत्तर प्रदेश के तत्कालीन राज्यपाल एच. जी. हैग ने वायसराय को लिखे गुप्त पत्रों में कम से कम दो बार इस मामले का उल्लेख किया था। इस तरह के एक पत्र में उन्होंने लिखा :

> *उच्च न्यायालय को प्रभावित करनेवाला एक और मामला हाल ही में सामने आया। कानपुर में एक सनसनीखेज घटना हुई। एक मशहूर हिन्दू वकील की बेटी एक प्रमुख मुसलमान व्यापारी के साथ भाग गई और उसके बाद लड़की ने इस्लाम धर्म अपनाकर लड़के के साथ विधिवत विवाह कर लिया। लड़के के खिलाफ अपहरण का मामला दर्ज किया गया। कुछ सप्ताह के बाद लड़की को ढूँढ़ लिया गया और आपराधिक मामला दायर होने के नाते लड़की के पिता ने कानून के तहत उसे अपने साथ रखने की अनुमति माँगी। उच्च न्यायालय से हस्तक्षेप करने के लिए*

कहा गया और निचली अदालत की कार्यवाही का ब्यौरा प्रस्तुत किया गया। इस बीच लड़की को लेकर उसका पिता लापता हो गया और दोनों का पता नहीं चला है। इस पूरे मामले के चलते कानपुर और इलाहाबाद में साम्प्रदायिक तनाव पैदा हो गया है और उच्च न्यायालय के एक मुसलमान न्यायाधीश की निष्पक्षता पर आरोप लगाए जा रहे हैं। प्रदेश की सरकार को एक आवेदन भेजकर अनुरोध किया गया कि अपराध दंड संहिता की संशोधित धारा 327 के तहत मामले को सुनवाई के लिए दूसरे उच्च न्यायालय में स्थानांतरित कर दिया जाए। इसका कारण बताया गया कि साम्प्रदायिक तनाव को देखते हुए शान्ति व्यवस्था भंग होने का खतरा था और दूसरी तरफ इसी आधार पर प्रदेश में मामले की निष्पक्ष सुनवाई सम्भव नहीं थी। विधि मंत्री डा. काटजू ने, जिनका झुकाव शायद स्वाभाविक रूप से हिन्दुओं की माँग के प्रति है, एक सटीक कदम उठाया। उन्होंने उच्च न्यायालय की राय माँगी और कानपुर तथा इलाहाबाद के जिलाधीशों से पूछा कि अगर वर्तमान रूप में मुकदमा जारी रहता है तो क्या उन्हें व्यवस्था बहाल रखने में कोई परेशानी हो सकती है। विभिन्न अधिकारियों से अपेक्षित उत्तर मिलने के बाद उन्होंने मामले को स्थानांतरित करने से इनकार कर दिया।[62]

कई महीनों तक इस सनसनीखेज मामले के चलते उत्तर प्रदेश के अखबारों में हलचल मची रही। कई अग्रणी अखबारों ने इस बारे में विस्तार से लिखा और अदालत की कार्यवाहियों का विस्तृत विवरण दिया।[63] अखबारों ने अदालत की कार्यवाही को नाटकीय शक्ति प्रदान कर दी थी और अभियोजन पक्ष के वकीलों की जन सराहना के लिए आभामंडल तैयार कर दिया था। इस मामले में कानपुर के अग्रणी वकील विजेन्द्र स्वरूप ने, जो उत्तर प्रदेश आर्य समाज के प्रमुख नेता भी थे, महत्वपूर्ण भूमिका निभाई। उन्हें विलक्षण कानूनी प्रदर्शन के लिए नायक मान लिया गया था। उन्होंने अभिभावकों की तरफ से युवती की रहनुमाई हासिल कर ली थी। *शुद्धि* के जरिए विमला देवी को नए सिरे से कानपुर के आर्य समाज मंदिर में हिन्दू बनाया गया था और स्वरूप ने एक 'योग्य' हिन्दू वर से उसकी शादी करवाने का भी प्रबन्ध कर दिया था। यह उल्लेखनीय तथ्य है कि विमला देवी को कभी अदालत में प्रस्तुत होने की अनुमति नहीं दी गई।

यहाँ जोड़ा जाना चाहिए कि इस अवधि में वकील और पत्रकार दोनों, सहजता से साम्प्रदायिकता से प्रभावित हो जाते थे। हिन्दू महासभा के कई अग्रणी व्यक्ति पेशे से वकील थे। इलाहाबाद के एक वकील सरकार बहादुर जौहरी उत्तर प्रदेश हिन्दू सभा के अध्यक्ष थे। वकील वटी विष्णु स्वरूप 1939 में बिजनौर हिन्दू सभा के अध्यक्ष थे।

मुरादाबाद के वकील राम मोहनलाल और कानपुर के वकील रायबहादुर विक्रमजीत सिंह भी हिन्दू महासभा आन्दोलन के अग्रणी नेता थे। एक समय उत्तर प्रदेश हिन्दू सभा की कार्यकारिणी समिति के 24 सदस्यों में से 16 सदस्य पेशे से वकील थे, जिनमें गोकुल प्रसाद, महादेव प्रसाद, तेजबहादुर सप्रू, रमाकांत मालवीय, सुंदरलाल दवे और ईश्वर शरण प्रमुख थे।[64] इससे पहले लखनऊ के प्रसिद्ध वकील बिशन नारायण दार भी कांग्रेस के अग्रणी सदस्य थे, साथ ही वो गौ-रक्षा आन्दोलन के गहरे समर्थक थे।[65] वकीलों में ज्यादातर कायस्थ या ब्राह्मण जैसी ऊँची जातियों से थे।

अपहरण के किस्सों के प्रति शहरी झुकाव भी देखा जा सकता है। उत्तर प्रदेश के अधिकाँश प्रमुख वकीलों का हिन्दू प्रचारकों के साथ सम्बन्ध था और उनका आधार शहरी था। उनमें से काफी संख्या में वकील इलाहाबाद में रहते थे क्योंकि वहाँ उच्च न्यायालय था। हालाँकि अपहरण के अधिकाँश किस्से सैद्धांतिक रूप से शहरी क्षेत्र में उत्पन्न होते थे, पर वे पूरी तरह वहीं सीमित नहीं रह जाते थे। कचहरी ऐसी जगह थी जहाँ ग्रामीण मुकदमाकर्ता खबर और विचार ग्रहण करते थे। इस तरह अपहरण के खतरे की खबर ग्रामीण इलाकों में भी फैल जाती थी और वहाँ भी इसके किस्से प्रचलित होने लगते थे। अखबारों में प्रकाशित होनेवाली अपहरण की कहानियों ने मुफस्सिल स्तर के काफी संवाददाताओं को उत्तर प्रदेश के शहरी अखबरों में अपहरण की घटनाओं के बारे में लिखने के लिए प्रेरित किया। इस तरह एक विस्तृत अन्तर्संवाद वाला क्षेत्र तैयार हुआ जो कुछ हद तक अपने-आपको दुहराता था। सार्वजनिक स्थान का विस्तार किया गया, जहाँ ऐसे बहस और विमर्श सम्भव हुए। कई अदालती मामले अपने-आप में एक मिसाल बन गए। इनमें वकील और पत्रकार अभिप्राय और विषय, इतिहास और इतिहासकार, कर्ता और अभिकर्ता, दोनों की भूमिका निभाते रहे। इस शोरगुल में गपों और अफवाहों ने नमक-मिर्च लगाने का काम किया। मुसलमान गुंडों से सम्बन्धित गपों में 'दूसरे' के जीवन के प्रति कौतूहल जुड़ा हुआ था। अपहरण की अफवाहों ने सामूहिक हिन्दू समुदाय के विकास में सहायता की। विशेष रूप से अपहरण के मुद्दे पर प्रकाशित विभिन्न पोस्टरों और पर्चों को बाँटकर या दीवारों पर चिपकाकर सामूहिक हिन्दू समूह का सशक्तीकरण किया गया। मई 1926 के एक सप्ताह के दौरान इलाहाबाद में प्रचार का एक अनोखा तरीका अपनाया गया। पतंगों पर उत्तेजक संदेश लिखे गए और फिर उन्हें शहर के ऊपर उड़ाया गया। आर्य समाज की कई बैठकों में लालटेन की रोशनी में नए-नए चित्रों की प्रदर्शनी दिखाई जाती थी, जिसमें हिन्दुओं पर मुसलमानों का कहर दर्शाया जाता था।[66] अपहरण का खतरा सार्वजनिक स्तर पर प्रदर्शित करने के लिए रेलवे स्टेशनों का भी उपयोग किया जाता था। अपहरण का हौवा बनाने में वाहनों का प्रयोग भी शामिल था। रेलगाडियों को आसान निशाना बनाया जाता था।

1924 में आगरा, पीलीभीत, मेरठ, उन्नाव, जैसे कई स्थानों पर व्यापक रूप से अफवाहों और अपहरण की डरावनी कहानियाँ फैली थीं। मेरठ में तनाव बना हुआ था और उकसावे का काम मुख्य रूप से हिन्दू कर रहे थे। हिन्दू स्त्री तथा बच्चों के अपहरण की अफवाहें असामान्य स्थिति बना रही थीं।[67] अफवाहें इतनी शक्तिशाली थीं कि उत्तर प्रदेश की पाक्षिक रिपोर्टों में भी उनका उल्लेख किया गया था।[68] मई 1926 में झाँसी में अफवाह फैली कि हिन्दू के पहनावे में मुसलमानों का एक गिरोह झाँसी में हिन्दू स्त्रियों और बच्चों का अपहरण करने के लिए आया था। जून 1927 में आगरा में अफवाह फैली कि ग्वालियर के मुसलमान राजा और उसके भाई महारानी को काबू में रखकर हिन्दुओं को मुसलमान बनाने का अभियान चला रहे थे और इस सन्दर्भ में कई स्त्रियों और बच्चों का अपहरण किया जा चुका था।[69] कभी-कभी अफवाहों का बनावटीपन और झूठ तत्काल सामने आ जाता था। इसका एक उदाहरण लीजिए : 13 अप्रैल 1927 को मुजफ्फरनगर में हिन्दुओं ने अफवाह फैलाई कि एक हिन्दू युवती को बलपूर्वक धर्मांतरित किया गया था और उसकी शादी एक मुसलमान से करवाई जा रही थी। लोग कथित गुनहगार को देखने के लिए भीड़ की शक्ल में आगे बढ़े। पाया गया कि वास्तव में वह युवती मुसलमान ही थी। युवती के भाई को कुछ हिन्दुओं के विरुद्ध शिकायत दर्ज करने के लिए बाध्य किया गया, जिनमें इंस्पेक्टर और जिला खुफिया विभाग के सब इंस्पेक्टर शामिल थे।[70] 1939 में कानपुर में पुलिस को दिए गए एक बयान में एक हिन्दू युवक ने मुसलमान स्वयंसेवकों पर हिन्दू स्त्रियों का अपहरण करने का आरोप लगाया था। इसके बाद मुस्लिम लीग के कार्यालय में अपहृत महिलाओं को ढूँढने के लिए तलाशी ली गई, जहाँ एक भी महिला नहीं मिली। मुसलमानों ने दूकानें बन्द कर दीं और मुस्लिम लीग ने एक विरोध सभा का आयोजन किया।[71] अफवाहें फैलाने के लिए बड़े संगठन या पूंजी की जरूरत नहीं थी और अफवाहें अपहरण के किस्सों की एक प्रमुख स्रोत बन गई थी।

निष्कर्ष

हिन्दू महिलाओं का प्रचारित अपहरण हिन्दू साम्प्रदायिक पहचान और 1920 के दशक में हिन्दू-मुस्लिम राजनीति के ध्रुवीकरण का एक महत्वपूर्ण कारक माना जा सकता है। अपहरण की कहानियों ने एक पूरी ऐसी साँप-सीढ़ी खड़ी कर दी जिसमें मुसलमान सीधा-सीधा निशाना बने। हिन्दू प्रचारकों ने अपहरण की कहानियों को चौतरफा प्रचार से एक निश्चित आकार दे दिया। अखबारों, पर्चों, मीटिंगों, उपन्यासों, मिथकों, अफवाहों और रोजमर्रा की बातों से जनजीवन के हर क्षेत्र में इस प्रकार के प्रचार को मुखरित किया गया। इस पूरी प्रक्रिया में प्रत्यक्ष अनुभव से अधिक सम्प्रेषण ने

सुव्यवस्थित हिन्दू साम्प्रदायिकता को आधार देते हुए अपहरणों की विचारधारा को एक ठोस आकार दिया। इस विचारधारा के सृजन को भौतिक यथार्थों और मोपला विद्रोह जैसी घटनाओं से जोडने का प्रयत्न किया गया। तथ्यात्मक और वास्तविक बनाकर अपहरणों का चित्रण किया गया, जबकि वे अक्सर मनगढ़ंत और काल्पनिक होते थे। इस तरह चित्रण, प्रस्तुति और घटनाएँ एक-दूसरे के पूरक बन गए थे।

नफरत और घृणा की जबान ऐसी होती जो बार-बार दोहराई जाती है। व्याप्त पूर्वाग्रहों, रूढ़िबद्ध धारणाओं, वाकपटुता और भाषा के आडम्बरों से उसे उर्जा मिलती है। इस सन्दर्भ में भी अपहरण को इस काल के एक सामान्य परिदृश्य के रूप में प्रस्तुत किया गया और यह हिन्दू प्रचारकों के लिए एक केन्द्रीय मुद्दे के रूप में उभरा। तमाम घटनाओं को एक ही सिलसिले की कड़ियाँ बनाकर प्रस्तुत किया गया। हर कहानी में आक्रामक मुस्लिम पुरुष और उसकी शिकार हिन्दू महिला दिखाई देने लगी। साम्प्रदायिक शक्ति का बुनियादी स्रोत है, एक ही चीज को बार-बार दोहराना। पुनरावृत्ति से उसकी शक्ति बढ़ती है। साथ ही एक ही बात पर जोर देकर उसे नए-नए रूपों में प्रस्तुत करने और एक 'आम समझ' और काल्पनिक सच को तरह-तरह से स्थापित करने से भी नफरत बढ़ती है।

हिन्दू एकरूपता और पितृसत्ता के पक्ष में महिलाओं के अपहरण को भावनात्मक आधार देने का काम इस रूप में किया गया। इस सन्दर्भ में हिन्दू स्त्री और मुसलमान पुरुष के बीच दैनंदिन अन्तर्सम्बन्ध और यौन सम्बन्ध से जुड़ी काल्पनिक कथाओं के कारण विविध तरीकों से नारी के ऊपर नियंत्रण भी कायम रखा जा सकता था। साझे सामाजिक व्यवहारों, भागने, अपहरण और धर्मांतरण से सम्बन्धित चिन्ताओं के कारण हिन्दू स्त्री पर ढेर सारे नियम और निर्देश लद गए। यहाँ कुछ सुधारवादी कोशिशें भी शुरू हुई जिसके तहत हिन्दू समाज के हाशिए पर रहे निचली जातियों की स्त्रियों को अपनाने की बात कही गई। साथ-ही साथ उन्हें नियंत्रित भी किया गया। इन कोशिशों को दैनंदिन जीवन से जोड़ा गया, जिससे ये मुसलमानों के खिलाफ सामूहिक कार्यवाही के लिए आधार बना सकें। अगले अध्याय में हिन्दू स्त्री और मुसलमान पुरुष के बीच तीखी रेखाएँ खींचने की कुछ अन्य कोशिशों की पड़ताल की गई है।

सन्दर्भ

1. महिलाओं के अपहरण की ज्यादातर चर्चा विभाजन के सन्दर्भ में की गई है। देखें : Ritu Menon and Kamla Bhasin, *Borders and Boundaries : Women in India's Partition*, Delhi, 1998; Urvashi Butalia, *The Other Side of Silence: Voices from the Partition of India*, New Delhi, 1998; Vazira Fazila-Yacoobali Zamindar, *The Long Partition and the Making of Modern South Asia:*

Refugees, Boundaries, Histories, Delhi, 2007. लेकिन कुछ इतिहासकारों ने विभाजन के पहले के ऐतिहासिक सन्दर्भ में भी इसकी चर्चा की है। विशेष रूप से देखें: Pradip Kumar Dutta, *Carving Blocs: Communal Ideology in Early Twentieth-century Bengal*, Delhi, 1999: 148-237.

2. उन्नीसवीं सदी के आधुनिक हिन्दी साहित्य की प्रवृत्तियों का विश्लेषण करने के लिए देखें : Vasudha Dalmia, *The Nationalization of Hindu Traditions: Bharatendu Harischandra and Nineteenth-century Banaras*, Delhi, 1997; Sudhir Chandra, *The Oppressive Present: Literature and Social Consciousness in Colonial India, Delhi*, 1992; Meenakshi Mukherjee, *Realism and Reality: The Novel and Society in India*, Delhi, 1985.
3. Dalmia, *Nationalization of Hindu Traditions* : 132, 330-32.
4. Avril A. Powell, 'History Textbooks and the Transmission of the Pre-colonial Past in North-Western India in the 1860s and 1870s', in Daud Ali, ed., *Invoking the Past : The Uses of History in South Asia*, Delhi, 1999: 108-33.
5. 'परदे का इतिहास', *कायस्थ महिला हितैषी*, 1 (5), जुलाई 1917 : 4-7।
6. *Jami-ul-Ulum*, 28 December 1899, *Native Newspaper Reports of UP* (आगे *NNR*), 2 January 1900: 6; *Jami-ul-Ulum*, 7 January 1900, *NNR*, 16 January 1900: 25-26; *Jami-ul-Ulum*, 14 January 1900, *NNR*, 23 January 1900; *Jami-ul-Ulum*, 28 February 1900, *NNR*, 6 March 1900: 96. मुरादाबाद में मुसलमानों के समाचार पत्रों ने जवाब में ऐसी सामग्री छापने के लिए अंबाप्रसाद की तीखी आलोचना की।
7. 79/1900, L/P&J/6/529, Oriental and India Office Collections (आगे OIOC); 868/1900, L/P&J/6/540, OIOC.
8. एक शिक्षक, 'संयुक्त प्रान्त में स्त्री समाज', *स्त्री दर्पण*, 29 (3), सितम्बर 1923 : 447।
9. विशंभरनाथ जिज्जा, 'पर्दे की प्रथा', *स्त्री दर्पण*, 34 (2), अगस्त 1925 : 345-46।
10. दुलारेलाल भार्गव, सं., *साहित्य सुमन : स्वर्गीय बालकृष्ण भट्ट के निबन्धों का संकलन* , लखनऊ, 1937, 5वां सं.।
11. अंबिकाचरण शर्मा, *भारतीय सभ्यता एवं संस्कृति का विकास*, आगरा, 1940 : 21।
12. जगदीश प्रसाद तिवारी, *औरंगजेब की खूनी तलवार*, कानपुर, 1933, 16वां सं.।
13. मैंने इस तरह की असंख्य पुस्तिकाएँ देखी हैं : शिव शर्मा उपदेशक (आर्य प्रतिनिधि सभा), *मुसलमानी की जिंदगानी*, मुरादाबाद, 1924; महात्मा प्रेमानंद (हिन्दू धर्म रक्षक), *मुसलमानी अँधेरे खाता*, अवध, 1928; आदर्श पुस्तक भंडार, प्र., *कुरान की खूनी आयतें*, बनारस, 1927; पं. लेखरामजी, *जिहाद, कुरान व इस्लामी खूंखारी*, इटावा 1924; प्रेमसरन जी (आर्य प्रचारक), *देवदूत दर्पण*, आगरा, 1926; स्वामी सत्यदेव परिब्राजक, *संगठन का बिगुल*, देहरादून, 1926, तृतीय सं.।
14. इनमें से कुछ थीं : *यवनों का घोर अत्याचार, मुँहतोड़, जार्पुत, लालझंडी, तरानाई शुद्धि, मलाक्ष तोड़* और *इस्लाम का भांडा फूट गया*। देखें : 140/1925, Home Poll, National Archives of India (आगे NAI).
15. अधिक विवरण के लिए देखें : G. R. Thursby, *Hindu Muslim Relations in British India: A Study of Controversy, Conflict and Communal Movements in Northern India, 1923-28, Leiden*, 1975: 40-62; 10/50/1927, Home Poll, NAI; 132/I/1927, Home Poll, NAI; 103/1928, Home Poll, NAI.

16. इसकी हिन्दी प्रति मैंने यहाँ देखी : 132/II/1927, Home Poll, NAI.
17. मैंने इसकी 1925 में मुरादाबाद से प्रकाशित दूसरे संस्करण की प्रति देखी है।
18. परिब्राजक, *संगठन का बिगुल* : 29।
19. कन्हैया लाल, *मोहम्मद जीवन चरित्र*, बनारस 1911, तीसरा सं; प्रेमसरन (आर्य प्रचारक), *देवदूत दर्पण*, आगरा, 1926।
20. प्रेमसरन, *देवदूत दर्पण* : 24-25।
21. सम्पादकीय विचार, 'मुस्लिम मनोवृत्ति का व्यापक स्वरूप', *चाँद*, 6 (3), जनवरी 1928 : 315-21।
22. जगदीश प्रसाद तिवारी, *कानपुर का विराट संग्राम*, कानपुर, 1931 : 5-9। यह भी देखें : *दशहरा में मोहर्रम*, इलाहाबाद, 1917 : 1-6।
23. *भारत धर्म*, 29 जुलाई 1924 : 1।
24. भगवानदास, *हिन्दू-मुस्लिम एकता का सवाल*, काशी 1923 : 49।
25. 66/VI/1924, Home Poll, *NAI*.
26. *Patriot*, *NNR*, 24 October 1924.
27. सभी अखबारों की चर्चा यहाँ है : *NNR*, 12 July 1924.
28. *Secret Police Abstracts of Intelligence of UP* (आगे *PAI*), No. 27, 12 July 1924 : 220.
29. File C-6/1934-35, Akhil Bharat Hindu Mahasabha Papers, Nehru Memorial Museum and Library (आगे NMML).
30. उदाहरण के लिए देखें : *भारत धर्म*, 29 जुलाई 1924 : 1; *भारत धर्म*, 5 अगस्त 1924 : 12।
31. *PAI*, No. 34, 30 August 1924: 276.
32. *वर्तमान*, 23 मई, 1925।
33. कुँवर चान्दकरण शारदा, 'हिन्दू जाति की दुर्दशा के कारण और उसके निवारण के उपाय', *माधुरी*, 3, अक्टूबर 1924 : 290-92।
34. रघुबर दयालु, चंद *मुसलमानों की हरकतें*, कानपुर, 1928 : 2-9। यह भी देखें : महात्मा प्रेमानंद (हिन्दू धर्म रक्षक), *मुसलमानी अंधेर खाता*, अवध, 1928।
35. *PAI*, No. 38, 1 October 1927: 378; *PAI*, No. 25, 1 July 1922, Para 780: 1068.
36. *PAI*, No. 25, 28 June 1924: 204.
37. *PAI*, No. 33, 23 August 1924, Para 259: 266 and Para 269: 271; *PAI*, No. 35, 6 September 1924, Para 287: 287 and Para 289; *PAI*, No. 36, 13 September 1924, Para 296: 296; *PAI*, No. 29, 26 July 1924, Para 235: 240.
38. सूरज प्रसाद मिश्रा, *हिन्दू औरतों की लूट*, लखनऊ, 1924।
39. गंगा प्रसाद उपाध्याय, सं., *हिन्दू स्त्रियों की लूट के कारण*, इलाहाबाद, 1927। यह भी देखें : सूरज प्रसाद मिश्रा, *मुसलमान गुंडों के हिन्दुओं पर घोर अत्याचार* : भाग 1, कानपुर, 1924। यह पुस्तक सार्वजनिक वक्तव्यों के अंशों का संकलन थी।
40. *PAI*, No. 25, 4 July 1925, Para 207: 271; *PAI*, No. 25, 4 July 1925, Para 208: 273; *PAI*, No. 31, 15 August 1925, Para 250: 329; *PAI*, No. 12, 27 March 1926, Para 311: 177.
41. ठाकुर राजकिशोर सिंह, *हिन्दू संगठन*, बलिया, 1924 : 25।
42. कृष्णानन्द, *हिन्दुओं की उन्नति का उपाय अर्थात शुद्धि और संगठन सम्बन्धी उपदेश*, शाहजहांपुर, 1927 : 50-53।

43. *PAI*, No. 23, 16 June 1923, Para 443: 345; *PAI*, No. 13, 31 March 1923, Para 263: 203; *PAI*, No. 15, 24 April 1926: 219; 25/June 1924, Home Poll, NAI.
44. भाई परमानंद, *हिन्दू जाति का रहस्य,* लखनऊ, 1928 : 19-22।
45. 25/June 1924, Home Poll, NAI.
46. *PAI*, No. 26, 5 July 1924: 211.
47. 177-P/1928, Foreign and Poll Deptt, NAI.
48. *Leader*, 3 August 1938: 10; प्रताप, 11 सितम्बर 1938 : 8।
49. *PAI*, No. 35, 2 September 1939, Para 346: 228.
50. *PAI*, No. 36, 15 September 1928, Para 738: 372.
51. *प्रताप,* 27 मार्च 1938 : 8।
52. *PAI*, No. 8, 25 February 1939, Para 73: 40.
53. ब्रह्मानंद, *भारतीय स्वतंत्रता आन्दोलन और उत्तर प्रदेश की हिन्दी पत्रकारिता,* दिल्ली, 1986 : 256।
54. क्षेमचन्द्र सुमन से 17 सितम्बर 1971 को हरिदेव शर्मा का लिया गया साक्षात्कार, Oral History Transcript, No- 210, NMML. मेरठ में जन्मे क्षेमचन्द्र सुमन एक आर्य समाजी लेखक और पत्रकार थे। उनके साक्षात्कार में उस अविधि के कई लेखकों और पत्रकारों के नाम बताए गए हैं जो आर्य समाज के भी सदस्य थे।
55. 25/June 1923, Home Poll, NAI.
56. *Report on the Administration of UP*, 1923-24, Allahabad, 1925: 91.
57. *Leader*, 17 November, 1938: 14; Leader, 27 November, 1938: 6.
58. *Leader*, 30 September 1938: 12; Leader, 17 November 1938: 14; Leader, 16 September, 1938: 6; *भारत धर्म,* 5 अगस्त 1924 : 12; *अभ्युदय,* 3 फरवरी 1923 : 5।
59. *NNR*, 31 May 1924.
60. उल्लेखित *PAI*, No. 23, 16 June 1923 : 345.
61. *Leader*, 30 September, 1938: 12.
62. Haig Papers, Eur. Mss. F. 115/2A, OIOC.
63. सितम्बर 1938 से फरवरी 1938 के बीच देखें : *Leader, Pioneer, वर्तमान, आज, प्रताप.* निश्चित तिथि के लिए उदाहरण के तौर पर देखें : *Leader*, 21 and 23 September 1938: 6; *Leader*, 8 October 1938: 5.
64. Richard Gordon, 'The Hindu Mahasabha and the Indian National Congress, 1915 to 1926', *Modern Asian Studies*, 9 (2), 1975: 145 -203.
65. Bishan Narayan Dar, *An Appeal to the English Public on Behalf of the Hindus of NWP*, Lucknow, 1893.
66. *PAI*, No. 18, 15 May 1926, Para 473: 262; *PAI*, No. 24, 23 June 1923, Para 456: 355.
67. *PAI*, No. 26, 5 July 1924: 211.
68. 25/June 1924, Home Poll, NAI.
69. *PAI*, No. 20, 29 May 1926: 298; *PAI*, No. 23, 18 June 1927: 229.
70. *PAI*, No. 17, 7 May 1927: 169.
71. *PAI*, No. 20, 20 May 1939.

10
साझी संस्कृति में दरारें
स्त्रियों की दैनिक जिन्दगी पर चार आँखें

धर्म आधारित सामुदायिक पहचान पर जोर बढ़ने के साथ-साथ लैंगिक और महिलाओं पर नियंत्रण के मुद्दे हिन्दुओं और मुसलमानों के बीच तीखे विभाजन की व्याख्या करने और उसे बढ़ाने के माध्यम बनते गए। वर्ग, जाति और सम्प्रदाय विशेष की पहचानों के साथ महिलाओं का रिश्ता अस्पष्ट था, क्योंकि इन दावों में उनकी भागीदारी अधिक नहीं थी। हिन्दू प्रचारकों ने सम्प्रदाय-विशेष एकरूपता का तर्क देकर इस सबसे कमजोर कड़ी पर प्रहार किया। अगले तीन अध्याय हिन्दू प्रचारकों और अभियानों की उन पुरजोर कोशिशों के बारे में हैं जो हिन्दू महिलाओं को मुस्लिम पुरुषों से और 'मुस्लिम' करार किए गए प्रतीकों, तहजीबों और संस्कृति से अलग रखने के लिए किए गए। ये कोशिशें बीसवीं सदी के दूसरे और तीसरे दशक में चरम पर पहुँच गई थीं। जैसे हमने पहले अध्याय में देखा, उस समय हिन्दू महिलाओं का अपहरण हिन्दू-मुस्लिम राजनीतिक ध्रुवीकरण का मुख्य कारण बन गया था। आगे हम देखेंगे कि किस प्रकार विधवा विवाह के पक्ष में दलील मुसलमानों को निशाना बनाते हुए और घटती हिन्दू आबादी पर चिन्ता जाहिर करते हुए नए आयाम और रूप ले रही थी। मुसलमानों के साथ केवल घनिष्ठ सम्बन्ध ही नहीं, बल्कि रोजमर्रा का व्यवहार भी हिन्दू पितृसत्तात्मक व्यवस्था के लिए गम्भीर खतरा माना जाने लगा था। मेरा मकसद यहाँ इस पर जोर देना है कि किस प्रकार 'रोजमर्रा' की जिन्दगी इन दावों का एक महत्वपूर्ण केन्द्र थी।[1] इस कारण हिन्दू महिलाओं पर नए-नए आदेश थोपे गए जो कि मुसलमान मर्दों के साथ सम्बन्धों की भ्रांतियों और चिन्ताओं की उपज थे। इन अध्यायों का मकसद हिन्दू प्रचारकों के प्रवचनों और आन्दोलनों का जायजा लेना, उनके प्रचार और विचार से रू-ब-रू होना है। इस तरह यह आलेख संकेत और अनुमान तो लगते हैं, पर वास्तविक परिणामों पर कोई निश्चित निष्कर्ष पेश नहीं करते।

मध्ययुगीन भारत के बारे में यह कहा गया है कि भारत में सांझा संस्कृति टकराव की बजाय मेल-मिलाप, मुकाबले की बजाय सहयोग, प्रमुख राजनीतिक धाराओं के

आपसी विनाश की बजाय सहअस्तित्व के वातावरण में पैदा हुई।[2] एक और विद्वान जोर देकर कहते हैं कि अठारहवीं सदी की तस्वीर हिन्दू-मुसलमानों द्वारा अलग-अलग विरोधी गुट बनाने की नहीं, बल्कि सांस्कृतिक जीवन और सामाजिक मामलों में सहयोग की है।[3] रोमिला थापर जोर देती हैं कि अतीत में एक ऐसे एकरूप धार्मिक समुदाय की अवधारणा अनुपस्थित दिखाई देती है जिसकी सहज पहचान हिन्दू के रूप में की जाए।[4] यह भी महसूस किया गया है कि उपनिवेशपूर्व समाज उप-जातियों और स्थानीय निष्ठाओं के उभरने की इजाजत नहीं दे सकता था।[5] सुदिप्तो कविराज का मानना है कि उपनिवेशपूर्व काल में समुदायों के बीच सीमाओं की अस्पष्टता इसलिए थी क्योंकि आधुनिक समुदायों के समान, परम्परागत समुदायों को वर्गीकृत नहीं किया गया था।[6] कुछ और विद्वान कहते हैं कि उपनिवेश पूर्व भारत में स्थानीयता से आगे बढ़कर व्यापक धार्मिक पहचान मौजूद थी, पर साथ ही वो यह भी स्वीकार करते हैं कि ये पहचान एक खास समय में मुख्यतः राजनैतिक हित साधने के लिए कुलीन वर्ग के बीच ही सबसे मजबूती से विकसित हुई। और ये पहचान बेहद स्पष्ट रूप से बाद में ही अभिव्यक्त हुई।[7]

इस लेख का सरोकार उपनिवेश और आधुनिक-पूर्व उत्तर प्रदेश में हिन्दू-मुसलमानों के आपसी सम्बन्धों के विभिन्न स्तरों की जाँच करना नहीं है बल्कि यह देखना है कि औपनिवेशिक काल में इसमें महिलाओं के सन्दर्भ में किस तरह की दरारें आईं। यह तर्क दिया गया है कि अठारहवीं शताब्दी में हिन्दू-मस्लिम कुलीन वर्ग को जोड़ने वाले संरचनात्मक और सांस्कृतिक सम्बन्ध अपने शिखर पर जा पहुँचे थे। सहनशीलता और धार्मिक सम्बन्धों के प्रति अरुचि जो अवध की मध्य नवाबी की पहचान थी, समय की जरूरत थी, क्योंकि उनकी वैधता को बढ़ाना जरूरी था। अठारहवीं शताब्दी में यह और ज्यादा तीव्र और दृष्टिगोचर सांस्कृतिक समन्वय और उदारता की ओर ले गया।[8] हिन्दू विशिष्ट वर्ग ने फारसी भाषा में उत्कृष्टता हासिल कर ली थी। वे मुगलई शेरवानी पहनते थे और शिया धर्मस्थलों में पूजा करते थे। मुस्लिम अभिजात वर्ग हिन्दुओं का वसंतकालीन त्योहार होली मनाता था और अवध नवाब वाजिद अली शाह नृत्य-नाटिका का मंचन करते थे जिसमें वे स्वयं कृष्ण की भूमिका निभाते थे। पूजा-उपासना के साझे रूपों के फैलाव से जो खासकर उत्तर भारत में सूफीवाद और वैष्णव भक्ति से सम्बन्धित थे, संगीत संस्कृति काफी प्रभावित हुई थी। पेशागत व्यावहारिक जरूरतों से क्लेरिकल कामों में कार्यरत अनेक हिन्दू जातियों ने हिंदुस्तानी-फारसी राजस्व प्रबन्धन में प्रवीणता हासिल कर ली थी। अठारहवीं सदी में तथा उन्नीसवीं सदी के शुरू के काल में अनेक उत्तर भारतीय हिन्दुओं ने फारसीकृत उर्दू को अपना साहित्यिक माध्यम बनाया। अठारहवीं शताब्दी में कुछ निम्न जातियों ने चचेरे-ममेरे भाई-बहनों के बीच वैवाहिक सम्बन्ध और शवों को दफनाना जैसे मुस्लिम प्रथाओं को अपनाया। इसके अलावा इस काल में हिन्दू

प्रचारकों द्वारा जारी किए गए आदेशों को देखकर यह अनुमान लगाना सम्भव है कि रोजमर्रा के व्यवहार, रोजगार, मनोरंजन, खान-पान की आदतों, आर्थिक जरूरतों आदि में हिन्दू-मुसलमानों में मेलजोल काफी ज्यादा था। मतभेदों और सीमाओं के बावजूद अनेक प्रथाएँ, मूल्य और आचार-संहिताएँ एक जैसी थीं।[9] बड़ी संख्या में मुस्लिम मिरासियों, भांडों और वेश्याओं को हिन्दू विवाहों तथा त्योहारों पर कार्यक्रम प्रस्तुत करने के लिए बुलाया जाता था।[10] अनेक चूड़ी विक्रेता मुसलमान थे और ग्राहक अक्सर हिन्दू महिलाएँ होती थीं।[11] लेकिन बीसवीं शताब्दी के शुरू में मुसलमान बुनकरों और हिन्दू व्यापारियों के बीच लेन-देन घट गया था क्योंकि और ज्यादा हिन्दू बुनकर बन गए थे और उन्होंने अक्सर अलगाव के रिश्ते रखना शुरू कर दिया था।[12] बनारस में मुसलमान कुंजड़े गदौलिया में चौखम्बा की मशहूर सब्जी मंडी में सब्जी बेचते थे, किन्तु 1920 और 1930 के दशकों में उनको हटा दिया गया और उनकी जगह हिन्दू सब्जी-विक्रेताओं ने ले ली।[13] जैसा कि हम आगे देखेंगे, काफी बड़ी संख्या में हिन्दू खास-तौर से निम्न जातियाँ और महिलाएँ ताजिया पूजा, मुहर्रम उत्सवों और पीर की यात्राओं में भाग लेती थीं। साथ ही साथ सहभोज, खानपान, शुचिता-गन्दगी, अनुबन्धात्मक और वैवाहिक प्रथाओं के सम्बन्ध में विभिन्न प्रतिबन्ध और मतभेद थे। पर अधिकाँश स्थितियों में ज्यादातर सवर्ण हिन्दू मुसलमानों के साथ अछूतों की तरह व्यवहार करते थे।[14] इस प्रकार रीति-रिवाजों में अलगाव और सामूहिक कार्यक्रमों में प्रतिबन्ध थे, पर इसका अभिप्राय धार्मिक समुदायों के बीच दीवार खींचना नहीं था। लेकिन जैसा हम पहले देख चुके हैं, उन्नीसवीं सदी के आखिर और बीसवीं सदी के शुरू में उत्तर प्रदेश की आन्तरिक गतिशीलता में कुछ बदलाव आए, जिससे साझा सामाजिक, धार्मिक, सांस्कृतिक और भौतिक कार्यक्षेत्रों में दरारें आईं।

इस दौर में हिन्दू प्रचारकों के विचार-विमर्श ने हिन्दू-मुस्लिम आपसी व्यवहार के सभी क्षेत्रों को अवैध करार दिया। व्यावसायिक विभाजनों और पहचानों की खाई को धार्मिक सम्बद्धताओं के अनुरूप और ज्यादा चौड़ा करने की कोशिश की गई। उदाहरण के लिए हिन्दू-मुस्लिम वेश्याओं, बुनकरों और भाजी विक्रेताओं के बीच हदबंदियाँ खड़ी की गई। 1890 में अलीगढ़ में हिन्दुओं की एक विशाल सभा हुई जिसमें मुसलमानों से कुछ भी न खरीदने या उनकी सेवा न हासिल करने के निर्देश दिए गए। परिणामस्वरूप इसका मुसलमानों पर असर पड़ा और उन्हें सरकार के समक्ष एक याचिका पेश करने पर बाध्य होना पड़ा जिसमें कहा गया कि :

> *वेश्याएँ, देशी ढोलकिए और भांड, भगतिया (नर्तक) सभी सदियों से मुसलमान ही रहे हैं और हमेशा ही अपने इन्हीं पेशों के अनुरूप सभी बनियों, कायस्थों, ब्राह्मणों की सेवा करते रहे हैं और ब्रिटिश सरकार भी इसकी तहकीकात करा सकती है कि क्या ये सब पेशागत लोग मुसलमानों*

के अलावा कोई और रहे हैं...सरकार इस बात का अंदाजा लगा सकती है कि धर्म समाज हिन्दुओं द्वारा बहिष्कार के बाद कितनी अधिक संख्या में लोगों को उनकी आजीविका के साधनों से वंचित किया गया है।[15]

फिर, उदाहरण के लिए 1911 में हरिद्वार के प्रमुख हिन्दुओं ने मुसलमान फल और जूता विक्रेताओं तथा बाँस की टोकरियाँ बनाने वालों का बहिष्कार करने, और अपनी दूकानें और घर मुसलमानों को किराए पर न देने का निर्णय किया।[16] समय के साथ, विशेषकर 1920 के दशक में मुसलमानों के साथ हिन्दुओं के व्यवहार के मामले पर नियंत्रण के सुझाव-सलाह और हिन्दुओं के लिए आचार संहिता काफी विस्तृत और ठोस रूप लेते गए। इस पर बहुत सी पुस्तिकाएँ उपलब्ध थीं और हिन्दू धार्मिक पहचान और चेतना के एजेंडा को विस्तृत बनाया गया था जिसमें अनेक चीजें शामिल की गई थीं। *खतरे की घंटी* नामक एक शीर्षक पुस्तिका काफी प्रचलित हुई थी जिसके तहत कई पुस्तिकाएँ थोड़े-बहुत फेर-बदल के साथ प्रकाशित हुई थीं। अधिकाँश वृत्तांत उत्तर प्रदेश में आर्य समाज के प्रमुख सदस्यों, जोकि अक्सर दूकानदार, व्यापारी, वकील या अध्यापक थे, द्वारा लिखे गए थे।[17] नोट किया गया कि किसी रामानंद द्वारा लिखी गई *अलार्म बेल* की कई प्रतियाँ मई 1926 में एटा में वितरित की गईं। *अलार्म बेल* नाम से कई नोटिस और पोस्टर भी लगाए गए। उदाहरण के लिए एक वकील ने 1925 में मथुरा में नोटिस बाँटे, जिनमें *अलार्म बेल* के सन्दर्भ थे। 1926 में बनारस में पोस्टर लगाए गए जिनका शीर्षक था *अलार्म बेल*।[18] इनमें से अनेक का ऊपरी दावा था कि वे ख्वाजा हसन निजामी के *दाइए इस्लाम* के उत्तर में लिखे गए थे। किन्तु इस प्रक्रिया में वे उनके दावों से काफी आगे निकल गए और इसका इस्तेमाल उन्होंने लड़ाकू हिन्दुत्व के प्रचार और सामुदायिक पहचान पर आक्रामक जोर के लिए किया। इन पुस्तिकाओं में हिन्दुओं के लिए सुझावों की सूचियाँ अन्तहीन थीं, ताकि वे मुसलमान दर्जियों, दूधियों, भाजी विक्रेताओं, मनिहारों, पुलिस वालों, भांडों, वैश्याओं, धोबियों, नाइयों, इक्का वालों और कसाइयों से कोई व्यवहार न रखें।[19] इसके लिए अनेक मीटिंग की गईं और सूचनाएँ जारी की गईं। उत्तर प्रदेश आर्य समाज के एक प्रमुख सदस्य डॉ. केदार नाथ ने 4 मार्च 1924 को देहरादून की जिला हिन्दू कान्फ्रेंस में सभी मुसलमानों के बहिष्कार की वकालत की और उनका समर्थन स्वामी विचारानंद ने किया। गोरखपुर में 14 नवंबर 1925 को एक नागा कीर्तन मीटिंग में, जिसमें लगभग 1000 लोगों ने भाग लिया, हिन्दुओं को सभी मुसलमानों की दूकानों का बहिष्कार करने की सलाह दी गई। जून 1926 में हरिद्वार में यात्री सभा ने हिन्दू तीर्थयात्रियों को मुसलमानों द्वारा चलाए जाने वाले तांगों को इस्तेमाल करने से रोका। 1926 में धर्म रक्षिणी सभा ने बदायूं में पोस्टर बाँटे, जिनमें हिन्दुओं को सलाह दी गई थी कि वे मुसलमानों के साथ

सामाजिक व्यवहार न रखें। इटावा में नोटिस जारी किए गए थे जिनमें हिन्दुओं को जिला प्रदशर्नियों में सिनेमा और नाटक मंचनों में न जाने की चेतावनी दी गई क्योंकि उन्हें मुसलमान चलाते थे।[20] 12 और 13 जनवरी 1911 को आगरा में आर्य समाज द्वारा आयोजित हिन्दुओं की अनेक मीटिंगें हुई और यह निर्णय लिया गया कि न तो मुसलमान नर्तकियों को और न ही मुसलमान संगीतकारों को शादी समारोहों में बुलाया जाएगा। 18 और 19 जनवरी को आगरा में लगभग 30 बारातें आईं और केवल एक को छोड़कर किसी में भी एक भी मुस्लिम नर्तकी या बाजे वाले को काम नहीं दिया गया।[21] इस प्रकार इन अभियानों का उन पेशों पर प्रतिकूल प्रभाव पड़ा जिन पर परम्परागत तौर पर मुख्यतः मुसलमानों का ही प्रभुत्व था।

इन्हीं सुझावों से जुड़ा सिक्के का दूसरा पहलू यह था कि केवल उसी धुनियाँ, कोरी, कसाई और मनिहार की सेवा प्राप्त की जाए जो हिन्दू हो। हिन्दुओं से यह कहा गया कि वे तुरन्त उन पेशों को अपनाएँ जो सिर्फ मुसलमानों के हाथों में हैं। यहाँ यह सन्दर्भ महत्वपूर्ण है कि औपनिवेशिक उत्तर प्रदेश के श्रम बाजार में अधिकाधिक भीड़भाड़ होती जा रही थी और आर्थिक असुरक्षा और हाशिए पर डाला जाना बढ़ रहा था। निम्न कोटि की नौकरियों के लिए प्रतियोगिता बढ़ गई थी और नगरपालिका बोर्डों में उच्च आर्थिक व राजनीतिक स्थितियों के लिए भी वही हाल था। शहरों में हिन्दू शूद्र गरीबों का अन्य समूहों के साथ पेशागत संघर्ष बढ़ता जा रहा था, जिसमें मुसलमान शामिल थे। इसीलिए कुछ निम्न कोटि की नौकरियों और पेशों, जिनमें मुसलमान काम करते थे, पर खास तौर से हमला किया गया और हिन्दू पुरुषों के लिए अवसर पैदा किए गए। इस प्रकार रोजमर्रा के जीवन में मुसलमानों को अक्सर अंग्रेजों से भी बड़े खतरे के रूप में देखा जाने लगा। मुसलमानों की हद निर्धारित करने और हिन्दुओं के भौतिक प्रोत्साहन के लिए वर्ग, जाति, पेशा और समुदाय एक साथ गूंथे जाने लगे।

हिन्दुओं से कहा गया कि वे शादी के जुलूसों की सुरक्षा के लिए अपने स्वयं के बैंड संगठित करें।[22] हिन्दुओं की एक निजी मीटिंग में, जोकि रूड़की की पंचायती धर्मशाला में हुई, यह निर्णय लिया गया कि निम्न कोटि के कामों में मुसलामानों की जगह हिन्दुओं को रखा जाए और हिन्दू मालिक अपने मुसलमान नौकरों को हटा दें। 1925 में, उत्तर प्रदेश के एक नगर में हिन्दू, मुसलमान ढोलकियों का बहिष्कार कर रहे थे और उनकी जगह चमारों को ट्रेनिंग दे रहे थे। इलाहाबाद में मुसलमान भाजी विक्रेताओं की जगह खटीकों को भाजी बेचने का काम दिया जा रहा था।[23] विभिन्न दस्तकार समूहों में, जैसा कि ज्ञानेन्द्र पांडे और नीता कुमार दोनों ने लिखा है, मुसलमान अक्सर बहुमत में थे। उत्तर प्रदेश में एक हिन्दू व्यवसाय संरक्षणी बाराह सभा बनाई गई, जिसका उद्देश्य हिन्दुओं की रक्षा करना और 'जिन तिजारती, व्यवसायों, पेशों और उद्यमों का हिन्दुओं में रिवाज नहीं हैं, उनका हिन्दुओं में रिवाज

दिलाना और दूकानें खोलना या खुलवाना' था। वे विभिन्न नौकरियों और व्यवसायों में हिन्दुओं को प्रोत्साहित कर उनकी संख्या बढ़ाना चाहते थे।[24] इस प्रकार नकारात्मक अपीलों के बाद सकारात्मक सुझाव आए। इसका मकसद था – हिन्दू पुरुषों के लिए नए क्षेत्रों को खोलना, उनके लिए और ज्यादा नौकरियाँ पैदा करना, जिन क्षेत्रों की ओर झांक कर भी नहीं देखा था उनमें व्यवसाय फैलाना और हिन्दू गरीबों द्वारा भोगी जा रही बेरोजगारी और गरीबी को कम करना। इस प्रक्रिया में किसी भी सांझे आर्थिक क्षेत्र में परस्पर निर्भरता को चुनौती दी जाने लगी।

कभी-कभी निम्न जातियों ने भी अपने विशेष कारणों से ऐसी सिफारिशों को दोहराया। उदाहरण के लिए उत्तर प्रदेश के आर्थिक क्षेणीक्रम में चमारों का एक विशेष स्थान था। वे बड़ी संख्या में काश्तकार थे और गरीब मुसलमानों के साथ उनके काफी अच्छे सम्बन्ध थे। एक ओर तो उन्होंने दोनों निम्न और उच्च जातीय हिन्दुओं से स्वयं को अलगाते हुए अपनी अलग स्टेटस पर जोर डाला और दूसरी ओर वे हिन्दू धर्म के भीतर आरोही प्रवाह से प्रभावित हुए। इस प्रकार यह उनकी आन्तरिक गत्यात्मकता और आर्थिक और सामाजिक आकांक्षाएँ थीं जो उन्हें कभी-कभी मुसलमानों के बहिष्कार के आह्वान की ओर ले गई। उत्तर प्रदेश में निम्न जातियों और हिन्दू सुधारकों के बीच रिश्ते तनावपूर्ण और जटिल थे। किन्तु, खास तौर से 1920 के दशक के आगे, हिन्दू संगठनों ने महसूस किया कि उन्हें हिन्दू धर्म के लिए अछूतों में सुधार लाना चाहिए और उन्हें सभी प्रत्यक्ष 'मुस्लिम' रीति-रिवाजों से अलग करना चाहिए। परिणामस्वरूप निम्न जातियों ने विभिन्न नजरियों और कारणों से इन विचारों को आत्मसात किया और उनका पुनर्निमाण किया।[25] 1922 में मेरठ में एक चमार कान्फ्रेंस हुई जिसमें 4000 चमारों ने भाग लिया। इसमें हिन्दुओं के अलावा किसी और के हाथ का भोजन ग्रहण न करने का एक प्रस्ताव पारित किया गया। ऐसे ही प्रस्ताव मथुरा, जौनपुर और देहरादून की मीटिंगों में भी पारित किए गए।[26] अहीरों की एक पुस्तिका में इस बात का जिक्र किया गया था कि मुसलमान राजमिस्त्री संख्या में बढ़ रहे थे और निर्माण उद्योग में लगे अहीरों के लिए खतरा बन रहे थे।[27] हिन्दू प्रचारकों द्वारा बनाए गए मानकों से विलग होना निंदनीय था। एक नियंत्रित समाज की तरह रोजमर्रा के जीवन में सहयोग और मिलजुलकर काम करने का परामर्श देने वालों की आवाज को दबाया गया। गोंडा में कर्नलगंज में जब हिन्दुओं द्वारा मुसलमानों के बहिष्कार की खबर आई, तो इसका समर्थन नहीं करनेवाले हिन्दुओं का बहिष्कार किया गया और उन्हें धमकियाँ दी गई। आजमगढ़ में पंचायत के आदेशों का उल्लंघन करके मुसलमानों को मवेशी बेचने पर दो अहीरों पर जुर्माना किया गया।[28]

हिन्दुओं को दिए गए आम सुझावों का लक्ष्य खास तौर पर महिलाएँ होती थीं क्योंकि रोजमर्रा के जीवन के साथ महिलाओं का एक खास रिश्ता था और इस सन्दर्भ

में यह डर बढ़ रहा था कि महिलाएँ अपने जीवन के अनेक पहलुओं पर खुद निर्णय लेती हैं। रोजमर्रा के इस्तेमाल की वस्तुओं का मोल-भाव करते हुए महिलाएँ नौकरों, सफाई कर्मचारियों, मनिहारों और कुंजड़ों के साथ महत्वपूर्ण भूमिका निभाती थीं और इस प्रकार अपने रोजमर्रा के भौतिक और सामाजिक जीवन को भी अभिव्यक्त करती थी। अब महिलाओं का, पहले से कहीं ज्यादा, घर के अन्दर और बाहर लोगों के साथ बातचीत, रोजमर्रा का रिश्ता, उनके मनोरंजन के रूप, सांस्कृतिक जीवन और धार्मिक भावनाएँ, उन लोगों से व्यवहार जिनसे वे रोजमर्रा के उपभोग की वस्तुएँ खरीदती थीं, और वास्तव में उनके जीवन का हर क्षण, हिन्दू प्रचारकों की पड़ताल के दायरे में आ गया। हिन्दू प्रचारक इन प्रक्रियाओं से रूबरू हुए और उन्हें अपने फायदे के लिए इस्तेमाल करने का रास्ता सोचने लगे। हिन्दू महिलाओं को मुसलमानों से सम्बद्ध 'हर चीज' से दूर रहने का निर्देश देना उनके हाथों में एक उम्दा हथियार बन गया।

विशेषकर बीसवीं शताब्दी की शुरुआत में, हिन्दू घर-परिवार के क्षेत्रों में बाहरी व्यक्ति के प्रवेश से हिंसा के आशंकित खतरे के प्रतिमान में एक निर्णायक मोड़ आया। हिन्दू प्रचार तंत्र में ईसाई मिशनरियों का स्थान काफी हद तक मुसलमानों ने ले लिया। उदाहरण के लिए, उन्नीसवीं शताब्दी के आखिर में हिन्दू सुधारक, घरों में जनाना मिशनों के जरिए मिशनरी महिलाओं के प्रवेश और शिक्षा के वेश में ईसाई धर्म के प्रचार के तीव्र आलोचक थे।[29] किन्तु 1920 के दशक तक आते-आते मुसलमान पुरुषों को हिन्दू महिलाओं की पवित्रता के लिए सबसे बड़े खतरे के रूप में देखा जाने लगा। समाचारपत्रों और पुस्तिकाओं ने हिन्दुओं को सचेत किया कि वे अपनी महिलाओं और बच्चों को मुसलमान व्यापारियों, अध्यापकों और नौकरों से कोई भी व्यवहार रखने की इजाजत न दें।[30] उन्हें चेतावनी दी गई कि वे अपनी महिलाओं को मुस्लिम सब्जी-विक्रेताओं, दूकानदारों और सफाई कर्मचारियों से बात न करने दें और बच्चों को मुस्लिम मदरसों में न भेजें।[31] काम के स्थान विभिन्न जातियों और धर्मों की महिलाओं और पुरुषों के बीच अधिक लैंगिक मेल-जोल की सम्भावना की इजाजत देते थे। अतः निम्न जातीय हिन्दू पुरुषों से कहा गया कि वे अपनी महिलाओं को मुस्लिम घरों, फैक्टरियों या दूकानों में काम न करने दें। हरेक हिन्दू सभा से कहा गया था कि वे उन सभी कामों की विस्तृत सूची रखें जिनमें मुसलमान कार्यरत थे और हिन्दू महिलाओं के सम्पर्क में आते थे।[32]

इसमें हिन्दू महिलाओं के अपनी यौनिकता पर नियंत्रण खोने और मुस्लिम पुरुषों की आकांक्षाओं का शिकार हो जाने का भय अंतर्निहित था। हिन्दू महिलाओं के सभी मुसलमानों से अलगाव को सुगम बनाने और हिन्दू पितृसत्ता की चिन्ताओं को कम करने के मकसद से आर्थिक और सामाजिक बहिष्कार का सहारा लिया गया। इस

प्रकार हिन्दू महिलाओं के जीवन, अनुभवों और पहचानों को निर्देशों के दायरे में लाया गया। मुसलमानों के सन्दर्भ में महिलाओं के लिए एक समग्र और नई भाषा का इस्तेमाल किया गया। उन्हें बताया गया–कैसे चलें, कैसे नहीं; किससे बात करें, किससे नहीं; कहाँ जाएँ, कहाँ नहीं; क्या करें और क्या नहीं। हिन्दू महिलाओं और मुस्लिम पुरुषों के बीच सम्पर्क के सभी स्थान, चाहे वे सार्वजनिक हों या निजी, इस दायरे में आ गए। किन्तु उनके जीवन को नियंत्रित करने की प्रक्रिया में अधिकाधिक साझे क्षेत्रों में दरारें दिखने लगीं। ऐसा महसूस हुआ कि महिलाएँ स्वयं ऐसे क्षेत्रों में भागीदारी की अपराधिन थीं और इसीलिए महिलाओं के जरिए ही अपेक्षित अलगाव हासिल किया जा सका। इसे हिन्दू महिलाओं के लिए 'उचित' आचरण पर एक आर्य समाजी पुस्तिका *'स्त्री शिक्षा'* के जरिए प्रचारित किया गया ताकि उन्हें मुसलमानों के सम्पर्क से दूर रखा जा सके। इस पत्रिका के लेखक उतर प्रदेश आर्य प्रतिनिधि सभा के एक प्रमुख पंडित थे :

> *(1) कभी किसी कब्र को पूजने मत जाओ। (2) ताजिये, अलमों और भंडों को मत पूजो। (3) गन्डे, तावीज झाड़ा-फूँकी मुसलमान से मत कराओ। (4) इनकी मसजिदों पर नमाज पढ़ने वाले मुल्लाओं से फूँक लगवाने मत जाओ। (5) विवाह आदि पर मियाँ की कढ़ाई मत करो। (6) मियाँ की फातियाँ मत दिलाया करो। (7) पीरों की मिन्नत मत मानो। (8) समय-समय पीरों के नाम से टके निकालना छोड़ दो...(10) मुसलमानी मेलों में कभी भूल कर मत जाओ। (11) कभी अकेली किसी मुसलमान की सवारी पर बैठ कर मत जाओ। (12) अपने बच्चों को मुसलमानों से मत पढ़वाओ। (13) एकान्त में अपने बच्चों को मुसलमानों के साथ मत बैठने दो। (14) मुसलमानों के हाथ से अपने बालकों को खिलौने और फूल मत दिलाओ। (15) मुसलमान मर्द मनिहारों के हाथ से चूड़ी मत पहनो। (16) मुसलमान बिसातियों से घर पर या बाहर कोई सौदा मोल मत लो। (17) सुनसान स्थानों पर मत जाओ...(19) जो पागल, नशेबाज और व्यभिचारी हाकिम हो उनके आगे मत निकलो। (20) बहुत अँधेरे में प्रातःकाल अथवा तालाब पर स्नान करने मत जाओ...(24) एक तेज कटार बाँध कर बाहर निकलो...(29) मुसलमान फकीरों को कभी भीक मत दो। न मुसलमान नौकर के सामने बेपरदा होकर बातचीत करो, न उनके सामने निकलो॥...*
>
> **भटकी हुई हिन्दू स्त्री :** *अक्सर स्त्रियाँ स्टेशन पर मेलों और तमाशों में अपने मरदों से छूट जाती हैं॥....ऐसी हालत में उनको घबड़ाना नहीं चाहिये...सेवा*

समिति, हिन्दू सभा अथवा आर्य समाज में सीधी पूँछ कर चली जाएँ। किसी खिलाफत वाले के पास हरगिज सम्पर्क नहीं, कोई अंगेज गोरा सिपाही या अफसर मिल जावे तो बेधड़क उससे सहायता लो...खबरदार किसी मुसलमान इक्के वाले के इक्के में बैठ कर मत जाना। हिन्दू कुली से भी उचित सहायता ले सकती हो...अपने हिन्दू धर्म पर दृढ़ रहो...अपने पति और पुत्रों आदि को हिन्दू-सभा, आर्य समाज और शुद्धि सभा में भरती होने दो।[33]

ये विस्तृत और सूक्ष्म निर्देश सामाजिक और आर्थिक अलगाव के माध्यम से धार्मिक और सम्प्रदाय विशेष के अलगाव के एजेंडा की पुष्टि करते हैं। साथ ही साथ मुसलमानों की छवि और ज्यादा खतरनाक, यहाँ तक कि अंग्रेजों से भी ज्यादा खतरनाक, बनाई गई। आदेशों का अन्य साधनों के जरिए भी समर्थन किया गया। बरेली में मुस्लिम मनिहारों के केस को ही लें। 1893 में ही उन पर हिन्दू महिलाओं को घरों में जाकर चूड़ियाँ सप्लाई करने पर पाबन्दी लगाई गई थी। उत्तर प्रदेश की अग्रवाल जाति में सामाजिक सुधारों की माँग करते हुए एक जातीय पुस्तिका में कहा गया था कि :

हमारे समाज में स्त्रियाँ लाख की चूड़ियाँ पहनती हैं। मेरी समझ में यह बहुत बुरी बात है। लखारे मनिहार प्रायः मुसलामन हैं। चूड़ियों के पैसे उनके घर में जाते हैं जिनका उपयोग कहीं-कहीं हमारे धर्म के विरूद्ध भी होता है। स्त्रियों को मुसलमान मर्दों के हाथ का स्पर्श करना पड़ता है। इसलिए स्त्रियों को मुसलमान मनिहारों को घर में नहीं घुसने देना चाहिये। ये चूड़ियाँ न पहनकर देवियों को स्वदेशी काँच की चूड़ियाँ पहननी चाहिएँ।[34]

मुस्लिम चूड़ी विक्रेताओं पर हमले किए गए, क्योंकि चूड़ियों को हिन्दू महिलाओं की पवित्रता का चिह्न माना जाता था और इसका मुसलमानों द्वारा स्पर्श हिन्दू धर्म को अपवित्र करना था। हालाँकि जाति भेद महत्वपूर्ण थे, सबसे बड़ी अशुद्धि और अपवित्रता मुसलमानों के सम्बन्ध में ही पहचानी जाती थी। इस प्रकार एक तरह से पवित्रता-अपवित्रता, अनुष्ठान और वर्जनाएँ, पुनःनिर्देशित-प्रतिपादित की गईं। 1927 में मथुरा, खुर्जा, कानपुर और तिर्वा में अनेक मीटिंगें हुई जहाँ हिन्दू महिलाओं पर मुस्लिम चूड़ी बिक्रेताओं का बहिष्कार करने के लिए सख्ती की गई। आर्य समाज की एक प्रमुख सदस्या, कानपुर की गोमती देवी ने कहा कि इस प्रलोभन को रोकने के लिए उन्होंने 'हिन्दू गौमती चूड़ी मंडलों' की स्थापना की हैं। आगरा में मुस्लिम मनिहारों का बहिष्कार करने की कोशिशें सफल रहीं और इसके परिणामस्वरूप हिन्दू चूड़ी विक्रेताओं की अच्छी बिक्री हुई।[35]

इन अनेक निषेधाज्ञाओं से बहुत से संदेश गए। उन्होंने हिन्दू महिलाओं की नाजुकता और हिन्दू पुरुष की ताकत का समर्थन किया। उनहोंने शालीनता, औचित्य

और धर्म की अवधारणा का निर्माण किया और सबसे बढ़कर हिन्दू महिलाओं के सांस्कृतिक, सामाजिक और आर्थिक जीवन के किसी भी पहलू, जिसे हिन्दू समाज के नियंत्रण से बाहर समझा जाता था, के प्रति बढ़ते संदेह को उजागर किया। रोजमर्रा का जीवन ऐसा क्षेत्र था जहाँ स्त्री सामर्थ्य और सम्पर्क निर्विवाद था। यह ऐसा क्षेत्र था जहाँ वे परिवार में और घर के बाहर अपने काम के जरिए समाज में अपना प्रभाव रखती थीं। महिलाओं और पुरुषों के बीच लैंगिक सम्बद्धताएँ और रिश्ते इस प्रिज्म का एक निर्णायक पहलू थे। सम्बद्धता-संवाद का यही क्षेत्र सबसे खतरनाक समझा गया। महिलाओं के रोजमर्रा के सांस्कृतिक क्षेत्रों पर धर्म के नाम पर हमला किया गया।

साझी सांस्कृति के खिलाफ प्रलाप की कथा शैली ने मुख्यतः एक व्यक्तिगत 'घरेलू', दैनंदिन वार्तालाप का रूप ले लिया। साथ ही साथ इसने एक विशाल हिन्दू समुदाय को सम्बोधित किया। हिन्दू सभी नजदीक आ गए और उपदेशक और श्रोता के बीच की दूरी हट गई। महात्मा प्रेमानंद बानप्रस्थी, जो आर्य समाज के एक सदस्य और अनेक ऐसी पतली पुस्तिकाओं के लेखक थे, इस रणकौशल में माहिर थे। 1926 और 1928 के बीच उन्होंने कम से कम ऐसी 15 लघु पुस्तिकाएँ लिखीं। इन्हें बाबा त्रिभुवन नाथ, सेक्रेट्री, आर्य समाज, सुल्तानपुर, अवध ने प्रकाशित किया और लीडर प्रेस, इलाहाबाद ने छापा। प्रत्येक पुस्तिका की कम से कम 4,000 पुस्तिकाएँ प्रकाशित की गई। वे एक श्रृंखला का हिस्सा थीं और ऐसा लगता है कि मुफ्त में बाँटी गई।[36] ये पुस्तिकाएँ सरल बोलचाल की शैली में लिखी गई थीं, जहाँ एक भिक्षु चर्चा शुरू करता था और फिर सारा समुदाय प्रश्नों, उत्तरों और सुझावों के साथ इसमें भाग लेता था। यहाँ कोई भेदभाव नहीं था। सभी हिन्दू-महिलाएँ और पुरुष, निम्न जाति और उच्च जाति, शहरी और देहाती, पढ़ा-लिखा और अनपढ़, इस वार्तालाप के हिस्से थे।

इस प्रकार साझे सांस्कृतिक क्षेत्रों में दरारें बढ़ रही थीं। आगे के अध्यायों में हम देखेंगे कि इसका विशेष असर पीर पूजा और विधवा विवाह से सम्बन्धित विमर्श पर कैसे पड़ा। हिन्दू महिलाओं और मुस्लिम पुरुषों के बीच सम्पर्कों पर हमलों का परिणाम काफी अधिक व्यापक था, जिसमें अनेक तरीके अपनाए गए। अपहरण विरोधी अभियान, गाजी मियाँ पर हमला, विधवा विवाह पर बहस, हिन्दुओं की घटती संख्या पर चिन्ता तथा हिन्दू महिलाओं (खास कर विधवाओं, निम्न जातीय महिलाओं और वैश्याओं) के भाग जाने और धर्मांतरण से पैदा हुए डर से एक जटिल विमर्श बनता था, जिसका 'रचनात्मक' उपयोग सम्प्रदाय विशेष की पहचानों को मजबूत करके तेज ध्रुवीकरण की ओर ले जाने के लिए किया जा सकता था। पर वास्तविकता इतनी सर्वग्राही नहीं थी और स्पष्ट जमीनी तनावों से इतनी आसानी से मुँह नहीं मोड़ा जा सकता था। किन्तु हिन्दू प्रचारकों ने अपने अभियानों के जरिए हिन्दुओं की

एकरूपता और सामंजस्य के मुख्य तत्वों को पेश किया। ये अभियान सम्भवतः सभी को प्रभावित करते थे, यहाँ तक कि उनको भी जो हाशिए पर थे। खास तौर से 'अन्य' के सम्बन्ध में यह प्रस्तुति, हिन्दू महिला की छवि का प्रभावी ढंग से उपयोग कर सकी। साँझी संस्कृति पर हमला हिन्दू पहचान के सवाल के बाहर तक गया और इसके दायरे में पितृसत्तात्मक व्यवस्था और आर्थिक जरूरतों के सवाल भी आ गए। इस प्रकार जिस जमीन पर हिन्दू महिलाएँ खड़ी थीं, वह हिन्दू प्रचारकों के लिए एक तरह का युद्ध क्षेत्र बन गया।

हालाँकि अनेक तरीकों और प्रणालियों का सहारा लिया गया था, लेकिन जोर निरन्तर हिन्दू महिलाओं और मुस्लिम पुरुषों के बीच सभी सम्बन्धों को तोड़ने पर ही था। यह केवल सम्प्रदाय विशेष की विभाजक सीमाओं के सवालों से ही नहीं जुड़ा था। इसने हिन्दुओं के लिए एक सामान्य सन्दर्भ बिन्दु प्रदान किया। इस अवधि में किन्हीं और सम्बन्धों, जैसे उच्च जातीय महिलाओं और निम्न जातीय पुरुषों के बीच अलगाव की अपेक्षा, हिन्दू महिलाओं और मुस्लिम पुरुषों के बीच अलगाव पर ही हिन्दू प्रचारकों की दलीलों का खासा जोर रहा। इसका अर्थ यह था कि इस अवधि में हिन्दू प्रचारकों के लिए जातीय पहचान से अधिक सम्प्रदाय विशेष की पहचान निर्णायक हो गई थीं।

साथ ही हिन्दू महिलाओं के रोजमर्रा के जीवन और घटनाओं पर एकाधिकार करने की कोशिशें भी की गईं। दैनिक जीवन के साझे मेल-जोल का एकीकरण किया गया जो रोजमर्रा के अस्तित्व से जुड़ी हुई थीं। ये अभियान और लेख हिन्दुओं के एक हिस्से के लिए सूचना का आधार प्रदान करते थे और उनके रोजमर्रा के अनुभव की व्याख्या पेश करते थे, जबकि साथ ही उनकी हिन्दू पहचान की चेतना को भी रेखांकित करते थे। यह मात्र फूट और झगड़े के 'चौंकानेवाले' क्षण नहीं हैं, जैसे कि गौ रक्षा के झगड़े, त्योहारों पर दंगे या मस्जिद पर संगीत सम्बन्धी विवाद, जो हमें सामूहिक प्रतिकर्मों की पूरी कहानी बताते हैं। समाज में जनता के बीच बड़े झगड़े अक्सर रोजमर्रा की जिन्दगी के क्रियाकलापों से पैदा होते हैं। इन रोजमर्रा के अनुभवों की व्याख्या सामूहिक कार्यवाई के लिए आधार बनाती है, भले हिंसा का प्रगट मुद्दा भिन्न हो।

सन्दर्भ

1. Michel de Certeau, *The Practice of Everyday Life*, trans. Steven F. Rendall, Berkeley, 1984: xi-xxiv.
2. Asim Roy, *The Islamic Syncretic Tradition in Bengal*, Princeton, 1983: 207-48; Richard M. Eaton, *The Rise of Islam and the Bengal Frontier*,

1204-1760, Berkeley, 1993: 269-315; Susan Bayly, *Saints, Goddesses And Kings: Muslims and Christians in South Indian Society 1700-1900*, Cambridge, 1989 : 73-86, 115-50, 203-15; Harjot Oberoi, *The Construction of Religious Boundaries: Culture, Identity and Diversity in the Sikh Tradition*, Delhi, 1994: 130-203.
3. Mushirul Hasan, *Nationalism and Communial Politics in India*, 1885-1991, Delhi, 1991: 4-51.
4. Romila Thapar, 'Imagined Religious Communities? Ancient History and the Modern Search for a Hindu Identity', *Modern Asian Studies*, 23 (2), 1989: 209-30.
5. Gyanendra Pandey, *The Construction of Communalism in Colonial North India*, Delhi, 1990 : 199.
6. Sudipta Kaviraj, 'The Imaginary Institution of India', in Partha Chatterjee and Gyanendra Pandey, eds, *Subaltern Studies VII: Writings on South Asian History and Society*, Delhi, 1992 : 26.
7. Cynthia Talbot, 'Inscribing the Other, Inscribing the Self: Hindu-Muslim Identities in Pre-colonial India', *Comparative Studies in Society and History*, 37 (4), 1995: 692-722.
8. Richard B. Barnett, *North India Between Empires: Awadh, the Mughals, and the British 1720-1801*, Berkeley, 1980 : 246.
9. Peter Manuel, 'Music, Media, and Communal Relations in North India, Past and Present', in David Ludden, ed., *Making India Hindu: Religion, Community and the Politics of Democracy in India*, Delhi, 1996 : 122; C. A. Bayly, *Rulers, Townsmen and Bazaars: North Indian Society in the Age of British Expansion, 1770-1870*, Cambridge, 1983: 30, 49; Christopher R. King, *One Language, Two Scripts: The Hindi Movement in Nineteenth Century North India*, Bombay, 1994 : 24-25.
10. रौशन टाकी, *लखनऊ की भांड परम्परा*, दिल्ली, 1993 : 23-28।
11. हनूमान प्रसाद पोद्दार, *समाज सुधार*, गोरखपुर, 1929 : 24-25।
12. Nita Kumar, *The Artisans of Banaras : Popular Culture and Identity*, Princeton, 1988: 51.
13. डॉ. आनन्दकृष्ण, 73 वर्ष, के साथ साक्षात्कार, बनारस, 18 फरवरी 1998।
14. Shiva S. Dua, *Society and Culture in Northern India 1850-1900*, Delhi, 1985: 63-74.
15. 54 B/1891, Box 7, Police Deptt, Uttar Pradesh State Archives (आगे UPSA).
16. 399/1911, Box 246, GAD, UPSA.
17. हिन्दू सभा, *अलार्म बेल उर्फ खतरे की घंटी*, बनारस, 1925; पं. शिव शर्मा उपदेशक, *अलार्म बिगुल*, मुरादाबाद, 1924; मथुरा प्रसाद शिव हरे, *अलार्म बेल* अर्थात् *खतरे का घंटा*, हरिद्वार, 1924; स्वामी श्रद्धानंद, *खतरे का घंटा अर्थात् मुहम्मदी षड्यंत्र का रहस्यभेद*, दिल्ली, 1923।
18. *Secret Police Abstracts of Intelligence of UP* (आगे *PAI*), 15 May 1926, No. 18, Para 473: 261; *PAI*, 27 June 1925, No. 24, Para 195: 255; *PAI*, 8 May 1926, No. 17, Para 435: 248.

19. सभा, *अलार्म बेल* : 15-20; उपदेशक, *अलार्म बिगुल* : 31; हरे, *अलार्म बल* : 4-41।
20. *PAI*, 22 March 1924, No. 12, Para 102: 111; *PAI*, 6 June 1925, No. 21, Para 169: 224; *PAI*, 1 August 1925, No. 29, Para 233 : 312; *PAI*, 28 November 1925, No. 45 Para 400 : 495; *PAI*, 12 June 1926, No. 22, Para 553 : 320; *PAI*, 18 September 1926, No. 36, Para 838 : 508; *PAI*, 3 December 1927, No. 46 : 1138 : 454; *PAI,* 22 September 1928. No. 37, Para 771 : 391.
21. 1-4/March 1911, B, Home Poll, National Archives of India (आगे NAI).
22. महात्मा प्रेमचंद बानप्रस्थी, *गाजी कौन है,* इलाहाबाद, 1927 : 7; *आर्य पत्र,* 25 अगस्त 1923; *वर्तमान,* 8 मई 1926।
23. *PAI*, 24 May 1924, No. 20, Para 168: 174; 25/July 1925, Home Poll, NAI.
24. बाराह सभा के प्रकाशन कई 'हिन्दू' पुस्तकों में देखे गए, जैसे, महात्मा प्रेमानंद, *हिन्दू धर्म रक्षक, मुसलमानी अंधेर खाता,* प्रयाग, 1928।
25. Nandini Gooptu, *The Politics of the Urban Poor in Early Twentieth Century India*, Cambridge, 2001.
26. *PAI*, 4 November 1922, No. 42, Para 1269: 1577; *PAI*, 17 March 1923, No. 8, Para 170: 124; *PAI*, 9 October 1926, No. 39, Para 904: 544; *PAI*, 12 March 1927, No. 10, Para 225: 92.
27. बैजनाथ प्रसाद यादव, *अहीर जाति की नियमावली,* बनारस, 1927 : 39।
28. *PAI*, 5 April 1924, No. 14, Para 116: 128; *PAI*, 6 May 1933, No. 17, Para 296: 234.
29. *भारत जीवन,* 11 अप्रैल, 1892 : 4; *प्रयाग समाचार,* 14 अप्रैल 1898।
30. *आर्य पत्र,* 12 जुलाई 1924; पं. बृज मोहन झा, *हिन्दुओं जागो,* इटावा, तारीख नहीं : 12-15।
31. बानप्रस्थी *गाजी कौन है* : 5।
32. हरे, *अलार्म बेल* : 50।
33. पंडित शिव शर्माजी महोपदेशक, *स्त्री शिक्षा,* बरेली, 1927 : 5-11। बाद में इस पुस्तिका को अवैध घोषित कर दिया गया था। (विस्तार के लिए परिशिष्ट देखें) इसी प्रकार के निर्देश और पुस्तिकाओं में भी देखे गए। जैसे, हरे, *अलार्म बैल;* झा, *हिन्दुओं जागो* : 12-15; 'सतीत्व रक्षा के प्रति', *दम्पति,* 1 (1), अगस्त 1930 : 87-9।
34. हनुमान सिंह पोद्दार, *समाज सुधार,* गोरखपुर, 1929 : 25।
35. *PAI*, 2 July 1927, No. 25: 248; *PAI*, 30 July 1927, No. 29, Para 729: 294; *PAI*, 3 September 1927, No. 34, Para 838: 336; *PAI*, 24 September 1927, No. 37, Para 912: 368; *PAI*, 19 November 1927, No. 44, Para 1086: 438.
36. शीर्षक स्वयं उद्घाटित करने वाले हैं : *मुसलमानी गोरख धंधा, ब्राह्मण के छह कर्म, बराह भगवान, गाजी कौन है, लड़कों की लूट, ईसाइयों की चालबाजी, कौन जाति मुसलमान हुई और क्यों, मोहर्रम हुसैन और ताजिया, गाज़ी मियाँ की करतूत, पाँचों पीर औलिया, पाँच पाओं की गाय, अवतारों की फिलासोफी, प्रेमानंद संध्या और प्रेमानंद भजनावली।*

11

गाजी मियाँ की पूजा

हिन्दू महिलाओं को क्या सूझा?

आर्थिक और सामाजिक बहिष्कार के अलावा हिन्दू महिलाओं को जारी किए गए निर्देशों का लक्ष्य खास तौर से धार्मिक उत्सवों और पीरों के साथ उनका रिश्ता था। संतों के धर्मस्थल अनेक क्षेत्रों की बहुआयामी सांस्कृतिक प्रणाली के हिस्से थे, जो भारी संख्या में लोगों को आकर्षित करते थे, क्योंकि ऐसा विश्वास किया जाता था कि उनके पास रोग हरने की चमत्कारी शक्तियाँ थीं और वे बेऔलादों को औलाद प्रदान करते थे, झगड़े समाप्त कर देते थे तथा विभिन्न तरह के मनोरंजन भी प्रदान करते थे। उत्तर प्रदेश में भी हमें लोकप्रिय पूजाओं के उदाहरण मिलते हैं। ताजिया पूजा, पीर तथा मजारों की यात्रा, और उनके चारों ओर लगने वाले मेले, आदि का इतिहास काफी लम्बा है, जिनमें निम्न जाति के हिन्दू, महिलाएँ और बच्चे बढ़-चढ़कर हिस्सा लेते थे। उदाहरण के लिए बिजनौर में एक स्थानीय संत, जिसे गोगा पीर के नाम से जाना जाता है, को हिन्दू और मुसलमान समान रूप से मानते थे।[1]

महिलाएँ खास तौर से संत स्थलों के प्रति श्रद्धा रखती थीं चूँकि वे बाँझपन के इलाजों से जुड़े थे।[2] पुत्र प्राप्ति की इच्छा और बाँझ होना सबसे खराब बुराई समझे जाने के कारण महिलाएँ पीरों की ओर खिंची चली जाती थी। यहीं वे अपने पति के लिए नौकरी, बच्चों के लिए स्वास्थ्य माँग सकती थीं और परिवार के भीतर अत्याचारों का भय व्यक्त कर सकती थीं। जाति, वर्ग और धार्मिक सीमाओं के पारगमन से अप्रभावित वे उसके पास जाती थीं जो उन्हें विश्वास दिलाता था। महिलाओं को ऐसी धार्मिक गतिविधियों में एक भावनात्मक और मनोरंजनात्मक संतुष्टि, और परिवारी कामकाज से मुक्ति मिलती थी। इस प्रकार महिलाओं द्वारा संतों के पास सांत्वना के लिए जाने के प्रबल कारण मौजूद थे। इस क्षेत्र की हिन्दू महिलाएँ छोटे बच्चों द्वारा ताजियों के नीचे से निकलने को उनके लिए शुभ मानती थीं। वे मुहर्रम की नौवीं रात और दसवें दिन मुस्लिम महिलाओं के साथ मिलकर समूह में विलाप गान करती थीं और इमाम हुसैन, उनके परिवार के सदस्यों तथा साथियों

की दैवी और उपकारी शक्तियों में भारी विश्वास रखती थीं।[3] ताजिया और पीर पूजा की पहुँच और विस्तार जितना महत्वपूर्ण था, उतना ही महत्वपूर्ण उत्साही हिन्दू प्रचारकों द्वारा इन्हें अपने हमले का खास निशाना बनाने का तरीका था। यह एक बार फिर हिन्दू महिलाओं को विशेष रूप से सम्बोधित था।

मुसलमानों के साथ पहचानी जानेवाली सांस्कृतिक और धार्मिक प्रथाओं में भाग लेने के लिए महिलाओं की खिल्ली उड़ाई जाती थी। उनकी ढिठाई को तीखे तिरस्कार से देखा जाता था। महिलाओं को गुनहगार के रूप में देखा जाता था और हिन्दू समाज को 'भ्रष्ट' करने के लिए उन्हें नीची नजर से देखा जाता था। ताजिया पूजा के मामले में *स्त्री शिक्षा* में कहा गया है कि :

> *वैदिक शिक्षा का अभाव होने के कारण स्त्रियों में पहली सी समझ नहीं रही है...उनको उचित है कि वे अपने हिन्दू धर्म पर इतनी दृढ़ रहें कि किसी भी मक्कारी का प्रभाव उन पर न पड़ सके। उनको समझ लेना चाहिए कि कब्र पूजा, ताजिए पूजा, अलम पूजा, गंडे तावीज और बच्चों के मुँह में मुल्लाजी से फुँकवाना सब ही हिन्दू धर्म के विरूद्ध बातें हैं। गौभक्षक में कोई करामात नहीं हो सकती...तुमने कैसे समझ लिया कि सैंकड़ों वर्ष का मरा हुआ पीर आवागमन के चक्र में न आकर इस कब्र में पड़ा हुआ बच्चे दे रहा है?...कब्रें पूजकर तुमने करोड़ों गौओं कि हत्या का पाप सिर पर लिया है। ऐसे घोर पाप के कारण तुम्हारी संतान नहीं जीती। इस ही पाप के करण करोड़ों विधवा हो रही हो...न जाने तुम्हारी समझ पर कैसे पत्थर पड़े हैं, जो कुछ भी नहीं समझती?...ए हसन हुसैन तुम्हारे रिश्ते में कौन हैं?...आखिर तुम्हारा इनसे क्या सम्बन्ध है? तुम इनके नाम पर शरबत क्यों चढ़ाती हो? खीलें बताशे क्यों चढ़ाती हो? छाती क्यों पीटती हो? अपने बच्चों को इनके नाम पर हरे कपड़े क्यों पहनाती हो? मशकें क्यों छुड़वाती हो? समझ में नहीं आता कि तुम्हारी बुद्धियों को क्या हो गया?...राम भक्त के स्थान पर मियाँ भक्त पैदा कर रही हो...अपने पुराने इतिहास को पढ़ो। महाराणी सीता महीनों रावण राक्षस के घर रह कर भी राक्षसनी नहीं बनीं।*[4]

इस अलगाव ने हिन्दू धर्म की व्याख्या ऐसे धर्म के रूप में करने में मदद की, जो नियमों, मूल-ग्रंथों और मानकों के आधार पर स्थापित है, जिनमें परस्पर स्वीकृत रीति- रिवाज और तौर-तरीके हैं। एक और पुस्तिका *हिन्दू और ताजिया* का समापन निम्न प्रकार होता है :

> *सनातन धर्मानुसार हिन्दू स्त्रियाँ अपनी हाथ की चूड़ियों को फोड़ डालती हैं जबकि उनका पति उनके जीवित रहते ही स्वर्ग गामी हो जाता है। परन्तु*

ये ताजिया की भक्तिनें धर्म भ्रष्टिनी स्त्रियाँ ताजिया के दस दिनों तक अपनी चूड़ियों को फोड़कर गम मनाती, और अपने जीवित पति को मृतक तुल्य जानकर इस धर्म को कलंकित करती हैं। क्या हसन और हुसेन उनके पति हैं जो इस प्रकार गम मनाती हैं? मेरी समझ में ये स्त्रियाँ हसन की स्त्री जुबेदा से किसी प्रकार कम पतिव्रता नहीं हैं जिसने अपने परम पूज्य पति को जहर देकर मार डाला। यही नहीं ये स्त्रियाँ दस दिनों तक मुसलमानी रोजा भी रखती हैं। क्या हमारे लिए यह लज्जा और शोक की बात नहीं है? [5]

ताजियों को 'अव्यवस्था की घड़ी' के रूप में देखा जाता था, क्योंकि यह पतिव्रता हिन्दू नारी की धारणा को चुनौती देता था। पति के होने के बावजूद वह मातमी लिबास पहने होती थी और सरे-आम अपना दुख जाहिर करती थी। विलाप, जोकि एक सार्वजनिक अनुष्ठान था, को सार्वजनिक दायरे से हटाकर निजी दायरे में लाने की कोशिश की गई। यह मात्र ताजिया पर हमला नहीं था, बल्कि महिलाओं को सार्वजनिक दायरे से हटाकर घर तक सीमित करने का आलाप भी था, क्योंकि एक नियंत्रित महिला को एक उत्तेजित महिला से अधिक तरजीह दी जाती थी। पीरों पर खास तौर से हमला हुआ। इलाहाबाद की प्रतिष्ठित 'चाँद' प्रेस द्वारा प्रकाशित *व्यंग चित्रावली*, जो सामाजिक बुराइयों पर कार्टूनों का संकलन थी, में महिलाओं की एक तस्वीर है जो एक पीर की मजार की पूजा कर रही हैं और उनकी भर्त्सना की गई है।[6] नई कविताओं के एक संग्रह में महिलाओं के लिए एक कविता निम्न प्रकार है :

निज प्रियतम तज पीर पूजो। बुद्धि हाय कैसी पथरानी ॥
मियाँ मदार मरे मुर्दों में! मुँह बाए फिरती बौरानी ॥ [7]

किसी खास पीर की जितनी अधिक लोकप्रियता थी, उतना ही तीव्र उस पर हमला था। गाजी मियाँ और उनके मेले की पूजा इसका एक अत्यधिक स्पष्ट उदाहरण है। सैय्यद सलार मसूद गाजी, जो गाजी मियाँ के नाम से लोकप्रिय थे, सबसे पुराने और सबसे अधिक मशहूर संत थे। भारी जन समूह संत सलार मसूद की पूजा करता था, जिनमें अधिकाँश हिन्दू थे, और इसमें निम्न वर्ग के लोगों में हिन्दू और इस्लाम, दोनों ही धर्मों के बीच घनिष्ट सम्बन्ध थे। विलियम क्रूक के कथनानुसार :

पीर और सैय्यद (संत)...आम तौर पर मुसलमान हैं, किन्तु उनमें से अधिकाँश को मुसलमानों और निम्न वर्गीय हिन्दुओं, दोनों ही द्वारा बिना भेदभाव के पूजा जाता है...उसी प्रकार मुहर्रम समारोहों और मजारों, जैसे कि गाजी मियाँ की मजार, की यात्राओं में यात्रियों की भारी संख्या हिन्दुओं की है। कई नगरों में इन मुसलमान त्योहारों का रखरखाव मुख्य रूप से हिन्दुओं की सहायता पर निर्भर है...गाजी मियाँ...मजार पर हिन्दू और मुसलमान दोनों ही आते हैं। बहराइच में उनकी स्थाई मजार के अलावा,

14 : पीर पूजा और हिन्दू महिलाएँ

पीर-पूजा

तैंतिस कोटि देवता तजकर, तजकर कुल की सब मर्यादा!
पीर पूजती महिलाओं में, देखो है कैसा उन्माद!!

स्रोत : ***व्यंग चित्रावली,*** **इलाहाबाद 1930।**

विभिन्न अन्य स्थानों जैसे कि गोरखपुर और भदोई, मिर्जापुर जिले में उनके स्मारक हैं जहाँ उनके सम्मान में वार्षिक मेले लगते हैं।[8]

गाजी मियाँ काफी पहले से पाँच पीर संतों का हिस्सा रहे हैं। पाँच पीरों के नाम एक जिले से दूसरे जिले में भिन्न थे, पर आम तौर पर वे थेः मुहम्मद गौरी, गाजी मियाँ, सुभाट, पलिहार और सती अमीना। पूर्वी उत्तर प्रदेश की विशाल कृषक जनता 'पंच पीरिया' पंथ को मानती थी और उसे मानने वालों की संख्या बहुत ज्यादा थी जोकि उन्नीसवीं शताब्दी के आखिर में एक करोड़ 35 लाख से कम नहीं थी। लगभग 53 जातियाँ इसे पूजती थीं, जिनमें से 44 पूरे तौर पर या आंशिक तौर पर हिन्दू थीं और इस संख्या में से भी कम से कम 16 'अच्छी सामाजिक स्थिति' वाली थीं जबकि केवल आठ को 'उदार' कहा जा सकता था। उन्नीसवीं शताब्दी के अन्त में गाजी मियाँ का नाम पाँच पीरों में सबसे आगे था।[9]

गाजी पीर को बाँझपन दूर करने वाला और बच्चों का संरक्षक संत माना जाता था। गाजी मियाँ के बारे में अनेक कहानियाँ हैं कि उन्होंने किस प्रकार हिन्दू महिलाओं का, खास तौर से निम्न जाति की हिन्दू महिलाओं का उद्धार किया। यह तर्क भी दिया गया है कि मुसलमान खास तौर से गाजी मियाँ के इस पहलू का वर्णन करते हैं। ऐसा करके प्रमुख कथाओं में मौजूद मुसलमान व्यक्तित्व की नकारात्मक छवि को उलटने की कोशिश करते हैं। उनके पवित्र जीवन पर जोर डाला जाता है, ताकि उन्हें एक आदर्श मुस्लिम वीर दिखाया जा सके, जोकि खास तौर से हिन्दू महिलाओं की रक्षा करता है।[10] एक दंतकथा यह है कि एक हिन्दू दुधिया जेसू अहीर की बाँझ पत्नी को गाजी मियाँ की मजार पर प्रार्थना करने पर एक पुत्र की प्राप्ति हुई और परिणामस्वरूप उसने गाजी मियाँ की मजार को गाय के शुद्ध दूध और गंहगे चूने से बनवाया। एक और दंतकथा में कहा गया है कि गाजी मियाँ ने एक वृद्ध विधवा, जिसका नाम सरदानी था और जो माली जाति की थी, की मदद की। उन्होंने उसे एक दिन बेतहाशा रोते हुए पाया। दयालु पीर के पूछने पर उसने उसे बताया कि बनारस में सोमनाथ के मंदिर में, जहाँ जादू-टोना प्रचलित है, हर साल एक व्यक्ति की बलि दी जाती है। उसके छह बेटों में से पाँच की पहले ही बलि चढ़ाई जा चुकी है। अब छठे बेटे की बारी थी और उस दिन उसकी शादी थी। गाजी ने तुरन्त उसकी जगह स्वयं को प्रस्तुत करने की पेशकश की।[11] कुछ महिलाएँ उसे एक संजीदा प्रेमी मानती थीं, जिसकी शादी हर साल अधूरी रह जाती थी। यह कहा जाता है कि उसने शादी करने की सात बार कोशिश की, किन्तु प्रत्येक बार किसी दुर्घटना ने उन्हें रोक दिया। परिणामस्वरूप हर साल शादी की कोशिशें होती थीं, जिसे मेले के रूप में मनाया जाता था।[12] पूर्वी उत्तर प्रदेश के अनेक स्थानों पर गाजी मियाँ का विशाल मेला लगता था। सबसे बड़ा वार्षिक मेला बहराइच में लगता था क्योंकि उनकी मजार

सिंहा पारसी गाँव में थीं, जो बहराइच के बहुत नजदीक है। सिकंदर लोदी और औरंगजेब ने मेले को परम्परागत इस्लाम की परम्पराओं के प्रतिकूल मानकर इसे रोकने की नाकाम कोशिश की थीं।[14] इसमें नियमित रूप से एक लाख लोगों का जमावड़ा होता था, जिनमें से बहुत से लोग हिन्दू होते थे।[14] यात्री मेले में चित्रात्मक झंडे लेकर आते थे, जिन पर आदमियों और जानवरों की चमकीले रंगों की आकृतियाँ होती थीं। ये झंडे ऊँचे बाँसों पर लगे होते थे और ऊपर एक गाँठ में सिक्के बँधे होते थे। वास्तव में गाजी मियाँ की पहचान झंडे के रूप में की जाती थी, जोकि उसकी पूजा का प्रतीक चिन्ह था। डफली गाजी मियाँ की प्रशंसा में गाना गाते थे और हिन्दू-मुसलमान उन्हें भिक्षा देते थे। महिला भगतनियाँ मेले के दौरान लोगों का भविष्य बताती थीं। मेला पतंगबाजी और कुश्ती प्रतियोगिताओं के साथ समाप्त होता था।[15] अन्य हिस्सों में भी इसका मेला लगता था। उदाहरण के लिए, इलाहबाद में जेठ माह में पहले रविवार को मेला सिकंदरा, दरियाबाद और पट्टी जलाल में मनाया जाता था।

हिन्दू प्रचारकों ने अपने हमले को खास तौर से गाजी मियाँ पर केन्द्रित किया, क्योंकि वह न केवल जाति और सम्प्रदायों की सीमाओं को चुनौती देता था, बल्कि हिन्दू पुरुषत्व और पितृसत्तात्मक व्यवस्था के लिए भी गम्भीर खतरा पेश करता था। 1924 और 1927 के बीच में गाजी मियाँ और उसकी पूजा की निन्दा करते हुए कम से कम एक दर्जन पुस्तिकाएँ निकाली गई।[16] हालाँकि गाजी मियाँ को खास निशाना बनाया गया था, निशाने पर और भी थे, जैसे मिरान मुल्ला सदरूद्दीन, सद्दो के नाम से लोकख्यात, जो अमरोहा, मुरादाबाद में दफनाए गए थे।[17] हिन्दू सुधारकों और पुनरूत्थानवादियों के लिए पाँच पीर की विशिष्टता और व्यापक प्रकृति, जहाँ हर कोई स्वतंत्र रूप से आपस में घुलमिल जाता था, हिन्दू सम्प्रदाय की अपनी पहचानों की पुनर्परिभाषाओं के लिए गम्भीर खतरा थी। गाजी मियाँ की पूजा कोई 'गुप्त' निजी काम न था, बल्कि एकदम सार्वजनिक अभिव्यक्ति थी। यह तर्क दिया गया है कि सार्वजनिक दायरे का विस्तार उत्तर भारत में हिन्दू धार्मिक पुनरूत्थान और दावेदारी का प्रमुख क्षेत्र बन गया था। एक स्पष्ट दृष्टिगोचर सार्वजनिक क्षेत्र, जिसने हिन्दू सम्प्रदाय की पहचान को चुनौती दी, अनिवार्य रूप से हमले का निशाना बना। हिन्दू महिलाओं, जिन्हें हिन्दू परम्परा और पहचान का परिरक्षक माना जाता है, की भागीदारी ने भय को और बढ़ा दिया। इस प्रकार मुख्य चिन्ता यह थी कि 'हिन्दू लोग सभी के सामने ताजिया और गाजी मियाँ की पूजा करते हैं।' 'सभी यह देख सकते हैं, अनुभव कर सकते हैं और जान सकते हैं', 'लाखों हिन्दू उनकी पूजा करते हैं', जो सामूहिक जीवन की सामूहिक वास्तविकता का संकेत है।[18] यह गाजी मियाँ की लोकप्रियता और उसकी पूजा का व्यापक सार्वजनिक सम्प्रेषण था जिसे रोकना था। गाजी मियाँ विरोधी एक पुस्तिका में कहा गया :

तेंतिस कोटि देवता पूजे—अंधा धुंध बहुत से सूजे॥
नद्दी नाले कुआँ पूजाये—जूता घूरे देव बनाये॥
इतनिहूँ पर जब नहीं अघाये—मुसल्मंमुर्दा मन भाये॥
बीर मुह्मदी पीर बुखारी—कबरां की भाई पूजा जारी॥
हिन्दू वैदिक धर्म बिसारी—पूजें सय्यद मियाँ मदारी॥[19]

हिन्दू महिलाओं (जिनमें ऊँची जाति की बहुत सी महिलाएँ भी शामिल थीं) तथा निम्न जातियों से आग्रह किया गया, आदेश दिया गया और बाध्य भी किया गया कि वे गाजी मियाँ को न पूजें : महिलाओं को इसलिए चूँकि उन्हें धर्म की मूर्ति और वाहक समझा जाता है, और निम्न जातियों को इसलिए चूँकि उन्हें धर्म के भ्रष्ट रूप के धारक के रूप में देखा जाता था। पहले को भटकाव से रोकना था, तो दूसरे को 'भ्रष्ट' आचरण से जुदा करना था। अनेक जाति सुधारकों ने भी उसी तरह का आग्रह किया।[20] हर साल जब मेला नजदीक आता, तो आमतौर पर मई-जून के महीने में, इस अभियान में गजब की तेजी आ जाती। पुस्तिकाओं, पोस्टरों, प्रस्तावों, धरनों और चेतावनियों की शक्ल में एक आन्दोलन शुरू किया गया। मई 1924 में सुल्तानपुर में इस तरह का आन्दोलन आरम्भ हुआ। अगले वर्ष गोरखपुर में मेले के बहिष्कार की कोशिश की गई, और हिन्दू यात्रियों को इसमें जाने से रोका गया और मेरठ में भी इसके लिए नोटिस जारी किए गए। 1926 में आन्दोलन और व्यापक हो गया। आजमगढ़ में अयोध्या से एक 'तीव्र प्रभाव' रखने वाला हिन्दी पत्र प्राप्त हुआ और आम रीति के विपरीत हिन्दुओं ने दीदरगंज में गाजी मियाँ के मेले के अवसर पर डफ्फालियों को भिक्षा नहीं दी। जौनपुर में एक पुस्तिका के जरिए गाजी मियाँ की पूजा को बाधित किया और 26 मई को शहर में लगे मेले के रास्ते में जगन्नाथ पांडे वकील और अन्य हिन्दुओं ने धरना दिया। आजमगढ़ में आर्य समाज ने उसी साल खटीकों और मल्लाहों को मेले में न जाने के लिए मनाया। एक और नोटिस खेड़ी में देखने को मिला और गोरखपुर में मेले के खिलाफ विरोध बढ़ा। बनारस में हिन्दुओं को स्थानीय गाजी मियाँ मेले में जाने से रोकने के लिए आर्य समाजियों को सक्रिय रूप से लगाया गया। 1927 में अभियान अपने चर्मोत्कर्ष पर पहुँच गया। फैजाबाद में नरायण प्रेस द्वारा छापे गए और बलदेव साही द्वारा जारी किए गए हिन्दी नोटिसों में हिन्दुओं से मेले के लिए बहराइच न जाने का आग्रह किया गया। स्वयं बहराइच में आर्य समाजियों ने अप्रैल में ही भारी प्रचार शुरू कर दिया था, क्योंकि उस साल मेला 18 से 22 मई तक लगना था। प्रतापगढ़ में कलाकंकर के राजा ने मेले के बहिष्कार के लिए आर्य समाज के साथ अभियान में भागीदारी की और कुछ हिन्दुओं को मनाने में सफलता पाई। यात्रियों के दलों को, जो मेले में जा रहे थे, वापस कर दिया गया। गोंडा में यू. पी. क्षत्रिय सभा की वार्षिक कान्फ्रेंस में हिन्दुओं को बहराइच

में सैयद सलार मेला में न जाने के लिए कहा गया। फैजाबाद में केदार नाथ ने मेले के खिलाफ भाषण दिया, और इसके खिलाफ नोटिस भी पोस्ट किए गए। यहाँ कुछ ब्राह्मणों द्वारा हिन्दू दूकानदारों को मेले में जाने से मना किया गया और कहा गया कि जो इसमें जाएँगे, उन्हें बहिष्कृत कर दिया जाएगा। इलाहबाद में गाजी मियाँ के मेले के खिलाफ फूलपुर में हैंडबिल निकाले गए। बनारस में नोटिस बाँटे गए और सुल्तानपुर में कुछ स्थानीय हिन्दुओं ने मेले में उपस्थिती को निरोत्साहित करने की कोशिश की। अनेक मीटिंगों में सुभद्रा देवी ने हिन्दू महिलाओं से मकबरों पर चढ़ावा न चढ़ाने का आग्रह किया। फैजाबाद में अहीर सभा की एक मीटिंग में पुरुषों को यह सलाह दी गई कि वे अपनी बेऔलाद महिलाओं को सैयद सलाद 'मुहम्मडन' मेला, बहराइच जाने की इजाजत न दें। स्वयंसेवकों ने हिन्दू महिलाओं को मेले में जाने से रोकने की कोशिश की। एक और मीटिंग में यह कहा गया कि हिन्दू महिलाओं को बीमार बच्चों के साथ गाजी मियाँ मस्जिद पर नहीं जाना चाहिए, क्योंकि मुस्लिम उन पर थूकते हैं।[21] महिलाओं की गाजी मियाँ के जाल से बचाने की चिन्ताएँ व्यक्त की गई। पतियों से अपनी पत्नियों को यह मानने के लिए कहा गया कि गाजी मियाँ एक बहुत ही तुच्छ व्यक्ति था।[22] यह कहा गया कि :

> *स्त्रियाँ, जिनके लिए परमात्मा ने संसार में केवल एक पति की पूजा माना है, आज ये स्त्रियाँ वर्षों गाजी की सेवा करती व उपासक पुत्र के लिए रहती हैं। जहाँ पर पहिले स्त्रियाँ अपने पति की सेवा व उपासना प्रेम भाव से करके सन्तान उत्पन्न करती थीं, वहाँ आज पति को छोड़ मुरदे गाजी मियाँ की मरी कब्र से संतान माँगने जाती हैं। इन घृणाभाव के करने का दोष स्त्रियों पर नहीं बल्कि उन पुरुषों पर है जो अपने जीते जी अपनी स्त्री को पतिव्रता बनाने के बदले स्वयं उनको एक तुर्क की मरी कब्र पर सन्तान माँगने के लिए व बेधर्म होने के लिए भेजते हैं। आज उस पति को डूब जाना चाहिए कि जिसकी स्त्री उसे पौरूषहीन समझ या परमात्मा का भय न कर पति से सन्तान की रक्षा न कर कब्रों से पुत्र की रक्षा कर रही है और हिन्दू धर्म के गौरव में धब्बा लगा रही है।*[23]

यहाँ पीर और महिला के शरीर के बीच एक रोमांचक 'खेल' का भय था, जो घर पर सत्ता को छिन्न-भिन्न कर देता। 'शिखर पर बैठी महिलाओं' द्वारा हिन्दू पुरुषों पर प्रभुत्व कायम करने की भी चिन्ताएँ थी। महिलाओं के पीर के साथ गुप्त सम्बन्ध को, हिन्दू पुरुष के पराक्रम को खुली चुनौती के रूप में देखा गया और पति की उन्हें पुत्र प्रदान करने की शक्ति, जिसके लिए वे गाजी मियाँ पर निर्भर थीं, नजरअंदाज होती दिखी। हिन्दू पुरुष मरदाने मुस्लिम पीर के सामने नपुंसक हुआ प्रतीत होता था। यह महिलाओं की कार्रवाइयों के जरिए हिन्दू पुरुष की लैंगिकता और पुरुषत्व पर

संदेह करने का सवाल हो गया। इस पर काबू पाने के लिए अनैतिक पीरों द्वारा हिन्दू महिलाओं के तथाकथित लैंगिक शोषण को काफी उछाला गया।

मुस्लिम संतों में विश्वास को, तर्कबुद्धि की खुराक के जरिए भी बुरा बताकर यह कहा गया कि महिलाओं में समझ की कमी है। यहाँ फिर पीर की यौनिक क्षमता तथा महिलाओं की यौनिक और प्रजनन क्षमता पर उसके नियंत्रण का सवाल खड़ा किया गया। एक पुस्तिका में जब किसी ने कहा कि गाजी मियाँ के पास अपार शक्तियाँ हैं तथा उसने एक बाँझ महिला को पुत्र प्रदान किया, तो दूसरे व्यक्ति ने यह कह कर उसका मजाक उड़ाया कि स्वयं गाजी मियाँ को कोई पुत्र नहीं था, तो वह कैसे किसी और को पुत्र प्रदान कर सकता है? एक और कानाफूंसी की ओर इशारा करते हुए उसने आगे कहा कि उस व्यक्ति के घर में बाँझ थी, पर गाजी मियाँ ने कुछ नहीं किया।[24] यह तर्क दिया गया कि :

> *क्या हिन्दू लोगों की उन्नति आजकल के मसजिदी धर्म से हो सकती है? क्या मियाँ साहिब उन को मुक्ति का मार्ग बतला सकते हैं? क्या वे कुछ दे सकते हैं? एकदम नहीं।*[25]

जोर डालकर मनाने-समझाने की रणनीति के साथ-साथ खुली धमकियों और वाक-कलाबाजी का भी सहारा लिया गया, जो एक ओर तो भय उत्पन्न करती थी और दूसरी ओर पुरस्कार का वायदा। महिलाओं और निम्न जातियों को चेतावनी दी गई थी कि गाजी मियाँ की पूजा उनके लिए विनाशकारी होगी। दूसरी ओर, यदि उन्होंने गाजी मियाँ की पूजा बन्द कर दी, तो इससे उन्हें बहुत फायदा होगा और जल्दी ही उन्हें पुरस्कार मिलेगा। भयंकर आध्यात्मिक और भौतिक विपत्ति की धमकियाँ भी दी गई। आम तौर पर यह भविष्यवाणी की गई कि :

> *हिन्दुओं! प्रयाग राज में आकाश वाणी हुई है कि कोई हिन्दू गाजी मियाँ की पूजा करने बहराइच न जावें। गाजी मियाँ की पूजा करने से देवी बहुत नाखुश है। इसी से इस साल घर-घर शीतला (चेचक) फैला कर तुम्हें दुख पहुँचा रही हैं...गाजी मियाँ की पूजा तुरन्त बन्द कर दो नहीं तो देश में घोर अकाल पड़ेगा, बाल-बच्चों पर संकट आवेगा, पशुओं की बीमारी बढ़ेगी और वंश हानि तथा हर तरह की आफत पड़ेगी। गाजी मियाँ की पूजा न करने से देवी प्रसन्न होंगी और सौ ब्राह्मण भोजन का फल मिलेगा। जो भाई इस आकाश वाणी को पढ़ें या सुनें वह 11 हिन्दुओं से जरूर-जरूर कहें या 5 गाँव में खबर भेजें नहीं तो 21 गौ मार की हत्या लगेगी।*[26]

विभिन्न मीटिंगों में हिन्दुओं में भय पैदा किया गया, खास कर गौ हत्या के समान अपराध का भय, यदि उन्होंने गाजी मियाँ की पूजा की तो। बनारस में मई 1927

में किसी एक यमदूत द्वारा जारी किए गए नोटिस को शहर में खूब बाँटा गया। इसका शीर्षक था 'श्री गौ माता की जय', और इसमें कहा गया था कि जो हिन्दू सैयद सलार मेला में जाएगा, उसे ग्यारह गायों की हत्या का पाप लगेगा। जौनपुर में 1928 में आर्य समाजियों ने फिर वही चेतावनी दी, और इसे 1929 में बहराइच में दोहराया गया।[27] महिलाओं में विशेष तौर पर विभिन्न तरह से भय पैदा किया गया। एक पुस्तिका ने चेतावनी दी :

> *हिन्दू स्त्रियों के लिए गाजी मियाँ की पूजा करना महा पाप है। जो स्त्रियाँ ऐसा करती हैं वे थोड़े ही दिनों में विधवा हो जाती हैं। देखो मोहन स्मृति में लिखा है...दुष्ट मुसलमान फूँक मारते समय हिन्दू स्त्रियों से ठट्ठा करते हैं। इसके अलावा गौ भक्षकों के मुख की मैली और बदबूदार हवा से लड़के और भी बीमार हो जाते हैं।*[28]

यह कहा जाता था कि मुसलमान अक्सर हिन्दू लड़कों पर थूकते हैं। महिलाएँ मुस्लिम रिवाजों, तरीकों और ढंगों से भी प्रभावित हो जाती थीं और धर्मांतरण भी कर सकती थीं।[29] हिन्दू महिलाओं द्वारा संतान के लिए मजार पर जाने के पाप पर जोर दिया गया था। एक समाचार पत्र में कहा गया कि यदि हिन्दू पहले से ही एक मृत राष्ट्र नहीं हैं तो उनकी महिलाओं द्वारा शवों की पूजा से वे मृत राष्ट्र हो जाएँगे।[30] मेला को ऐसा स्थान बताकर जहाँ हिन्दू महिलाओं का अपहरण और बलात्कार किया जाता है, आतंक की भावना पैदा की गई।[31] मई-जून 1925 में क्षेत्र के उपायुक्त ने बहराइच मेले में आर्य समाज के प्रचार को रोका। विभिन्न अखबारों ने भय व्यक्त किया कि इसके कारण मेले में आने वाली हिन्दू महिलाओं की स्थिति संकटपूर्ण हो गई है। हिन्दू महिलाओं को उनके साथ बलात्कार होने की सम्भावना से आगाह किया गया।[32] *वर्तमान* ने कहा कि हिन्दू स्वयंसेवकों ने सैयद सलार मेले में मुस्लिम गुंडों के कब्जे से 99 महिलाओं को छुड़ाया। हिन्दू महिलाओं के साथ दुर्व्यवहार स्तब्ध करने वाला था और यह कहना 'अभद्र' होगा कि उनके साथ मकबरे में क्या हुआ।[33] मुस्लिम गुंडों पर लगभग सभी मेलों में महिलाओं से बलात्कार का आरोप था।[34] ऐसे उल्टे प्रस्तावों से यह चक्र पूरा होता था कि: 'यदि आप गाजी मियाँ की पूजा करना बन्द कर दोगी, तो तुम्हें पुत्र की प्राप्ति होगी।'[35] ऐसे दावों से हिन्दू पुरुष हिन्दू महिला की यौनिकता और प्रजननशीलता पर अपना प्रभुत्व पुनर्स्थापित करता था।

इसी प्रक्रिया में बहराइच के इतिहास को भी फिर से गढ़ा और सूत्रबद्ध किया गया। यह तर्क दिया गया कि गाजी मियाँ की दरगाह से पहले वहाँ सूर्यकुंड था, जहाँ एक मेला आयोजित किया जाता था जो उतना ही महत्वपूर्ण था जितना कि तीर्थराज। इसे बालकार्थ तीर्थ कहते थे। जेठ के महीने में जब सूर्य अपने शीर्ष पर होता था,

लोग यहाँ आकर इसके पवित्र जल में स्नान करते थे और अपनी सब बीमारियों से निजात पाते थे। अंधे देख सकते थे और चमड़ी की सभी बीमारियाँ ठीक हो जाती थीं। किन्तु जब से फीरोज तुगलक ने इस सूर्यकुंड को भरवा कर 1351 में गाजी मियाँ की मजार बनवाई है, लोगों का बहराइच में आकर ठीक होना बन्द हो गया है। इस तरह एक समुदाय की सूर्य पूजा के पवित्र स्थान को गाजी मियाँ की मजार में बदल दिया गया।[36] अब उसी दिन बहराइच में गाजी मियाँ का मेला लगता है। अब भी यहाँ हिन्दू एकत्र होते हैं, किन्तु अब वे सूर्य की पूजा नहीं करते, बल्कि दुष्ट गाजी मियाँ की पूजा करते हैं। यह भी संकेत दिया गया कि हिन्दुओं के पवित्र स्थलों को इसी तरह पीरों की दरगाहों और मजारों में बदल दिया गया है। एक नए हिन्दू इतिहास के हिस्से के रूप में इस कहानी ने एक ही बार में कई काम किए। इसने मुसलमानों के हिंसक आक्रमण पर प्रहार किया, हिन्दू मतों की शक्ति पर जोर दिया, हिन्दू सभ्यता के स्वर्णिम युग का आह्वान किया, गाजी मियाँ की रोगहारी क्षमता से इनकार किया और उसी स्थल का हिन्दू इतिहास रचा, जहाँ मजार थी और इसके जरिए उसकी पूजा के आधार को ही नष्ट कर दिया।

गाजी मियाँ, जो उम्मीदों के पूरे होने के प्रतीक थे, संकीर्ण साम्प्रदायिक सीमाओं से परे और अनिष्ट निवारण के लिए प्रसिद्ध थे, अब स्वयं एक दुष्ट चरित्र की भूमिका में प्रतिस्थापित कर दिए गए। गाजी मियाँ की एक वैकल्पिक तस्वीर पेश की गई। यह कहा गया कि वह भारत आया और उसने मंदिरों को लूटा, मूर्तियाँ तोड़ी, हजारों गायों का वध किया, हिन्दुओं का कत्ल किया और उनका धर्मांतरण कराया, महिलाओं से बलात्कार किया, हिन्दू लड़कियों का अपहरण किया, उन्हें अपवित्र किया और मुसलमानों के साथ ब्याह दिया।[37] और फिर गाजी मियाँ को सीधे एक ज्यादा आम, लोकप्रिय और परिचित स्मृति से जोड़ दिया गया। यह कहा गया कि गाजी मियाँ ने महमूद गजनवी के साथ मिल कर सोमनाथ के मंदिर को तोड़ा।[38] और वह स्वामी श्रद्धानंद के कातिल के समान था। इस प्रकार पुत्तू (एक मुसलमान और गाजी मियाँ का भक्त) और एक भिक्षु के बीच संवाद चालू होता है :

भिक्षुजी : गाजी मियाँ के मामा महमूद गजनवी ही तो थे जिन्होंने मथुरा और सोमनाथ का मंदिर लूटा।

पत्तू : काफिरों को मारना सवाब है, इसमें उसने कोई बात मजहब के विरूद्ध नहीं की।

भिक्षुजी : इसीलिए एक दुष्ट मुसलमान ने हिन्दुओं के सरताज पूज्य स्वामी श्रद्धानंद की हत्या की।

पुत्तू : उनका नाम इज्जत से लीजिए वह गाजी है उसकी तसवीरें बिकती हैं।

भिक्षुजी : *तसवीरें तो तांतिया भील डाकू की भी बिकती हैं। गाजी कौन है।*

पुत्तू : *गाजी वह जो काफिर को मारे। जो मुसलमान होने से इनकार करे, उसे मार डाले यही बड़ाई गाजी मियाँ के घराने की है।*

भिक्षुजी : *यह झंडे पर जो बाल लगाते हो यह क्या है?*

पुत्तू : *जिन की चोटियाँ मुसलमान काटते थे झंडा के ऊपर चोटियों को टाँगते थे...उसी की निशानी में हम सुरागाय की पूंछ काट कर लगाते हैं।*[39]

ऐसी स्थिति में यह कहा गया कि :

जिसने तुम्हारा कर दिया, सब भाँति बंटाधार है।
गाजी मियाँ को पूजते हो, हिन्दुओं! धिक्कार है ॥[40]

एक व्यक्ति और समाज की ऊर्जा, गतिशीलता, आकांक्षा, अभिव्यक्ति और विश्वास के आधार को हटा कर इसकी जगह हिन्दू देवी-देवताओं के प्रतीकों को लाने की कोशिश की गई। महिलाओं को गाजी मियाँ की बजाय लक्ष्मी की पूजा करने के लिए प्रेरित करते हुए नोटिस और सर्कुलर निकाले गए।[41] स्पष्ट रूप से यह बताया गया कि हिन्दू धर्म, इसके ग्रंथ और देवता अन्य धर्मों से कहीं अधिक श्रेष्ठ हैं। यह ऐसा धर्म है जिसमें अनेक देवताओं की पूजा होती है, जो जीवन के प्रतीक हैं, न कि मजारों के, जैसे कि गाजी मियाँ की मजार।[42] यह तर्क दिया गया कि इस जगह एक हिन्दू राजा था, जिसका नाम सुहलदेव था, जिसने दुष्ट गाजी मियाँ को युद्ध में पराजित किया और उसे मौत की नींद सुला दिया और हिन्दू धर्म की रक्षा की, किन्तु उसका नाम हमारी याददाश्त से पूरी तरह ओझल हो गया है। वह शिवाजी के समान शूरवीर था और यदि हिन्दुओं को किसी की पूजा करनी चाहिए तो, वह सुहलदेव है।[43]

महिलाओं से कहा गया कि वे पूजा के लिए 33 करोड़ देवताओं में से किसी को चुन सकती हैं, फिर गाजी मियाँ की पूजा क्यों? कलवार, जो गाजी मियाँ के पक्के पुजारी थे, ने अभियान को गम्भीरता से लिया। जायसवाल, जिन्होंने गाजी मियाँ की पूजा पर द्वेषपूर्ण हमला करते हुए *गाजी मियाँ अर्थात् मसूद गाजी का सच्चा जीवन चरित्र* लिखा, जाति से कलवार थे। *कलवार केसरी,* जो कलवार जाति की एक पत्रिका थी, ने महिलाओं से गाजी मियाँ की पूजा पूरी तरह बन्द करने और केवल हिन्दू देवी-देवताओं की पूजा करने की अपील की, क्योंकि तब उनके बच्चे पक्के हिन्दू होंगे।[44] हिन्दुओं द्वारा केवल हिन्दू देवी-देवताओं की पूजा की अवधारणा पर बार-बार जोर देने से हिन्दू-हिन्दू सम्बन्ध सांस्कृतिक क्षेत्र में लगातार पुष्ट हुए और आंशिक तौर पर उचित ठहराए जा सके।

ऐसे शक्तिशाली अभियान के चलते साँझी संस्कृति के रूपों को काफी नुकसान हुआ। पर सब कुछ समाप्त नहीं हुआ था। ऐसे संगठित निकाय, एसोसिएशनें और ग्रुप थे, जो जाति या हिन्दू हितों के प्रतिनिधि होने का दावा करते थे। वे अपेक्षाकृत शिक्षित और मुखर तबके थे, जो सचेतन या अचेतन रूप से एक ही तरह की भाषा में बोलने की प्रवृति रखते थे। किन्तु, क्या इसका प्रभाव वास्तव में सर्वव्यापी था? क्या सभी लोग इन संगठित निकायों की राजनीति से अपनी पहचान करते हैं? यह पक्के तौर पर नहीं कहा जा सकता। यहाँ तक कि 1920 तक, यह अनुमान लगाया गया था कि 1.35 करोड़ से भी अधिक लोग पाँच पीरों की पूजा करते थे।[45] विभिन्न हमलों के बावजूद निम्न जातियाँ और महिलाएँ, 1926 में तथा उसके बाद 1927 में, मेले में आईं और मेला सौहार्द्रपूर्ण रहा।[46] वास्तव में ऐसे स्पष्ट विच्छेद के लिए अपील निम्न जातियों तक सीमित थी। यदि वे अपने धार्मिक रीति-रिवाजों को बन्द करने पर सहमत हो जाते, तो वे कहाँ जा सकते थे, क्योंकि वे अनेक हिन्दू पूजा स्थलों में जाने से भी वंचित थे। गाजी मियाँ का मेला आज तक जारी है और अभी भी यह दूर-दूर से लोगों को आकर्षित करता है।

पर दीवार खींचनेवाले उस समय की साझी संस्कृति के ताने-बाने में कुछ हद तक दरारें डालने में सफल रहे जिसका असर कुछ हद तक निम्न जातियों पर भी पड़ा हो सकता है। उदाहरण के लिए, हिन्दुओं द्वारा मुहर्रम में भाग लेना काफी घट गया।[47] आर्य प्रतिनिधि सभा जो, उत्तर प्रदेश की 363 आर्य समाजी ब्रांचों का प्रतिनिधित्व करती थी, ने 1925 में दावा किया कि यह बहराइच में सैयद सलार मेले के खिलाफ पिछले 29 वर्षों से अभियान चलाती रही है और उनके निरन्तर प्रयत्नों से पिछले चार वर्षों में धीमी लेकिन निरन्तर सफलता एकदम स्पष्ट दिखाई देती है।[48]

जैसा कि हमने देखा है, अहीर, कलवार और चमार जैसी मध्य और निम्न जातियों के प्रवक्ताओं ने भी कुछ तर्कों को, बेशक विभिन्न कारणों से ही, दोहराया। पर इस पूरे अभियान का एक मुख्य केन्द्र हिन्दू महिला रही। न केवल उसकी सुरक्षा करनी थी, बल्कि उसे अनुशासित और नियंत्रित भी करना था। उसकी यौनिकता और प्रजनशीलता मुस्लिम पुरुषों और प्रतीकों के साथ प्रदर्शित और साझा नहीं की जा सकती थी, क्योंकि इसका अर्थ था कि हिन्दू पुरुष का नियंत्रण फिसल रहा था। वह हिन्दू शुचिता और अनन्यता की प्रतीक थी जिसकी गतिविधि को नियंत्रित करना जरूरी था। साथ ही साथ जाति और धार्मिक संवर्गों के साथ महिलाओं की अनिश्चित निष्ठा खतरे का सतत् स्रोत थी। यहाँ महिलाओं का उपयोग एक आम स्वीकृत हिन्दू व्यवहार बनाने के लिए किया गया। इस प्रक्रिया में लैंगिक सीमाओं को पुनर्निधारित करने की कोशिश की गई। महिलाओं को दिए गए निर्देश न केवल साझेपन पर हमले को प्रतिबिंबित करते थे, बल्कि उन्होंने हिन्दू धर्म की सीमाओं को भी एक नई

परिभाषा दी। साझे स्थलों को निशाना बनाना भी इस बात का संकेत था कि हिन्दू प्रचारक अनेक सामाजिक, आर्थिक और सांस्कृतिक मुद्दों को, धार्मिक चेतना के प्रिज्म के जरिए व्याख्यायित कर रहे थे।

सन्दर्भ

1. H. R. Nevill, *Bijnor : A Gazetteer, Vol. XIV of the District Gazetteers of UP*, Allahabad, 1928: 87. ये भी देखें : E. A. H. Blunt, *The Caste System of Northern India: With Special Reference to UP*, London, 1931: 291-94; C. W. Troll, ed., *Muslim Shrines in India: Their Character, History and Significance*, Delhi, 1989.
2. W. Crooke, 'Notes on Some Muhammadan Saints and Shrines in the United Provinces', *Indian Antiquary*, 53, 1924 : 97-99.
3. Amir Hasan, *Palace Culture of Lucknow*, Delhi, 1983 : 45; Meer Hasan Ali, *Observations on the Mussulmauns of India*, London, 1917.
4. महोपदेशक, *स्त्री शिक्षा* : 2-5। विस्तार के लिए परिशिष्ट देखें।
5. नन्द किशोर जायसवाल, *हिन्दू और ताजिया*, इलाहाबाद, 1919 : 17।
6. *व्यंग चित्रावली*, इलाहाबाद, 1930।
7. रामानंद सरस्वती, *नविन ज्ञान गजरा*, अलीगढ, 1924 : 17।
8. W. Crooke, *The Popular Religion and Folklore of Northern India, Vol. I*, Westminster, 1896 : 201-2, 207. ये भी देखें : Gyanendra Pandey, *The Construction of Communalism in Colonial North India*, Delhi, 1990 : 86-7.
9. बानप्रस्थी, *ईसाइयों की चालबाजी और पाँचों पीर* (दो पुस्तिकाओं का संकलन, जोकि अलग-अलग भी छपी थीं. इनमें से पाँच पीर वाली पुस्तिका का शीर्षक *पाँचों पीर औलिया* था), अवध, 1927 : 5-6. यह उनकी *मुसलमानी गोरख धंधा*, अवध, 1927 में भी मौजूद है, जोकि सात पुस्तिकाओं का एक संकलन है, जो अलग-अलग और एकत्रित रूप में भी प्रकाशित हुए।
10. Mary Searle-Chatterjee, 'The Muslim Hero as Defender of Hindus: Mythic Reversals and Ethnicity among Banaras Muslims', *Social Analysis*, 28, July 1990 : 78-79.
11. Tahir Mahmood, 'The Dargah of Sayyid Salar Mas'ud Ghazi in Bahraich: Legend, Tradition and Reality', in Troll, ed., *Muslim* : 29; R. Greevan, 'Benaras: An Account of the Worship of the Panchon Pir', *North Indian Notes and Queries*, 2 (4), July 1892 : 55.
12. डॉ. आनन्द कृष्णा से साक्षात्कार, बनारस, 18 फरवरी 1998।
13. Mahmood, 'Dargah': 25.
14. Pandey, *Construction of Communalism* : 87.
15. डा. मोतिचंद्र, *काशी का इतिहास*, बंबई, 1962 : 404; Kerein Grafin von Schwerin, 'Saint Worship in Indian Islam: The Legend of the Martyr Salar Masud Ghazi', in Imtiaz Ahmad, ed., *Ritual and Religion Among Muslims in India*, Delhi, 1981: 143-61; H. R. Nevill, *Bahraich : A Gazetteer, Vol. XLV of the District Gazetteers of UP*, Allahabad, 1903 : 149-50.

16. कुछ के नाम इस प्रकार हैं : पंडित जगतनारायण शर्मा, *गाजी मियाँ की पूजा : हिन्दुओं को क्या सूझा*, इटावा, 1905; बाबू नंदकिशोर जायसवाल (कलवार), *गाजी मियाँ अर्थात मसऊद गाजी का सच्चा जीवन चरित*, इलाहाबाद, 1916; भागीरथ प्रसाद दीक्षित, *गाजी मियाँ और उनकी पूजा*, आगरा, 1923; राम प्यारे तिवारी, *गाजी मियाँ की जीवनी*, बनारस, 1926; राम प्यारे तिवारी, *गाजी मियाँ की पूजा*, बनारस, 1926; ब्रिजेश सिंह, *गाजी मियाँ का भांडा फोड़*, इलाहबाद, 1927; बानप्रस्थी, *गाजी कौन है*. दिलचस्प बात यह है कि गाजी मियाँ की पूजा रूढ़िवादी इस्लामी शिक्षा के भी प्रतिकूल है।
17. शंकर दत शर्मा, *मिरान पूजा*, मुरादाबाद, 1925।
18. बानप्रस्थी, *पाँचों पीर* : 5-7।
19. शर्मा कशीस्थ, *गाजी मियाँ की पूजा* : 2।
20. सम्पादक, 'गाजी मियाँ की पूजा : विद्यार्थी उठो, हिन्दू धर्म की रक्षा करो', *कुर्मी क्षत्रिय दिवाकर*, 2 (3), मई 1926 : 2-8।
21. *Secret Police Abstracts of Intelligence of UP* (आगे *PAI*), 31 May 1924, No. 21, Para 171: 177; *PAI*, 23 May 1925, No. 19, Para 156: 210; *PAI*, 6 June 1925, No. 21, Para 169: 224; *PAI*, 13 March 1926, No. 10, Para 233: 136; *PAI*, 1 May 1926, No. 16, Para 397: 227; *PAI*, 22 May 1926, No. 19, Para 498: 277; *PAI*, 5 June 1926, No. 21, Para 533: 308; *PAI*, 12 June 1926, No. 22, Para 553: 320; *PAI*, 19 June 1926, No. 23, Para 560: 327; *PAI*, 23 April 1927, No. 15, Para 371: 144; *PAI*, 30 April 1927, No. 16, Para 379: 154; *PAI*, *PAI*, 7 May 1927, No. 17, Para 432: 169; 21 May 1927, No. 19, Para 489: 186; *PAI*, 28 May 1927, No. 20, Para 500: 192; *PAI*, 4 June 1927, No. 21, Para 530: 202; *PAI*, 22 June 1929, No. 22, Para 311: 246.
22. बानप्रस्थी, *गाजी कौन है* : 4; शर्मा, *गाजी मियाँ* : 11-12।
23. जायसवाल (कलवार), *गाजी मियाँ* : 52-3।
24. प्रेमानंद बानप्रस्थी, *लड़कों की लूट*, अवध, 1927 : 1।
25. शर्मा कशीस्थ, *गाजी मियाँ की पूजा* : 3।
26. प्रेमानंद बानप्रस्थी, *मुसलमानी गोरख धंधा*, अवध, 1927 : 6. यह भी देखें, 'बाले मियाँ', *आदर्श हिन्दू*, 1 (5), मई 1926 : 31।
27. *PAI*, 28 May 1927, No. 20, Para 500: 192; *PAI*, 19 May 1928, No. 19, Para 381: 189; *PAI*, 28 March 1929, No. 12, Para 147: 100.
28. पंडित बृजमोहन झा, *हिन्दुओं जागो*, इटावा, 1920 : 13।
29. शर्मा कशीस्थ, *गाजी मियाँ की पूजा* : 12।
30. *ज्ञान शक्ति*, 30 मई 1925।
31. 'बोले मियाँ' : 31।
32. *PAI*, 6 June 1925, No. 21, Para 169 : 224.
33. *वर्तमान*, 20 जून 1925।
34. झा, *हिन्दुओं जागो* : 12; बानप्रस्थी, *लड़कों की लूट* : 18।
35. बानप्रस्थी, *लड़कों की लूट* : 4।
36. 'बाले मियाँ' : 28-29; सम्पादक, 'गाजी मियाँ की पूजा' : 2-6; दीक्षित, *गाजी मियाँ*।
37. बानप्रस्थी, *लड़कों की लूट* : 12; 'बाले मियाँ' : 29-30; सम्पादक, 'गाजी मियाँ की पूजा' : 3-4।
38. जायसवाल (कलवार), *गाजी मियाँ* : 9।
39. बानप्रस्थी, *गाजी कौन है* : 7-8।

40. बानप्रस्थी, *मुसलमानी गोरख धंधा,* आवरण।
41. *PAI*, 21 May 1927, No. 19, Para 489 : 186.
42. शर्मा कशीस्थ, *गाजी मियाँ की पूजा* : 2-3; 'बोले मियाँ' : 32; सम्पादक, 'गाजी मियाँ की पूजा' : 2।
43. 'बाले मियाँ' : 28, 30-31।
44. 'श्री सभापति महोदय का भाषण', *कलवार केसरी,* 1 (12), 1923 : 715।
45. Pandey, *Construction of Communalism* : 87.
46. *PAI*, 19 June 1926, No. 23, Para 560: 327; *PAI*, 4 June 1927, No. 21, Para 530 : 202.
47. शालिग्राम श्रीवास्तव, *प्रयाग प्रदीप,* इलाहबाद, 1937 : 103।
48. 701/1925, Box 457, GAD, Uttar Pradesh State Archives.

12

हिन्दू कोख, मुस्लिम संतति

विधवा विवाह पर बदलते विमर्श

यह अध्याय औपनिवेशिक उत्तर प्रदेश में हिन्दू प्रचारकों द्वारा विधवा विवाह पर बदलते विमर्श पर अपना ध्यान केन्द्रित करता है और इसके जरिए हिन्दू समाज सुधार आन्दोलन, महिला देह और साम्प्रदायिकता के बीच के सम्बन्धों को भी उजगार करता है। इस काल में विधवा विवाह एक ऐसा मुद्दा था जिसको लेकर तीखा विवाद हुआ। अधिकतर सुधारक अंशतः इसका समर्थन करते थे। यह सच है कि ज्यादातर सुधारकों की विधवाओं, खासकर बाल विधवाओं, के प्रति विशेष सहानभूति थी। वे मुख्यतः मानवता के तकाजों से विधवा विवाह का समर्थन करते थे। लेकिन इसके पीछे विधवाओं की यौनिकता को लेकर भय और इसे नियंत्रित करने का आग्रह भी था। उनके तर्कों में समय और स्थितियों के साथ बदलाव आया। विशेषकर उत्तर प्रदेश में 1920 के बाद के दौर में आर्य समाज द्वारा शुरू किए गए *संगठन* और *शुद्धि* आन्दोलनों की पृष्ठभूमि में हिन्दू प्रचारकों ने साम्प्रदायिक पहचान और उसकी सीमा रेखा तेज करने के लिए विधवाओं की देह का कई प्रकार से इस्तेमाल किया। विधवाओं की जननीय क्रियाओं को हिन्दुओं की तथाकथित घटती आबादी को लेकर पैदा की गई चिन्ताओं के साथ जोड़ा गया, और इसके साथ-साथ कथित 'दूसरे' मुस्लिम पुरुष को बलात्कारी और अपहरण करनेवाला चित्रित किया गया।

नारीवादी इतिहासकारों ने विशेष तौर पर औपनिवेशिक भारत में विधवाओं की स्थिति और उनके विवाह को लेकर विभिन्न विवादों की ओर हमारा ध्यान खींचा है। उमा चक्रवर्ती के अनुसार इस दौर में वैधव्य को एक प्रबल वैचारिक उपादान के रूप में मान्यता दी गई। औपनिवेशिक महाराष्ट्र के प्रारम्भिक दौर का उदाहरण लेते हुए उन्होंने सशक्त रूप से दर्शाया है कि ब्राह्मणवादी व्यवस्था ने अपना वर्चस्व कायम रखने के लिए वैधव्य को महिला की 'सामाजिक मृत्यु' के रूप में प्रस्तुत किया। विधवाओं पर विभिन्न बंदिशों को जीवनपर्यंत लागू रखने के कड़े उपाय किए गए, और इस प्रकार उन्हें यौनिकता और संतानोत्पत्ति की आकांक्षाओं से पूरी तरह जुदा

किया गया।[1] विधवा विवाह की समस्याओं पर केन्द्रित ताराबाई शिंदे के लेखन, और उन्नीसवीं शताब्दी के मध्यकाल में महाराष्ट्र में हो रहे विमर्श स्पष्ट तौर पर यह भी दिखाते हैं कि सामाजिक ऊँच-नीच को मजबूत करने और औपनिवेशिक शासन की जकड़ को तेज करने के लिए विधवाओं का कैसे इस्तेमाल किया गया।[2] कुछ इतिहासकारों ने यह भी दर्शाया है कि 1856 का 'विधवा पुनर्विवाह कानून' वास्तव में ब्राह्मण वकीलों और विक्टोरियाई न्यायाधीशों द्वारा संचालित किया जा रहा था। उनके अनुसार इस कानून ने असल में विधवाओं के कई प्रथागत रिवाजों और पारम्परिक कानूनों में प्रदान किए गए सम्पत्ति के अधिकारों की परिपाटी का मार्ग अवरुद्ध ही किया। इनके स्थान पर ऐसे ब्राह्मणवादी मूल्य और बाध्यकारी कानून स्थापित किए जा रहे थे जो विधवाओं की स्थिति को और बिगाड़ते ही थे।[3] बंगाल में उन्नीसवीं शताब्दी के पूर्वार्ध में सती के इर्द-गिर्द उभरते सरकारी, मिशनरी, रूढ़िवादी, और यहाँ तक कि सुधारवादी विमर्शों में भी विधवाओं को 'परम्परा' के नैतिक स्वास्थ्य के प्रतीकों के रूप में देखा गया। सती विवाद के केन्द्र में ब्राह्मणवादी मान्यतायों को ही रखा गया और उसी के जरिए महिलाओं की स्थिति पर चर्चा की गई। इस विवाद में कहने के लिए तो विधवाएँ केन्द्र में थीं लेकिन उनकी अपनी आकांक्षाओं, इच्छाओं और सोच को हाशिए पर ही रखा गया।[4] इसके अलावा विधवाओं की स्थितियों और उनके पुनर्विवाह को लेकर क्षेत्रीय विविधताएँ भी नजर आती हैं। उनके नियंत्रण के लिए कई जगह स्थानीय मानक स्थापित किए गए। उदाहरण के लिए, हरियाणा की अनेक जातियों में करेवा, यानि विधवाओं का देवर के साथ पुनर्विवाह, की परिपाटी थी। इसे एक ऐसा सशक्त माध्यम माना गया जिससे विधवाओं की सम्पत्ति, श्रम, यौनिकता और संतानोत्पत्ति पर सामाजिक मान्यताओं द्वारा अंकुश लगाया जा सके।[5] इन सभी अध्ययनों को एक साथ जोड़नेवाला सूत्र है–पितृसत्तात्मक व्यवस्था द्वारा विधवाओं की यौनिकता पर पूरा-पूरा नियंत्रण स्थापित रखने के विभिन्न प्रयास।

महाराष्ट्र की तरह ही औपनिवेशिक उत्तर प्रदेश में भी विधवाओं की यौनिकता तथा संतानोत्पत्ति की क्षमता हिन्दू पितृसत्तात्मक व्यवस्था के लिए खतरे के तौर पर देखी जाती थी। इसमें विडम्बना यह थी कि पति के जीवनकाल में किसी स्त्री से सबसे ज्यादा जिस गुण की अपेक्षा थी, वही पति की मृत्यु के बाद समाज के लिए सबसे असहनीय खतरे के तौर पर देखा जाता था। घरेलू व्यवस्था और पतिव्रता की पहचान से अलग विधवाएँ एक आसन्न खतरा थीं और आकर्षण का एक स्रोत भी। ऐसे समय में वैधव्य का अतिवादी वैरागी और तपस्वी स्वरूप ही सर्वोच्च माना जाता था। बीसवीं शताब्दी के शुरुआती वर्षों में, विशेष तौर पर उत्तर प्रदेश में, विधवा विवाह सार्वजनिक चर्चा का विषय बन गया। पर उत्तर प्रदेश में वैसा प्रचलन व्यापक नहीं

हुआ, जैसा हरियाणा में देवर पर चादर डाल देने या करेवा का था। उत्तर प्रदेश में, खास तौर पर 1920 के दशक में, विधवा स्त्रियों की यौनिकता पर नियंत्रण का सवाल सीधा-सीधा हिन्दू-मुस्लिम सम्प्रदायों की आबादी के अनुपात से जुड़ गया। हिन्दुओं की कथित घटती संख्या का भय समाज में गहरे रूप में घर करने लगा और यह विधवा विवाह के प्रश्न से घुल-मिल गया।

उन्नीसवीं शताब्दी में विधवाओं के प्रति नजरिए भिन्न-भिन्न थे और उत्तर प्रदेश के हिन्दुओं के बीच इसे लेकर वैचारिक स्तर पर एक दरार थी। विधवा विवाह के सवाल पर सनातन धर्मावलंबी और रूढ़िवादी हिन्दू एक साथ खड़े थे और आर्य समाज ने उनके विरोध में मोर्चा सँभाल रखा था। इसी प्रकार उच्च वर्ण तथा निम्न वर्ण के हिन्दुओं के बीच इस सवाल को लेकर एक विभाजक रेखा खिंच गई थी। लेकिन हम पाते हैं कि बीसवीं शताब्दी के शुरू में उत्तर प्रदेश के हिन्दुओं के बीच विधवाओं और उनके पुनर्विवाह के सवाल ने एक ऐसा व्यापक एका पैदा करने का काम किया जिसमें उनके पूर्व विरोधाभास और तीखे मतभेद पीछे रह गए। खास तौर पर 1920 के दशक में जब *शुद्धि* और *संगठन*, हिन्दू महिलाओं का मुसलमानों द्वारा तथाकथित अपहरण और हिन्दुओं की घटती संख्या पर लगातार जोर दिया जा रहा था, विधवा की देह एक ऐसा चिन्ह बनकर उभरी जिससे इन सभी सवालों को जोड़ा जा सकता था। इस बात का व्यापक प्रचार किया जाने लगा कि हिन्दू विधवाएँ मुस्लिम धर्म को अपना रही हैं और ज्यादा से ज्यादा बच्चे पैदा कर मुस्लिम संख्या को बढ़ा रही हैं। साथ ही यह बात कही जाने लगी कि हिन्दू विधवाओं की जनन शक्तियों और कोख को अधिकाधिक हिन्दू बच्चे पैदा करने के लिए इस्तेमाल किया जाना चाहिए ताकि हिन्दुओं कि घटती संख्या को थामा जा सके। इन्हीं बातों के मद्देनजर हिन्दू विधवाओं के पुनर्विवाह के विमर्श में एक अप्रकट सूक्ष्म बदलाव और समानान्तर विमर्श देखने में आया, हालाँकि इस दौरान हिन्दू विधवाओं की सामाजिक दशा में कोई उल्लेखनीय सुधार नहीं हुआ। जहाँ विधवाओं की यौनिकता निशाने पर थी, वहीं हिन्दू समुदाय की पहचान पुनः स्थापित करने के उग्र तेवरों ने इस मुद्दे का अपने लक्ष्यों की प्राप्ति के लिए इस्तेमाल किया। एक तरफ विधवा यौनिकता और जनन शक्ति पर अंकुश लगाने की बात कही जा रही थी, तो साथ में ही इसको समर्थन भी प्रदान किया जा रहा था। इसलिए हिन्दू विधवाओं की बहुआलोचित दैहिक भूख तथा संतानोत्पत्ति की क्षमता ने किसी न किसी रूप में उनके महत्व, उपस्थिति तथा हिन्दू पहचान स्थापित करने की उपयोगिता का भान कराया।

इसके अलावा, आम जन के लिए उपलब्ध साहित्य में विधवा विवाह को वैचारिक स्वीकृति प्रदान करके हिन्दुत्व के मानवीय चेहरे को स्थापित करने का प्रयास भी किया जा रहा था। इसका केन्द्रीय पक्ष यह था कि हिन्दू समाज व्यापक लक्ष्यों

के प्रति बेहद लचीला और उदारवादी दृष्टिकोण रखता है। इसके साथ-साथ विधवाओं को मुस्लिम पुरुषों को 'दूसरा' और 'अलग' साबित करने के लिए एक कारगर हथियार बनाया जा रहा था। प्रारम्भिक बीसवीं शताब्दी के दौरान हिन्दू सुधारक, पुनरुत्थानवादी और प्रचारक अपने विमर्शों में विधवाओं का मुद्दा लगातार जोर-शोर से उठा रहे थे। यह पक्ष कुछ इतिहासकारों द्वारा दिए गए इस तर्क का भी खंडन करता है कि बीसवीं शताब्दी तक आते-आते महिलाओं का सवाल राष्ट्रवाद के सामने गौण हो गया था और उसकी चर्चा स्वतंत्रता के सवाल में पूरी तरह समाहित हो गई थी।[6] उत्तर प्रदेश के सन्दर्भ में तो हम स्पष्ट रूप से देखते हैं कि बीसवीं शताब्दी के पहले तीन दशकों में जितना साहित्य विधवाओं के सवाल पर प्रकाशित हुआ, उतना पहले कभी नहीं हुआ था। विधवाएँ सार्वजनिक विमर्शों और विषद तथा तीखी चर्चाओं का विषय बन गईं। अपनी इस बात को मैं अध्याय के बाकी हिस्से में विभिन्न उदाहरणों द्वारा स्पष्ट करुँगी।

विधवाएँ और यौनिकता की 'समस्या'

उत्तर प्रदेश के 1921 की जनगणना के आँकड़े बताते हैं कि प्रदेश में 5 वर्ष से कम उम्र की 1,200 विधवाएँ थीं और 12,000 से अधिक विधवा स्त्रियों की उम्र 10 वर्ष भी नहीं थी।[7] 1918 में अलीगढ़ में समाज सुधारकों के एक सम्मेलन में जनगणना के आँकड़े दिखा कर बताया गया कि विधवाओं की सबसे ज्यादा संख्या (49,555) 15 से 20 वर्ष के आयु वर्ग में थी।[8] विधवा स्त्रियों को त्योहारों और पवित्र अवसरों पर पूरी तरह अलग-थलग और दूर रखा जाता था और उन पर काफी पाबंदियाँ लगाई जाती थीं। परिवार में विधवा स्त्रियों की हैसियत रसोइया, नौकरानी, नर्स या हाउस कीपर से ज्यादा कुछ भी नहीं थी। विधवाओं पर सबसे ज्यादा पाबंदियाँ ब्राह्मण जाति में देखने में आती थीं, और विधवा स्त्रियों की संख्या में सबसे ज्यादा हिस्सेदारी उच्च वर्णों की थी। उच्च वर्णों में पवित्र वैधव्य को स्त्रियों की शुद्धता का पैमाना माना जाता था। विधवाओं के पुनर्विवाह की कड़ी अस्वीकृति को जातीय प्रतिष्ठा और पहचान का चिन्ह माना जाता था। इसके विपरीत उन्नीसवीं शताब्दी के अवसान के समय भंगी, पासी, जुलाहा और चमार जातियों में विधवाओं की सबसे कम संख्या देखने में आई। इन जातियों में स्त्रियाँ आम तौर पर पुरुषों के काम-काज में उनकी सक्रिय मदद करती थीं।[9]

कई हिन्दू प्रचारकों की निगाहों में विधवाएँ खतरे का प्रतीक थीं और इसकी सबसे बड़ी वजह उनकी यौन आकांक्षाएँ थीं। विधवा के लिए व्यापक तौर पर 'राँड' सम्बोधन प्रचलित था जिसका पर्यायवाची शब्द था रंडी, यानि वेश्याओं के लिए प्रयोग में लाया जाने वाला गाली-सूचक शब्द। 1871 में ही बनारस में विधवाओं के बीच काम करने

वाले एक संगठन विधोत्साहिनी सभा द्वारा प्रकाशित एक पुस्तक में कहा गया :

> *कितनी ही विधवा स्त्री काम की पीड़ा से पीड़ित होकर कुल को त्याग करके पवित्र वंश को कलंकित कर देती हैं और कितनी ही विधवा स्त्री गुप्त रीति से काम पीड़ा को शान्त करती हैं और इस महा निंद्य कार्य को छिपाने के लिए बाल हत्या कर के पापरूप प्रवाह के द्वारा सम्पूर्ण भारतवर्ष को डुबोती हैं।*[10]

इस तरह की मान्यताओं के केन्द्र में यह अवधारणा भी थी कि पुरुषों की तुलना में स्त्रियों में यौन आकांक्षाएँ अधिक होती हैं और उन्हें नियंत्रण में रखना बेहद कठिन था। विधवा स्त्रियों के मामले में तो खतरे और भी ज्यादा थे क्योंकि उनके पास इन आकांक्षाओं को सन्तुष्ट करने के लिए कोई 'कानून सम्मत' साधन नहीं थे।

उन्नीसवीं शताब्दी के उत्तरार्ध में आर्यसमाजी और सनातनधर्मियों के बीच इस समस्या को लेकर गहरे और उग्र मतभेद उभरकर सामने आए। सनातनधर्मियों को ब्राह्मणवादी पितृसत्तात्मक व्यवस्था का पूरा समर्थन हासिल था और वे विधवा विवाह का विरोध कर रहे थे। उन्हें अपने उच्च वर्णीय स्तर को कायम रखने में इससे खतरा नजर आ रहा था। वे बलपूर्वक वैधव्य की परिपाटी कायम रखना चाहते थे और विधवा स्त्रियों की यौनिकता का पूरी तरह दमन करने के हिमायती थे। एक सख्त आचार संहिता आरोपित कर वे उनके स्वेच्छाचारी आवेगों पर काबू पाना चाहते थे। विधवाओं को न तो सजने-सँवरने की अनुमति थी और न ही तामसिक भोजन खाने की। वे पुरुषों के बीच न तो बैठ सकती थीं और न ही गद्दों पर सो सकती थीं। इत्र लगाना या जूड़ों में फूल खोंसना तो उनके लिए अक्षम्य अपराध था। इसी प्रकार मेंहदी, आभूषण और काजल धारण करने की उन्हें सख्त मनाही थी, और वे पान भी नहीं खा सकती थीं।

रूढ़िवादी हिन्दुओं को लगता था कि यदि विधवा विवाह की अनुमति दे दी गई तो पति-पत्नी के बीच के प्रेम सम्बन्धों को गहरा आघात पहुँचेगा और पतियों से असंतुष्ट पत्नियाँ उन्हें मारने के लिए विष तक दे देंगीं।[11] एक पत्र ने अपने सम्पादकीय में विधवा विवाह के विरोध में लिखा :

> *क्या कामशमन ही सुख है? अधर्म की मूर्तियों की यह नहीं मालूम कि कामदमन सुख है...हिन्दू शास्त्र विधवाओं को सन्यासिनी मानता है। सन्यासिनी जगन्माता का स्वरूप है...कहाँ जगन्माता का वरद, मंगलमय स्वरूप और कहाँ नारकीय लीला, नर्क कुंड, अत्याचार और व्यभिचार, नग्ननृत्य यह वीभत्सकांड विधवा विवाह?*[12]

इसी पत्र ने एक अन्य लेख में विधवाश्रमों के स्वरूप की चर्चा करते हुए लिखा :

> *विधवाश्रम में आवश्यकता है नित्य नए धर्म ग्रंथों की चर्चा की, भगवान की ओर मनोवृत्तियाँ लगाने की, उपार्जनीय उत्तम गुणों के सिखाने की तथा*

15 : विधवाओं के लिए उपदेशात्मक साहित्य

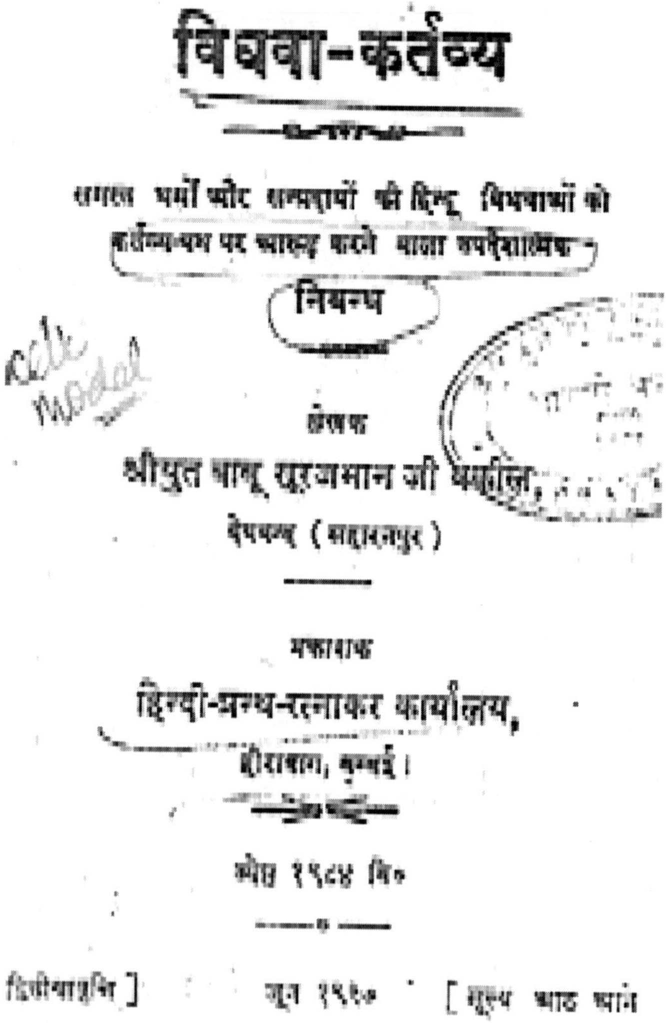

विधवा-कर्त्तव्य

समस्त धर्मों और सम्प्रदायों की हिन्दू विधवाओं को
कर्त्तव्य-पथ पर आरूढ़ करने वाला उपदेशात्मक
निबन्ध

लेखक
श्रीयुत बाबू सूरजभान जी वकील,
देवबन्द (सहारनपुर)

प्रकाशक
हिन्दी-ग्रन्थ-रत्नाकर कार्यालय,
हीराबाग, बम्बई।

ज्येष्ठ १९८४ वि०

द्वितीयावृत्ति] जून १९२७ [मूल्य आठ आने

विधवा-विवाह-मीमांसा

निष्पक्ष भाव से लिखा हुआ

एक उपयोगी ग्रन्थ

लेखक :—

प्रो० गङ्गाप्रसाद जी उपाध्याय, एम० ए०

प्रकाशक :—

"चाँद" कार्य्यालय

इलाहाबाद

(नवीन संशोधित संस्करण)

1936

मूल्य सजिल्द पुस्तक का ३) तीन रुपये

सभ्य और सादा जीवन बिताने की। विधवाश्रम के भीतर शुद्ध, सदाचारी और वृद्धों के जाने की आवश्यकता है, लम्पट पुरुषों की नहीं। युवती विधवाओं को विशेषकर पुरुषों की दृष्टि से बचाना चाहिए।[13]

यह भी दलील दी गई कि विधवाएँ विवाह के लालच में पड़ कर अपने बच्चों की हत्या कर सकती हैं। एक अखबार ने मेरठ जिले की विधवा हँसो की कहानी विस्तार से छापी जिसके बारे में कहा गया कि अपने बच्चे के कारण जब उसके विवाह में अड़चनें आने लगीं तो उसने बच्चे को कुएँ में फेंक दिया। अखबार के अनुसार इस दुर्भाग्यपूर्ण घटना ने उन पुरुष सुधारकों को अपना मत बदलने के लिए बाध्य किया जो विधवा विवाह के अंध समर्थक थे। अखबार के सम्पादक को भय था कि विधवा विवाह की बहाली कर दी गई तो इससे भी ज्यादा अजीबोगरीब और जघन्य बरताव सामने आएँगे।[14] एक अन्य अखबार ने विधवा स्त्रियों द्वारा अंजाम दी गई ऐसी 24 हत्याओं का जिक्र किया और विचार व्यक्त किया कि विधवा विवाह पर प्रतिबन्ध लगाने से हिन्दू परिवार अपनी प्रतिष्ठा पर लग रहे बट्टे से कारगर ढंग से निपट पाएँगे।[15] विधवा स्त्रियों के लिए सन्यासपूर्ण और अति-संयमी जीवन ही श्रेयस्कर था। मोरादाबाद में स्थित सनातन धर्म प्रेस ने इस विषय पर कई पुस्तिकाएँ प्रकाशित कीं। एक पुस्तक में उन्होंने विधवा विवाह के खिलाफ विभिन्न तर्क पेश किये :

विवाहित कन्या का फिर दान नहीं हो सकता, इसलिए विधवा का पुनर्दान शास्त्रसम्मत नहीं है...विधवाओं का ब्रह्मचर्य तथा सहमरण के सिवाए और कोई धर्म मार्ग नहीं है।[16]

पुरुष और महिलाएँ एक समान हैं और दोनों को वैधव्य के बाद पुनर्विवाह का अधिकार है, जैसे विचार की खिल्ली उड़ाते हुए इसी पुस्तक में कहा गया :

पाठकों! वाह क्या मुक्ति है? इच्छा, द्वेष आदि में कुछ एक थोड़ी सी चित्त की वृत्तियों और रुधिर मांस आदि कुछ एक शरीर के उपादान में समानता होने से ही यदि स्त्री-पुरुष दोनों के समान अधिकार हैं तब भला ऐसी समता कहाँ नहीं है? देखो, कीटपतंग, पशु, पक्षी आदि के साथ भी मनुष्य का कोई बड़ा भारी अन्तर नहीं रहेगा, तब तो प्राणिमात्र के एकसमान अधिकार होने चाहियें? तथा परस्पर किसी का किसी से कुछ भेद न रहा?[17]

विधवा विवाह का विरोध करते हुए एक सनातन धर्मी ने लिखा :

पतिव्रत और स्त्रीव्रत धर्म नष्ट होने इत्यादि दोषों के कारण द्विजों में पुनर्विवाह कभी ना होने चाहिए...मदन दमन करने का उपाय वैधव्य धर्म है जिसका प्रतिपालन करने में कामोत्पत्ति का होना असम्भव है। फिर व्यभिचार कैसा? बिना व्यभिचार भ्रूण हत्या कैसी![18]

विधवा स्त्रियों के लिए विरक्ति और संन्यासपूर्ण जीवन का आदर्श अगली शताब्दी में भी सर्वश्रेष्ठ माना जाता रहा।[19] यहाँ तक कि इस क्षेत्र में उभर रहे स्त्री आन्दोलनों ने भी विधवा विवाह का खुला समर्थन करने के स्थान पर अधिक जोर विधवाओं द्वारा अपने एकाकीपन और जीवन के खालीपन को भुलाने के लिए किसी ढंग से स्वयं को व्यस्त रखने पर दिया। यहाँ यह बात महत्वपूर्ण है कि बहुत सी सीमाओं के बावजूद हमें ऐसे उदाहरण मिलते हैं जहाँ इस क्षेत्र में विधवा स्त्रियों ने पुनर्विवाह का विकल्प त्याग कर शिक्षण का वरण किया। कई शिक्षित उच्च वर्णीय विधवाओं ने सन्यासपूर्ण आदर्श का अपने हित के लिए सकारात्मक उपयोग किया। उन्हें यह आभास हुआ कि शुद्धता, नैतिकता और संयम के आचरण और आवरण से वे एक प्रबल अन्दरूनी शक्ति प्राप्त कर सकती हैं। ऐसे मूल्यों की मदद से इन विधवाओं ने सार्वजनिक क्षेत्र में अपनी एक पहचान बनाई और अपने हुनर को ऊँचे स्तरों तक पहुँचाया। इनमें से अनेक स्त्रियों ने विद्यालयों की स्थापना की और लेखन जगत में हस्तक्षेप किया।[20]

वहीं दूसरी ओर आर्य समाजी सुधारक यह तो मानते थे कि विधवाओं के लिए वैरागी और तपस्वी आदर्श सर्वश्रेष्ठ है, पर विधवा स्त्रियों की बढ़ती संख्या और उनके 'आचरण' को देखते हुए उन्हें यह असम्भव-सा लक्ष्य लगता था। वे एक पेंडुलम की तरह वैरागी आचरण का समर्थन करते हुए भी, विधवाओं की यौनिकता से भयभीत रहते थे। एक आर्य समाजी पुस्तिका ने विधवाओं के धर्म को कई हिदायतों द्वारा स्पष्ट किया :

1. *विधवा स्त्रियों को उचित है कि वे अपने शरीर को सजाया न करें।*
2. *ऐसी चीजें न खाएँ जिससे मन में विकार पैदा हो।*
3. *पर पुरुषों में ना बैठें, न किसी से एकांत में बैठकर अधिक बातचीत करें।*
4. *मुलायम बिछौने, तेल इतर का लगाना, फूलों के हार आदि पहनना, मेहँदी लगाना और गहने पहनना बिलकुल छोड़ दें। मिस्सी काजल भी त्याग दें।*
5. *ऐसी कथा कहानी न सुनें जो चित्त में विकार पैदा करे।*
6. *रंडी का नाच और भद्दे सांग कभी न देखें।*
7. *संसार में थोड़े से सुख के लिए अपना प्यारा धर्म न खोवें।*[21]

आर्य समाजियों के विचारों में मानवीय और सामाजिक भावनाओं का समावेश भी था, इसलिए वे हिन्दू समाज की कई बार प्रकट रूप में आलोचना भी करते थे। उनका छोटा, पर मुखर अल्पसंख्यक समूह सामाजिक आचार-विचार में हल्के-फुल्के परिवर्तन की वकालत करता था। उनकी सूची में विधवा विवाह, खास तौर पर कुँवारी

विधवाओं के सन्दर्भ में, सबसे ऊपर था। लेकिन ये सुधारक भी बुनियादी व्यवस्था को चुनौती नहीं देते थे। वे अपने आपको 'वास्तविक' परम्परा का ध्वज वाहक मानते थे। वे कोई नई परिपाटी शुरू करने से इनकार करते थे और घोषित करते थे कि यह प्राचीन इतिहास के दिनों की गरिमा वापस लाने की कोशिश है। उनका मानना था कि वे कुछ खास सामाजिक कुरीतियों और पुरोहितों की निरंकुशता पर आक्रमण करके वेदों की सत्ता को पुनः प्रतिष्ठित कर रहे थे। अपने भाषणों में वे लगातार शास्त्रों का उल्लेख कर यह दर्शाते थे कि यदि किसी विधवा का अपने पति के साथ यौन सम्बन्ध न रहा हो या उसका कुँआरापन भंग न हुआ हो तो उसका पुनर्विवाह शास्त्रसम्मत माना जाएगा।[22] हालाँकि उनका सर्वप्रमुख तर्क यह होता था कि विधवा स्त्रियों के लिए अपनी कामुकता पर नियंत्रण रखना सम्भव नहीं है और यही उन्हें गर्भपात, शिशुहत्या और वेश्यावृत्ति के पथ पर अग्रसर करता है। एक आर्य समाजी पुस्तक ने अपना मत दिया :

> *स्त्रियों में पुरुषों की अपेक्षा आठगुणा अधिक कामवासना होती है। ऐसी अवस्था में यह आशा रखना कि यह बाल विधवाएँ आजन्म ब्रह्मचारिणी बनी रहकर अपना जीवन व्यतीत कर सकेंगी, मृग तृष्णा में जल की आशा करने के समान है। क्या तुम समाचार पत्रों में नित नई दुर्घटनाएँ पढ़कर भी नहीं लजाते?*[23]

तात्कालीन अनेक अखबार विधवा विवाह की वकालत इसलिए कर रहे थे क्योंकि इससे नैतिक गिरावट पर अंकुश लगाया जा सकता था। उनको लगता था कि विघवा स्त्रियों के जीवन में अनैतिकता का बोल-बाला है। दरअसल इन दलीलों के रथ पर सवार होकर और विधवाओं द्वारा अपने बच्चों को मार डालने की खबरों को हवा देकर वे विधवा विवाह का अभियान चला रहे थे।[24]

मध्यम व निम्न वर्णों में भी विधवा विवाह के सवाल पर विरोधाभासी प्रवृत्तियाँ देखने में आईं। विधवाओं का सवाल जातीय श्रेष्ठता के साथ जुडा हुआ था। उदाहरण के लिए जाटों के क्षत्रिय नहीं होने का मुख्य कारण उनमें विधवा विवाह के प्रचलन को बताया गया। एक ओर जहाँ कई जातियों में उच्चवर्णीय आचरण तथा विधवा विवाह के निषेध जैसे सामाजिक रीतिरिवाजों को अपनाकर ऊपरिगामी सामाजिक गतिशीलता के रास्ते ऊँची जातियों के समकक्ष स्तर प्राप्त करने की महत्वाकांक्षा काम कर रही थी,[25] तो दूसरी ओर अनेक जातीय संगठनों की देखा-देखी विधवा विवाह को वक्त की जरूरत भी बताया जा रहा था। कई मध्यवर्ती जाति सभाओं के नेता आर्य समाज के सक्रिय सदस्य भी थे। आर्य समाज का अनुकरण करते हुए इन जाति सुधारकों ने विधवा विवाह को परम्परा व शास्त्र सम्मत करार दिया और यह प्रचारित किया कि इसे अपनाने से उनके सामाजिक स्तर में किसी प्रकार का ह्रास नहीं होगा।

इस तरह का प्रस्ताव अलग-अलग जातीय सभाओं में पारित हुआ, यद्यपि उनके कारण और आकांक्षाएँ अलग और विविध थे।[26] कुछ के लिए इसका मकसद जातीय वर्चस्व बनाए रखना या एका कायम करना था, तो कुछ इसे भौतिक तरक्की या सामाजिक हाशिए से दूर होने का औजार मानते थे। बीसवीं शताब्दी के प्रारम्भिक दशकों में अलग-अलग कारणों व संदर्भों से लगभग सभी ने—सुधारवादी, पुनरुत्थानवादी, उच्चवर्णी और निम्नवर्णी—सैद्धांतिक स्तर पर विधवा विवाह स्वीकार किया। हालाँकि जमीनी सच्चाई यह थी कि विधवाओं की स्थिति में कोई विशेष परिवर्तन नहीं आया और बहुत कम प्रतिशत में विधवा विवाह सम्पन्न हुए। सीमित-समावेशी सुधारों की समझदारियों के बीच विधवाओं की देह पेंडुलम की तरह डोल रही थी।

इसके अलावा उत्तर प्रदेश से प्रकाशित अनेक स्त्री केन्द्रित पत्रिकाओं में और प्रेमचन्द जैसे लेखकों की कहानियों-उपन्यासों में घरेलू क्रूरता तथा विधवाओं को लेकर सामाजिक पाखंड का सार्वजनिक व मुखर विरोध किया जा रहा था।[27] लेकिन इस तरह के लेखन में भी एक खास तरह की अस्पष्टता कई बार परिलक्षित होती थी, जिसमें विधवा स्त्रियों के बारे में पारम्परिक नजरिए का समर्थन अन्तर्निहित था।[28] लेख के अगले हिस्से में हम देखेंगे कि किस प्रकार हिन्दू प्रचारकों ने विधवा विवाह विवाद को बीसवीं शताब्दी में एक नया मोड़ दिया। इन प्रयासों के जरिए हिन्दू समाज में व्याप्त अन्दरूनी बुराइयों के खिलाफ हो रहा हमला एक अदृश्य और नए दुश्मन की आड़ लेकर कमोवेश कुंद हुआ।

गिनती का खेल

ब्रिटिश शासन द्वारा पहली बार संयुक्त और विशाल पैमाने पर जनगणना के प्रयास किए गए। हम देखेंगे कि किस प्रकार जनगणना रिपोर्टों के खुलासे ने जनसंख्या को सरकारी नीति निर्धारण के साथ-साथ साम्प्रदायिक विमर्शों के केन्द्र में ला खड़ा किया और साथ ही विधवाओं के सवाल के साथ भी जोड़ दिया। इस पर विशेष रूप से बात करने से पहले एक नजर जनगणना के प्रभाव पर डालना जरूरी है। कई सुप्रसिद्ध विचारकों और इतिहासकारों, जैसे अर्जुन अप्पादुरई, बर्नार्ड कोहन और केनेथ जोन्स ने यह सशक्त रूप से दर्शाया है कि उपनिवेशवादी दौर में सम्पन्न होने वाली दस वर्षीय जनगणना ने जातीय ध्रुवीकरण तथा साम्प्रदायिक विभाजन को हवा दी। जनगणना एक दशवार्षिक लेखापत्र बन गया जिसने प्रत्येक धार्मिक समुदाय की प्रगति और अवनति को दर्ज किया और 'हिन्दू' की अवधारणा को एक धर्म से बदल कर एक समुदाय में परिवर्तित करने में मदद की।[29] जनगणनाओं का हवाला देकर

धार्मिक सम्प्रदायों की वृद्धि और ह्रास का लेखा-जोखा प्रस्तुत किया जाने लगा। सम्प्रदायों की सांख्यिकीय गणना तथा दूसरे सम्प्रदायों के साथ तुलना करने को ही धर्मों का नाम दिया जाने लगा। यहाँ तक कि जनगणना के आँकड़े गिनती के लिए कम और तुलना के लिए ज्यादा इस्तेमाल किए जाने लगे। हालाँकि लिंग विभाजन तथा यौनिकता के प्रश्नों पर जनगणना के सन्दर्भ में कम काम हुआ है, पर यह तो स्पष्ट था कि इस प्रक्रिया ने आबादी का भय पैदा कर साम्प्रदायिक विमर्श को आगे बढ़ाने में योगदान किया। हिन्दू सम्प्रदायवादियों को आबादी और जनसांख्यिक राजनीति को लेकर ज्यादा चिन्ताएँ थीं। हिन्दुओं की घटती संख्या का हवाला देकर मृतप्राय हिन्दुओं का मिथक गढ़ा गया।[30]

गिनती और जनगणना के प्रति हिन्दू प्रचारकों की बढती हुई सनक ने विधवा विवाद को समय के साथ और तीक्ष्ण किया। 1871 में पहली बार अखिल भारतीय जनगणना हुई और धीरे-धीरे हिन्दुओं की तथाकथित घटती संख्या पर गहरी चिन्ता व्यक्त की जाने लगी। इस सन्दर्भ में उत्तर प्रदेश की 1911 की जनगणना विशेष महत्वपूर्ण थी। इस जनगणना ने न केवल यह साबित करने का प्रयास किया कि हिन्दुओं की तुलना में मुस्लिम ज्यादा बच्चे पैदा करते हैं, बल्कि मुस्लिमों की बेहतर प्रजनन क्षमता को विधवाओं की सामाजिक स्थिति के साथ जोड़ने की भी कोशिश की :

> *बहुत दिनों से हम यह जानते हैं कि मुसलमानों की प्रजनन क्षमता हिन्दुओं से बेहतर है और उनकी जीवन शक्ति भी अधिक अच्छी है। पिछले दशक के आँकड़े इस तथ्य को और बल प्रदान करते हैं...विधवा विवाह पर मुसलमानों में कोई खास पाबन्दी नहीं होती और इसीलिए इसका उनपर कोई विशेष असर नहीं पड़ता। आँकड़े यह साबित करते हैं...मुसलमान स्त्रियों में विधवाओं की संख्या मात्र 14 प्रतिशत है जबकि हिन्दू परिवारों में यह 17 प्रतिशत है। प्रजनन योग्य उम्र (15-40 वर्ष) का जहाँ तक सवाल है, मुस्लिम परिवारों में ऐसी विधवाओं की संख्या 3 प्रतिशत से भी कम है, जबकि हिन्दू परिवारों में यह 4 प्रतिशत से ज्यादा है।*[31]

1921 की जनगणना रिपोर्ट ने भी कहा :

> *चाहे सम्पूर्ण रूप से देखें या तुलनात्मक स्तर पर, हिन्दू घाटे में ही रहे हैं...पिछले दशक में हिन्दुओं की आबादी 3.5 प्रतिशत की दर से घटी-यानी 10,000 में 347 की कमी दर्ज की गई।*[32]

आँकड़ों के इस मकड़जाल ने हिन्दुओं के मन में उनकी संख्या निरन्तर कम होने का डर बैठाने में मदद की। 1920 के दशक के विशेष सन्दर्भ में यह भय और मुखर होकर सामने आया। 1922 में प्रकाशित एक पुस्तिका में कहा गया :

कोई महाशय यह दलील व्याख्यानों में पेश करते हैं कि हमको संख्या बढ़ा कर क्या करना है, हमको तो शुद्ध धर्म के बीज की रक्षा करना है। हे भाई, बीज का अर्थ आपने क्या समझा है?...हर शताब्दी की गणना में हिन्दुओं की संख्या कम और ईसाई और मुसलमानों की संख्या बढ़ती जाती है, पर आप बीज रक्षा में ही मग्न हैं![33]

बार-बार हिन्दू आबादी में आ रहे तथाकथित घाटे पर शोक व्यक्त किया जा रहा था और विलाप किया जा रहा था। यह कहा गया कि 33 करोड़ से घटते-घटते उनकी संख्या अब 20 करोड़ तक आ पहुँची थी।[34] एक अन्य स्थान पर कहा गया कि अगर हिन्दुओं ने अपनी संख्या जल्द नहीं बढ़ाई तो 'हिंदुस्तान हिंदुस्तान की बजाय एक दिन मुस्लिमस्थान हो जायेगा और हिन्दुओं के कुछ भी हक ना रह जायेंगे'।[35] 1911 और 1921 की जनगणना के आँकड़ों को आंशिक रूप से इस्तेमाल कर यह दिखाने की कोशिश की गई कि इस 10 वर्ष की अवधि में ही हिन्दुओं की संख्या 8 लाख घट गई थी, पर मुसलमानों की संख्या 21 लाख बढ़ गई थी। कहा गया कि यदि यही सिलसिला चलता रहा तो कुछ वर्षों बाद भारत में एक भी आर्य नहीं मिलेगा।[36] एक पुस्तक ने 1911 की जनगणना का उदाहरण देते हुए लिखा :

घटते घटते करोड़पति का कोष भी एक न एक दिन खाली हो ही जाता है, और बढ़ते-बढ़ते छदम्मीलाल भी करोड़पति हो ही जाते हैं।[37]

अखबारों, पत्रिकाओं तथा जाति केन्द्रित पत्रिकाओं में भी यह मुद्दा प्रमुखता से छापा जा रहा था। 'हिन्दुओं का भयंकर ह्रास' जैसे ध्यान खींचने वाले शीर्षक के साथ लेख छापे जा रहे थे।[38] इस तरह सम्प्रदायों के सदस्यों की संख्या साम्प्रदायिक चेतना का प्रमुख आधार बन गई और इसने हिन्दू पहचान को नए आयाम दिये। आर्य समाज के नेता भाई परमानन्द ने स्पष्ट कहा :

वास्तव में झगड़े का कारण संख्या का प्रश्न है। इस्लाम की शिक्षा है अपने मजहब को खूब फैलाओ...हिन्दू घटते और मुसलमान बढ़ते जाते हैं। और एक दिन आवेगा कि इस देश में इस्लाम का प्रभुत्व स्थापित होकर एशिया में एक प्रबल इस्लामी शक्ति स्थापित हो जायेगी...हिन्दुओं के जीवन का प्रश्न उनकी संख्या के साथ सम्बद्ध है...इस प्रश्न में और सभी प्रश्नों का समावेश हो जाता है।[39]

ध्यान देने की बात है कि ऐसे तर्कों का सहारा लेकर कैसे एक बहुसंख्यक सम्प्रदाय भी अपने आप को संकटग्रस्त अल्पसंख्यक के रूप में प्रस्तुत कर सकता था।

इस चिन्ता और भय में विधवाओं का सवाल एक महत्वपूर्ण कड़ी के तौर पर सामने आया। हिन्दुओं की कथित घटती संख्या और मुसलमानों की बढ़ती आबादी

के अनेक स्पष्टीकरण हिन्दू प्रचारकों ने दिए, पर उनमें एक महत्वपूर्ण दलील यह थी कि हिन्दू विधवा स्त्रियों के मुसलमान पुरुषों के साथ बढ़ते भोग और यौन सम्बन्धों के कारण ये चिन्ताजनक समीकरण बन रहे हैं। हिन्दू विधवाओं की मुसलमानों के साथ फरारी और धर्म परिवर्तन को लेकर विकट आशंकाएँ निरन्तर बढती जा रही थीं और इस भय ने हिन्दू प्रचारकों और सुधारवादी प्रयासों को एक नया आधार प्रदान किया। एक पुस्तिका ने कहा कि काफी विधवाएँ आजकल यवनों और म्लेच्छों के घरों में जा रही हैं, उनके बच्चे जन रही हैं और उनकी संख्या बढ़ा रही हैं।[40] एक और आर्य समाजी पुस्तक ने लिखा :

> *हाजारहा प्रतिवर्ष ब्राह्मण, क्षत्रिय, वैश्यों की विधवा ईसाई, मुसलमानों और वेश्याओं को प्राप्त होकर हिन्दू जाति की संख्या को कम रही हैं।*[41]

हिन्दी के प्रसिद्ध कवि अयोध्यासिंह उपाध्याय 'हरिऔध' ने ये पंक्तियाँ लिखीं :

> *गोद में ईसाइयत इस्लाम की,*
> *बेटियाँ बहुएँ लिटा कर हम लटे!*
> *आह घाटे पर हमें घाटा हुआ,*
> *मान बेवों का घटा कर हम घटे!!*[42]

यह साफ-साफ कहा गया कि एक हिन्दू विधवा का खोना केवल एक को नहीं बल्कि कइयों को खोना है। और ये नंबर हिन्दू आबादी से घट रहे हैं, पर मुस्लिम आबादी में जुड़ रहे हैं, इसलिए हिन्दुओं का दुगना नुकसान है। *हमारा भीषण ह्रास* शीर्षक से छपी एक पुस्तिका, जो *प्रताप* अखबार में छपे ऐसे अनेक लेखों का संकलन थी, ने बताया कि किस प्रकार बढ़ते धर्मान्तरण के कारण हिन्दुओं की आबादी में भयंकर गिरावट आ रही है। जनगणना के आँकड़ों को उद्धृत करते हुए एक भयावह विपत्ति की तस्वीर खींची गई :

> *हमारी कर्मच्युत विधवाएँ विशेषतः मुसलमानों के हाथों में जाती हैं और मुसलमान संतान उत्पन्न करके उनकी दूनी वृद्धि और हमारा सर्वनाश करती हैं...आप ही खुद बतलाएँ कि क्या आप यह पसन्द करेंगे कि आर्य-विधवा किसी मुसलमान के साथ निकलकर उससे निकाह पढ़ाकर आपके घर के सामने गो मांस के कबाब से दावत करे?*[43]

गिनती के इस खेल में मुसलमानों का नकारात्मक चित्रण, विधवा स्त्रियों की यौन आकांक्षाओं को लेकर बँधी-बँधाई सोच, और विधवाओं की अपनी पहल के भय, ये एक साथ घुलमिल गए।

हिन्दुओं की घटती संख्या और विधवाओं की प्रजनन क्षमता से उपजी घबराहट निकट के शत्रु पर जा कर टिक गई और वह था मुसलमान पुरुष, जिसे गुंडा करार देते हुए विधवाओं के अपहरणकर्ता के रूप में दर्शाया गया। विधवा विवाह को जायज

ठहराने के लिए मुसलमानों पर निशाना साधा जाने लगा। इसका एक परिणाम यह भी हुआ कि विधवाओं की दुर्दशा के लिए जिम्मेदार व्यापक हिन्दू समाज की आलोचना दिनोंदिन कुन्द होती गई और दिखावटी रह गई। वैसे भी विधवाओं को लेकर हिन्दू समाज की आलोचना अमूर्त थी लेकिन जब मुसलमानों पर हिन्दू विधवाओं के अपहरण का आरोप लगाया जाने लगा तो यह आक्रमण तीखा, मूर्त, और व्यक्ति-विशेष पर केन्द्रित हो गया। यहाँ तक कि बाल विवाहों और वैधव्य की बढ़ती घटनाओं का ठीकरा भी देश में मुस्लिम शासन पर फोड़ा गया। जोर देकर यह साबित करने की कोशिश की गई कि हिन्दू विधवाओं की संख्या निरन्तर तेजी से इसलिए बढ़ती जा रही थी क्योंकि हिन्दुओं के पास मुसलमान आक्रमणकारियों से अपनी बेटियों को बचाने का बाल विवाह के सिवा कोई विकल्प नहीं बचा था। बाल विवाह के कारण लड़कियाँ जल्दी, और बड़ी संख्या में, विधवा होने लगीं।[44] इन सबका मिला-जुला असर यह हुआ कि एक तरफ हिन्दुओं के गौरवशाली अतीत का मिथक गढ़ा जाने लगा तो दूसरी तरफ मुसलमानों की नकारात्मक छवि की तस्वीर खींची जाने लगी। बार-बार मुसलमानों द्वारा विधवा स्त्रियों को 'लुभाने' की घटनाओं को उनका 'सहज स्वभाव' बताया गया और उनकी बढ़ती संख्या का श्रेय भी इसी प्रवृत्ति को दिया गया।[45] पूरे हिन्दू समाज के ऊपर छाई इस 'विपत्ति' को इन्हीं संदर्भों द्वारा परिभाषित किया जाने लगा। एक पर्चे ने तो यहाँ तक कहा कि मुसलमानों ने अब तक ढ़ाई करोड़ विधवाओं को अपने चंगुल में फाँस लिया है।[46]

आगरा का विधवा सहायक कार्यालय तत्कालीन उत्तर प्रदेश के सबसे बड़े विधवागृहों में शुमार किया जाता था। उनका कहना था कि उत्तर प्रदेश के हर गाँव-शहर में मुसलमानों द्वारा विधवाओं को भगाने के तरीके ढूंढे जा रहे हैं।[47] हिन्दू प्रचारकों ने विधवा स्त्रियों को इस सन्दर्भ में कई कड़ी हिदायतें दीं :

> *विधवाओं को ईसाई मुसलमानों के पड़ोस में नहीं रहना चाहिए...मुस्लिम आदमियों से सावधान रहो, विशेषकर मनिहार, राज मजदूर, इक्के वाले, नौकर, बिसाती, कब्रों के पुजारी, अपने भाई आदि का मुसलमान दोस्त जो घर पर आता जाता हो, और तुम्हारे लड़कों या भाई आदि को जो मुसलमान मास्टर पढ़ाने आता हो। मुसलमान वकील मुख्तार, गाँव के कारिन्दे और आम मुख्तार, मुहल्लों में फेरी लगाने वाले, मुसलमान डाक्टर, हकीम और गाड़ीवान—इनके जरिए से हजारों हिन्दू विधवाएँ भगाई जाती हैं। इसलिए होशियार!!*[48]

सबसे महत्वपूर्ण भय विधवा स्त्रियों द्वारा स्वयं फरारी और धर्मान्तरण का फैसला था। इसीलिए उन्हें कई बार समाज के अन्दर दुबक कर बैठे शत्रु के रूप में देखा गया, जो किसी भी मुस्लिम पुरुष के साथ भाग जाने को तत्पर थीं। साथ ही विधवाओं के

स्वभाव को भी दोषपूर्ण और कमजोर माना गया। अधिकाँशतः मामलों में यह देखने में भी आया कि विधवाओं द्वारा सह-फरारी और धर्म परिवर्तन की घटनाओं को अपहरण की संज्ञा दी जाती थी। विधवाओं की एक स्त्री के तौर पर या धर्मांतरित व्यक्ति या यौन आकांक्षाओं वाले व्यक्ति के रूप में किसी तरह की पहचान को निरन्तर खारिज किया जाता था। हिन्दू प्रचारकों के लिए यह तथ्य स्वीकार करना बहुत कठिन था कि विधवाएँ भी अपने मन और शरीर के बर्ताव पर नियंत्रण रख सकती हैं और इस बारे में स्वयं फैसला कर सकती हैं। एक पुस्तक ने चिन्तित होकर लिखा :

> *प्रायः विधवाएँ कामाग्नि से दग्ध होकर विधर्मियों के पीछे भाग जाती हैं...आज जहाँ देखिए विधर्मी गुंडे हमारी विधवाओं के घरों के पास चक्कर लगाया करते हैं...ये लोग हमारी विधवाओं को धर्मच्युत करके उन्हें गो मांस खिलाकर उनसे व्यभिचार करते है। इस समय कितनी ही हिन्दू जाति की विधवाएँ विधर्मियों के घरों में घुसकर संतान उत्पन्न करके उनकी वृद्धि और हमारा सर्वनाश कर रही हैं।*[49]

यह भी हिन्दू प्रचारकों की समझ से परे था कि हिन्दू विधवाएँ परिवारों से बाहर जाकर प्रसन्न रह सकती हैं, भले ही वे ऐसा अपनी मर्जी से करें। यहाँ तक कि हिन्दू समाज के अन्दर विधवाओं को लेकर व्याप्त दमनकारी परिपाटियों की आलोचना करने वाले हिन्दू सुधारवादियों ने भी मुसलमान पुरुषों के संसर्ग में आने वाली हिन्दू विधवाओं के प्रति तीव्र प्रतिक्रियाएँ व्यक्त कीं। अनेक पत्रिकाओं और विधवा संगठनों ने अपना पक्ष आगे बढ़ाने के लिए खुद विधवाओं की भाषा में बोलना शुरू कर दिया और विधवाओं का रूप धारण कर लिया। 1926-27 में बाल साहित्य लिखने वाले एक शिक्षक जहूर बख्श (1897-1964) ने तत्कालीन उत्तर प्रदेश में सबसे ज्यादा लोकप्रिय हिन्दी पत्रिका *चाँद* में 'समाज के अग्निकुण्ड' शीर्षक से 'आपबीती' लिखने का सिलसिला शुरू किया। अपने इन संस्मरणों में उन्होंने कई बार अपनी समझ के अनुसार विधवाओं का पक्ष प्रस्तुत करना शुरू किया और 'मैं मुसलमान कैसे हुई' और 'मैं इसाई कैसे हुई' जैसे शीर्षकों से लेख लिखे।[50] इन लेखों में जहाँ एक ओर विधवाओं के प्रति सहानुभूति और हिन्दू समाज की आलोचना की गई थी, वहीं दूसरी ओर यह भी दर्शाया गया था कि धर्मान्तरण के कारण हिन्दू विधवाओं की दशा और बिगड़ी ही है और दूसरे सम्प्रदाय के लोग निरन्तर उनके अपहरण तथा धर्म परिवर्तन के लिए तत्पर रहते हैं। इस पूरे प्रकरण में वास्तविकता के साथ किस्सागोई और निर्देश के साथ मनोरंजन का विचित्र घालमेल था। निजी अनुभव के रूप में प्रचारित बातों का हिन्दू समाज पर बड़े नाटकीय ढंग से प्रभाव पड़ रहा था।

आगरा के विधवा कार्यालय ने 1920 के दशक में तीन खण्डों में विधवा स्त्रियों के ऊपर एक श्रृंखला प्रकाशित की, जिसका सर्वप्रमुख विषय था– हिन्दू समाज की

विधवा स्त्रियों के मुसलमानों के साथ भाग जाने या अपहरित हो जाने से फैल रही नैतिक विषाक्तता।[51] इसके द्वितीय खण्ड की भूमिका में बताया गया कि प्रथम खण्ड का समाज ने भव्य स्वागत किया और इसके उर्दू, बाँगला तथा गुजराती अनुवाद भी प्रकाशित किए गए। इस धारावाहिक लेखन में विधवाओं की भाषा का ही वरण नहीं किया गया, बल्कि मिथक विधवा स्त्रियाँ खुद इसमें पात्रों के रूप में उपस्थित भी हुईं। इस श्रृंखला में विधवाओं द्वारा स्वयं सुनाई गई कथित सत्य घटनाओं और अपनी पीड़ादाई स्थितियों पर आधारित कहानियाँ शामिल थीं, और साथ में ऐसे चित्र भी प्रकाशित किए गए थे जिसमें एक ओर हिन्दू विधवाएँ हिन्दू पहनावे में, तो दूसरी तरफ वही स्त्रियाँ मुस्लिम पुरुष से विवाह करने के बाद मुस्लिम परिधान में दिखाई गई थीं। कहानियों के शीर्षकों के कुछ नमूने इस प्रकार थेः 'रामप्यारी उर्फ शिरदारा बेगम', 'मैं चम्पा से फतिमा कैसे बनी', 'शहजादिया देवी, जो पहले रक्को थी'। सभी कहानियों की शैली लगभग एक-सी थी और इनमें हर बार एक विधवा अपनी कथा बयान करती थी कि कैसे उसका अपहरण किया गया या कैसे वे मुसलमानों के साथ घर छोड़ कर भाग गई। हर कहानी में विधवाओं ने अपने दुर्भाग्य की कथा गढ़ी और सुनाई, जिसमें उनकी अपनी इच्छाओं का निरन्तर दमन किया गया था। घर से भागने की घटनाओं को भी ज्यादातर मामलों में अपहरण के तौर पर प्रस्तुत किया गया। किसी विधवा के घर से भागने की बात स्वीकार भी की गई तो यही कहा गया कि वे अपना जीवन डर के साए में बिता रही हैं। यह मान लिया गया कि किसी मुसलमान के साथ रहने या विवाह करने से विधवाओं का जीवन दुखों से भर जाना अवश्यम्भावी था। कई कहानियों में काशी विधवा आश्रम में आर्य समाजियों द्वारा मुसलमानों के शिकंजे से छुड़ाकर लाने के बाद रखी गई विधवा स्त्रियों ने अपने कथित अनुभव संकलित किए।[52]

लेकिन कई बार इस तरह की कथाओं का प्रचार करने के आवरण में विधवा आश्रम भ्रष्टाचार के गढ़ भी बने हुए थे। ऐसे उदाहरणों के माध्यम से वे कभी-कभी अपने गैर कानूनी आचरण को सही साबित करने का प्रयास भी करते थे। उदाहरण के लिए आगरा के केदारनाथ वैश एक हिन्दू स्त्री और एक मुस्लिम बालिका को यह कहते हुए विधवा आश्रम ले गए कि कोई मुसलमान पुरुष धर्म परिवर्तन कराने के लिए उन्हें पकड़ कर भाग रहा था। पुलिस में जब यह मामला दर्ज हुआ तो उन्होंने केदारनाथ को गिरफ्तार कर लिया।[53] जलायूं के विधवा आश्रम के संचालकों पर भ्रष्टाचार का मुकदमा चलाया गया। स्थानीय आर्य समाज के कार्यकर्ता उनकी मदद में यह कहते हुए आगे आए कि आरोपियों ने दरअसल हिन्दू विधवाओं को मुसलमानों के शिकंजे से छुड़ाकर हिन्दुओं के आश्रम में पहुँचाने का काम किया था।[54] 1936-37 में आर्य समाज द्वारा संचालित आगरा के विधवा आश्रम में भी पैसे की हेराफेरी के अनेक मामले सामने आए।[55]

16 : विधवाएँ और धर्मान्तरण

विधवा सहायक ग्रन्थमाला का २रा पुष्प।

भारतीय विधवाओं की करुणापूर्ण कथायें।

अर्थात्

हिन्दू विधवाओं पर अत्याचार।

(दूसरा भाग)

पति बिन सूना है संसार।

प्रथमबार १०००) (मूल्य ॥) आठ आने।

लेखक -

श्री पं० नारायण दत्त शर्मा, काश्यप।

"भारतीय विधवाओं की करुणापूर्ण कथायें"

प्रथम भाग के चित्रों का एक नमूना।

(मुसलमानी वेष)

(हिन्दू वेष)

प्रथम भाग में इसी प्रकार के विधवाओं के १४ हाफटोन चित्र हैं। अनेकों विधवाओं की दर्दभरी कथायें हैं। मूल्य प्रथम भाग का सिर्फ ।।) आठ आना।

मैनेजर-विधवा सहायक ग्रन्थमाला कार्यालय,

सुलतानपुरा, आगरा

स्रोत : नारायण दत्त शर्मा कश्यप, *भारतीय विधवाओं की करुणापूर्ण कथाएँ अर्थात हिन्दू विधवाओं पर अत्याचार, भाग 2*, आगरा, 1929, कवर, आगे और पीछे।

पीड़ित विधवाओं के विवरणों के अन्दर निरन्तर यह भय भी समाहित था कि स्वयं विधवाएँ भी अपनी मर्जी से जीने का आग्रह कर सकती थीं। उदाहरण के लिए 1920 के दशक में *चाँद* जैसी स्त्री केन्द्रित पत्रिका में अनेक विधवा स्त्रियों ने पत्र भेजकर अपनी दुर्दशा के लिए बाल विवाह, दहेज प्रथा तथा बेमेल विवाहों को दोषी ठहराया। इन पत्रों में हिन्दुओं की सामाजिक तथा पारिवारिक प्रथाओं की तीव्र आलोचना की गई थी।[56] अनेक हिन्दू प्रचारकों ने भी इस विषय पर अपनी समझ के अनुसार आलोचनात्मक विचार सामने रखे। आर्य समाज के प्रमुख प्रवक्ता स्वामी श्रद्धानन्द ने कहा :

> *7.25 लाख बाल विधवाओं में हजारों ऐसी लड़कियाँ हैं जो कठोर शुचिता के साथ जीवन-यापन कर रही हैं और हिन्दू समाज उन्हीं की तपस्या से फलफूल रहा है। पर इनमें बहुत बड़ी संख्या उनकी है, जिन्हें क्रूर अत्याचारों तथा परिवार के सदस्यों द्वारा उनपर पड़ रही कामुक निगाहों से बचने के लिए अपना घरबार छोड़कर मुसलमानों की शरण में जाना पड़ा और शर्मसार करने वाली बेटियों की फेहरिस्त को और लम्बा बनाने वाले कदम उठाने पड़े। ऐसा करके उन्होंने केवल हिन्दुओं की संख्या ही कम नहीं की, बल्कि गोमांसभक्षी धार्मिक समुदायों की गिनती में बड़ा इजाफा किया। हिन्दू-मुस्लिम दंगों और वैमनस्व के पीछे सबसे बड़ा कारण हिन्दू बाल विधवाओं की समस्या रही है। यदि हिन्दू विधवाओं के साथ बर्बर बर्ताव पर रोक नहीं लगाई गई तो उनके कदम वेश्यावृत्ति तथा मुस्लिमकरण की तरफ तेजी से बढेंगे। यदि इस पर अंकुश लगाना है तो हिन्दू विधवा स्त्रियों को अपने सम्प्रदाय में ही पुनर्विवाह करने के लिए बढ़ावा देना होगा, जिससे गोमांसभक्षियों की संख्या और न बढ़े तथा गोरक्षा का संकल्प व्यावहारिक स्वरूप ग्रहण कर सके।*[57]

पर घर से बाहर निकाल दी गई पीड़ित विधवाओं तथा अपने मूल धर्म के विरुद्ध जा कर काम करने वाली विधवाओं के बीच विभाजन रेखा अस्पष्ट थी। एक पर्चे में इस्लाम ग्रहण कर लेने वाली हिन्दू विधवा गुलाब देवी का हवाला देकर यह बताया गया कि वह राम, कृष्ण, भीम और अर्जुन की बजाय खुदाबक्श, रहीमबक्श और खुदाबक्श पैदा करेगी।[58] विधवा कार्यालय द्वारा प्रकाशित पुस्तक श्रृंखला में विधवाओं के बारे में कहा गया कि वे अपना भाग्य निर्धारित कर रही हैं। ऐसी ही एक पुस्तिका में एक हिन्दू विधवा हिन्दू पुरुषों को चुनौती देती है :

> *जिस दिन ठन जायेगी मन में, कहीं निकल मैं जाऊँगी।*
> *किसी यवन का हाथ पकड़कर, उसको मैं अपनाऊँगी।*
> *पैदा करके बच्चे उसके उसकी शक्ति बढ़ाऊँगी॥...*

गौओं को कटवाऊँगी नित, मंदिर मैं तुड़वाऊँगी।
देवस्थानों को मिटवाकर, मस्जिद मैं बनवाऊँगी॥...
धर्म-ग्रन्थ जलवा दूंगी मैं, चोटियों को कटवाऊँगी।[59]

अनेक हिन्दू प्रचारकों की मुश्किल यह भी थी कि कई विधवाएँ वयस्क थीं। उनकी असहमति के बावजूद उनके अपहरण के मामले कानून की कसौटी पर खरे नहीं उतर पा रहे थे। इस सन्दर्भ में *गुरुकुल समाचार* ने लिखा :

बाल विधवाओं के पुनर्विवाह को रोकने का जो कुफल हिन्दू समाज को उठाना पड़ता है वह किसी से कुछ छिपा नहीं है। अभी हाल ही में दो ब्राह्मणी, एक बनैनी और एक भटनागर कायस्थ की विधवा लड़की ने मुसलमानी धर्म ग्रहण कर लिया है। प्रथम गौड़ ब्राह्मण की लड़की जिला बदायूं की ने ताज्जुखान से निकाह पढ़ा। दूसरी सरजूपारी ब्राह्मण कन्या मिर्जापुर में मुसलमानी बनी, तीसरी जिला मोरादाबाद में जुलाहे के घर पड़ी और चौथी विधवा ने एक भिश्ती से निकाह पढ़ा। ये समाचार कैसे हृदय विदारक और मर्मभेदी हैं। हा! जिस हिन्दू जाति की कन्याओं ने अपने को अग्नि में भस्म कर अपने धर्म की रक्षा की थी, आज वही हिन्दू, हिन्दुओं के करतूत से मुसलमानी बनती हैं।[60]

इसके पर्याप्त प्रमाण मिलते हैं कि कुछ हिन्दू विधवाएँ स्वेच्छा से घर छोड़ मुसलमानों के साथ भाग गईं और अन्ततः उन्होंने इस्लाम धर्म ग्रहण किया। 1927 में प्रतापगढ़ की एक हिन्दू विधवा ने घर से भाग कर मुस्लिम पुरुष के साथ विवाह कर लिया।[61] फरवरी 1928 में इटावा शहर में तीन विधवाएँ स्वतंत्र रूप से रहने लगीं तो हिन्दू सभा ने उनकी जीवन शैली पर उग्र विरोध प्रदर्शित किया। तव उनमें से एक स्त्री ने मुसलमानों से मदद माँगी। नतीजतन शहर के अन्दर घेरेबन्दी जैसी स्थिति उत्पन्न हो गई, जिसका मुख्य मकसद इन हिन्दू विधवाओं को मुसलमानों के साथ भाग जाने से रोकना था।[62] हिन्दू प्रचारकों का मानना था कि यह प्रसंग एक ओर हिन्दू समाज के अन्दर व्याप्त नैतिक विकारों को मुखर रूप से उजागर करता था, तो दूसरी ओर मुसलमानों का निरन्तर बढ़ता हुआ सामाजिक तथा राजनैतिक हस्तक्षेप और विधवाओं की अतृप्त आकांक्षाओं की ओर भी इशारा करता था।

इन सारी समस्याओं का निदान यह सुझाया गया कि प्रत्येक विधवा की यह सोच कर हिफाजत की जानी चाहिए कि उनमें बच्चे जनने की सम्भावित क्षमता है। विधवाओं द्वारा गर्भपात कराने का 'खौफ' महज मानवीय दृष्टिकोण से नहीं फैलाया गया, बल्कि इसके पीछे हिन्दू संतति के विनाश की आशंका भी अन्तर्निहित थी। यह कहा गया कि किसी भी परिस्थिति में, चाहे वह अनुचित ही क्यों ना हो, कोई भी हिन्दू विधवा यदि हिन्दू पुरुष के संसर्ग से गर्भ धारण करे तो उसे गर्भस्थ शिशु का

नाश करने का अधिकार नहीं है। सर्वाधिक प्रतिकूल परिस्थितियों में भी हिन्दू शिशु का जन्म सुनिश्चित किया जाना जरूरी था।[63]

इस सन्दर्भ में यह जरुरी समझा गया कि विधवा विवाह का समर्थन किया जाए जिससे विधवा की प्रजनन क्षमता हिन्दुत्व की घेरेबन्दी के अन्दर सुरक्षित रह सके। इस सोच से विधवा विवाह के बारे में उदारवादी दृष्टिकोण और सुधारवादी रुख उलटकर सर के बल खड़ा हो जाता है। एक जरूरतमंद समुदाय की बेहतर अर्थव्यवस्था के लिए सम्भावित शिशु धारक गर्भों पर नियंत्रण जरुरी था। संकट की इस घड़ी में हिन्दू पुरुषों को कहा गया कि यह उनका धार्मिक कर्तव्य था कि या तो वे हिन्दू विधवाओं से विवाह करें या अपने धार्मिक समुदाय में ही उनका विवाह कराएँ।[64] विधवाओं की हिफाजत हिन्दुओं की घटती संख्या पर लगाम लगाने के लिए अनिवार्य कदम था।[65] विधवा विवाह क्यों? क्योंकि विधवाएँ मुस्लिमों के घरों में जा रही हैं, वो मुसलमानों की संख्या बढ़ा रही हैं, वो 'गौभक्षक' पैदा कर रही हैं, क्योंकि हिन्दू धर्म खतरे में है!

इसी कारण 1920 के दशक तक आते-आते विधवा विवाह के कई धुर विरोधी भी उसके समर्थन की ओर मुड़ते दिखाई दिए, यहाँ तक कि मारवाड़ी और सनातनी हिन्दू भी।[66] यह भी तर्क दिया जा रहा था कि ऊँची जाति का होने पर भी ऐसे मामलों में जरूरत पड़े तो निम्न जातियों के रीति-रिवाज अपनाए जा सकते हैं।[67] हिन्दू साधुओं और बैरागियों से आग्रह किया जा रहा था कि वे विधवा स्त्रियों से विवाह करें जिससे अन्य अपराधों में विधवाओं की संलिप्तता को रोका जा सके।[68] खुले शब्दों में कहा गया कि अपने दिवंगत पतियों के प्रेम में डूबी हुई विधवाओं के सामने पुनर्विवाह की चर्चा करना यों तो पाप है, पर कामाग्नि और शारीरिक इच्छाओं के वशीभूत हो इस्लाम या इसाई धर्म स्वीकार करने की इच्छुक आर्य विधवाओं के सन्दर्भ में पुनर्विवाह को अनिवार्य समझना चाहिए।[69] इसीलिए कहा गया :

> *हमारे हिन्दू समाज का नैतिक ह्रास हो गया है, सबके लिए यह घोर कलियुग है...हिन्दू जाति की जिस अवस्था में विधवा-विवाह-निषेध का आदर्श रखा गया था और जिस अवस्था में यह आदर्श व्यावहारिक धर्म हो गया हिन्दू-जाति की वह नैतिक अवस्था धन्य थी। उस समय समाज का नैतिक आचरण बहुत उच्च था। इसके सिवा विधवाओं की संख्या और अवस्था भी ऐसी नहीं थी। इस देश में केवल हिन्दू-जाति थी, केवल हिन्दू संस्कृति और हिन्दू धर्म था। सबका उद्देश्य उच्च था। पर आज वह अवस्था नहीं है...स्वयं हम विधवा-विवाह के विरोधी हैं...हिन्दू विधवाओं का विवाह करना पड़े इससे बढ़कर दुःख की बात नहीं हो सकती है। हिन्दू समाज के नैतिक ह्रास का यह पक्का सबूत है। पर हिन्दू-विधवाओं का*

वेश्या बनना या मुसलमानों का सहवास स्वीकार करना ऐसी निंदक बात है जिसके सामने विधवा-विवाह बहुत अच्छा है।[70]

इन तमाम नकारात्मक तर्कों के बीच जो 'सकारात्मक' सुझाव सामने आ रहा था, वह यह था कि विधवा स्त्रियों की यौनिकता का लाभ हिन्दू समाज को अपनी घटती हुई संख्या पर लगाम लगाने के लिए उठाना चाहिए। प्रजनन योग्य हिन्दू विधवाओं को हिन्दू संतान उत्पन्न करने के लिए प्रेरित किया जाना चाहिए। विधवाओं के साथ पुनर्विवाह करके हिन्दू पुरुष सम्प्रदाय की संख्या वृद्धि सुनिश्चित कर सकते हैं। साथ ही साथ विधवाओं की यौनिकता को एक उपयोगी दिशा भी प्रदान कर सकते हैं। इससे पितृसत्ता को भी सुरक्षित रखा जा सकता था।

निष्कर्ष

इस प्रकार हम देखते हैं कि वैधव्य पर चल रही बहसें एक चक्रव्यूह के समान थीं। उग्र हिन्दू मत के अनुसार दूसरे सम्प्रदायों द्वारा किए जा रहे धर्मांतरण को तो रोका ही जाना चाहिए, साथ ही साथ अपने सम्प्रदाय की संख्या को भी बढ़ाना चाहिए। धर्म परिवर्तन कर लेने वाली विधवा हिन्दू राष्ट्र के लिए खतरा मानी जाने लगी और उन्हें हिन्दू पहचान को स्थापित करने की भव्य रणनीति के लिए चुनौती के रूप में देखा जाने लगा। उनका दूसरे पाले में चले जाना जितना बड़ा खतरा था, उतना ही बड़ा खतरा दूसरे पाले में जाने के अधिकार का अपना दावा ठोंकना था।

औपनिवेशिक उत्तर प्रदेश में विधवाओं के बारे में चलाए जा रहे अभियान में हिन्दू संगठनों द्वारा प्रस्तुत तर्कों में अघोषित बदलाव परिलक्षित होते हैं। जहाँ पहले विधवा विवाह का कड़ा विरोध सामने आया, वहीं धीर-धीरे इसके प्रति एक स्वीकृति भी दिखने लगी। कई सुधारवादी मानवीय और भावनात्मक कारणों से भी इस ओर झुके। साथ ही, विधवाओं की यौनिकता पर नियंत्रण को लेकर चिन्ताएँ लगातार अलग-अलग रूपों में सामने आती रहीं। विधवा विवाह विवाद में एक नया मोड़ विशेषकर 1920 के दशक में देखा जा सकता है। विधवा विवाह का समर्थन ज्यादा मुखर होकर सामने आया जब *शुद्धि* और *संगठन* तथा अपहरणों के विरुद्ध अभियान तेज हुआ।

हिन्दू प्रचारकों के लिए हिन्दू विधवाओं का मुस्लिम पुरुषों से सम्बन्ध विशेष कष्ट का विषय था। चाहे ऐसी वारदातें संख्या में कम थीं, लेकिन इनका सहारा ले हिन्दू प्रचारकों ने हिन्दू-मुस्लिम राजनीतिक ध्रुवीकरण की प्रक्रिया को तेज करने का प्रयास किया। विधवा विवाह के पक्ष में दलीलें मुसलमानों को निशाना बनाते हुए और घटती हिन्दू आबादी पर चिन्ता जाहिर करते हुए नए आयाम और रूप ले रही थीं।

विधवाओं को शक्तिशाली हिन्दू संतान पैदा करने में सक्षम, सामर्थ्यवान कोख के रूप में देखा जाने लगा। संख्या के प्रति आग्रह ने हिन्दू विधवाओं की लैंगिकता और प्रजनन क्षमता पर नियंत्रण के लिए दबाव बढ़ाया। इस प्रकार साम्प्रदायिकता से सराबोर इस समय में हिन्दू प्रचारकों ने विधवा देह को साम्प्रदायिक विमर्श के एक अहम मुद्दे के रूप में इस्तेमाल किया।

संख्या के प्रति आँख मूंद आग्रह से आक्रामक हिन्दू स्वर में नया आयाम जुड़ गया। संख्या के आधार पर सम्प्रदाय की शक्ति की पहचान सम्प्रदाय विशेष की चेतना का एक अहम अंग बन गई और इससे हिन्दू पहचान कुछ नए रूझानों के इर्द-गिर्द ठोस रूप लेने लगा। विधवाओं सहित हर हिन्दू महिला को शक्तिशाली हिन्दू संतान पैदा करने में सक्षम, सामर्थ्यवान कोख के रूप में देखा जाने लगा। संख्या के प्रति आग्रह ने हिन्दू महिलाओं की लैंगिकता और प्रजनन क्षमता पर नियंत्रण के लिए दबाव बढ़ा दिया। इस प्रकार साम्प्रदायिकता से सराबोर इस खास अवधि में हिन्दू प्रचारकों ने महिला देह को साम्प्रदायिक विमर्श के एक अहम तत्व के रूप में इस्तेमाल किया। लेकिन यह लेख यह भी दर्शाता है कि कई बार विधवाएँ अपने निर्णय खुद ले रही थीं और अपनी यौनिकता, भावनाओं और इच्छाओं को व्यक्त कर रही थीं, जिससे हिन्दू प्रचार में दरार पड़ी। इस प्रकार यह लेख विधवाओं की यौनिकता के नियंत्रण और विधवा देह पर हिन्दू साम्प्रदायिकता के निर्माण की कोशिशों के साथ-साथ उसके विरूद्ध कुछ हस्तक्षेपों को भी सामने लाता है।

सन्दर्भ

1. Uma Chakravarti, *Rewriting History: The Life and Times of Pandita Ramabai*, Delhi, 1998.
2. Rosalind O'Hanlon, 'Introduction', in Rosalind O'Hanlon, ed., *A Comparison Between Women and Men: Tarabai Shinde and the Critique of Gender Relations in Colonial India*, Madras, 1994 : 1-62.
3. Lucy Carroll, 'Law, Custom, and Statutory Social Reform: The Hindu Widow's Remarriage Act of 1856', in J. Krishnamurty, ed., *Women in Colonial India*, Delhi, 1989 : 379.
4. Lata Mani, *Contentious Traditions: The Debate on Sati in Colonial India*, Berkeley, 1998.
5. Prem Chowdhry, *The Veiled Women: Shifting Gender Equations in Rural Haryana, 1880-1990*, Delhi, 1994.
6. देखें : Partha Chatterjee, *The Nation and its Fragments: Colonial and Postcolonial Histories*, Delhi, 1994 : 116-17.
7. *Census of India, 1921, UP, Vol. XVI, Part I*, Allahabad, 1923.
8. देखें : Vir Bharat Talwar, 'Feminist Consciousness in Women's Journals in

Hindi: 1910-1920', in Kumkum Sangari and Sudesh Vaid, eds, *Recasting Women: Essays in Colonial History*, Delhi, 2004 : 217.

9. W. Crooke, *The Tribes and Castes of the North Western India, Vol. I*, 1896, rpt Calcutta, 1974.
10. विधोत्साहिनी सभा, *विधोत्साहिनी*, बनारस, 1871 : 3. यह भी देखें, मुरली धर कक्कर, *बाल विधवा विवाह*, इलाहाबाद, 1918 : 2, 7।
11. लाला टीकाराम, *पुनर्विवाह विचार अर्थात विधवा विवाह निषेध*, मेरठ, 1909 : 12-14.
12. सम्पादकीय, 'सती और विधवा', *आर्य महिला*, अप्रैल 1929 : 3-5।
13. 'विधवाश्रम कैसे हों?', *आर्य महिला*, दिसम्बर 1929 : 664।
14. *अलमोड़ा अखबार*, 15 अक्टूबर 1898।
15. *Advocate*, 11 October 1898.
16. राम स्वरूप शर्मा, *विधवा विवाह मीमांसा*, मोरादाबाद, 1906 : 3, 398।
17. शर्मा, *विधवा विवाह* : 414।
18. टीकाराम, *पुनर्विवाह विचार* : 13-14।
19. पंडित शिव शर्माजी महोपदेशक, *स्त्री शिक्षा*, बरेली, 1927 : 11।
20. Francesca Orsini, *The Hindi Public Sphere 1920-1940: Language and Literature in the Age of Nationalism*, Delhi, 2002; Nita Kumar, 'Widows, Education and Social Change in Twentieth Century Banaras', *Economic and Political Weekly*, 26 (17), April 1991: WS-19-25.
21. महोपदेशक, *स्त्री शिक्षा* : 11-12।
22. सभा, *विधोत्साहिनी* : 3-4; कक्कर, *बाल विधवा*।
23. बृजमोहन झा, *विधवोद्वाह मीमांसा अर्थात विधवा विवाह पर शास्त्रीय विचार*, आगरा : 18।
24. *रहबर-ई-हिंद*, 29 जुलाई, 1876; *खिचड़ी समाचार*, 14 जून, 1890।
25. देखें : Shekhar Bandyopadhyay, 'Caste, Widow-remarriage and the Reform of Popular Culture in Colonial Bengal', in Bharati Ray, ed., *From the Seams of History: Essays on Indian Women*, Delhi, 1995 : 8-36.
26. *प्रयाग समाचार*, 21 जनपरी, 1885।
27. Orsini, *Hindi Public Sphere*; Charu Gupta, 'Portrayal of Women in Premchand's Stories: A Critique', *Social Scientist*, 19 (5-6), May-June 1991: 96-98.
28. Sudhir Chandra, 'Conflicted Beliefs and Men's Consciousness about Women: Widow Remarriage in Later Nineteenth Century Indian Literature', *Economic and Political Weekly*, 22 (44), October 1987: WS-55-62.
29. Arjun Appadurai, 'Numbers in the Colonial Imagination', in Arjun Appadurai, ed., *Modernity at Large: Cultural Dimensions of Globalization*, Delhi, 1997: 114-38; Bernard S. Cohn, *An Anthropologist among the Historians and Other Essays*, Delhi, 1987: 224-54; Kenneth W. Jones, 'Religious Identity and the Indian Census', in N. G. Barrier, ed., *The Census in British India : New Perspectives*, Delhi, 1981: 73-101.
30. P. K. Datta, Carving Blocs : *Communal Ideology in Early Twentieth Century Bengal*, Delhi, 1999.
31. *Census of India, 1911, UP, Vol. XV, Part I*, Allahabad, 1912 : 109-10.
32. *Census, 1921, UP* : 53.

33. बाबू भगवानदास, *हिन्दुओं का संगरक्षण और आत्मरक्षण*, काशी, 1922 : 7।
34. चंद्रिकाप्रसाद, *हिन्दुओं के साथ विश्वासघात*, अवध, 1917 : 14।
35. कृष्णानन्द, *हिन्दुओं की उन्नति का उपाय अर्थात शुद्धि और संगठन सम्बन्धी उपदेश*, शाहजहांपुर, 1927 : 19।
36. गंगाप्रसाद उपाध्याय, सं., *हमारी देश सेवा*, प्रयाग, 1923, दूसरा सं. : 3; गंगाप्रसाद उपाध्याय, *विधवा विवाह मीमांसा*, इलाहाबाद, 1927 : 226-33।
37. उपाध्याय, *विधवा विवाह मीमांसा* : 227।
38. सम्पादकीय, 'हिन्दुओं का भयंकर ह्रास', *चाँद*, 7 (1), जनवरी 1929 : 450-60. कुँवर चाँदकरण शारदा, 'हिन्दू जाति की दुर्दशा के कारण और उसके निवारण के उपाय', *माधुरी*, 3 (1), अक्टूबर, 1924 : 290-95।
39. भाई परमानन्द, *हिन्दू जाति का रहस्य*, लखनऊ, 1928 : 90-91।
40. स्वामी अचलरामजी महाराज, *हिन्दू धर्म रहस्य*, आगरा, 1939, दूसरा सं. : 172।
41. भूमित्र शर्मा, *नियोग मरदाना का विमर्दाना*, मेरठ, 1917 : 9. यह भी देखें, उपाध्याय, सं., *हमारी देश सेवा* : 3-9।
42. उद्धृत है, उपाध्याय, *विधवा विवाह मीमांसा* : 1।
43. मनन द्विवेदी, *हमारा भीषण ह्रास*, कानपुर, 1924, तीसरा सं. : 26, 35।
44. Swami Shraddhanand, *Hindu Sangathan: Saviour of the Dying Race*, n.p., 1926 : 95.
45. *Secret Police Abstracts of Intelligence of UP* (आगे *PAI*), 12 July 1924, No. 27, Para 216: 219; *PAI*, 19 July 1924, No. 28, Para 229: 233; *PAI*, 9 January 1926, No. 1, Para 6: 5.
46. गौरीशंकर शुक्ल चौधरी, *क्या स्वामी श्रद्धानन्द अपराधी थे?*, कानपुर, 1928 : 12.
47. नारायण दत्त शर्मा 'कश्यप', *भारतीय विधवाओं की करुणापूर्ण कथाएँ अर्थात हिन्दू विधवाओं पर अत्याचार*, भाग 3, आगरा, 1931।
48. महोपदेशक, *स्त्री शिक्षा* : 13।
49. महाराज, *हिन्दू धर्म रहस्य* : 170-72।
50. *चाँद*, दिसम्बर, 1926; *चाँद*, मार्च, 1927।
51. नारायण दत्त शर्मा 'कश्यप', *भारतीय विधवाओं की करुणापूर्ण कथाएँ अर्थात हिन्दू विधवाओं पर अत्याचार, भाग 1, 2, 3*, आगरा, 1927, 1929, 1931।
52. 'कश्यप', *भारतीय विधवाओं, भाग 3* : 16-20.
53. *PAI*, 20 March 1926, No. 11, Para 279 : 155.
54. *PAI*, 13 March 1926, No. 10, Para 233 : 136.
55. *PAI*, 9 January 1937, No. 1, Para 4 : 27.
56. Orsini, *Hindi Public Sphere*.
57. Shraddhanand, *Hindu* : 97, 100, 138.
58. 'कश्यप', *भारतीय विधवाओं, भाग 2* : 33।
59. 'कश्यप', *भारतीय विधवाओं, भाग 2* : 11।
60. 'बाल विधवा विवाह', *गुरुकुल समाचार*, 2, 7-8, फरवरी-मार्च 1910 : 4।
61. *PAI*, 15 September 1928, No. 36, Para 744: 372.
62. *PAI*, 25 February 1928, No. 8, Para 159: 80.
63. उपाध्याय, *विधवा विवाह* : 230-52।
64. चौधरी, *क्या स्वामी श्रद्धानन्द अपराधी थे?* : 23. ये भी देखें, उपाध्याय, *विधवा विवाह मीमांसा*; परमानन्द, *हिन्दू जाति* : 70. 94; महोपदेशक, *स्त्री शिक्षा* : 12, 15।

65. *आज,* 27 मार्च 1923; *आज,* 15 सितम्बर 1923।

66. कुँवर मदन सिंह, *हिन्दुओं कब तक चेतोगे,* मथुरा, 1923 : 8; मनन दुबे, *हिन्दू विधवाएँ,* मथुरा, 1924।

67. बद्रीनाथ जोशी, *विधवोद्वाहा मीमांसा,* प्रयाग, 1928, दूसरा सं।

68. *PAI*, 28 July 1928, No. 29, Para 569: 282; *PAI*, 11 August 1928, No. 31, Para 615 : 305.

69. द्विवेदी, *हमारा भीषण ह्रास* : 35।

70. ठाकुर राजकिशोर सिंह, *हिन्दू संगठन,* बलिया, 1924 : 94-97।

13
महिला/पितृसत्ता
हार या जीत

इस किताब के नायक मुख्यतः हिन्दू प्रचारक रहे हैं। उनके अधिकतर लेखनों से औपनिवेशिक उत्तर भारत के बारे में एक निश्चित तस्वीर झलकती थी। महिलाओं के रूपक एक साम्प्रदायिक हिन्दू पहचान के निर्माण में निर्णायक थे। हिन्दू प्रचारकों ने महिलाओं को कई मकसद के लिए आजमाया–हिन्दू घर और परिवार का सम्मान, प्रतिष्ठा और मान बढ़ाने के लिए, एक विशेष, परिभाषित समुदाय की पहचान गढ़ने के लिए और एक जीवंत हिन्दू राष्ट्र की संरचना के लिए। इस दौर में एक संकीर्ण लैंगिक राजनीति उभरी, जिसमें रोमांस और शारीरिक सुख के प्रति बढ़ता हुआ डर नजर आता था। महिलाओं के मनोरंजन और कुछ खास साहित्यिक बिम्बों के अवमूल्यन में भी यह झलकता था। साहित्यिक कृत्यों को नए सौन्दर्यशास्त्रीय मानदंडों पर कसा जा रहा था और महिलाओं के लोकप्रिय और मौखिक सांस्कृतिक गतिविधियों पर नैतिक मूल्यों का पारा चढ़ रहा था। लेकिन इसी दौर में नैतिक बट्टेदारी को चुनौती भी मिल रही थी। अपने निष्कर्ष में मैं महिलाओं द्वारा पलायन, धर्मान्तरण, रोमांस, प्रेम और सेक्स द्वारा इन चुनौतियों को उजागर भी करना चाहती हूँ।

हिन्दू प्रचारकों को किसी प्रकार की खुलेआम जोर-जबर्दस्ती किए बगैर ही अपने लेखन से अनुशासित कार्यवाईयों को सामान्य रूप से स्थापित करने में काफी हद तक सफलता मिली थी। उन्होंने रोजमर्रा और रुटीन जीवन में प्रवेश करने का प्रयास किया था। दाम्पत्य, कानून, कपड़े, साफ-सफाई, शिक्षा और पारिवारिक सम्बन्धों की संशोधित संहिताओं के जरिए महिलाओं पर निगरानी की प्रणालियों में नई जान डाली गई थी। इस समय का बृहद उपदेशपरक साहित्य सम्मानीयता और शुचता के विवरणों, महिलाओं के सामाजिक एवं पारम्परिक व्यवहारों में बदलाव और लैंगिक भूमिकाओं के नए निर्धारण की ओर संकेत करता है। सुधारों के कई आग्रह महिलाओं पर चतुराई भरे नियंत्रण की कोशिश थे और इनकी हिन्दू राष्ट्रवादी सभ्य-सुसंस्कृत प्रलापों से निकटता थी। महिलाओं के लिए शिक्षा, पर्दा प्रथा की समाप्ति, विधवा

विवाह जैसे उदार कार्यक्रमों में सेंध लग रही थी; सुधारों के नाम पर अंकुश भी लग रहे थे। सुधारों की गति एक पेंडुलम की तरह थी जिसमें महिलाओं के लिए सीमित अवसर खुलते थे, पर साथ ही इनमें लैंगिक और यौनिक आचार स्थापित करने या सामुदायिक सत्ता कायम करने की गति रहती थी।

सम्मानीयता और सामुदायिक पहचान की घेराबन्दी में सिर्फ महिलाएँ ही नहीं थीं। हिन्दू प्रचारकों के लेखन में हिन्दू पुरुषों को लेकर भी कई चिन्ताएँ सामने आईं। पुरुष-पुरुष के निकट सम्बन्धों, वैकल्पिक लैंगिक रुझानों, कामोत्तेजक चीजों के विज्ञापनों की आलोचनाएँ बढ़ीं। और इसके साथ ही राष्ट्रीय उत्थान के लिए ब्रह्मचर्य पर भी जोर बढ़ा। हिन्दू प्रचारकों को पुरुषार्थ के विकास पर जोर देने की खासी जरूरत महसूस हुई। वो इसके जरिए 'क्रूर' और 'लोलुप' मुस्लिम मर्दाना छवि को तूल दे सकते थे और साथ ही कायर और कमजोर हिन्दू की आलोचना को दबा-छुपा सकते थे।

हिन्दू प्रचारक पश्चिम से कुछ हद तक प्रभावित होकर 'आधुनिकीकरण' और 'सभ्य-शिक्षित बनने' के जरिए नए अवसरों और तरीकों के साथ सांस्कृतिक संगति भी बैठा रहे थे। साथ ही साथ कई जातियाँ आर्थिक असुरक्षा और चिन्ता के कारण 'स्वदेशी' और 'पारम्परिक' तरीकों से अपनी सांस्कृतिक पहचान और जगह ढूँढ रही थीं। इसलिए उनकी शब्दावली में कई बार परम्पराओं को तोड़े बगैर एक आधुनिक भारत शक्ल लेने लगा था। इसके साथ ही स्वदेशी और पश्चिमी, नैतिक और भौतिक, हिन्दू भक्ति और विज्ञान के बीच के अनिवार्य द्वंद्व सन्दर्भ बिन्दु बन गए थे। एक खास हिन्दू पहचान की अभिव्यक्ति के लिए घरेलू और सार्वजनिक, दोनों क्षेत्र ही महत्वपूर्ण थे। औपनिवेशिक अधिकारी भी कई बार महिलाओं को लेकर स्वदेशी सुधारवादी रुझानों से प्रभावित और आकर्षित थे। वास्तव में पश्चिमी और हिन्दू आवाजों के पितृसत्तात्मक रुझान काफी कुछ घुल-मिल रहे थे।

हिन्दू पहचान स्थापित करने के प्रयास तभी सफल हो सकते थे जब निम्न जातियों को भी साथ लाया जा सके। इस दौर में भी ऐसे प्रयास किए गए जिससे निम्न जातियों को हिन्दू बृहद पहचान के साथ जोड़ा जा सके। इस विचार प्रवाह में निम्न जाति के हिन्दू सारे मुसलमानों की तुलना में बेहतर थे।[1] हिन्दू प्रचारकों के लिए साम्प्रदायिक पहचान जातीय पहचान पर हावी हो गई थी। लेकिन साथ ही हिन्दू प्रचारकों की धार्मिक एकता की वकालत उच्च जाति के मूल्यों और तौर-तरीकों की वरिष्ठता की एक सार्वजनिन वैधता की स्वीकृति और स्थापना पर आधारित थी। उदाहरण के लिए जाति व्यवस्था की आलोचना करनेवाली एक पुस्तिका में ऊँची जाति के हिन्दुओं को कहा गया कि वो तत्काल नीची जाति को अपनी पंगत में शामिल करें, अन्यथा वो मुसलमान बन जायेंगे। इसकी एवज में नीची जातियों को,

विशेषकर महिलाओं के मामले में, ऊँची जातियों के आचार और रिवाज अपनाने की गारंटी करनी थी।[2]

लेकिन पहचान एकल या स्थिर नहीं होती है। एक सम्यक हिन्दू पहचान की कोशिश को लगातार जाति और वर्ग जैसी अन्य सामूहिक पहचानों से दो-चार होना पड़ता है। हिन्दू सीधे-तिरछे, कई प्रकार से एक दूसरे के विरोध में भी खड़े हो सकते हैं। वो एक-दुसरे के साथ अशान्त रिश्तों में बने रह सकते हैं, जहाँ सन्दर्भ और समय के अनुसार लगातार जोर-आजमाईश बदलती रहती है। हिन्दू एकरूपता का विशाल फलक जाति श्रेणीबद्धता की सच्चाई से लगातार जूझता रहता है। इस दौर में भी जमीनी वास्तविकताओं की हकीकत आसानी से मिटाई नहीं जा सकती थी। हिन्दू एकता के सिद्धांतों पर वास्तव में कई बार व्यवहार हावी हो गए। जैसे, विधवा विवाह का मुद्दा कुछ हद तक बहस-विवाद की जमीन पर तो सुलझ गया, पर ऐसे ज्यादा विवाह सम्पन्न नहीं हुए। अंतरजातीय विवाह और खान-पान का मुद्दा काटों-भरा था। यह भी खासा सम्भव है कि निम्न जातियों और सुधारवादी हिन्दुओं में तथाकथित साझी समझ को लेकर असल में एक अन्तर्विरोधी समझ थी। हिन्दू एकता के प्रयासों को निम्न जातियों ने अलग-अलग रूपों में देखा और आंशिक रूप से उनका इस्तेमाल अपनी आकांक्षाओं को उभारने के लिए किया। निम्न जातियों ने फौरी तौर पर प्रभुत्वशाली विचारधारा स्वीकार की और अपनी जाति की महिलाओं की कुछ कार्यवाहियों का प्रतिकार किया। विभिन्न प्रतियोगी स्थितियों में अपनी पहचान के लिए और अपनी राजनैतिक अभिव्यक्ति के लिए उन्होंने 'सम्मानीयता' के मूल्यों को तवज्जो दी। लेकिन इसके साथ ही निम्न जाति के घरों में महिलाओं के सक्रिय आर्थिक योगदान और उनके आवागमन की ज्यादा आजादी के कारण सुधारवादी मूल्य निम्न जाति के नेताओं के प्रलापों में तो प्रस्तावित हुए, पर वास्तव में अमल में कम ही आए। निम्न जाति की महिलाओं को उच्च वर्गीय परिभाषाओं के अनुसार 'सभ्य-सुसंस्कृत' बनाना इतना आसान नहीं था। इस तरह महिलाओं को कुछ मामलों में समानता तो नहीं, पर कुछ सामाजिक जगह हासिल हुई। मनोरंजन करानेवाली जातियाँ, तेली महिलाएँ और दाई का काम करनेवाली चमार महिलाओं का पेशा जारी रहा, पर उनके काम की प्रकृति बदली हो सकती थी। निम्न जाति के विभिन्न सदस्यों के विचारों, प्रतिक्रियाओं और जुड़ावों से मिली-जुली और खंडित तस्वीर बनती है। जाति विभाजन की बढ़ती जकडन या एक व्यापक हिन्दू पहचान का निर्माण बतानेवाले अध्ययनों के बजाए वास्तव में स्थिति पेचीदी और उलझी हुई थी।

ऐसे समय में हिन्दू प्रचारकों ने कभी-कभी कुछ निम्न जाति की महिलाओं की प्रतिकारात्मक गतिविधियों का उदाहरण देकर पितृसत्तात्मक दबदबे को मजबूत करने, जातीय शोषण को ओझल करने और हिन्दू एकता को स्थापित करने के प्रयास किये।

निम्न जातीय हिन्दू महिलाओं और मुसलमानों के बीच सम्भावित गठबन्धन के भय का इस्तेमाल निम्न जातीय पुरुषों का हिन्दू एकता के लिए समर्थन हासिल करने के लिए किया गया। जातीय कट्टरता और साम्प्रदायिक विद्वेष की धाराएँ कभी-कभी एक हो गईं। मार्च 1926 में अलीगढ़ में जब एक भंगी महिला ने एक मुस्लिम से शादी की तो साम्प्रदायिक माहौल कटु हो गया। शहर के भंगियों ने काम बन्द कर दिया। शहर की काफी दूकानें बन्द हुईं। कानपुर में भंगियों और मुस्लिमों के बीच तकरार हुई क्योंकि एक मुस्लिम ने एक भंगिन को अपनी रखैल बना रखा था। आर्य समाजियों ने इस बहाने मुस्लिम-विरोधी प्रचार शुरू किया और निम्न जातियों को अपनी ओर खींचने का प्रयास किया। उन्हें भंगियों की हड़ताल कराने में सफलता मिली, जिन्होंने मुसलमानों के लिए काम करने से इनकार कर दिया। आजमगढ़ के जीनापुर गाँव में हिन्दू और मुसलमानों के सम्बन्ध तनावग्रस्त हो गए क्योंकि एक बारिन ने इस्लाम धर्म स्वीकार करके एक फकीर से शादी कर ली। 1938 में देहरादून में एक भंगिन ने मुस्लिम के साथ पलायन किया। भंगी समुदाय ने मुसलमान घरों का बहिष्कार करने की चेतावनी दी।[3]

यहाँ ऐसा लगता है कि निम्न जाति के पुरुषों ने अपने लिए त्रासदायक सत्ता के साथ समझौता कर लिया। उन्होंने प्रभुत्वशाली व्यवस्था पर सवाल उठाये, पर कई बार उसके साथ तालमेल भी बनाया। मेरा मानना है कि निम्न जातियों को हिन्दू एकरूपता में शामिल करने के लिए गौरक्षा और हिन्दी स्थापित करने के आन्दोलनों से कहीं ज्यादा धारदार महिलाओं पर नियंत्रण का हथियार था। इन दोनों आन्दोलनों की पहुँच सीमित थी, पर अपनी स्त्रियों द्वारा सह-पलायन और धर्मान्तरण के भय को लेकर इन सीमाओं को कुछ हद तक तोड़ा जा सका और निम्न जातियों को एक व्यापक एकरूप हिन्दू पहचान के काफी करीब लाया जा सका।

लेकिन मैं अपनी बात यहाँ समाप्त नहीं करना चाहती। ऊपर दिए गए उदाहरण ये भी दर्शाते हैं कि कई बार महिलाएँ अपने निर्णय स्वयं ले रही थीं। महिलाओं की इस एकल हिन्दू पहचान को लेकर एक मिश्रित प्रतिक्रिया थी। कई बार महिलाओं, विशेषकर उच्च वर्गीय, ने एक तरफ उनकी लैंगिगता और इच्छाओं पर पाबन्दी लगाने की कोशिशों और दूसरी तरफ मुसलमानों को सेंसर करने में अपनी रजामंदी दिखाई। पर साथ ही महिलाओं ने एक साँस में जाति और धर्म आधारित विभाजनों और सीमाओं का स्वीकार और तिरस्कार भी किया। उन्होंने एकरूपी हिन्दू पहचान का अंगीकार और नकार भी किया। उन्होंने धार्मिक प्रतीकों और अनुष्ठानों पर विश्वास और अविश्वास भी किया। उन्होंने सामाजिक घेराबन्दी में अपने को बन्द किया और अपनी बन्दी को तोड़ा भी। इस दौर में ऐसी सीमाजोरी इसलिए भी सम्भव हुई क्योंकि घरेलू और सार्वजानिक हलकों में एक नए नारीत्व का उदय हो रहा था। अब महिलाएँ

सार्वजनिक गतिविधियों, राष्ट्रीय आन्दोलन और प्रकाशन जगत में पहले से ज्यादा शिरकत कर रही थीं। यह भी गौरतलब है कि हिन्दू प्रचारकों की कोशिशों में केवल बाधाएँ और दमन ही निहित नहीं थे बल्कि इनसे महिलाओं के लिए नए मौके भी निकलते थे। कभी-कभी सुधारवादी एजेंडा और साहित्यिक आग्रह सीधे-सपाट नहीं होते थे। कई व्यावसायिक प्रकाशनों और महिला आन्दोलनों ने ऐसे सुसंगत आचारों के प्रति या तो अपनी उदासीनता दिखाई या उनका फेर-बदल किया और मजाक उड़ाया।

निर्णायक घड़ियों में व्यक्तिगत स्वरों और कुछ महिलाओं की पहलों और गतिविधियों ने हिन्दू प्रलापों पर सवाल खड़े किए और एक वैकल्पिक दुनिया पेश करने की कोशिश की। ये एकरूप पहचान और किसी काले-सफेद मॉडल के अपर्याप्तता की ओर संकेत करते थे। कई बार अपहरण प्रसंग में उलट सांस्कृतिक फलक नजर आया जिससे साधुवादी हिन्दू और कामुक मुसलमान के मिथकों में दरार पड़ी। इसके हमें कई उदाहरण मिलते हैं। इलाहाबाद में किर्लोस्कर संगीत कम्पनी ने हिन्दू-मुस्लिम एकता पर एक नाटक 'भारतवर्ष' मंचित किया। इस नाटक में दर्शाया गया था कि मुसलमान हिन्दू महिला की पवित्रता की रक्षा करने के लिए तैयार है जबकि एक ब्राह्मण उसका शील हरण करना चाहता है। कुछ हिन्दू महिलाओं ने जहरीले मुस्लिम विरोधी अभियानों के खिलाफ आवाज उठाई। इलाहाबाद में गहरे साम्प्रदायिक विद्वेष का माहौल था क्योंकि यह आरोप लगाया गया था कि दो मुसलमानों ने एक हिन्दू महिला की आबरू लूट ली थी। मालवीय परिवार ने इस प्रसंग को पूरा तूल देने की कोशिश की थी और *अभ्युदय* में भड़काऊ रिपोर्टें छापी गई थीं। पर एक पासिन महिला के शपथ लेकर बयान देने के बाद हिन्दू जोश ठंडा पड़ गया। महिला के अनुसार उसकी आबरू पर कोई आँच नहीं आई थी और सारा झगड़ा सब्जी की कीमत को लेकर हुआ था। कई बार महिलाओं ने अपने-अपने धर्मान्तरण को भी उचित ठहराया। जैसे बस्ती में एक खटीक महिला को, जिसने मुस्लिम धर्म स्वीकार किया था, पुनः धर्मान्तरण के लिए आर्य समाज के कार्यालय में ले जाया गया। महिला पुनः धर्मान्तरण का तर्क मानने से इनकार कर रही थी। इससे तैश में आकर एक हिन्दू ने कार्यालय के पास से गुजरते और सीटी बजाते हुए एक मुस्लिम युवक के कानों पर घूसें जड़ दिए। आर्य हिन्दू का आरोप था कि मुस्लिम युवक महिला को फुसलाने की कोशिश कर रहा था लेकिन खटीक महिला ने इसका खंडन किया।[4]

सह-फरारी और धर्मान्तरण में प्यार और रोमांस के कण भी निहित थे।[5] खासकर साम्प्रदायिक ध्रुवीकरण के माहौल में, जब अपहरण और मुस्लिम मर्द की तथाकथित कारगुजारियों की चर्चा गर्म थी, अंतरधर्मीय विवाह, सह-पलायन और धर्मान्तरण से अलग दुनिया खुलती थी। ये यथार्थ की मटमैली जटिलताएँ उजागर करती थी और

जीवन के आड़े-तिरछे रास्तों को सामने लाती थी। यहाँ तार्किकता की एक अलग व्यवस्था बन रही थी। हिन्दू महिलाओं के तथाकथित अपहरण के हिन्दू साम्प्रदायिक विमर्श में हमेशा महिलाओं को पीड़ित ही चित्रित किया गया था, पर महिलावादी नजरिए से शायद पलायन और धर्मान्तरण चुनकर महिलाएँ अपना भविष्य खुद चुन रही थीं।

कुछ निम्न जाति के महिलाओं ने भी सह-पलायन और धर्मान्तरण किया। बनारस में मार्च 1924 में एक चमार महिला ने अपने पति को छोडकर एक मुस्लिम के साथ घर बसाया और धर्मान्तरण भी किया। इससे आर्य समाज हलके में काफी सरगर्मी मच गई। फरवरी 1926 को आगरा में एक जाट महिला ने इस्लाम धर्म अपनाया और एक मुस्लिम से निकाह किया। उन्नाव की एक भंगिन ने भी यही किया। बांदा में एक मुस्लिम ठेकेदार ने एक कोरी महिला को घर बैठा लिया और उसने धर्मान्तरण भी किया। इससे हिन्दुओं में खलबली मच गई। कुछ वेश्याओं ने भी धर्मान्तरण किया। अप्रैल 1927 में झाँसी में एक हिन्दू द्वारा एक मुस्लिम वेश्या को अपने घर टिकने पर काफी शोर-गुल मचा। बरेली की कंजरिन जहुरन ने धर्मान्तरण किया और पीलीभीत की स्थानीय मुस्लिम वेश्याओं की पंगत में जुड़ गई।[6] इन अनाम, गुमनाम महिलाओं ने अपनी तरह से समाज की बंदिशों को तोड़ा और हिन्दू पितृसत्तात्मक व्यवस्था और साम्प्रदायिक एकरूपता के मिथक पर सवाल खड़े किये।

ऐसी कई वारदातें मिल-जुलकर एक ऐसी तार्किक संगति बनाती हैं जिससे हिन्दू विचार श्रृंखला टूटती है। इन प्रकरणों से हिन्दू परिवार का आदर्श यकायक चकनाचूर होता दिखा और महिलाओं की यौनिकता, जरूरत और इच्छाओं की ओर ध्यान आकर्षित हुआ। कई बन्धनों के बावजूद महिलाएँ धर्मान्तरण और सह-पलायन के औजारों से एक दमनकारी सामाजिक व्यवस्था को चुनौती देने और अपनी सीमाओं में उसका अतिक्रमण करने की कोशिश कर रही थीं। ये उनकी स्वतः कारवाईयों का एक सीमित क्षेत्र था। ऐसे नए सम्बन्ध और उसके नतीजे बताते थे कि कई बार साम्प्रदायिक बाड़े की सीमा तोड़नेवाले नई पहचान गढ़ने की कोशिश कर रहे थे। महिलाओं की ऐसी गतिविधियों से बलशाली सत्ता के कमजोर नस उभर जाते थे। महिलाओं की सीमाजोरी और अतिक्रमण केवल महिलाओं के सफलता का सूचक नहीं थे, बल्कि साथ ही ये पितृसत्ता, पुरुष, परिवार और समुदाय की दरारें और असफलता भी जाहिर करते थे। इस प्रकार जहाँ ये किताब यौनिकता पर नियंत्रण के प्रयासों और महिला देह पर हिन्दू साम्प्रदायिकता के निर्माण की कोशिशों को दर्शाती है, वहीं यह उसके उल्लंघन को भी सामने लाती है। कई बंदिशों के बावजूद महिलाओं ने अपने लिए मनोरंजन के पर खोले और अपने बोझ गीतों, 'गन्दे' साहित्य, अनसुलझे

रिश्तों और सार्वजनिक गतिविधियों के जरिए हल्के किये। साथ ही इस किताब में मस्ती, कामना और प्यार के शब्द और स्वर बिखरे हुए हैं जो किसी भी प्रकार की एकल पहचान में सेंध लगाते हैं। अवरोध और बंदिश की संस्कृति के बरक्स निडर प्यार और सेक्स सुख के लावे यहाँ नजर आते हैं।

सन्दर्भ

1. ठाकुर राजकिशोर सिंह, *हिन्दू संगठन*, बलिया, 1924 : 1-2, 27, 43, 71।
2. सुखनंदन प्रसाद दुबे, *छुआछूत का भूत*, लखनऊ, 1933।
3. *Secret Police Abstract of Intelligence of UP* (आगे *PAI*), 27 March 1926, No. 12, Para 311: 176; *PAI*, 3 April 1926, No. 13, Para 342: 195; *PAI*, 29 September 1934, No. 38, Para 534: 556; *PAI*. 21 May 1938, No. 20, Para 183 : 124.
4. *PAI*, 24 March 1923, No. 12, Para 247 : 186; *PAI*, 16 January 1926, No. 2, Para 61 : 36; *PAI*, 6 March 1926, No. 9: 127.
5. Gauri Viswanathan, *Outside the Fold : Conversion, Modernity and Belief*, Princeton, 1998 : 163.
6. *PAI*, 29 March 1924, No. 13, Para 107 : 118; PAI, 27 February 1926, No. 8, Para 19: 114; *PAI*, 1 December 1928, No. 46, Para 1021 : 522; *PAI*, 1 May 1926, No. 16, Para 415: 235; *PAI*, 30 April 1927, No. 16, Para 409: 161; *PAI*, 11 June 1927, No. 22, Para 550 : 218.

14

तब और अब

निरन्तरता और बदलाव

इस किताब में औपनिवेशिक काल में लिंग, यौनिकता और हिन्दू साम्प्रदायिकता के बीच के अन्तर्सम्बन्धों की खोज-बीन की गई है। अन्त में, यहाँ पर मैं आज के दौर में हिन्दू संकीर्णतावादी समूहों के कुछ अभियानों और कार्यक्रमों की संक्षिप्त चर्चा कर रही हूँ, जिनकी मेरे काम से करीबी वाकफियत बनती है। तब और अब के बीच कोई सीधी रेखा खींची नहीं जा सकती है, पर एक इतिहासकार के रूप में मैं कुछ मुद्दों के पुनर्जीवन-पुनर्वसन पर चकित हो जाती हूँ। मैं देखती हूँ कि हिन्दू संकीर्णतावादी ताकतों द्वारा स्त्रियों की यौनिकता और स्त्री-पुरुष या समलैंगिक सम्बन्धों पर नियंत्रण का जोर और मुसलमानों का क्रूर चित्रण बदस्तूर जारी है, और कभी-कभी उसके तेवर और चढ़ जाते हैं। क्या केवल बोतल नई है, बाकी सब पुराना है!

कुछ बानगी देखिए : हिन्दी फिल्मों के गाने जैसे, 'चोली के पीछे क्या है' की निन्दा; सरस्वती को नग्न चित्रित करने और अन्य हिन्दू देवियों की तस्वीरें बनाने-बिगाड़ने के नाम पर चित्रकार हुसैन पर हमला; दिल्ली पर्यटन विकास निगम की सालाना डायरी में मोहनजोदाड़ो की नग्न यक्षिणी की कांस्य मूर्ति चित्रित करने पर भारतीय जनता पार्टी के सदस्यों की आपत्ति; 'फायर' जैसी फिल्मों के प्रदर्शन का विरोध और सम-सेक्स सम्बन्धों की कड़ी आलोचना; मंगलूर के एक पब में महिलाओं पर हमला; 'वैलन्टाइन दिवस' पर हल्ला; स्कूल और कालेज में छात्राओं के पहनावे पर पाबंदियाँ; आदि-आदि। ऐसे अनेकों उदाहरण हैं जहाँ हिन्दुओं के एक नैतिक ब्रिगेड ने स्त्रियों की यौनिकता, सम्बन्ध, कृतियों, संस्कृति, भाषाओं, चित्रण, मनन और अभिव्यक्ति पर अपना निशाना साधा है और स्त्रियों को चुप करने की कोशिश की है। इनमें कई मौकों पर अश्लीलता/शुचिता, पारम्परिक/आधुनिक की समझदारी खासी विवादास्पद रही है।

मुस्लिम, मुस्लिम मर्द-हिन्दू स्त्री, मुस्लिम स्त्री को लेकर हिन्दू संकीर्णतावादी और साम्प्रदायिक समूहों की कारगुजारियाँ तो कई बार पहले से भी ज्यादा नजर आती हैं,

जिसमें निरन्तरता और बदलाव, दोनों दीखते हैं। 1990 में रामजन्मभूमि अभियान के दौरान प्रकाशित विश्व हिन्दू परिषद के एक पर्चे के अनुसार :

एक हिन्दू का नारा है—हम दो, हमारे दो,
जबकि एक मुस्लिम का नारा है—हम पाँच, हमारे पच्चीस।

यानि गहरे लैंगिक अर्थों में मुसलमानों की कथित बढ़ती आबादी का भय और मुसलमानों में बड़ी तादाद में बच्चे पैदा करने का हौवा एक राजनीतिक नारे की तरह इस्तेमाल किया जाता है।

इसके अलावा, बाबरी मस्जिद का ढहाना और गुजरात का दंगा कुछ ऐसे केन्द्र बिन्दु हैं जिनके इर्द-गिर्द हमने साम्प्रदायिकता और महिलाओं के बीच के गहरे सम्बन्धों को आज के सन्दर्भ में पहचाना है। आज भी हिन्दू संगठन अपनी धार्मिक पहचान को मजबूत करने के लिए लगातार महिलाओं और लैंगिक भाषा का प्रयोग करते हैं। आज भी हिन्दुत्ववादी ताकतें अपनी हिंसा को उचित ठहराने के लिए मुस्लिम को अक्सर एक अनैतिक और बलात्कारी पुरुष के रूप में पेश करती हैं। गुजरात के दंगों के सन्दर्भ में भी महिला संगठनों की रिपोर्टों ने यह स्पष्ट किया था कि किस प्रकार यह अफवाह लगातार फैलाई गई कि गोधरा की घटना में हिन्दू महिलाओं के साथ बलात्कार हुआ और इस 'अपमान' को एक प्रतीक मानकर मुसलमानों पर कहर ढाया गया।

दंगों और हिंसा का तांडव यौन हिंसा और बलात्कार की भयावह तस्वीर पेश करता है। लेकिन साथ ही आज जब केन्द्र में हिन्दुत्ववादी ताकतों की पराजय हो गई है तो हम चैन की साँस लेते हैं और सोचते हैं कि खतरा शायद टल गया है। लेकिन जैसा हमने औपनिवेशिक काल में देखा, महिलाओं के रोजमर्रा के जीवन पर नियंत्रण भी हिन्दू धार्मिक पहचान का एक अनिवार्य अंग है। परिवार और घर की रोजाना जिन्दगी और रोजमर्रा के व्यवहारों पर कई तरह की पाबन्दियाँ हिन्दू साम्प्रदायिकता की पहुँच का असली अन्दाजा देती हैं। आज भी हिन्दू प्रचारकों के ज्यादातर विमर्श हमारी दैनंदिनी के साथ जुड़े हैं और वे किसी समुदाय की अभिव्यक्ति, आक्रामकता और द्वंद्व के महत्वपूर्ण संकेतक हैं। नवीन रूप लिए हुए आज भी हिन्दू प्रचारकों की पूरी कोशिश रहती है कि वे हमारी साझी विरासत और तहजीब पर हमला करें, और हिन्दू महिलाओं को विशेष रूप से मुस्लिम पुरुषों और 'मुस्लिम' करार किए गए प्रतीकों, तहजीबों और संस्कृति से अलग रखें। ऐसे ही प्रयास मुस्लिम कट्टरवादियों की ओर से भी हुए हैं, लेकिन उसके लिए एक अलग किताब की जरूरत है।

मुस्लिम पुरुष क्रूर, कामुक और लोलुप है, इसलिए हिन्दू महिलाओं को अपने रोजमर्रा के जीवन में मुस्लिम पुरुषों से शर्तिया तौर पर बचना जरूरी है—यह आज भी

हिन्दू साम्प्रदायिक समूहों का एक मुख्य अभियान रहता है जिसके केन्द्र में रहता है महिलाओं की यौनिकता, इच्छा, अभिव्यक्ति, मनोरंजन पर अंकुश और पहरेदारी। जैसे गुजरात में साम्प्रदायिक दंगों के दौरान मुसलमानों के खिलाफ विषवमन में नियमित पर्चे जारी किए जा रहे थे जिसमें हिन्दुओं से मुसलमानों का आर्थिक और सामाजिक बहिष्कार करने का पुरजोर आहवान किया गया था। ये निर्देश सारे हिन्दुओं के लिए बेहद विस्तार में थे : कैसे मुसलमानों की दूकानों जैसे बेकरी, मोटर वर्कशॉप, कम्प्यूटर सेंटर, चाय ढाबों, जूता-चप्पल और मांस की दूकानों आदि, का बहिष्कार किया जाए, पर कुछ निर्देश खासकर हिन्दू महिलाओं के लिए थे ओर उन्हें स्पष्ट चेतावनी दी गई थी कि वे अपनी सब्जियाँ, चूड़ियाँ और रोजाना के इस्तेमाल की चीजें मुसलमानों से ना खरीदें। मुसलमानों के बहिष्कार कार्यक्रम का एक दूसरा पक्ष भी था। हिन्दुओं को इन पेशों को तत्काल अधिग्रहण करने का भी आहवान किया गया। और जब साम्प्रदायिक दंगों के बाद मुसलमान अपनी घर वापसी चाहते थे, तो कई हिन्दू परिवारों और पड़ोसियों की शर्ते थीं कि मुसलमान हिन्दू धर्म अपनाएँ, अपनी दाढ़ियाँ साफ कराएँ, मुस्लिम स्त्रियों पर बलात्कार के आरोप वापिस लें, अपने वाहन हिन्दुओं को मुफ्त मुहैया कराएँ, आदि। हमें इसके कई और उदाहरण मिलते हैं। जैसे, जब एक हिन्दू लड़की एक मुसलमान लड़के से आज महाराष्ट्र के एक गाँव में प्रेम करती है और भाग जाती है तो पूरा गाँव साम्प्रदायिक आधार पर बँट जाता है और दोनों के खून का प्यासा हो जाता है, और एक उदारवादी हिन्दू परिवार का पिता अपनी बेटी से कहता है कि जिस से कहोगी मैं शादी कर दूँगा। मैं जात-पात में विश्वास नहीं रखता। हाँ, वह केवल मुसलमान पुरुष नहीं होना चाहिए।

उत्तरांचल के कोटद्वार कस्बे में कुछ समय पहले विश्व हिन्दू परिषद और हिन्दू जागरण मंच ने मुसलमानों को निशाने पर लेकर हिन्दू स्त्रियों की रोजाना जिन्दगी को नियंत्रित और अनुशासित करने का कार्यक्रम चलाया। पर्चे और घर-घर जाकर हिन्दू परिवारों और स्त्रियों को चेताया गया कि वो मुसलमान दर्जियों से अपने कपड़े नहीं सिलवाएँ। दर्जियों के साथ मुसलमान हेयरड्रेसर, ब्यूटीशियन, आदि को भी निशाना बनाया गया। यदि मुसलमान ब्यूटी पार्लर चला रहे थे, तो वो हिन्दू स्त्रियों के लिए वर्जित घोषित किए गए। इन कार्यक्रमों/ अभिमानों में मुसलमानों के बारे में वही पुराना साँचा है – वो दुश्चरित्र हैं, लोभी और लालची हैं और उनसे हिन्दू स्त्रियों की सच्चरित्रता, पवित्रता और यौनिकता को खतरा है। मुसलमान दर्जी हिन्दू स्त्री के शरीर का नाम ले, उसे स्पर्श करे, यही अपने-आप में शरीर की पवित्रता के लिए खतरा है। हिन्दू स्त्री देह का दोहन करनेवाले ऐसे कार्यक्रमों में औपनिवेशिक काल के समान ही हिन्दू स्त्रियों की यौनिकता पर नियंत्रण का आग्रह है। यहाँ यह भय अंतर्निहित है कि हिन्दू स्त्रियाँ मुसलमान पुरुषों की आकांक्षाओं की गिरफ्त में

आ रही हैं। यहाँ सेक्स से डर है कि हिन्दू स्त्री और मुस्लिम मर्द एक दूसरे के शारीरिक करीबी हो सकते हैं। ये उदाहरण दिखाते हैं कि आज भी हिन्दू साम्प्रदायिक पहचान के लिए हिन्दू महिलाओं और मुसलमान पुरुषों के बीच किसी भी प्रकार का आपसी व्यवहार अवैध करार किया जाता है।

पर मुस्लिम स्त्री के लिए आज की हिन्दुत्ववादी ताकतों का मापदंड एकदम अलग है। इन्हीं ताकतों ने गुजरात के दंगों के दौरान मुस्लिम स्त्रियों के साथ बलात्कार को बेशर्मी से जायज करार किया और उसका महिमामंडन किया। बलात्कार एक राजनैतिक जीत का खुला जश्न बन गया, ऐसा बलात्कारी जश्न जिसमें लड़के 'आदमी' में बदल गए। इसके जरिए न केवल मुस्लिम स्त्रियों को रौंदा गया बल्कि यह उनके समूचे समुदाय को सबक सिखाने का जरिया बन गया। वह एक ऐसा आक्रामक राष्ट्रवाद था जिसके लिए बलात्कार एक अनिवार्य अंग बन गया।

हिन्दुत्वादी ताकतों की तब और अब के बीच की कड़ी में कई नई लड़ियाँ जुड़ती गई हैं। जैसे 2009-10 का एक नया 'लव जिहाद आन्दोलन' जिसका प्रचार है कि मुस्लिम कट्टरपंथी 'लव जिहाद' के जरिए हिन्दू और इसाई महिलाओं को धुरपंथी से अपने प्रेम जाल में फँसा रहे हैं। हिन्दू संगठनों का दावा है कि प्रेम के नाम पर हिन्दू महिलाओं के लिए आज भी यह सोचना असम्भव है कि हिन्दू महिलाएँ खुद भी अपनी मर्जी से धर्मांतरण या पलायन कर सकती हैं। इसलिए हिन्दू संगठन आज भी एक हिन्दू महिला और एक मुस्लिम मर्द के बीच हर रोमांस, प्रेम, पलायन और विवाह को जबरिया करार करते हैं। इस आन्दोलन में अनाप-शनाप सामान्यीकरण किया गया है। और अफवाहों के जरिए मिर्च-मसाला लगाया गया है। अभियान के दौरान अखिल भारतीय विद्यार्थी परिषद ने एक पर्चा जारी किया और इसे दिल्ली के जवाहर लाल नेहरु विश्वविद्यालय में वितरित किया। इसमें कहा गया कि अब तक 4000 लड़कियों का धर्मांतरण किया गया है। हिन्दू जागरण समिति, कर्नाटक ने एक दूसरे पर्चे में कहा कि यह संख्या सालाना 30000 है। इस अभियान में दिए गए उदाहरण कई बार मनगढंत होते हैं, और जाँच-पड़ताल से ही सच्चाई सामने आती है। जैसे, जून 2009 में कर्नाटक के बंतवाल तालुक में अनीता गायब हो गई। संघ परिवार ने आरोप लगाया कि एक पाकिस्तान समर्थित पेशेवर जिहादी प्रेमी ने जबरिया अनीता का मुस्लिम धर्मांतरण करा दिया है। और संगठनों ने 4 अक्टूबर को विरोध सभाएँ की। पर 21 अक्टूबर 2009 को एक पेशेवर अपराधी मोहन कुमार गिरफ्तार किया गया जिसने अनीता की हत्या करने का अपराध कबूल किया। आज/अब मुसलमानों के खिलाफ रिसाले में नए-नए आमद भी हैं–आतंकवाद और आतंकवादी मुसलमान, मुस्लिम साम्प्रदायिकता, आक्रामक मुस्लिम नौजवान, विदेशी हाथ और विदेशी फंड, आदि-आदि। और पुराने और नए के पंचमेल से लोगों की चिन्ता और गुस्सा बढ़ाने का काम किया जाता है।

तब और अब के फासले में हिन्दू स्त्रियों की भूमिका, भागीदारी और एजेन्सी को लेकर भी हमारा ध्यान जाता है। साध्वी ऋतंभरा से लेकर शिव सेना तक, और खासकर गुजरात के साम्प्रदायिक दंगों में हिन्दू मध्यमवर्ग स्त्रियों की सक्रिय भूमिका पर काफी चर्चा हुई है। ये दिखाते है कि आज भी कई बार स्त्रियों को पुरुषत्व की छवि दी जाति है, और वे हिंसा के वाहक के रूप में सामने आती हैं। यह हमें शान्ति और साम्प्रदायिक सौहार्द के महिलाओं से सीधे रिश्ते पर प्रश्न चिन्ह लगाने पर मजबूर करता है और दिखाता है कि कई बार महिलाएँ खुद हिन्दुत्ववादी पहचान और उससे जुड़ी पितृसत्तात्मकता को बढ़ावा देती हैं। इनमें से कुछ महिलाएँ बढ़-चढ़कर एक समान नागरिक संहिता की वकालत भी करती हैं। एक राष्ट्र, एक संस्कृति, एक संहिता की ये प्रवक्ताएँ एक प्रकार से हिन्दू संहिता को ही सब पर आरोपित करना चाहती हैं। हिन्दुत्ववादी ताकतों की समर्थक महिलाओं ने नारीवादी आन्दोलन के कई नारों और कार्यक्रमों को भी बड़ी चतुराई से अपनी शब्दावली का हिस्सा बनाया है, जैसे कि 'हम भारत की नारी हैं, फूल नहीं चिंगारी हैं'। इस तरह के नारों द्वारा उन्होंने हिन्दू, राष्ट्र और हिन्दू महिलाओं के सवाल को एक सूत्र में पिरोने की कोशिश की है।

लेकिन यह भी मार्के की बात है कि कई स्त्रियों ने इस तरह के विषैले प्रचार पर कान नहीं धरा है और वे यौनिकता, प्यार और सम्बन्धों को अलग-अलग रूपों में अभिव्यक्त करके अपने लिए नए रास्ते भी तैयार कर रहीं हैं। हिन्दू स्त्रियाँ मुस्लिम दर्जियों, दूकानदारों, पुरुषों के पास जाती हैं और अपने दैनंदिन जीवन व्यवहार और प्रेम सम्बन्ध जीती हैं, यह भी अपने आप में स्त्रियों का एक मुकम्मल बयान है। हिन्दू संकीर्ण और साम्प्रदायिक ताकतों के विरोध में स्त्रियों के कई अभिनव अभियान भी उभरे हैं। यह उल्लेखनीय है कि जब श्री राम सेना ने मंगलूर के पबों में नौजवान-युवतियों पर हमला किया, तो हजारों स्त्रियों ने लगभग स्वतः स्फूर्त रूप से सेना कार्यालय में भारी संख्या में गुलाबी चड्डी भेजकर अपना विरोध जाहिर किया। भारतीय दंड संहिता की धारा 377 को निरस्त करने के लिए दिल्ली उच्च न्यायालय के फैसले के क्रम में समलैंगिक प्रेम और पारिवारिक सम्बन्धों और उससे जुड़े मानव अधिकारों के मुद्दों पर खुलकर बातचीत हो पाई और यौनिकता, लैंगिकता के सवालों पर 'दो कदम आगे' का सफर तय हुआ। हिन्दी फिल्में, जैसे *ओम शान्ति ओम, साँवरिया, दोस्ताना, जोधा अकबर* यौनिकता और अन्तर्धर्मीय सम्बन्धों के नए और बदलते आसमाँ दिखाती हैं। *ओम शान्ति ओम, साँवरिया* और *दोस्ताना* में स्त्री के बजाए पुरुष देह को अधिक परोसा जाता है और वे भी ऐसा पुरुष जो पुरुषत्व, बल और पराक्रम की परिचित छवि से अलग चिकना-चुपड़ा, साँवरा-सलोना और समलिंगी तथा स्त्रीमोहक है। और *जोधा अकबर* का मुस्लिम पुरुष/अकबर क्रूर न होकर हिन्दू

स्त्री के साथ सहमति और साझे प्रेम सम्बन्ध में विश्वास करता है और लिंग, धर्म, पितृसत्ता की जकड़न तोड़कर सम्बन्धों की नई जमीन तैयार करता है। हम आज जातीय और धार्मिक सम्मान की रक्षा के नाम पर प्रेम सम्बन्धों और विवाहों की चहारदिवारी से बाहर जानेवाले स्त्री-पुरुष को मौत दे रहे हैं, तो यह भी सच है अन्तर्जातीय, अन्तर्धर्मीय विवाहों की संख्या बढ़ रही है। हिंसा के रोजमर्रा के पहलू के साथ-साथ हिन्दू संकीर्ण और साम्प्रदायिक समूहों की गाड़ी में कई बार पंक्चर लग रहे हैं और टुकड़े-टुकड़े में ही सही, पर एक अलग तस्वीर की रेखाएँ भी उभर रही हैं।

परिशिष्ट : स्त्री शिक्षा

'स्त्री शिक्षा' 16 पृष्ठों की निर्देशिका थी जिसे 1927 में संयुक्त प्रान्त में आर्य प्रतिनिधि सभा के सदस्य और जाने-माने पंडित शिव शर्मा महोपदेशक ने लिखा था। इसे आर्य नवयुवक सभा, संबल, जिला मुरादाबाद के सचिव विद्याभूषण शर्मा ने प्रकाशित किया था। इसका मुद्रण बरेली के किंग प्रेस में हुआ और शुरू में 4000 प्रतियाँ छापी गईं।

यह पुस्तिका अपने-आप में अकेली नहीं है, पर यह बताती है कि किस प्रकार हिन्दू प्रचारकों ने 1920 के दौर में हिन्दू महिलाओं के लिए 'उचित' चाल-चलन की वकालत की और लिंगों के बीच नई दीवार खींचने की कोशिश की। इन प्रचारकों ने हिन्दू महिलाओं के बात-व्यवहार को नियंत्रित करने के घरेलू निर्देश दिए। साथ ही यह कोशिश की गई कि किस प्रकार हिन्दू महिलाओं को मुस्लिम मर्दों और मुस्लिम लगनेवाले प्रतीकों, तहजीबों और संस्कृति से दूर रखा जाए। केवल अंतरंग सम्बन्धों को ही नहीं बल्कि मुस्लिमों के साथ रोजाना के सम्पर्क को भी सामुदायिक पहचान और हिन्दू पितृसत्तात्मक व्यवस्था के लिए गम्भीर खतरा माना गया। इन प्रवृत्तियों ने एकरूप हिन्दू समुदाय के निर्माण में हाथ बँटाया।

यह पुस्तिका विधवाओं समेत हिन्दू महिला के व्यवहारों के प्रति गहरी चिन्ता दर्शाती है। इसमें जो निर्देश दिए गए हैं, उससे पता चलता है कि हिन्दू महिलाएँ कथित 'अनुचित' मानी जानेवाली कई गतिविधियों में संलग्न थीं। और हिन्दू महिलाओं के चाल-चलन की जमीन पर हिन्दू प्रचारकों की जंग छिड़ी थी। यह पुस्तिका बाद में प्रतिबंधित हो गई। मैंने भारतीय अभिलेखागार में इसकी एक प्रति देखी है। इस पुस्तिका के कई अंश इस किताब के विभिन्न लेखों का हिस्सा हैं। यहाँ पूरी पुस्तिका परिशिष्ट के रूप में संलग्न है।

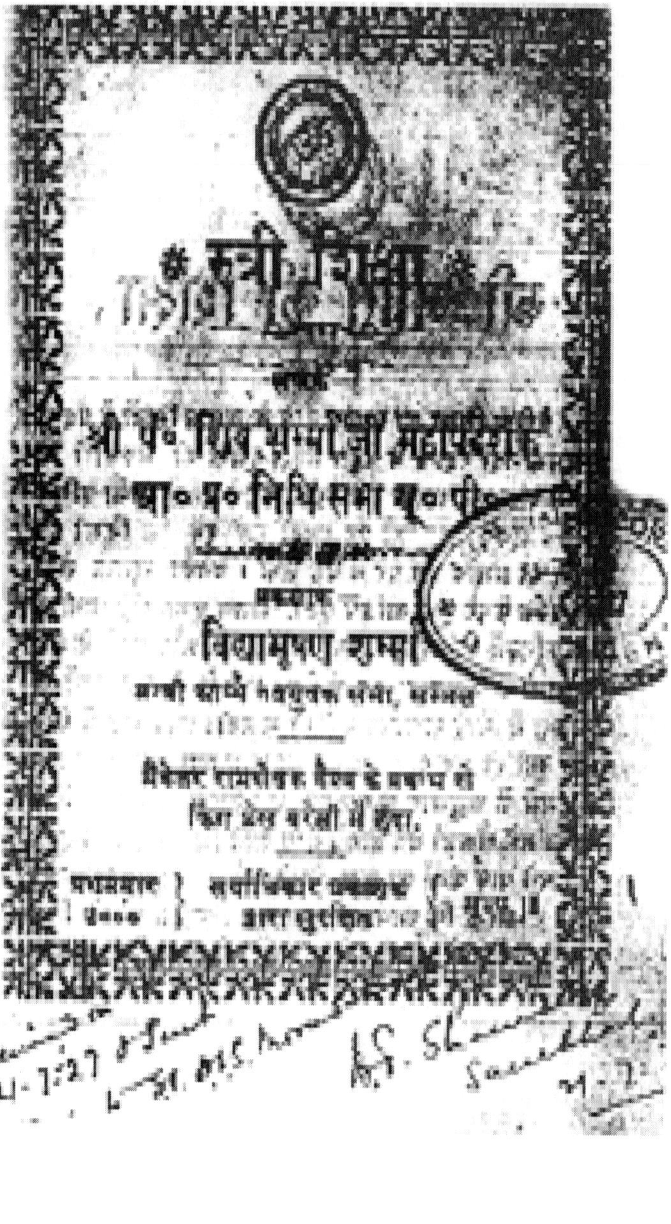
विद्याभूषण शर्मा

स्त्री जाति की शिक्षा

वैदिक शिक्षा का अभाव होने के कारण स्त्रियों में पहली सी समझ नहीं रही है। वे बहुत जल्दी दूसरों की मक्कारी के जाल में फँस कर अपना जीवन भ्रष्ट कर बैठती हैं; उनको उचित है कि वे अपने हिन्दू धर्म पर इतनी दृढ़ रहें कि किसी की मक्कारी का प्रभाव उन पर न पड़ सके। उनको समझ लेना चाहिए कि क़बर पूजा, ताजिए पूजा, अलम पूजा, गंडे तावीज, जिन्न फ़रिस्तों का वहम, परिंयों की कहानी, और बच्चों के मुँह में मुल्लाजी से फुँकवाना सब ही हिन्दू धर्म के विरूद्ध बातें हैं। गोभक्षक में कोई करामात नहीं हो सकती। इनके वश में कोई देवता नहीं हो सकता। ये ईश्वर को कभी नहीं जान सकते। हिन्दू धर्म के अनुसार आवागवन वेदानुकूल है। इसलिए जिनको मरे सैकड़ों वर्ष हो गए वे न जाने किस नरक में पड़े हुए अपने पाप कर्मों का फल भोगते होंगे। क्या तुमने यही समझ रखा है कि आवागमन का चक्र हिन्दुओं के ही लिए है, अन्य मत वाले इससे बचे रहते हैं? ऐसा नहीं हो सकता ईश्वरीय नियम सब के लिए समान है। हिन्दू ईसाई मुसलमान यहूदी, पारसी जैनी और बौद्ध कोई भी आवागमन से नहीं बच सकता? फिर तुमने कैसे समझ लिया कि सैकड़ों वर्ष का मरा हुआ पीर आवागमन के चक्र में न आकर इस कब्र में पड़ा हुआ बच्चे दे रहा है? तुम समझती हो कि यह मुर्दा पीर हमारे बच्चों और पति के रोगों को दूर कर देगा, यह बड़ी भारी भूल है। इसकी आत्मा न जाने किस निषिद्ध योनि में पड़ी हुई दुःख भोगती होगी? इसकी हड्डियों को भी कीड़ों ने खा डाला है। उन हड्डियों की खाक तक गन्दे नालों में बहकर जमीन की कीचड़ बन कर दुनियाँ के इन्सानों के पैरों तले कुचल गई। कवरें पूज कर तुमने करोड़ों गौओं की हत्या का पाप सिर पर लिया है। ऐसे घोर पाप के कारण तुम्हारी सन्तान नहीं जीती। इसही पाप के कारण करोड़ों विधवा हो रही हैं। यदि पीर कब्र में हुआ भी, जिसका होना असम्भव है, तो क्या वह तुम्हारे बच्चों को यह आशीर्वाद देगा कि बच्चा रामकृष्ण का भक्त बने, चुटिया जनेऊधारी बने, गोरक्षक बने, हिन्दू धर्म का सेवक बने? कदापि नहीं जिसने आयु भर गौयें खाई हों, हिन्दुओं के मन्दिर तोड़े हों, हजारों खून किए हों, हिन्दू स्त्रियों के धर्म भ्रष्ट किए हों, क्या वह कब्र में से तुम्हारी भलाई का आशीर्वाद देगा? न जाने तुम्हारी समझ पर कैसे पत्थर पड़े हैं जो कुछ भी नहीं समझती? मैं तुम से एक बात और भी पूछता हूँ। वह यह कि ये हसन हुसैन तुम्हारे रिश्ते में ये कौन हैं? क्या तुम्हारे देश के हैं? क्या तुम्हारी जाति के हैं? क्या तुम्हारे भाई बन्धु हैं? आखिर तुम्हारा इनसे क्या सम्बन्ध है तुम इनके नाम पर शरबत क्यों चढ़ाती हो? खीलें बताशें क्यों चढ़ाती हो? छाती क्यों पीटती हो? अपने बच्चों को इनके नाम पर हरे कपड़े क्यो पहनाती हो? पायक क्यों बनाती हो? मशकें क्यों छुड़वाती हो? समझ

में नहीं आता कि तुम्हारी बुद्धियों पर क्या हो गया? इन मुरदे पीरों की झूठी दुआ बद दुआ से तुम्हारी सन्तान मुरदा हो रही है किसी ने ठीक कहा है :– "जब माँगी मुराद मदारिनसों तब घर में पूत मदारि भये" राम भक्त के स्थान में देश द्रोही पैदा कर रही हो! तुम्हारी इन करतूतों से गोभक्षक बढ़ रहे हैं। तुम्हारी सैकड़ों बहनें मियाँ को पूजने तो गईं परन्तु फिर लौट कर न आई माता-पिता भाई पति और सम्बन्धी ढूँढते ही फिरे। परन्तु वह मुसलमानी बना ली गईं। जिन कोखों से गौरक्षक पैदा होते उनसे गौभक्षक होने लगे!!! क्या इन सारे पापों का पाप तुम्हारी गर्दन पर नहीं चढ़ रहा है? ये मियाँ मुल्ले इसलिए तुम्हारे पास नहीं आते कि तुम्हारी कुछ भलाई हो। वह तो तुमको मुसलमानी बनाने आते हैं। इन्हीं की चालाकी से लाखों हिन्दू स्त्रियाँ मुसलमानी बन चुकी हैं। क्या तुम्हारे लिए 33 कोटि देवता कम हैं? तुम्हारे इनसे तृप्ति नहीं होती? क्या यह गौभक्षक मियाँ तुम्हारे देवताओं से बढ़कर हैं? तुमने अपने ईश्वर का विश्वास छोड़ दिया। इसी कारण तुम दुःख में पड़ी हुई सड़ रही हो। तुम्हारी बीमारी दूसरी एक और है। तुम अपने धर्म को कच्चा कोरा घड़ा समझे हुए हो? तुम केवल ईसाई मुसलमान के छू देने मात्र से ही समझ लेती हो कि हम अब हिन्दू नहीं रहीं। जरा सा विधर्मियों का पानी तुम्हारे हिन्दू धर्म को बहा ले जाता है जरा सी फूँक से तुम्हारे 33 करोड़ देवता उड़ जाते हैं? समझ में नहीं आता कि तुमने अपने धर्म को क्या समझ रखा है। अपने पुराने इतिहास को पढ़ो। महाराणी सीता महीनों रावण-राक्षस के घर रहकर भी राक्षसनी नहीं बनीं। बहुत से उदाहरण इतिहास में ऐसे भी है कि हिन्दू स्त्रियों को मुद्दत तक जबरदस्ती मुसलमानों ने अपने घर पर रक्खा, वह रहीं और अन्त में पति का बदला लेकर लौट आई, और फिर हिन्दुनी बनी रहीं मुसलमान बनता है मुसलमानी धर्म की बातें मानने से न कि केवल खाने पीने से। जो-2 चीजें मुसलमान खाते हैं वह 2 चीजें बहुत से हिन्दू भी खाते हैं तो क्या वे हिन्दू मुसलमान हो गए?

स्त्री शिक्षा

1. कभी किसी कब्र को पूजने मत जाओ। 2. ताजिये अलमो और झंडों को मत पूजो। 3. गन्डे ताबीज झाड़ा फूँकी मुसलमान व औरों से मत कराओ। 4. इनकी मसजिदों पर नमाज़ पढ़ने वाले मुल्लाओं से फूँक लगवाने मत जाओ 5. विवाह आदि पर मियाँ की कढ़ाई मत करो। 6. मियाँ की फातियाँ मत दिलाया करो :7. पीरों की मिश्रत मत मानों। 8. समय 2 पीरों के नाम के टके निकालना छोड़ दो 9. अपने बच्चों को हसन हुसेन के सेवक मत बताओं न उनसे हसन हुसेन के नाम पर भीक मँगाओं 10 मुसलमानी मैलों में कभी भूल कर मत जाओ। 11. कभी अकेली किसी मुसलमान

की सवारी पर बैठ कर मत जाओ। 12. अपने बच्चों को मुसलमानों से मत पढ़वाओं 13. एकान्त में अपने बच्चों को मुसलमानी के साथ मत बैठने दो। 14. मुसलमानों के हाथ से अपने बालकों को खिलौने और फूल मत दिलाओ। 15 मुसलमान मर्दों मनिदारों के हाथ से चूड़ी मत पहनो। 16 मुसलमान बिसातियों के घर पर या बाहर कोई सौदा मोल मत लो। 17. सुनसान स्थानों पर मत जाओ। 18. ऐसे समय घर से मत निकलो जब रास्तों पर मनुष्यों का आना जाना बन्द हो जाए। 19. जो पागल नशेबाज और व्यभिचारी हकिम हो उनके आगे मत निकलो। 20. बहुत अँधेर में प्रातः काल नदी अथवा तालाब पर स्नान करने मत जाओ। 21. अकेली, सुनसान मन्दिरों धर्मशालाओं में मत जाओ। 22. जिस पंडे पुजारी को लोग अच्छा न समझे मन्दिर और घाट पर मत जाओ। 23 रंडियों के नाच और बेहूदा सांगों का देखना हमेशा के लिए बन्द कर दो। 24. एक तेज कटार बाँध कर बाहर निकलो। 25. यदि कोई गुंडा तुम्हारी इज्जत लेना चाहे तो फौरन कटार से अपनी रक्षा करो आप अपनी रक्षा के लिए तो सब कुछ कर सकती हो। 26. तुम अपने आप को निर्बल समझना छोड़ दो। 28. गर्भावस्था में वीर पुरुषों की कथा सुनो। 28. भोंडी और भद्दी तस्वीरें मत देखो। भीम और वीर अर्जुन की तस्वीरें देखा करो। 29. मुसलमान फकीरों को कभी भीक मत दो। न मुसलमान नौकर के सामने बे परदा होकर बातचीत करो न उनके सामने निकलो। ये शिक्षाएँ इसलिए कही गई हैं कि आजकल मुसलमान लोग कब्र ताजिए गंडे और मनिदार, विसाती, नौकर इक्के वाले और हाकिमों के जरिए मुसलमान बनाने लगे हैं।

भटकी हुई हिन्दू स्त्री

अक्सर स्त्रियाँ स्टेशन पर मेलों और तमाशों में अपने मरदों से छूँट जाती हैं वे समझ लेती हैं कि हमारा रक्षक अब कोई नहीं रहा? वे बिना सोचे समझे ही किसी के साथ जाने को तैयार हो जाती है। यहाँ तक कि अपना धर्म भी खो बैठती है। बदमाश, गुन्डे ऐसी औरतों की तलाश में लगे रहते हैं। बहुत से बदमाशों ने यही पेशा बना लिया है कि वे इस्लाम की तरक्की इसकी मक्कारी में समझते हैं। ऐसी हालत में उनको घबराना नहीं चाहिए। सबसे पहले इस जगह पर उनको अपने कोई हिन्दू जान पहचान के मनुष्य को ढूँढना चाहिए। उससे अपना सारा हाल कहकर उससे मदद लेनी चाहिए यदि कोई जान पहचान का मुनष्य न मिले तो किसी बूढ़े भले मानस से, जो जाति का हिन्दू हो, अपनी कथा कह दें। प्रायः स्वयं सेवक सब जगह रहते हैं उनसे सहायता प्राप्त करें। सेवा समिति, हिन्दू सभा अथवा आर्य समाज से सीधी पूँछ कर चली जाएँ। किसी खिलाफत वाले के पास हरगिज न

जाना। किसी मुसलमान के साथ कभी भी मत जाओ, यदि वह तुम को कितना ही विश्वास दिलाएँ। यदि इनमें से तुम को कोई न मिले तो किसी हिन्दू पुलिस वाले से अपना हाल कहो। मुसलमान पुलिस वाले का विश्वास हरगिज न करो।* कोई अंग्रेज गोरा सिपाही या अफसर मिल जावे तो बेधड़क उससे सहायता लो। यदि स्टेशन पर तुम गाड़ी में बैठने से रह जाओ या उतरने चढ़ने में गलत स्टेशन पर पहुँच जाओ तो स्टेशन मास्टर से अपना हाल कहकर अपने सम्बन्धी को तार दिलवा दो। स्टेशन के किसी एकान्त कमरे में कोई बैठा ले तब भी मत बैठो। जनाने कमरे की संरक्षिका स्त्री के द्वारा टिकट आदि का प्रबन्ध कर लो। यदि तुम्हारे पास धन न हो तो तत्काल अपने वस्त्राभूषण को बेच कर अपना काम निकाल लो; परन्तु किसी के लोभ-लालच में मत जाओ। यदि संयोगवश तुम्हारे पास कोई वस्तु बेचने की भी न हो तो भूखी रहो। यदि कोई सज्जन हिन्दू विश्वास पात्र भोजन के विषय में या कोई आर्थिक सहायता दे तो स्वीकार कर लो परन्तु सोच विचार कर सहायता लेनी चाहिए। यह देख लेना कि वह कोई छल तो नहीं करना चाहता है। कुछ बुद्धि को भी उस समय काम में लाना। प्रायः धर्मशाला भी स्टेशनों और शहरों में होती है, उन में सदैव हिन्दू ही प्रबन्धक भी रहते हैं, वहाँ जाकर होशियारी से ठहरो उस विपत्ति के समय को बिना घबराये चतुराई से व्यतीत करो। ऐसा उपाय काम में लाओ जिससे तुम्हारी सम्बन्धी को शीघ्र से शीघ्र तुम्हारी खबर मिल जाए। यदि इस शहर या उसके समीप के स्थान पर तुम्हारा रिश्तेदार हो तो वहाँ जाकर आश्रय लेलो। खबरदार किसी मुसलमान** इक्के वाले के इक्के में बैठ कर मत जाना। हिन्दू कुली से भी उचित सहायता ले सकती हो। यदि कोई कहे कि, तुम्हारे बाप, भाई पति अथवा कोई और सम्बन्धी तुमको आमुक स्थान पर बुला रहा है, तो उसके साथ मत हो लो। उससे कहो 'बुलाने वाले को यहीं भेज दो।' स्टेशनों पर सिवाये मुसाफिरखानों जनाने कमरे, प्लेट फार्म और धर्मशाला के और जगह किसी के कहने से भी मत ठहरो या बैठो छोटे-2 हिन्दू बालकों सें भी उनकी अवस्था के योग्य सहायता ले सकती हो। ईसाई औरतों से अत्यन्त सावधान रहना। ये थोड़े से लालच में तुम्हारा धर्म लेना चाहा करती हैं। इन में व्याभिचारी और व्याभिचारिणी तो कम होते हैं परन्तु अपना धर्म फैलाने में बहुत चालाकी काम में लेते हैं। मुसलमानों में यह दोष प्रायः रहते हैं। इनमें से सज्जन होते हैं परन्तु कम। हिन्दुओं के संसर्ग से इनमें कुछ इन्सानियत आ जाती है। जहाँ केवल

---

* ख्वाजा हसन निजामी ने पुलिस वालों को भी कह रखा है कि वह हिन्दू स्त्रियों को मुसलमान बनाए।

** मुसलमान इक्के वालों से भी कहा गया है कि वह हिन्दू औरतों को मुसलमान बनाऐ। अकेली हिन्दू स्त्रियों को इक्के वाले मुसलमान मुहल्लों में ले जाते हैं।

मुसलमान ही रहते हैं और सिवाय कुरान की शिक्षा और कोई शिक्षा उनको नहीं मिली तो ऐसे मुसलमान दुनियाँ की सारी ही अच्छी बातों के लिए अत्यन्त खतरनाक हैं विशेषकर दूसरे मत वालों की स्त्रियों के लिए*। इसलिए इनसे अत्यन्त सावधान रहना चाहिए। रात्रि में जनाने डिब्बे में बैठो। किसी मर्द टिकट जाँचने वाले को जनानी गाड़ी में आने का हुक्म नहीं है। यदि कोई आ जाए तो तत्काल स्टेशन मास्टर को सूचना दो। यदि कोई चलती गाड़ी में तुम्हारे डिब्बे में टिकट जाँचने वाला या अन्य रेवले गार्ड आदि अथवा कोई मुसाफिर आ जाए तो सब मिलकर उसकी इतनी खबर लो कि सदैव याद रखे। यदि मामला बहुत नाजुक हो तो तत्काल गाड़ी रोकने वाली जंजीर को खींचकर गाड़ी ठहरालो व्यर्थ घबराकर हल्ला गुल्ला मत मचाओ। 1. अपने हिन्दू धर्म पर दृढ़ रहो। 2. अपने देवता को छोड़ कर किसी दूसरे के पीर पैगम्बर को मत पूजो। 3. मेले बाजारों में मुँह ढक कर, लज्जा के साथ नीची गर्दन करे चलो। 4. हर समय अपने शरीर के अंगों को अच्छी तरह ढके रक्खो। 5. ऋतुकाल के समय एकान्त में तीन दिन तक बिना घर का काम काज किए और शरीर की सजावट को छोड़ कर एक वस्त्र पहन कर समय व्यतीत करो। 6. बच्चों को वीर बनाओ। 7. लुलू हौवा और मुर्दों से अथवा भूत प्रेत सिपाही आदि से मत डराओ। 8. परलोक में परमेश्वर और इस लोक में पति के अतरिक्त किसी को मत पूजो। 9. मुसलमान फकीरों को घर में मत आने दो। इस समय में भीख माँगनें के साथ-साथ तुम्हें और तुम्हारे बच्चों को मुसलमान बनाने भी आते हैं 10. अपने पति और पुत्रों आदि को हिन्दू सभा आर्य समाज और शुद्धि समाज में भरती होने दो। 11. स्त्री समाज में आकर धर्म के उपदेश सुना करो। लूटमार के समय अपनी और अपने गहने आदि की रक्षा करने में चतुर बनो। 12. सदैव वीरता के विचार रखो।

विधवाओं के धर्म

1. विधवा स्त्रियों को उचित है कि वे अपने शरीर को सजाया न करें।
2. ऐसी चीजें न खायें जिससे मन में विकार पैदा हो।
3. पर पुरुषों में न बैठे, न किसी से एकान्त में बैठकर अधिक बातचीत करें।
4. मुलायम बिछौने, तेल इतर का लगाना, फूलों के हार आदि पहनना, मेंहदी लगाना और गहने बिलकुल छोड़ दें। मिस्सी काजल भी त्याग दें।

---

* मुसलमान समझते हैं कि हम किसी हिन्दू स्त्री को भ्रष्ट कर देंगे तो वह अपने को मुसलमान समझ लेगी। स्त्रियों को इसलिए सावधान रहना चाहिए।

5. ऐसी कथा कहानी न सुने जो चित्त में विकार पैदा करे।
6. रंडी का नाच और भद्दे साँग कभी न देखें।
7. जो छोटी आयु में विधवा हो गई हैं, यदि उनसे बिना विवाह के किसी प्रकार भी न रहा जाए तो बिना किसी संकोच के अपनी इच्छा किसी अपनी बहनेली आदि के जरिए अपने माता-पिता आदि से कह दें। किन्तु अपनी इच्छा को छिपाकर अपने कुल को दाग न लगावें।
8. यदि माता, दौरानी, जिठानी, सास, ससुर, देवर, जेठ से लड़ाई हो जाएँ तो गुस्से होकर घर से निकल न जाएँ, किन्तु सन्तोष के साथ अपनी आयु बितावें। चरखा कात कर, पीस कर, कपड़ा सीं कर, अपनी गुजर करें।
9. यदि किसी भाँति भी घर में निर्वाह न हो तो हिन्दू सभा, आर्य समाज अथवा विधवा सहायक सभा से अपनी दुःख की कहानी कहें।
10. घर से छिप कर न निकलें किन्तु सीधी आर्य समाज, हिन्दू सभा अथवा विधवा सहायक सभा या विधवाश्रम को सूचना दे दें।
11. घर से निकल कर किसी ईसाई मुसलमान के साथ न हो लें।
12. कहारी, नायन, धोबिन, पिसनहारी, मनिहारन और भडन से अथवा किसी मुसलमान मुसलमानिन से मंसूवे गाँठ कर बाहर निकलने का यत्र न करें। मुसलमान नौकरों से कभी बातचीत न करें।
13. संसार के थोड़े से सुख के लिए अपना प्यारा धर्म न खोवे।
14. अपने आपको और माँ-बाप और सास ससुर को कलकिंत करने से तो यही अच्छा है कि अपने जी की बात साफ-साफ कह दें।
15. छिप-छिप कर कुकर्म करने से पुर्नविवाह कर लेना अच्छा है; यही आपत्काल का धर्म है। सबर से आयु व्यतीत करना परम धर्म है।
16. यदि साध्वी सती होकर रहे तो बिना पुत्र वाली भी स्वर्ग को जाती है, यह धर्मशास्त्री का वचन है।
17. बाल विधवा विवाह शास्त्र और सरकारी कानून के अनुकूल है इसलिए इसमें कुछ पाप न समझें।
18. विधवाओं को ईसाई मुसलमानों के पड़ोस में नहीं रहना चाहिए।
19. आर्य समाज और हिन्दू सभा ने विधवाश्रम देहली, आगरा, बरेली, शाहजहांपुर, कानपुर, काशी, लाहौर, जलन्धर और अमृतसर आदि में खोल रखे हैं, मुसीबत के समय वहाँ पर सहारा ले लें।
20. बहुत से मुसलमान साधु के वेश में अपने को हिन्दू बताते हुए इसी ताक में फिरते हैं कि कोई हिन्दू स्त्री विधवा या सधवा मिले तो उसे बहका कर, फुसला

कर उड़ा ले जाएँ, इस लिए ऐसे साधुओं से होशियार रहना चाहिए।

21. इतने आदमियों से होशियार रहो—मनिहार, राज मजदूर, चिट्ठीरसाँ, इक्के वाले, स्याने, नोकर, भीख माँगने वाले, बिसाती, कब्रों के पुजारी, छली साधु, अपने भाई आदि का मुसलमान दोस्त जो घर पर आता जाता हो, तुम्हारे लड़कों या भाई आदि को मुसलमान पढ़ाने आता हो, मुसलमान वकील मुख्तार, गाँव के कारिन्दे और आम मुखार, मुहल्लों में फेरी लगाने वाले, मुसलमान, डाकू, हकीम और गाड़ीवान। इन के जरिए से हजारों हिन्दू विधवा भगाई जाती हैं। इसलिए होशियार!!
22. रास्ता भटक जाने पर मुसलमान के कहने से उसके साथ मत हो लो। किसी नेक हिन्दू से रास्ता पूछो।
23. सास को माता और ससुर को पिता की दृष्टि से देखो।
24. ताश, गंजफा, चौसर और शतरंज आदि जुआ मत खेलो। अपने शरीर को परमात्मा के अर्पण समझो।

माता-पिता और सास-ससुर को उपदेश

विधवाओं के माता-पिताओं और सास-ससुरो! तुम ये तो जानते ही हो कि जिस स्त्री का पति मर जाए उसके ऊपर किस प्रकार दुःख का पहाड़ टूट पड़ता है। सारा संसार उस के लिए सूना हो जाता है। तीज त्योहारों पर और विवाह आदि उत्सवों पर उनको कितना कष्ट होता है। ऐसे समय में उनके चित्त को सावधान रखने की जरूरत है। यदि ऐसे-समय में उस विधवा के कोमल हृदय को आप ने ताने तिसने दे कर दुखाया। तो आपसे अधिक पापी संसार में कौन होगा? देखो इन्हीं तानों तिसनों से दुखी होकर आज हजारों हिन्दू विधावाएँ-घर से भाग-भाग कर अपनी कोख से गोभक्षक पैदा कर रही हैं। मूर्ख सास कहती है—डायन! तूने मेरे पूते को खा लिया!! जाने तेरे पैर कब मिटेंगे? डायन और किसे खाएगी?" भला सोचो तो सही क्या उस दुखिया के लिए ऐसे ही शब्दों की जरूरत है? जिस समय उस को हर प्रकार की तसल्ली देने की जरूरत है, उस समय ऐसे तीर मारने से क्या वह तुम में रहना चाहेगी? उसको वस्त्र भोजन से दुःखी मत रखो। सोचो तो सही, जिस का सुहाग मिटा, इधर गोद खाली, अच्छा खाने पहरने से गई संसार का सुख मिटा; क्या ऐसे समय में उसके साथ ऐसे बुरे बर्ताव की जरूरत है? तुमने तो थोड़ी उम्र में उसका विवाह करके भूल की, बुढ़ापे में अपना विवाह किया ये दूसरी भूल की, फिर ऊपर से उसको डायन और नागन बताना कैसा घोर पाप है? देवरानी, जिठानी, ननद, देवर, जेठ, सास-ससुरों को चाहिए कि इस दुखिया को न सताएँ। उसको बुरी सोहबत से बचाएँ। उसकी इच्छा को जान

कर उचित उपाय करें। छोटी-छोटी बाल विधवाओं के तत्काल पुनर्विवाह कर दें। नहीं तो कलंक लग जाने का भय है। जिस बिरादरी के डर से तुम विवाह नहीं करते वही बिरादरी कलंक लग जाने पर जाति से बाहर निकाल देगी।

तुम्हारा हित्

–शिवशर्म्मा, सम्भल

संक्षिप्त सन्दर्भ सूची

इस किताब में काफी संख्या में संदर्भों और स्रोतों–सरकारी अभिलेखागार, निजी सामग्री, गजेटियर, प्रकाशित रिपोर्ट, अखबारी रपट, पुलिस खुफिया रिपोर्ट, वगैरह–का उपयोग किया गया है। विभिन्न अध्यायों में उनका विस्तृत हवाला दिया गया है। यहाँ मैं कुछ हिन्दी सन्दर्भों को दर्ज कर रही हूँ और इसमें 1947 के पहले प्रकाशित कुछ पत्रिकाओं और किताबों पर विशेष नजर है।

पत्र-पत्रिकाएँ

अग्रवाल हितैषी
अभ्युदय
अलमोड़ा अखबार
आज
आदर्श हिन्दू
आर्य महिला
आर्यमित्र
कन्या मनोरंजन
कलवार केसरी
कवि वचन सुधा
कायस्थ महिला हितैषी
कायस्थ समाचार
कुर्मी-क्षत्रिय दिवाकर
कुशवाहा क्षत्रिय मित्र
खत्री हितकारी
खिचड़ी समाचार
गुरुकुल समाचार
गृहलक्ष्मी

चाँद
जाट समाचार
दम्पति
प्रताप
प्रयाग समाचार
बालाबोधिनी
ब्राहमण समाचार
ब्राह्मण सर्वस्व
भारत जीवन
भारतेंदु
माधुरी
यादवेश
राजपूत
वर्तमान
वैश्य हितकारी
सरस्वती
स्त्री दर्पण
हरिजन सेवक
हिन्दी प्रदीप
हिन्दुस्तान

औपनिवेशिक काल की कुछ हिन्दी किताबें और पर्चे

'चंचरीक', *ग्राम गीतांजलि*, गोरखपुर, 1938।
अंबिकाचरण शर्मा, *भारतीय सभ्यता एवं संस्कृति का विकास*, आगरा, 1940।
अखिल भारतीय हिन्दी साहित्य सम्मलेन का कार्य विवरण, इलाहाबाद, 1926।
अदित्यप्रसाद सिंह और राम प्रसाद सिंह, *हिन्दू पर्व प्रकाश*, प्रयाग, 1934।
अयोध्या प्रसाद गोयलिया 'दास', *संगठन का बिगुल*, दिल्ली 1926।
आंगन लाल अग्निहोत्री, *लोधा राजपूत मीमांसा*, बुलंदशहर, 1905।
आदर्श पुस्तक भंडार, प्र., *कुरान की खूनी आयतें*, बनारस, 1927।
उपेन्द्रनाथ 'अश्क', *स्वर्ग की झलक*, इलाहाबाद, 1939।
कन्नोमल, *महिला सुधार*, आगरा, 1923।
कन्हैया लाल, *मोहम्मद जीवन चरित्र*, बनारस 1911, तीसरा सं।

कन्हैया लाल, *राष्ट्रीय शिक्षा का इतिहास और उसकी वर्तमान अवस्था*, काशी, 1929।
कन्हैयालाल मिश्रा, *रतिमंजरी*, मोरादाबाद, 1928।
कन्हैयालाल शर्मा, *कोकशास्त्र अथवा यौवनविलास*, मोरादाबाद, 1900।
कविराम, *औरत-मर्द का झगड़ा*, इलाहाबाद, 1921।
कालीचरण शर्मा, *शिवाजी व रोशनआरा*, बरेली, 1926, तीसरा सं।
काशी नाथ खत्री, *भारतवर्ष की विख्यात रानियों के चरित्र*, अलाहाबाद, 1914, छठा सं।
काशीराम वर्मा, *कुर्मी क्षत्रिय दर्पण*, लखनऊ, 1907।
कुँवर मदन सिंह, *हिन्दुओं कब तक चेतोगे*, मथुरा, 1923।
कुमार छेदा सिंह, *क्षत्रिय और कृत्रिम क्षत्रिय*, आगरा, 1907।
कृष्ण कांत मालवीय, *मनोरमा के पत्र : अपने प्रेमियों के नाम*, प्रयाग, 1927।
कृष्ण कांत मालवीय, *सुहागरात : बहुरानी को सीख (केवल विवाहित स्त्रियों के लिए)*, प्रयाग, 1930।
कृष्णाकुमारी, *भारत की विदुषी नारियाँ*, लखनऊ, 1925।
कृष्णानंद, *हिन्दुओं चेतो*, आगरा, 1929।
केशवकुमार ठाकुर, *विवाह और प्रेम*, इलाहाबाद, 1930, दूसरा सं।
क्षत्रिय जाती सुधारक व्याख्यान, आगरा, 1904।
क्षत्रिय बंसीधर वर्मा, *इशवाकू कुल क्षत्रिय वंशावली*, अलीगढ, 1916।
गंगा प्रसाद उपाध्याय, *आर्य समाज*, मथुरा, 1924।
गंगा प्रसाद उपाध्याय, *महिला व्यवहार चन्द्रिका*, इलाहाबाद, 1928।
गंगा प्रसाद उपाध्याय, *विधवा विवाह मीमांसा*, इलाहाबाद, 1927।
गंगा प्रसाद उपाध्याय, सं., *हमारी देश सेवा*, प्रयाग, 1923, दूसरा सं।
गंगा प्रसाद उपाध्याय, सं., *हिन्दू स्त्रियों की लूट के कारण*, इलाहाबाद, 1927।
गंगा प्रसाद उपाध्याय, *हमारे बिछड़े भाई*, प्रयाग 1923।
गंगा प्रसाद गुप्त, *गुप्त प्राचीन कोक शास्त्र*, अलीगढ, 1916, दूसरा सं।
गणेशदत्त शर्मा गौड़ 'इन्द्र', *स्वप्नदोष रक्षक*, बनारस, 1929।
गणेशबक्श सिंह, *क्षत्रीय नवयुवक*, अवध, 1926।
गणेशी लाल, *कछवाहा जाति उद्धार की सीढ़ी*, आगरा 1916।
गन्दे महिला गीतों का असर, इलाहाबाद 1923।
गाली संग्रह, लखनऊ, 1917।
गुप्त 'पागल', *गृहिणी भूषण*, कशी, 1921।
गुरुकुल विश्वविद्यालय कांगरी हरिद्वार की न्याम्वाली तथा भिन्न-भिन्न विद्यालय महाविद्यालयों की पाठविधि, गुरुकुल कांगरी, 1924।

गोपाल देवी, *दिव्य देवियाँ*, प्रयाग, 1926।
गोपालदास टंडन, *मेला घुमनी*, बनारस, 1931।
गोस्वामी लक्ष्मणआचार्य, *भीषण भविष्य*, इलाहाबाद, 1909।
गौरीशंकर शुक्ल चौधरी, *क्या स्वामी श्रद्धानन्द अपराधी थे?* कानपुर, 1928।
चंद्रबली मिश्र, *आदर्श हिन्दू नारी*, बनारस, 1930।
चंद्रिकाप्रसाद, *हिन्दुओं के साथ विश्वासघात*, अवध, 1917।
चतुर्वेदी द्वारकाप्रसाद शर्मा, *प्राचीन आर्य वीरता अर्थात राजपुताने के वीरों के चरित्र*, बनारस 1927।
चन्द्रबली मिश्रा, *आदर्श हिन्दू नारी*, बनारस, 1930।
चन्नुलाल द्विवेदी, *चुम्बन मीमांसा*, काशी, 1929।
चिम्मनलाल वैश्य, *वीर्य रक्षा*, मेरठ, 1928, दसवां सं।
चुन्नीलाल गौड़, *शिवाजी की बावनी*, कानपुर 1921।
चेतराम त्रिपाठी, *शारदा कानून और सनातन धर्म*, काशी, 1929।
चौधरी धीसाराम, *भजन जाट क्षत्रिय जाति सुधार और जाट उत्पत्ति*, मेरठ 1920, द्वितीय सं।
चौधरी बलदेव सिंह उपदेशक, *अहीर जाति के लिए चार नुस्खे*, इलाहाबाद, 1923।
छेदा लाल, *कोइरी महते क्षत्रियों की वंशावली*, फरुखाबाद, 1919।
जगदीश प्रसाद तिवारी, *औरंगजेब की खूनी तलवार*, कानपुर, 1933, 16वां सं।
जगदीश प्रसाद तिवारी, *कानपुर का विराट संग्राम*, कानपुर, 1931।
जगदीश प्रसाद तिवारी, *तुर्कों पर तारा की तलवार*, कानपुर, 1932, 10वां सं।
जगन्नाथ शर्मा 'अग्निहोत्री', *असली कोकशास्त्र*, बनारस, 1935, दूसरा सं।
जनार्दन जोशी, *गृह प्रबन्ध शास्त्र*, प्रयाग, 1918।
जयदेव शर्मा विद्यालंकार, *दम्पति रहस्य*, काशी, 1921।
जी. पी. श्रीवास्तव, *गंगा-जमुनी उर्फ प्रेम रहस्य*, काशी, 1934, दूसरा सं।
जी. पी. श्रीवास्तव, *गुदगुदी*, इलाहाबाद, 1927।
जी. पी. श्रीवास्तव, *दिल की आग उर्फ दिलजले की आह*, इलाहाबाद, 1933।
जी. पी. श्रीवास्तव, *मर्दानी औरत*, गोंडा, 1920।
जीवराम कपूर खत्री, *स्त्री धर्मसार*, मथुरा, 1892।
ज्योतिर्मई ठाकुर, *आदर्श पत्नी*, इलाहाबाद, 1935।
ठाकुर देशराज, *जाट इतिहास*, आगरा, 1934।
ठाकुर राजकिशोर सिंह, *हिन्दू संगठन*, बलिया, 1924।
ठाकुर विजयबहादुर सिंह, *दाम्पत्य शास्त्र*, इलाहाबाद, 1933।
दशहरा में मोहर्रम, इलाहाबाद, 1917।

दिलीप सिंह यादव, *अहीर इतिहास की झलक*, इटावा, 1914।
दुर्गा प्रसाद गुप्त, *एक रात की वारदात*, बनारस, 1929।
दुलारे लाल भार्गव, *भार्गव चित्रावली*, लखनऊ, 1929।
दुलारेलाल भार्गव, सं., *साहित्य सुमन : स्वर्गीय बालकृष्ण भट्ट के निबन्धों का संकलन*, लखनऊ, 1937, पाँचवा सं।
देवेशवर सिद्धान्तालंकार, *स्वामी श्रद्धानंदजी की हत्या और इस्लाम की शिक्षा*, बनारस, 1927।
धनिराम प्रेम, *प्रेम गीतांजलि*, अलीगढ, 1923।
धनिराम प्रेम, *वल्लरी*, इलाहाबाद, 1932।
नन्द किशोर जायसवाल, *हिन्दू और ताजिया*, इलाहाबाद।
नवीन मेला घुमनी, बनारस, 1931।
नारायण दत्त शर्मा 'कश्यप', *भारतीय विधवाओं कि करुणापूर्ण कथाएँ अर्थात हिन्दू विधवाओं पर अत्याचार, भाग 1, 2, 3*, आगरा, 1927, 1929, 1931।
निर्बल, *होली की राख*, बनारस, 1922।
नॉर्थ इंडियन क्रिस्टियन ट्रैक्ट एंड बुक सोसायटी, *हिन्दू धर्म के फल*, इलाहाबाद, 1905, दूसरा सं।
नॉर्थ इंडियन क्रिस्टियन ट्रैक्ट एंड बुक सोसायटी, *हिन्दुओं की निर्धनता*, इलाहाबाद, 1909।
पं. बृज मोहन झा, *हिन्दुओं जागो*, इटावा, तारीख नहीं।
पं. लेखरामजी, *जिहाद, कुरान व इस्लामी खूंखारी*, इटावा 1924।
पं. शिव शर्मा उपदेशक, *अलार्म बिगुल*, मुरादाबाद, 1924।
पंडित कन्हैयालाल, *कामकुतुहल अथवा नापुन्सकनान्दमंदर*, मोरादाबाद, 1900।
पंडित छोटेलाल शर्मा, *जाति अन्वेषण*, जयपुर, 1928।
पंडित जगतनारायण शर्मा कशीस्थ, *गाजी मियाँ की पूजा : हिन्दुओं को क्या सूझा*, इटावा, 1905।
पंडित बृजमोहन झा, *हिन्दुओं जागो*, इटावा, 1920।
पंडित शिव शर्माजी महोपदेशक, *स्त्री शिक्षा*, बरेली, 1927।
पांडेय बेचन शर्मा 'उग्र', *चंद हसीनों के खतूत*, कलकत्ता, 1927।
पाण्डेय बेचन शर्मा 'उग्र', *चाकलेट*, कलकत्ता, 1957, तीसरा सं।
पुरषोत्तम, *स्त्री भूषण*, बनारस, 1932।
प्यारेलाल जमींदार, *कोक शास्त्र*, अलीगढ, 1905, 7वाँ सं।
प्रेमसरन (आर्य प्रचारक), *देवदूत दर्पण*, आगरा, 1926।
प्रेमानंद बानप्रस्थी, *मुसलमानी गोरख धंधा*, अवध, 1927।

बंधुसमाज, *हिन्दुओं की तेज तलवार*, कानपुर, 1927।
बद्री नारायण चौधरी, *कजली कौतुहल*, मिरजापुर, 1913।
बद्रीनाथ जोशी, *विधवोद्वाहा मीमांसा*, प्रयाग, 1928, दूसरा सं।
बनारसी लाल वर्मा, *कश्मीरी कोकशास्त्र*, प्रयाग, 1928।
बलदेवसिंह, *अहीर जाति में 31 रोग*, शिकोहाबाद, 1924।
बानप्रस्थी, *ईसाइयों की चालबाजी और पाँचों पीर*, अवध, 1927।
बानप्रस्थी, *मुसलमानी गोरख धंधा*, अवध, 1927।
बाबू देवी चरणगुप्त, *ब्रज की होली*, कानपुर, 1934।
बाबू नंदकिशोर जायसवाल (कलवार), *गाजी मियाँ अर्थात मसऊद गाजी का सच्चा जीवन चरित*, इलाहाबाद, 1916।
बाबू प्रहलाद दास, *होली रसभरी*, बनारस, 1927।
बाबू भगवानदास, *हिन्दुओं का संगरक्षण और आत्मरक्षण*, काशी, 1922।
बाबू हरिदास वैद्य, अनु., *शृंगार शतक*, मथुरा, 1933।
बाबूराम बाजपेई, *स्त्री गायन प्रकाश*, लखनऊ, 1933।
बालमुकुंद बाजपेई, *हिन्दू विवाह*, लखनऊ, 1919।
बिन्देस्वारी प्रसाद तिवारी, *चौटाल चम्पाकली*, गोरखपुर, 1932।
बिशन शर्मा, *मालाबार का दृश्य नं 1 : दृढ़ संकल्प वीर; मालाबार का दृश्य नं. 2 : सत्यवती विमला की पुकार* और *मालाबार का दृश्य नं. 3 : भोले स्वामी का दुष्ट नौकर*, मेरठ, 1923।
बृजमोहन झा, *विधवोद्वाह मीमांसा अर्थात विधवा विवाह पर शास्त्रीय विचार*, आगरा।
बैजनाथ प्रसाद यादव, *अहीर जाति की नियमावली*, बनारस, 1927।
ब्रह्मशंकर माथुर 'आनन्द', *स्त्री गीत प्रकाश*, कानपुर, 1927।
ब्रिजबासी दास, *ब्रज बिलास*, बनारस, 1939।
ब्रिजेश सिंह, *गाजी मियाँ का भांडा फोड़*, इलाहबाद, 1927।
भगवत प्रशाद, *मेला घुमनी*, मिर्जापुर, 1925।
भगवन वत्स सिंह बैस, *बैस क्षत्रिय इतिहास*, लखनऊ, 1931।
भगवान सिंह, *महिला गीत*, प्रयाग, 1933।
भाई परमानन्द, *हिन्दू जाति का रहस्य*, लखनऊ, 1928।
भागीरथ प्रसाद दीक्षित, *गाजी मियाँ और उनकी पूजा*, आगरा, 1923।
भारतीय हिन्दू शुद्धि सभा का संक्षिप्त इतिहास तथा विवरण 1923-1950, दिल्ली, साल नहीं।
भारतीय हिन्दू शुद्धि सभा, *प्रथम वार्षिक रिपोर्ट*, आगरा, 1923।
भारतेंदु हरिशचंद्र, *अग्रवालों की उत्पत्ति*, बनारस, 1918, दूसरा सं।

भिखारी दास, *कायस्थ वर्ण निर्णय*, इटावा, 1914।
भूदेव प्रसाद और शिव शरण, *रसिया रसीलों की बहार*, आगरा, 1914।
भूमित्र शर्मा, *नियोग मरदाना का विमर्दाना*, मेरठ, 1917।
भूषण ग्रंथावली, राम नरेश त्रिपाठी, सं., इलाहाबाद, 1918।
मंगतूराम लाटा, *ब्राह्मण सुधार*, रामगढ, 1922।
मथुरा प्रसाद शिव हरे, *अलार्म बैल अर्थात् खतरे का घंटा*, हरिद्वार, 1924।
मदनलाल केमका, *स्त्री शास्त्र*, बनारस, 1934।
मनन दुबे, *हिन्दू विधवाएँ*, मथुरा, 1924।
मनन द्विवेदी, *हमारा भीषण ह्रास*, कानपुर, 1924, तीसरा सं।
महात्मा प्रेमचंद बानप्रस्थी, *गाजी कौन है*, इलाहबाद, 1927।
महात्मा प्रेमानंद (हिन्दू धर्म रक्षक), *मुसलमानी अँधेरे खाता*, अवध, 1928।
महावीर प्रसाद द्विवेदी रचनावली, खंड 1-13, संकलन-सं. भारत यायावर, दिल्ली, 1995।
महेंदुलाल गर्ग, *कलावती शिक्षा*, प्रयाग, 1930।
मास्टर दयाल झालू, *भारत की वीर क्षत्राणियाँ*, बिजनौर 1929।
मुंशी जीवाराम कपूर खत्री, *स्त्री धर्म सार*, मथुरा, 1892।
मुन्नीलाल साधू वेश्य, *बाल विवाह निषेध कानून*, बनारस, 1929।
मुरली धर कक्कर, *बाल विधवा विवाह*, इलाहाबाद।
मेला घुमनी भंवरवा, बनारस, 1923।
मेलाराम वैश्य, *गन्दे गीत बहिष्कार*, भिवानी, 1932, दूसरा सं।
मेहता लज्जाराग शर्गा, *आदर्श हिन्दू*, प्रगाग, 1928।
मैथलीशरण गुप्त, *पद्य प्रबन्ध (भाग 1)*, प्रयाग, 1912।
मैथलीशरण गुप्त, *भारत भारती*, झाँसी, 1937, 14वाँ स।
मैथिलीशरण गुप्त, *रंग में भंग*, झाँसी, 1927, 9वाँ सं।
मोहनलाल गुप्ता, *कोक शास्त्र*, अलीगढ, 1905।
यशोदा देवी, *दम्पति आरोग्यता जीवनशास्त्र*, इलाहाबाद, 1927।
यशोदा देवी, *दाम्पत्य प्रेम और रीतिक्रिया का गुप्त रहस्य*, इलाहाबाद, 1933।
यशोदा देवी, *पति भक्ति की शक्ति अर्थात पति की मर्यादा*, इलाहाबाद, 1925।
यशोदा देवी, *पतिव्रता धर्म माला*, इलाहाबाद, 1926।
यू.बी.एस. रघुवंशी, *चँवर पुराण*, अलीगढ, 1916।
रघुबर दयालु, *चंद मुसलमानों की हरकतें*, कानपुर, 1928।
राधाकृष्ण दास, *महारानी पद्मावती*, काशी, 1903, दूसरा सं।
राम प्यारे तिवारी, *गाजी मियाँ की पूजा*, बनारस, 1926।

राम प्यारे तिवारी, *गाजी मियाँ की जीवनी*, बनारस, 1926।
राम स्वरूप शर्मा, *विधवा विवाह मीमांसा*, मोरादाबाद, 1906।
रामकृष्ण, *स्त्री शिक्षा*, इलाहाबाद, 1874।
रामचंद्र वैद्याशास्त्री, *काम्ययोगावली (पुरुष और स्त्रियों के मनचाहे नुस्खों का अपूर्व भण्डार)*, अलीगढ, 1939।
रामचंद्र शुक्ल, *हिन्दी साहित्य का इतिहास*, काशी, 1952, 8वाँ सं।
रामतेज पाण्डे, *नारी धर्म शास्त्र*, काशी, 1931।
रामबहोरी शुक्ल, सं., *यूथिका*, कानपुर, 1936।
रामलाल खूबचन्द, *हिन्दू धर्म की प्रश्नोत्तरी*, लखनऊ, 1921।
रामानंद सरस्वती, *नवीन ज्ञान गजरा*, अलीगढ, 1924।
रामेसर सहाय भार्गव, *पवित्र होली*, बुलंदशहर, 1925।
रुकमणि देवी, *मेम और साहिब*, बनारस।
रूपनारायण तिवारी, *गंगा स्नान*, कानपुर, 1923।
लक्ष्मी नारायण 'सरोज', *नारी शिक्षा दर्पण*, बनारस, 1929।
लाला टीकाराम, *पुनर्विवाह विचार अर्थात विधवा विवाह निषेध*, मेरठ, 1909।
लाला बैजनाथ, *धर्म शिक्षा*, मेरठ, 1910।
लाला भगवानदीन, *बिहारी बोधिनी*, काशी, 1925।
लाला भगवानदीन, *वीर सतसई*, प्रयाग, 1927।
वासदेव शर्मा, सं., *अग्रवाल जाति प्रबन्ध*, आगरा, 1916।
विधोत्साहिनी सभा, *विधोत्साहिनी*, बनारस, 1871
विशम्भर प्रकाश, *नारी उपदेश*, मेरठ, 1912।
विश्व प्रकाश, *स्त्रियों के रिश्ते*, प्रयाग, 1935।
व्यंग चित्रावली, इलाहाबाद, 1930।
शंकर दत शर्मा, *मिरान पूजा*, मुरादाबाद, 1925।
शालिग्राम श्रीवास्तव, *प्रयाग प्रदीप*, इलाहबाद, 1937।
शिव शर्मा उपदेशक (आर्य प्रतिनिधि सभा), *मुसलमानी की जिंदगानी*, मुरादाबाद, 1924।
शिवराम सिंह, *कुर्मी क्षत्रिय इतिहास*, बनारस, 1936।
शीतला सहाय, *हिन्दू त्योहारों का इतिहास*, इलाहाबाद 1927।
शीतलासहाय, *हिन्दू त्योंहारों का इतिहास*, इलाहाबाद, 1927।
शेर सिंह, *दुर्गा*, मेरठ, 1917।
श्याम सुन्दर, *जोबन की धूम*, मथुरा, 1910।
श्याम सुन्दर, *रंगीली पनिहारिन*, मथुरा, 1910।

श्यामकुमार, *स्त्रियों के लिए पृथक साहित्य की आवश्यकता*, आगरा, 1935।

सत्यव्रत शर्मा, *मालाबार और आर्य समाज*, आगरा, 1923, तीसरा सं।

सनातन जातीय सभा की द्वितीय वार्षिक रिपोर्ट, आगरा, 1895।

सुखनंदन प्रसाद दुबे, *छुआछूत का भूत*, लखनऊ, 1933।

सुमित्रानंदन पंत, *पल्लव*, प्रयाग, 1948, 5वाँ सं।

सुशीला देवी निगम, *दाम्पत्य जीवन*, इलाहाबाद, 1930।

सूरज प्रसाद मिश्रा, *मुसलमान गुंडों के हिन्दुओं पर घोर अत्याचार : भाग 1*, कानपुर, 1924।

सूरज प्रसाद मिश्रा, *हिन्दू औरतों की लूट*, लखनऊ, 1924।

सूर्य बलि सिंह, *ब्रह्मचर्य की महिमा*, बनारस, 1931।

स्वामी अचलरामजी महाराज, *हिन्दू धर्म रहस्य*, आगरा, 1939, दूसरा सं।

स्वामी चिदानंद संन्यासी, *शुद्धि व्यवस्था*, दिल्ली, 1928।

स्वामी श्रद्धानंद, *खतरे का घंटा अर्थात् मुहम्मदी षड्यत्र का रहस्यभेद*, दिल्ली, 1923।

स्वामी सत्यदेव परिब्राजक, *संगठन का बिगुल*, देहरादून, 1926, तृतीय सं।

हनुमान सिंह पोद्दार, *समाज सुधार*, गोरखपुर, 1929

हरिदास माणिक, *चौहानी तलवार*, बनारस 1918।

हरिदास माणिक, *भारत की क्षत्राणी*, काशी, 1916।

हरिदास माणिक, *राजपूतों की बहादूरी : भाग 1 और 2*, बनारस 1918।

हरिशरद तिवारी, *पद्मा की पैनी तलवार*, कानपुर 1927।

हिन्दू सभा, *अलार्म बैल उर्फ खतरे की घंटी*, बनारस, 1925।

हिन्दू-मुस्लिम एकता का सवाल, काशी 1923।

हुक्मादेवी, *महिला मनोरंजक प्रश्नावली*, लखनऊ 1932।

होली मधुर मुरली, काशी, 1932।

होली हृदय हुलास, काशी, 1932।

●●●